Grundrisse zum Alten Testament

Das Alte Testament Deutsch · Ergänzungsreihe

Herausgegeben von Walter Beyerlin

Band 1

Religionsgeschichtliches Textbuch
zum Alten Testament

Göttingen · Vandenhoeck & Ruprecht · 1975

Religionsgeschichtliches Textbuch zum Alten Testament

In Zusammenarbeit mit Hellmut Brunner,
Hartmut Schmökel, Cord Kühne, Karl-Heinz
Bernhardt und Edward Lipiński

herausgegeben von

Walter Beyerlin

Mit 4 Bildtafeln und 15 Abbildungen im Text

Göttingen · Vandenhoeck & Ruprecht · 1975

CIP-Kurztitelaufnahme der Deutschen Bibliothek

Religionsgeschichtliches Textbuch
zum Alten Testament.
(Grundrisse zum Alten Testament; Bd. 1)

ISBN 3-525-51659-2

NE: Beyerlin, Walter [Hrsg.]; Brunner, Hellmut [Mitarb.]

Vorwort

Der vorliegende Band, der erste in der Reihe der „Grundrisse zum Alten Testament", ist eine Gemeinschaftsarbeit von Altorientalisten und Alttestamentlern. Im einzelnen trugen bei: H.Brunner die ägyptischen Texte, H.Schmökel die mesopotamischen, C.Kühne die hethitischen, K.-H.Bernhardt die ugaritischen und E.Lipiński die nordsemitischen aus dem 1.Jt. v.Chr. Die Anlage des Buchs und die Grundsätze der Auswahl und Darbietung der Texte gehen auf den Herausgeber zurück. Er hat diesen Grundsätzen gemäß redigiert und, wo es angebracht schien, auch in größerem Umfang Hinweise auf Vergleichsmöglichkeiten im Alten Testament eingefügt. Was von ihm stammt, ist von den jeweiligen Mitarbeitern überdacht und genehmigt worden. Der Herausgeber dankt ihnen sehr für die fruchtbare Zusammenarbeit, nicht zuletzt für das Maß an Geduld, dessen es bei dem nicht einfachen gemeinsamen Unterfangen bedurfte. Sein Dank gilt ferner J.Halbe, der, ohne sich je zu versagen, bei der Schlußredaktion und Korrektur, vor allem auch bei der Erstellung der Register erfahren und umsichtig half. Der Herausgeber dankt überdies dem Verlag, daß er Anregungen zur Gestaltung des Buchs so bereitwillig aufnahm und realisierte.

Münster, im Sommer 1975   W.Beyerlin

INHALT

VERZEICHNIS DER TEXTABBILDUNGEN

VERZEICHNIS DER BILDTAFELN

VERZEICHNIS DER ABKÜRZUNGEN

1. Zeitschriften und in Abkürzung zitierte Literatur

AAeg	Analecta Aegyptiaca. Kopenhagen
AcOr	Acta Orientalia. Leiden u. a.
ADAW	Abhandlungen der deutschen (bis 1944: preußischen) Akademie der Wissenschaften. Berlin
ÄA	Ägyptologische Abhandlungen. Wiesbaden
AfO	Archiv für Orientforschung. Graz u. a.
AfO.B	Archiv für Orientforschung, Beiheft
AHAW	Abhandlungen der Heidelberger Akademie der Wissenschaften. Heidelberg
AHAW.PH	Abhandlungen der Heidelberger Akademie der Wissenschaften. Heidelberg, Philosophisch-historische Klasse
AION	Annali del'istituto universitario orientale di Napoli. Pubblicazioni.
AJSL	American Journal of Semitic Languages and Literatures. Chicago, Ill.
AnBib	Analecta Biblica. Rom
ANEP	The Ancient Near East in Pictures relating to the Old Testament, ed. by J.B. Pritchard. Princeton, N. J. 1954. ²1969
ANET	Ancient Near Eastern Texts relating to the Old Testament, ed. by J.B. Pritchard. Princeton, N. J. 1950, ²1955. ³1969
AnOr	Analecta Orientalia. Rom
AnSt	Anatolian Studies. Journal of the British Institute of Archaeology at Ankara. London
AO	Der Alte Orient. Gemeinverständliche Darstellungen. Leipzig
AOAT	Alter Orient und Altes Testament. Kevelaer u. a.
AOB	Altorientalische Bilder zum Alten Testament, ges. u. beschr. v. H. Greßmann, Berlin u. a. ²1927
AOT	Altorientalische Texte zum Alten Testament, hg. v. H. Greßmann. Tübingen u. a. 1909. ²1926
ArCl	Archeologica Classica. Rom
ARM	Archives Royales de Mari. Textes cunéiformes. Paris
ARM.T	Archives Royales de Mari. Transcriptions et traductions. Paris
ArOr	Archiv Orientální. Prag
AS	Assyriological Studies. Chicago, Ill.
ASAE	Annales du Service des Antiquités de l'Égypte. Kairo
ASAW	Abhandlungen der sächsischen Akademie der Wissenschaften. Leipzig
BA	The Biblical Archaeologist. New Haven, Conn.
BAr	Bulletin Archéologique du Comité des Travaux Historiques et Scientifiques. Paris
BASOR	Bulletin of the American Schools of Oriental Research. New Haven, Conn. u. a.
BeO	Bibbia e Oriente. Mailand u. a.
BG	A. Heidel, The Babylonian Genesis. The Story of Creation. Chicago u. a. ²1951
BHS	Biblia Hebraica Stuttgartensia, hg. v. K. Elliger, W. Rudolph u. a. Stuttgart 1968 ff.
Bib.	Biblica. Rom
BibOr	Biblica et Orientalia. Rom
BIFAO	Bulletin de l'Institut Français d'Archéologie Orientale. Kairo
BiOr	Bibliotheca Orientalis. Leiden

BMB	Bulletin du Musée de Beyrouth. Paris u. a.
BRGA	Beiträge zur Religionsgeschichte des Altertums. Halle
BTTK	Belleten. Türk tarih kurumu. Revue. Société d'Histoire Turque. Ankara
BSAW	Berichte der sächsischen Akademie der Wissenschaften zu Leipzig. Leipzig
BZAW	Beihefte zur Zeitschrift für die alttestamentliche Wissenschaft. Berlin u. a.
CIS	Corpus Inscriptionum Semiticarum, Paris
CT	The Egyptian Coffin Texts, ed. by A. de Buck – A. H. Gardiner. OIP 34 ff., Chicago 1935 ff.
CTA	A. Herdner, Corpus des tablettes en cunéiformes alphabétiques découvertes à Ras Shamra – Ugarit de 1929–1939. Paris 1963
DOTT	W. Thomas, Documents from Old Testament Times. London 1958
EeC	Études et Commentaires. Paris
EvTh	Evangelische Theologie. München
FTS	S. N. Kramer, From the Tablets of Sumer. Indian Hills, Col. 1959
GbS	S. N. Kramer, Geschichte beginnt mit Sumer. München 1959
GCS	Die griechischen Schriftsteller der ersten drei Jahrhunderte. Berlin
GGA	Göttingische gelehrte Anzeigen. Göttingen
Gordon, UgT	C. H. Gordon, Ugaritic Textbook. AnOr 38, Rom 1965
HAW	Handbuch der Altertumswissenschaft. München
Hist	Historia. Zeitschrift für alte Geschichte. Wiesbaden u. a.
HKL	Herder's Konversationslexikon. Freiburg, Br.
HO	Handbuch der Orientalistik. Leiden u. a.
HRG	Handbuch der Religionsgeschichte. Göttingen
HThR	Harvard Theological Review. Cambridge, Mass.
IEJ	Israel Exploration Journal. Jerusalem
Iraq	Iraq. British School of Archaeology in Iraq. London
JA	Journal Asiatique. Paris
JAOS	Journal of the American Oriental Society. Baltimore, Md. u. a.
JBL	Journal of Biblical Literature. Philadelphia, Pa.
JCS	Journal of Cuneiform Studies. New Haven, Conn.
JEA	Journal of Egyptian Archaelogy. London
JEOL	Jaarbericht van het Vooraziatisch-Egyptisch Genootschap (Gezelschap) 'Ex Oriente Lux'. Leiden
JNES	Journal of Near Eastern Studies. Chicago
JSSt	Journal of Semitic Studies. Manchester
JThS	Journal of Theological Studies. Oxford u. a.
KAI	Kanaanäische und aramäische Inschriften, hg. von H. Donner – W. Röllig. Wiesbaden 1962–1964. ²1967–1969
KBo	Keilschrifttexte aus Boghazköi. Leipzig
KUB	Keilschrifturkunden aus Boghazköi. Berlin
LÄ	Lexikon der Ägyptologie. Wiesbaden
LÄS	Leipziger Ägyptologische Studien. Glückstadt u. a.
LSSt	Leipziger semitische Studien. Leipzig
MÄSt	Münchener Ägyptologische Studien. Berlin
MAOG	Mitteilungen der Altorientalischen Gesellschaft. Leipzig
MDAI.K	Mitteilungen des Deutschen Archäologischen Instituts, Abteilung Kairo. München
MDOG	Mitteilungen der Deutschen Orient-Gesellschaft. Berlin
MIOF	Mitteilungen des Instituts für Orientforschung. Berlin
MUSJ	Mélanges de l'Université Saint-Joseph. Beyrouth
MVÄG	Mitteilungen der Vorderasiatisch(-Ägyptisch)en Gesellschaft. Leipzig u. a.
NESE	Neue Ephemeris für Semitische Epigraphik. Wiesbaden
OIP	Oriental Institute Publications. Chicago, Ill.
OLoP	Orientalia Lovaniensia Periodica. Louvain
OLZ	Orientalistische Literaturzeitung. Berlin u. a.

Or.	Orientalia. Rom
OrAnt	Oriens Antiquus. Rom
OTS	Oudtestamentische Studien. Leiden
OTSt	Old Testament Studies. Edinburgh
PEFA	Palestine Exploration Fund Annual. London
PEQ	Palestine Exploration Quarterly. London
PRU	Le Palais Royal d'Ugarit. Paris
RA	Revue d'Assyriologie et d'Archéologie Orientale. Paris
RB	Revue Biblique. Paris
RdE	Revue d'Égyptologie. Paris u. a.
RES	Revue des Études Sémitiques. Paris
RGG	Die Religion in Geschichte und Gegenwart. Tübingen 1909–1913. ²1927–1932. ³1956–1965
RGL	Religionsgeschichtliches Lesebuch, hg. v. A. Bertholet. Tübingen 1908. ²1926 bis 1932
RHAs	Revue Hittite et Asianique. Paris
RHR	Revue de l'Histoire des Religions. Paris
RLA	Reallexikon der Assyriologie, hg. v. E. Ebeling – B. Meißner. Berlin u. a. 1928 ff.
RPOA	R. Labat – A. Caquot – M. Sznycer – M. Vieyra, Les religions du Proche-Orient Asiatique. Textes Babyloniens, Ougaritiques, Hittites (= Le Trésor Spirituel de l'Humanité). Paris 1970
RSF	Rivista di Studi Fenici.
SAHG	A. Falkenstein – W. von Soden, Sumerische und akkadische Hymnen und Gebete, Zürich/Stuttgart 1953
SAOC	Studies in Ancient Oriental Civilization. Chicago, Ill.
SBFLA	Studii Biblici Franciscani Liber Anuus. Jerusalem
SDAW	Sitzungsberichte der deutschen (bis 1944: preußischen) Akademie der Wissenschaften zu Berlin. Berlin
Sem.	Semitica. Cahiers publ. par l'Institut d'Études Sémitiques de l'Université de Paris. Paris
SM	S. N. Kramer, Sumerian Mythology. New York 1961
SOr	Sources Orientales. Paris
StBT	Studien zu den Boğazköy-Texten. Wiesbaden
StP	Studia Pohl. Rom
Syr.	Syria. Revue d'Art Oriental et d'Archéologie. Paris
TCS	Texts from Cuneiform Sources. Locust Valley, N. Y.
TGI	Textbuch zur Geschichte Israels, hg. v. K. Galling. Tübingen 1950. ²1968
ThLZ	Theologische Literaturzeitung. Leipzig
ThR	Theologische Rundschau. Tübingen
ThSt(B)	Theologische Studien, hg. v. K. Barth u. a. Zürich
ThZ	Theologische Zeitschrift. Basel
UB	Urban-Bücher. Stuttgart
UF	Ugarit-Forschungen. Neukirchen u. a.
VAB	Vorderasiatische Bibliothek. Leipzig
VIOF	Veröffentlichungen des Instituts für Orientforschung. Berlin
VT	Vetus Testamentum. Leiden
VT.S	VT Supplements. Leiden
WM	Wörterbuch der Mythologie, hg. v. H. W. Haussig. Stuttgart
WMANT	Wissenschaftliche Monographien zum Alten und Neuen Testament. Neukirchen
WO	Die Welt des Orients. Wissenschaftliche Beiträge zur Kunde des Morgenlandes. Göttingen u. a.
WVDOG	Wissenschaftliche Veröffentlichungen der Deutschen Orientgesellschaft. Leipzig u. a.
WZ(J)	Wissenschaftliche Zeitschrift der Friedrich-Schiller-Universität Jena. Jena

WZKM	Wiener Zeitschrift für die Kunde des Morgenlandes. Wien
ZA	Zeitschrift für Assyriologie und vorderasiatische Archäologie. Leipzig u. a.
ZAW	Zeitschrift für die alttestamentliche Wissenschaft und Kunde des nachbiblischen Judentums. Berlin
ZÄS	Zeitschrift für ägyptische Sprache und Altertumskunde. Berlin u. a.
ZDMG	Zeitschrift der Deutschen Morgenländischen Gesellschaft. Wiesbaden u. a.
ZDPV	Zeitschrift des Deutschen Palästina-Vereins. Wiesbaden u. a.

2. Allgemeine Abkürzungen

AT	Altes Testament		NS	Neue Serie
at.lich	alttestamentlich		P	Priesterschrift
Dtn	Deuteronomium		Pyr	Pyramidentexte
FS	Festschrift		Rs.	Rückseite
Hg.	Herausgeber		Tf.	Tafel
hg.	herausgegeben		Vs.	Vorderseite
J	Jahwist		Z.	Zeile
Kol.	Kolumne		Zyl.	Zylinder
LXX	Septuaginta			

GLOSSAR

Erklärt wird hier nur, was nicht ebensogut aus Fremdwörterbüchern klarwerden kann.

Akrostich(on)	Gedicht, in dem die Anfangsbuchstaben oder -wörter der Verszeilen oder Strophen ein Wort oder einen Satz ergeben oder auch nur einfach alphabetisch angeordnet sind (vgl. Ps. 111.112).
Altes Reich (ägypt.)	1.–8. Dynastie, Zeit der Pyramidenerbauer, 3000–2135 v. Chr.
Altes Reich (hethit.)	der Geschichtsabschnitt von der 1. Hälfte des 16. bis Anfang des 15. Jh. v. Chr. (nach der „kurzen" Chronologie).
Amarnazeit	die Periode des Ketzerkönigs Amenophis IV. (Echnaton) und seiner beiden Nachfolger, 1365–1336 v. Chr.
Apollodorische Bibliothek	eine von einem unbekannten Verfasser etwa im 1. Jh. n. Chr. zusammengestellte griechische Mythensammlung mit dem Titel „Bibliothek", dem Athener Gelehrten Apollodor (2. Jh. n. Chr.) zugeschrieben.
Becherwahrsagung	eine Art der Wahrsagung, die aus dem Verhalten bestimmter Gefäßinhalte Schlüsse zog. Wenig aufwendig und stark verbreitet die Beobachtung von Öltropfen, die in wassergefüllte Becher o. ä. gegeben wurden. (Die Hethiter pflegten daneben eine Sonderform der Becherwahrsagung, indem sie Bewegungen von Schlangen „auswerteten", die sie in besonderen Bassins hielten.)
Deuteronomium	das 5. Buch Mose, in seinem Hauptbestand ein Dokument des 7. Jh. v. Chr. Es faßt ältere „protodeuteronomische" Überlieferungen zusammen und stellt seinerseits die Grundlage verzweigter „deuteronomistischer" Traditionsbildung in exilischer (und nachexilischer) Zeit dar.
Epitheton (pl. -a)	das einem Substantiv, speziell einem Namen (mit Regelmäßigkeit) hinzugefügte schmückende, charakterisierende, titularische Beiwort.
Gebetsbeschwörung	vom Priester rezitiertes, oft formelhaftes Gebet mit Einlagen von Klage, Bußrede und Lobpreis zur Besänftigung der Götter und Vertreibung der Dämonen.
Hieratisch	die Kursivform ägyptischer Schrift, bei der die Bildform der Schriftzeichen verkürzt und meist unkenntlich wird. Hieratisch wird mit Tinte meist auf Papyrus oder glattem Kalkstein geschrieben.
Hieroglyphen	die Monumentalform ägyptischer Schrift, bei der die Bildform der Zeichen gewahrt bleibt. Meist in Stein gemeißelt oder gemalt.
Jahwist	die konventionelle Bezeichnung des angenommenen Verfassers der ältesten literarischen Pentateuchschicht (10./9. Jh. v. Chr.), so genannt nach dem von ihm bevorzugt verwendeten Gottesnamen Jahwe (statt Elohim in der elohistischen und priesterschriftlichen Überlieferung).
Kassitenzeit	der Geschichtsabschnitt, in dem die aus dem Nordosten stammenden, sich aber schnell assimilierenden Kassiten über Babylonien herrschten, 1530–1160 v. Chr.
Kolophon	Schlußnotiz alter Handschriften mit Angaben über Verfasser, Schreiber, Inhalt des Textes, Ort und Zeit der Niederschrift.

Mittleres Reich (ägypt.)	9.–14. Dynastie, 2135–1650 v. Chr.
Mittleres Reich (hethit.)	hier mehr oder weniger willkürlich abgeteilter Geschichtsabschnitt, ungefähr vom Anfang des 15. bis gegen Mitte des 14. Jh. v. Chr., gekennzeichnet durch besonders spärliche geschichtliche Überlieferung.
Mythologem	Motiv, bestimmte Einzelheit eines Mythus.
Neues Reich (ägypt.)	17.–21. Dynastie, 1650–946 v. Chr.
Neues Reich (hethit.)	der Geschichtsabschnitt ungefähr von der Mitte des 14. Jh. bis etwa 1200 v. Chr.
Omen, Omina	Voraussage(n) auf Grund historischer, astronomischer, atmosphärischer Beobachtungen oder außergewöhnlicher Tagesereignisse bei Mensch und Tier sowie Weissagungen aus Physiognomie, Leber, Galle usw. oder aus Rauch, Öl im Becher u. a. m.
Ostrakon	Tonscherbe oder Tontäfelchen, als Schriftträger gebräuchlich.
Pantheon	Götterversammlung; Gesamtheit der Götter einer polytheistischen Religion.
Papyrus	Schilfgewächs des Nildeltas; das daraus hergestellte Schreibmaterial; besonders die beschriebene Rolle aus diesem Material bzw. entsprechende Fragmente.
Priesterschrift	kompositorisch die Grundschicht des Pentateuch, in zeitlicher Hinsicht die jüngste Schicht. Sie wurde – zunächst als Geschichtswerk – wahrscheinlich gegen Ende des Exils in Kreisen der verbannten judäischen Priesterschaft verfaßt (6./5. Jh. v. Chr.) und nachträglich um zahlreiche gesetzliche Stoffe erweitert.
Ramessidenzeit	19. und 20. Dynastie, genannt nach 11 Königen namens Ramses, 1305–1080 v. Chr.
Septuaginta	das griechische Alte Testament.
Skarabäus (pl. -en)	Siegel in Form eines Käfers, an einer Kette um den Hals oder, häufiger, an einem Fingerring getragen. (Siehe Abb. 3, S. 68.)
Späthethitisch	Bezeichnung für die Kultur südostanatolischer und nordsyrischer Kleinstaaten, die, auf altem luwischen und hurritischen Siedlungsboden beheimatet, in den Jahrhunderten nach dem Zusammenbruch des hethitischen Neuen Reiches dessen (zum Großteil aus hurritischen und luwischen Quellen gespeisten) Traditionen fortführten. Die Träger dieser Kultur nannten sich bezeichnenderweise „Hethiter" und sind unter diesem Namen auch ins Alte Testament eingegangen.
Substitut	Ersatz, Stellvertreter. Hier Tier oder Mensch bzw. Menschenabbild, als magischer Ersatz für einen Menschen eingesetzt.
Tempelschlaf	die willentliche Herbeiführung von Traumorakeln durch Übernachtung und Schlaf an Kultstätten.
Ur III-Zeit	die letzte große Blütezeit Sumers unter 5 Herrschern, 2065–1955 v. Chr.

Einleitung

Bis zur Mitte des vorigen Jahrhunderts waren aus der Umwelt des Alten Testaments, dem alten Vorderen Orient, keine Überlieferungen bekanntgeworden, die wirklich erheblich gewesen wären. Die Texte des Alten Testaments mußten – sieht man von Deutungen aus dem biblischen Zusammenhang mit dem Neuen Testament ab – aus sich selbst heraus interpretiert werden. In der seitdem vergangenen Zeit, in wenig mehr als einem Jahrhundert, hat sich diese Lage von Grund auf gewandelt. Archäologie und Altorientalistik haben allenthalben im „fruchtbaren Halbmond" und darüber hinaus, namentlich in Ägypten und Mesopotamien, in Kleinasien und Syrien, im Libanon und in Palästina, der engeren Heimat des Alten Testaments, eine kaum noch zu ermessende Fülle von Texten geborgen, die zum Vergleich mit biblischen Überlieferungen einladen. Niemand kann jetzt noch meinen, das Alte Testament sei auch ohne Berücksichtigung dieser Vergleichsmöglichkeiten wirklich verständlich. Niemand kann heute noch wähnen, die religiösen Überzeugungen, die sich in alttestamentlichen Texten ausdrücken, seien auch ungeachtet der religiösen Bekundungen der altvorderorientalischen Umwelt befriedigend zu erfassen. Jeder, dem am Verständnis des Alten Testaments und der in ihm bezeugten Religion liegt, muß sich der Aufgabe stellen, die außeralttestamentlichen Vergleichsmöglichkeiten fruchtbar zu machen.

Das vorliegende Buch will bei der Wahrnehmung dieser Aufgabe helfen. Einmal dadurch, daß es aus der Fülle des erschlossenen altorientalischen Schrifttums eine begrenzte, wohlüberschaubare Auswahl wesentlicher Vergleichstexte hervorhebt. Zum anderen so, daß es gesammelt an die Hand gibt, was bisher verstreut und vereinzelt, etwa in schwer zugänglichen Fachzeitschriften, veröffentlicht worden ist. Natürlich auch dadurch, daß es die altorientalischen Texte in Übersetzungen, die dem heutigen Stand der Erkenntnis entsprechen, zugänglich macht. Überdies durch Einführungen und Bemerkungen, die zum Verständnis und zur Einordnung der Texte verhelfen. Nicht zuletzt will dieses Buch durch Hinweise und Anregungen sowie durch Register die vergleichende Betrachtung anstoßen.

Der Titel des vorliegenden Bandes – „Religionsgeschichtliches Textbuch zum Alten Testament" – signalisiert die wesentlichsten Auswahlkriterien. Ein Kriterium für die Auswahl der Texte ist die Beziehung „zum Alten Testament". Es wird nicht nur dann als erfüllt angesehen, wenn unmittelbare Abhängigkeit oder Einwirkung vorliegen. „Beziehung" ist weiter gefaßt. Sie ist auch gegeben, wenn ein altorientalischer Text – ohne daß ein direkter

Zusammenhang mit einer alttestamentlichen Überlieferung als Erklärung
in Betracht käme – eine „Parallele" darstellt, wenn er ihr trotz dieser oder
jener Differenz in substantieller Weise „entspricht", wenn er nach Intention,
Thematik oder sonstwie an sie nahe heranreicht, wenn er sich mit ihr in mehr
als einem peripheren Punkte berührt, wenn er sich als erhellende Vergleichs-
möglichkeit und, d. h. unter Umständen auch, als bezeichnender Kontrast
erweist. – Das andere im Titel des Buches beschlossene Kriterium der Auswahl verlangt, daß der betreffende Umwelttext religionsgeschichtlich relevant
ist. Diejenigen Schriftstücke kommen nicht in Betracht, die zwar zur Erhel-
lung israelitischer Geschichte, palästinischer Geographie, alttestamentlicher Literaturgeschichte oder anderer mehr kulturgeschichtlicher Sachverhalte gereichen, nicht aber – oder doch nicht so sehr – zum besseren Verständnis der religiösen Zeugnisse des Alten Testaments.

Eine unter diesem speziellen Aspekt getroffene Auswahl kann – im Unterschied zu den gleich noch zu nennenden umfassenderen Sammelwerken –
nicht jede Erwartung erfüllen. So etwa nicht die, daß sie nebenbei auch die
literarischen Arten, die in den verschiedenen Bereichen des Alten Orientes
belegt sind, vollständig repräsentiere. Wohl kommen, insofern innerhalb der
Teile des Textbuchs das Vergleichsmaterial auch nach Gattungen auf-
gefächert erscheint, diesbezügliche Eindrücke zustande. Aber ein vollständiges Bild ist unmöglich; denn literarische Arten, die von den religiösen
Zeugnissen des Alten Testament her gesehen im wesentlichen ohne Belang
sind, können im vorliegenden Buch schlechterdings keine Berücksichtigung
finden.

Auch eine andere Begrenzung ist zwingend: Da nur die Dimensionen der
altorientalischen Umweltreligionen durch Texte abgedeckt werden, die in
den Zeugnissen des Alten Testaments ihre Entsprechungen haben, sind
umfassende, in sich geschlossene Darstellungen jener Religionen unerreich-
bar. Die für das Textbuch bestimmende Orientierung am Alten Testament
und seiner Religion läßt dies nicht zu. Hier können nur bibliographische
Hinweise ausgleichen: solche auf Darstellungen, die den Religionen des Alten
Orients an sich und insgesamt gelten. Daß sich die ausgewählten Texte nur
aus den Zusammenhängen heraus, denen sie entnommen sind, recht verstehen lassen, war bei der Erstellung des Textbuchs bewußt. In den Einführungen und Vorbemerkungen zu den einzelnen Textstücken wird demgemäß
einzubringen versucht, was die Zusammenhänge, gerade auch die der betreffenden Religionen, erfordern.

Nicht zuletzt zwingt die Begrenzung des Umfangs zum Verzicht auf zahlreiche Texte, die durchaus auch auf religiöse Bekundungen des Alten Testaments beziehbar gewesen wären. Insbesondere sind die altsüdarabischen
Inschriften gänzlich unberücksichtigt geblieben. Dies aus verschiedenen
Gründen, auch, weil sie zur entfernteren Umwelt gehören. Verschiedentlich
werden, um den verfügbaren Raum so gut wie nur möglich zu nutzen, Texte
nicht vollständig, sondern bloß auszugsweise wiedergegeben, dann aber nicht
ohne Beifügung geeigneter Verstehenshilfen. Daß die Textstücke dort, wo es

geht, so zusammengestellt sind, daß sie sich wechselseitig erhellen, soll überdies das Verständnis erleichtern.

Das vorliegende Buch hat Vorgänger. Sie hier – mehr oder weniger vollständig – aufzuführen, nützt wenig. Der Kürze halber wird auf den Bericht K.-H. Bernhardts verwiesen: Die Umwelt des Alten Testaments, I, 1967, S. 2 f. Zweckmäßig ist es indes, dieses Textbuch zu den Werken ins Verhältnis zu setzen, die in praxi am nächsten zur Hand sind. So etwa zu dem von K. Galling herausgegebenen „Textbuch zur Geschichte Israels", 1968[2]. Dieses erstreckt sich, wie aus dem Titel hervorgeht, auf altorientalische Texte, die Israels Geschichte, weniger seine Religion, illustrieren. Die Texte, die es darbietet, finden sich, abgesehen von einer einzigen, triftigen Ausnahme (der auch religionsgeschichtlich bedeutsamen Inschrift des moabitischen Meschasteins), in der vorliegenden Textsammlung nicht. Beide Bücher ergänzen sich also und wollen nebeneinander benützt werden. Echte Konkurrenz ist auch nicht der von A. Jirku erarbeitete „Altorientalische Kommentar zum Alten Testament". Er stellt wohl, indem er sein Vergleichsmaterial in der Reihenfolge der alttestamentlichen Bücher im Kanon anordnet, die Ausrichtung auf das Alte Testament besonders augenfällig heraus. Er ist aber, auf die bis zu seinem Erscheinen im Jahr 1923 gemachten Textfunde und Erkenntnisse eingeschränkt, in vielem überholt. Ähnliches ist zu der von H. Greßmann edierten Sammlung „Altorientalische Texte zum Alten Testament" festzustellen. So beachtenswert sie noch ist, bleibt sie eben dem Forschungs- und Kenntnisstand des Jahres 1926, in dem sie in 2. Aufl. erschien, verhaftet; die Ausgabe von 1970 ist nur ein unveränderter Nachdruck. Die nach 1926 erschlossenen Texte sind erst in dem von J. B. Pritchard herausgegebenen Sammelwerk in englischer Sprache „Ancient Near Eastern Texts Relating to the Old Testament" in einer Auswahl berücksichtigt, die im Verlauf von drei Auflagen fortschreitend ausgebaut wurde (1950, 1955[2], 1969[3]). Das voluminöse Werk ordnet – ebenso wie die von ihm überholte vorerwähnte deutschsprachige Sammlung – altorientalische Texte allen Dimensionen des Alten Testaments zu, nicht nur der in ihm bezeugten Religion. Es deckt also ein breiteres Spektrum als das vorliegende Textbuch ab, schließt dabei den Bereich ein, auf den sich dieses beschränkt, und ist somit ein Parallelwerk, das – im günstigsten Fall nach dem Stand des Jahres 1969 – in mehrfacher Hinsicht zu ergänzen vermag. Von der erheblich knapper gehaltenen Auswahl „Documents from Old Testament Times", die D. W. Thomas im Auftrag der Society for Old Testament Study herausgegeben hat, läßt sich dies weniger sagen. Wohl bezieht auch sie altorientalische Texte (nach dem Stand des Erscheinungsjahres 1958) auf verschiedene Seiten des Alten Testaments, nicht nur auf seine religiöse Bezeugung; sie weitet insofern den vergleichenden Ausblick. Was aber die in dieser Auswahl vertretenen religionsgeschichtlich relevanten Dokumente betrifft, so führen diese, bedingt durch die Knappheit des anteiligen Raums, kaum irgendwo über den Textkreis hinaus, den das vorliegende „Religionsgeschichtliche Textbuch" umreißt.

Daß in dieses Texte einbezogen sind, die sich auch schon in bislang veranstalteten Sammlungen finden, versteht sich von selbst: In einer Auswahl,
die zusammengefaßt an die Hand geben will, was im Blick auf die alttestamentliche Religion von besonderem Rang ist, können selbstredend bekannter
oder gar „klassisch" gewordene Umwelttexte nicht fehlen. Sie von neuem
wiederzugeben, kann auch notwendig sein, weil neue philologische oder
andere Einsichten zur Geltung zu bringen sind. Daß andererseits diese neu-
erarbeitete Sammlung auch Textfunde der allerletzten Jahre zugänglich
macht, daß sie zur Aufarbeitung des noch weniger Beachteten beizutragen
versucht, ist hoffentlich ebenso deutlich.

Was die Anregungen zum Vergleich mit alttestamentlichen Sachverhalten
angeht, so darf aus ihnen nicht mehr, als was in bewußter Zurückhaltung
beabsichtigt ist, herausgelesen werden. Das vielgebrauchte „vergleiche!"
will keinesfalls die Meinung ausdrücken, das Vergleichbare sei vollkommen
gleich, sei identisch, könne nicht zugleich auch Unterschiede aufweisen. Dort,
wo „Entsprechung" oder „Parallelität" registriert wird, soll – selbst wenn ein
„mutatis mutandis" nicht ausdrücklich hinzugesetzt ist – mitnichten ausgeschlossen sein, daß, sei es in diesem, sei es in jenem Punkt, auch Eigenarten
im Spiel sind. Verschiedenartigkeiten sind, m. a. W. gesagt, nicht immer zum
Ausdruck gebracht. Wo sie vermerkt werden, kann dies in der Regel nur
andeutungsweise geschehen. Ausdiskutiert werden können sie nicht. Es hätte
den Rahmen dieses Buches gesprengt und das, was gegenwärtig möglich
erscheint, überzogen, wäre hier angestrengt worden, den Vergleich nicht
bloß anzureißen, sondern auch umfassend zu Ende zu führen. – Auch die
Vergleichsstellen innerhalb des Alten Testaments sind nicht immer erschöp-
fend benannt. Oft muß es sein Bewenden mit exemplarischen Hinweisen
haben. Daß auch in dieser Beziehung die Linien nur angerissen, nicht völlig
ausgezogen sind, muß bewußt bleiben, gerade auch beim Gebrauch des
Bibelstellen-Registers. – Wird von „Parallelen" gesprochen, so besagt dies
nichts darüber, wie sie verursacht sind. Es bleibt zunächst, ja, wohl oft gar
am Ende, dahingestellt, ob als Ursache ein direkter Zusammenhang zwischen
den verglichenen Traditionen und Texten in Betracht kommt oder nur eine
parallele Entwicklung, die in der Gleichheit oder Ähnlichkeit der Bedingungen
und Umstände gründet. Oft fehlen die Anhaltspunkte, die hier eine Entscheidung erlauben. Oft sind wohl auch Grenzen gezogen, die unüberwindbar
bleiben. Und oft liegen die Dinge so, daß sich erst nach eingehender Einzel-
untersuchung Genaueres ausmachen läßt. Nach allem liegt auf der Hand,
wieviel bei einer Vergleichung altorientalischer Texte mit religiösen Zeugnissen des Alten Testaments zwangsläufig offen bleiben muß. – Es ist ohne
Zweifel so viel, daß auch die Möglichkeit eingeschränkt ist, die bei der Vergleichung so wichtige Frage zu klären, ob und inwieweit die Religion, die
sich in alttestamentlichen Überlieferungen kundtut, ein Fremdling in der
Welt der altorientalischen Religionen ist oder ein Bestandteil von ihr, ein in
ihr verwurzelter, durch sie geprägter, ohne sie nicht verständlicher Teil. Im
Horizont dieser Frage kann das vorliegende Buch nur ein Stück weit voran-

helfen. Es kann Material an die Hand geben, das unter dem Aspekt jener Frage Aufschluß zu geben verspricht. Es kann zu neuer Abwägung anregen, ob sich der eine oder andere Zug alttestamentlicher Religion eher fremd oder geläufig-vertraut in der Welt der Umweltreligionen ausnimmt. Es kann vielleicht auch den sattsam bekannten (zuletzt von H. Graf Reventlow in KuD 20, 1974, S. 199 ff. skizzierten) Tendenzen entgegenwirken, in dem einen oder anderen Sinn voreingenommen zu antworten. Sehr viel mehr kann es nach Anlage und Zielsetzung nicht.

Gruppiert sind die Vergleichsmaterialien nach den Bereichen des Alten Orients. Der religionsgeschichtlichen Ausrichtung des Bandes entspricht dies am meisten. Eine Gruppierung nach Sprachen ergibt sich in der Folge – zumindest weitgehend – von selbst. Nach literarischen Gattungen wird mit Bedacht erst innerhalb der regional gesonderten Teile gegliedert. Die letzte Abteilung des Textbuchs (E) ist von der vorletzten (D) nur z. T. regional unterschieden: E hebt nicht nur, aber auch auf den Raum ab, auf den sich D ausschließlich bezieht. Als Unterscheidungsmerkmal kommt in diesem Falle eine erhebliche Zeitdifferenz hinzu: Die in E gruppierten Schriftstücke entstammen dem 1. Jt. v. Chr., die in D zusammengestellten jedoch der voraufgehenden Zeit. – Bei Bezugnahmen auf Teile des Textbuches kann, wie soeben geschehen, mit den Buchstaben, die ihnen jeweils voranstehen, abgekürzt werden; bei Bezugnahmen auf einzelne Texte gesellt sich entsprechend die betreffende Textnummer hinzu.

Was die Technik der Textwiedergabe betrifft, so ist folgendes wichtig: Einschübe zum besseren Verständnis sind vom Bestand des überkommenen Texts durch Kleindruck abgesetzt. Dies gilt, um Beispiele zu nennen, von eingefügten Vermerken, die den Textaufbau transparent machen (vgl. etwa A 31), von Angaben zu versehrten Stellen, zu Lücken (vgl. etwa B 16), von der Kennzeichnung verschiedener Versionen (vgl. etwa C 3), von Bemerkungen, die Textauslassungen überbrücken (vgl. allenthalben Teil D) oder auch von Notizen zur Plazierung der einen oder anderen Inschrift (vgl. z. B. E 14). – Hochgestellte arabische Ziffern ohne Klammern dienen in der Regel der Zeilenzählung. Diese wird in den Übersetzungen so reproduziert, wie sie in den Originaltexten durchgeführt ist. Wo nötig, ist im Vorspann vermerkt, nach welchem der originalen Texte, nach welcher Ausfertigung, die Zeilenzählung wiedergegeben ist. Verbreitetem Usus folgend, wird in Teilen des Buchs nur jede 5. Zeile beziffert, stets aber auch, um den Umfang des jeweiligen Stücks zu umschreiben, dessen erste und letzte Zeilen. (Hochgestellte arabische Zahlen bezeichnen gelegentlich auch die Seiten einer Papyrushandschrift; sie sind dann, durch ein Komma geschieden, den Zeilenziffern vorgeordnet; vgl. A 29.) Römische Zahlen numerieren übergeordnete Größen, Tafeln und Kolumnen etwa. Abkürzungen können dann klarstellen, um welche Größe es geht. Von den Ziffern der Zeilenzählung wollen die hochgestellten Zahlen mit Klammern wohlunterschieden sein; sie weisen auf entsprechend bezifferte Fußnoten hin. – Der Gebrauch der *Kursive* in Textübersetzungen dient im vorliegenden Buch einem einzigen Zweck: Er kennzeichnet unübersetzt gebliebene Wörter (unter ihnen auch Namen), nicht etwa auch, wie anderwärts üblich, unsichere Übersetzungen. Diese sind vielmehr durch Fragezeichen markiert, die eingeklammert angefügt sind(?). Punkte … signalisieren den Verzicht auf vollständige Textwiedergabe. Zu ihm können verschiedene Beweggründe führen. Einerseits der, einen durchaus übersetzbaren Text auszugsweise, nicht im ganzen wiedergeben zu wollen. Punkte zu Beginn und am Ende eines Stückes zeigen auszugsweise Wiedergabe an. Ähnlich auch Punkte, die mit einem Sprung in der Zeilenzählung einhergehen; sie sind statt des übersprungenen Textstücks gesetzt. Andererseits können Punkte auch stehen, wenn davon abgesehen wird, in der Übersetzung Schwer- oder Unverständliches wiederzugeben. Nicht sehr viel anders sind sie schließlich in Lücken der Textüberlieferung gebraucht. Sie dokumentieren hier den Verzicht, was fehlt, hypothetisch ergänzen zu wollen. Die Lücken an sich sind mit eckigen Klammern [ ] umgrenzt. Dazwischenstehende Wörter sind vom Übersetzer erschlossen; sie sind Versuche, den Text wiederherzustellen. Was von runden Klammern ( ) eingerahmt wird, ist von ganz anderer Art: Es ist hinzugefügt worden, um Übersetztes verständlicher werden zu lassen.

Wo im Kontext der Übersetzungen – aber auch im begleitenden Text, in den begründenden Fußnoten etwa – unübersetzte Wörter und Wendungen oder auch Namen in Umschrift erscheinen, sind diakritische Zeichen, soweit wie nur möglich, vermieden. Nur dort, wo es auf die Möglichkeit des genaueren Rückschlusses wesentlich ankommt, sind Ausnahmen gemacht. Wo sich bei Namen bestimmte Schreibweisen eingebürgert haben, wird diesen in der Regel gefolgt. Inkonsequenzen, die hieraus erwachsen, müssen – und können wohl auch ohne Schaden – in Kauf genommen werden.

Ist schon hier, bei den Problemen der Transkription, auf Leser Rücksicht genommen, die der Originalsprachen der Vorlagen unkundig sind, so ist dies erst recht bei den (durch Kleindruck von den Übersetzungen abgehobenen) Erläuterungen der Fall, die in Vorbemerkungen und Fußnoten stehen. Urtextliches wird nur, wo unumgänglich, zitiert. Etwa dort, wo mitgeteilt wird, wie Texte entziffert oder ergänzt sind; auch dort, wo eine Übersetzung philologischer Erklärung bedarf. Sind solche Aufschlüsse separat publiziert, wird statt dessen kurzerhand weiterverwiesen. So oder so wird versucht, Interessierte und Fachleute wissen zu lassen, wie die wissenschaftliche Grundlegung aussieht. Im Blick auf die Leser jedoch, die auf derlei Informationen nicht aus sind, wird dieser Teil des Apparats möglichst unaufdringlich gehalten. – Was ansonsten der Erläuterung dient, ist auf eine Leserschaft abgestellt, die über Theologen und Fachleute, ja, über Lehrer und Lehramtsbewerber hinausgeht.

Im Blick auf diesen erweiterten Leserkreis, zugleich aber auch des begrenzten Umfangs wegen, werden Literaturhinweise nur in Auswahl gegeben. Ältere Arbeiten, die durch neuere Veröffentlichungen überholt sind, werden in der Regel übergangen. Deutschsprachige Titel sind mit Vorrang genannt, englischsprachige in zweiter Linie. Publikationen in anderen Sprachen werden noch seltener angeführt. Dort aber, wo sie grundlegend sind oder alleine dastehen, wird ihnen Erwähnung getan. Wo sich bibliographische Hinweise abgekürzt angeben lassen, wird so aus Gründen der Raumersparnis verfahren: Buch- und Aufsatztitel werden nicht wiedergegeben, wenn sich Veröffentlichungen durch die bei Serien und Fachzeitschriften gängigen Titelkürzungen eindeutig ansprechen lassen. Die hierbei gebrauchten Sigla werden in einem Abkürzungsverzeichnis erläutert (S.15–18). Sie folgen den von S.Schwertner erarbeiteten Abkürzungsvorschlägen (Internationales Abkürzungsverzeichnis für Theologie und Grenzgebiete, 1974).

Noch ein Wort zur Funktion der verschiedenen Sparten des begleitenden Texts. Vorweg zu den Einführungen, die die Hauptteile des Buches eröffnen: Sie bringen zur Sprache, was bei den verschiedenen Textgruppen aufs Ganze gesehen beachtenswert ist, unter anderem die Relation, in der die getroffene Auswahl zum vorhandenen Schrifttum steht. – Fußnoten deuten, wo erforderlich, an, wie vorausgesetzte Lesarten lauten, wodurch sie gerechtfertigt sind, wie Übersetzungen zustandekommen, was hier oder dort gemeint ist. Dazuhin können sie anmerken, wo Züge des übersetzten Texts an alttestamentliche Überlieferung erinnern. – Die im Kleindruck gesetzten Bemerkungen, die den einzelnen Texten voraufgehen, nehmen (soweit tunlich, in gesonderten Abschnitten) vier verschiedene Aufgaben wahr:

1. wird der Originaltext genannt, auf dem die Übersetzung basiert. Ergänzend kann hinzugefügt sein, wann und wo er gefunden worden, wie er beschaffen, wo er verwahrt ist, wo er zuerst oder maßgeblich veröffentlicht wurde. Soweit notwendig, wird auch vermerkt, an welcher Vorlage die übernommene Zählung nach Zeilen (oder nach anderen Größen) ausgerichtet ist.

2. werden die geschichtlichen und literarischen Zusammenhänge skizziert: die Zeit und der Anlaß, die Voraussetzungen und Umstände der Entstehung des Texts, soweit sinnvoll, die Urheberschaft, oft auch Aspekte der Form und der Gattung. Wird nur ein Auszug des Texts übersetzt, so wird das, was entfällt, resümiert.

3. sind Vergleichsmöglichkeiten zur Sprache gebracht, die sich vom Alten Testament her auftun. Die Vergleichung wird, wie gesagt, nicht eigentlich durchgeführt, wohl aber in die Wege geleitet.

4. wird eine Auswahl geeigneter Literatur angeführt: das, was ergänzt und vertieft, nicht zuletzt, was für die Erschließung des Bezugstexts grundlegend ist.

Nicht in jedem Fall sind diese Punkte auch je für sich dargestellt; mitunter legt es sich nahe, Informationen zusammenzufassen. Doch wird es zur Klarheit verhelfen, die Vorbemerkungen zu den einzelnen Texten unter den genannten Aspekten zu lesen. – Zum Verständnis des Begleittexts im ganzen verhilft nicht zuletzt ein Glossar, das fachwissenschaftliche Ausdrücke in kurzen Sätzen erklärt (S.19f.).

Am Bildmaterial aus dem alten Vorderen Orient ist das vorliegende Buch nicht völlig vorbeigegangen. Der Grundsatz ist ihm bewußt, daß Bilder notwendigerweise Texte ergänzen. (Vgl. besonders die Einführung zu den ägyptischen Texten, S. 30.) Das „Textbuch" hat jedoch nur Kostproben aufnehmen können: einerseits Abbildungen, die Vorstellungen, wie sie in den übersetzten Stücken sprachlich ausgedrückt sind, illustrieren, andererseits Tafeln, die Schriftarten und Schreibmaterialien veranschaulichen, in denen jene Texte auf uns gekommen sind. Mit den einschlägigen Sammelwerken will es der vorliegende Band nicht aufnehmen. Vielmehr will er durch sie ergänzt werden. Insbesondere ist auf das von H. Greßmann herausgegebene Material „Altorientalische Bilder zum Alten Testament", 1927[2], zu verweisen, mehr noch auf das 1954 durch J. B. Pritchard edierte Werk „The Ancient Near East in Pictures Relating to the Old Testament", das 1969 eine Ergänzung erfuhr.

Was endlich die Register anlangt, die dieses Textbuch beschließen, so können sie sich, der Orientierung dieses Bandes gemäß, nur auf zweierlei richten: 1. auf die Gegenstände, die bei einem Vergleich mit Zeugnissen alttestamentlicher Religion von Belang sind, und 2. auf die Stellen des Alten Testaments, die unter dem Aspekt der Vergleichung ins Auge zu fassen sind. Wer, von alttestamentlichen Sachverhalten und Textstellen ausgehend, zum „Religionsgeschichtlichen Textbuch" greift, wird eben an Hand der Register an die vergleichbaren Texte des Alten Orients herankommen.

A) ÄGYPTISCHE TEXTE

Einführung

Ägypten und Israel sind auf dem gleichen altorientalischen Boden, mit ähnlichen Vorstellungen und ähnlichen Denkformen, groß geworden. Wen könnte es wundern, daß ähnliche Erlebnisse unter ähnlichen Umständen zu ähnlichen sprachlichen Formungen geführt haben? Sind das aber schon Parallelen? Gehört nicht zum Verständnis jeweils die ganze geschlossene Religionswelt? Dabei kann und soll die Frage, wieweit gemeinmenschliche Urveranlagung, wieweit der gemeinsame altorientalische Boden (ob diese Gemeinsamkeit nun durch somatische Verwandtschaft, durch ähnliche Lebensbedingungen oder gar durch einen zweifelhaften „Zeitgeist" bedingt sei), wieweit aber auch direkte Einflüsse im Spiele seien (Ägypten hat immerhin viele Jahrhunderte, ja mit Unterbrechung zwei Jahrtausende Palästina beherrscht oder kulturell beeinflußt), nicht einmal angerührt werden. Gewarnt sei vor voreiligen Schlüssen aus wirklichen oder scheinbaren Gleichklängen. Übernahme, wenn auch unter starker innerer Veränderung, läßt sich nur bei der Lehre des Amenemope mit Sicherheit nachweisen (Nr. 29), weshalb dieses Werk auch einen verhältnismäßig großen Raum in unserer Sammlung einnimmt. Alle anderen Fälle inhaltlicher oder sprachlicher Nähe können nur durch weit ausgreifende sorgfältige Untersuchungen einer Klärung entgegengeführt werden. Das aber ist nicht Aufgabe dieser Materialsammlung.

Zwar gibt es einige Einzeluntersuchungen über das Verhältnis ägyptischer religiöser Vorstellungen zu denen Israels, doch nur wenige Übersichten. Verwiesen sei auf zwei Lexikon-Artikel: 1957 hat S. Morenz in RGG³ I, Sp. 119 ff. „literarische Beziehungen" Ägyptens zu Israel aufgezählt, also die äußere Form zugrunde gelegt, die aber häufig auch innere Verwandtschaft einschließt. 1973 erschien im Lexikon der Ägyptologie (hg. v. W. Helck und E. Otto) ein Artikel von R. Grieshammer, „Altes Testament", mit einem Abschnitt „Zivilisatorische, insbesondere literarische Beziehungen" (I, Sp. 163–166). Für die Forschung ist noch viel, fast alles offen.

Wer sich auf dem erheblich sichereren Boden der ägyptischen Religion selbst weiterbewegen will, sei auf drei deutschsprachige Standardwerke verwiesen: H. Bonnet, „Reallexikon der ägyptischen Religionsgeschichte", 1952, wo der Befund nach damaligem Kenntnisstand unter Stichworten zu finden ist; S. Morenz, „Ägyptische Religion", 1960, und schließlich E. Hornung, „Der Eine und die Vielen", 1971. Alle drei Darstellungen bemühen sich, hinter den Fakten das geistige Band zu erkennen, und gehen von der Tatsache aus, daß immerhin 3000 Jahre lang Menschen mit diesem Glauben zu leben gewagt haben.

Die Übersetzungen sind durchaus nicht alle sicher, auch dort nicht, wo, um das Schriftbild nicht zu sehr zu zerreißen, die Zahl der Fragezeichen eingeschränkt worden ist. Allzu unsichere Stellen wurden ausgelassen. Wer aber Häuser auf oft frappierende Ähnlichkeit bauen möchte, sei sich bewußt, wie sorgsam zuvor Traditionsstränge und kulturelle Zusammenhänge geklärt werden müssen, in Ägypten sowohl wie in Israel.

Daß die Quellen zur Religion der Ägypter überreich fließen und die hier notwendige Beschränkung auch Wichtiges fortlassen muß, ist nicht die größte Verlegenheit, in der sich der Übersetzer sieht. Schwerer als die Befürchtung, beachtenswerte Parallelen zu at.lichen Vorstellungen übergangen zu haben, wiegt die andere, die altägyptische Religion durch diese aus dem Zusammenhang gerissenen Teile zu verzerren und unverständliche oder gar mißverständliche Fragmente zu bieten. Erschließt sich doch ihr Inhalt zumeist erst im Zusammenhang der größeren formalen Einheit, noch besser in der Zusammenschau mit anderen Texten gleicher oder ähnlicher Gattung. Mindestens ebenso schwer wiegt der weitgehende Verzicht auf Abbildungen. Es ist einer der großen Vorzüge der ägyptischen Kultur, daß sie zu sprachlich überlieferten Gedanken, auch gerade zu solchen religiöser Natur, illustrierende Bilder überliefert; ja manche Sprachbilder sind nur verständlich als Umsetzung aus der bildenden Kunst. Sprachliche und bildliche Formung gehören in Ägypten zusammen, sie ergänzen und erläutern einander.

Für die Auswahl war ausschließlich die Nähe zu Aussagen at.licher Texte maßgebend. Dadurch entfielen ganze Gebiete der ägyptischen Religion, so das weite Feld des Totenglaubens, aber auch der das religiöse Denken der Ägypter stark bestimmende Osiris-Mythus oder die zahlreichen, mehr und mehr in den Blickpunkt der Forschung rückenden Rituale. Besonders bedauert der Vf., auf die „Mahnworte des Ipu-wer" verzichten zu müssen, allem vorauf auf den in ihnen erhobenen Vorwurf gegen Gott; doch fehlen hierzu engere at.liche Parallelen. Zwar hadert auch Hiob mit Gott um Fragen der Gerechtigkeit, er aber wegen seines persönlichen Schicksals, während Ipu-wer das Los der Menschheit beklagt und seinem Schöpfer die Unvollkommenheit der Schöpfung und die Existenz des Bösen vorwirft. So mußte dies Kernstück ägyptischer Religiosität fortfallen.

Ähnlich steht es mit dem – in der Deutung freilich immer noch umstrittenen – Gespräch eines Lebensmüden mit seiner Seele, das ebenfalls ein Problem behandelt, das den Israeliten fernstand, das aber für die Ägypter zentrale Bedeutung hatte: den Sinn eines rituellen Begräbnisses und des Totendienstes.

Nicht berücksichtigt werden konnten schließlich rein literarische Parallelen wie Liebeslieder oder das Motiv von Potiphars ungetreuer Frau. Literarische Gattungen vorzuführen wie die Königsnovelle, die Israel höchstwahrscheinlich aus Ägypten übernommen hat, hätte wegen ihres Umfangs ohnedies den Rahmen gesprengt. Die Auswahl hatte sich, der Intention des Bandes entsprechend, von vornherein auf religionsgeschichtlich Ähnliches zu beschränken. Sie wurde mitbestimmt durch den Wunsch, neben Unentbehrlichem, aber oft Übersetztem auch solche Texte zu bringen, die bisher in ähnlichen Werken (wie AOT oder ANET) nicht zu finden sind. Dazu zählen in erster Linie Beiträge zur persönlichen Frömmigkeit (Abschnitt IV), ein bisher in der Ägyptologie nicht aufgearbeitetes Gebiet.

Der Übersetzer wäre froh, wenn diese Texte in dem Sinne wirkten, daß einerseits das AT durch Nähe wie Ferne zu ägyptischem Glauben Profil gewänne, daß aber auch neues Interesse für Ägypten geweckt würde, dessen Religion uns nicht so fern steht, wie es manche abstrus anmutenden Formen auf den ersten Blick scheinen lassen. Mögen sich viele Leser zu einem zweiten Blick veranlaßt fühlen!

I. Mythen

Weltschöpfung

Die Schöpfung erfolgte nach allgemein-ägyptischer Vorstellung nicht aus einem Nichts, sondern aus dem Urmeer, dem Nun, das unbegrenzt, unbewegt, voller potentieller Fruchtbarkeit war, ohne schöpferisch zu sein. In ihm und aus ihm schuf der Gott ein erstes Stück festes Land, den „Urhügel", von dem aus er die Schöpfung einleitete. Nach anderer Vorstellung flog er als Vogel über dem Wasser und ließ das Urei fallen. Auch die vier Götterpaare, die die Welt vor der Schöpfung verkörpern, Unbegrenztheit, Lichtlosigkeit, Zeitlosigkeit und das Nichts (die Namen wechseln), sind bei der Schöpfung beteiligt.

Es ist keine zusammenhängende Schöpfungserzählung erhalten. Überkommen sind nur Fragmente, die meist auch noch in die artfremde Umgebung der Totentexte ein- und damit umgearbeitet sind. Aus den im folgenden wiedergegebenen Bruchstücken ergibt sich kein vollständiges Bild der zahlreichen und variierten ägyptischen Vorstellungen von der Schöpfung[1]). Über die Erschaffung der Menschen wird sehr wenig ausgesagt, meist nur, daß sie aus den Tränen des Schöpfers entstanden seien[2]). Genaueres und Wesentlicheres über Schöpfungsvorstellungen und Anthropologie der Ägypter läßt sich Hymnen und ähnlichen Texten entnehmen (Abschnitt II).

1. *Die Schöpfung nach dem Denkmal memphitischer Theologie*

Der Text steht in Hieroglyphen auf einem Basalt-Stein, der heute im Britischen Museum verwahrt ist. Er wurde von Schabaka (716–701 v. Chr.) nach einem alten Papyrus aufgezeichnet. Veröffentlicht ist er bei H. Junker, Die Götterlehre von Memphis, ADAW 1939, Nr. 23.

---

[1]) S. dazu S. Sauneron und J. Yoyotte, La naissance du monde selon l'Égypte Ancienne, SOr 1, 1959, S. 18–91.

[2]) LÄ I, Sp. 303.

Die Entstehungszeit des Originaltextes, der der Steinabschrift des Schabaka zugrundeliegt, ist umstritten. Die Vermutungen schwanken vom frühen Alten Reich bis zu der einer „Fälschung" des Äthiopenkönigs Schabaka. Der Text bietet eine polemisch gefärbte, gegen den Anspruch von Heliopolis gerichtete Theologie, die Ptah als Schöpfer herausstellt. Dabei wird immer wieder auf die gemeinsame Struktur aller Lebewesen hingewiesen, auf „Gesetze" alles Lebenden. Hier sind nur die wenigen Stellen herausgegriffen, die die Schöpfung durch Erkenntnis und Befehlswort[3]) darstellen.

Die Schöpfung durchs Wort findet sich im Alten Testament im „Wortbericht" der priesterschriftlichen Schöpfungslehre 1.Mose 1, vor allem v. 3.6.14, bei Deuterojesaja, besonders Jes. 41,4; 44,26f.; 48,13; 50,2; 55,10f., überdies Hi. 37,5f. und nicht zuletzt Ps. 33,6.9 und 148,5. Zum schöpferischen Akt der Namensnennung vgl. dazuhin etwa Ps. 147,4 (Jes. 40,26), zum Ruhen der Gottheit nach der Schöpfung (Z.59) vgl. schließlich 1.Mose 2,2f.

Der Text ist oft, zuletzt bei M.Lichtheim, Ancient Egyptian Literature I, 1973, S.51ff. übersetzt worden.

[55]... Die Götterneunheit[4]) ist die Zähne und die Lippen in diesem Munde, der den Namen aller Dinge nannte, aus dem Schu und Tefnut hervorgegangen sind, [56]der die Neunheit geschaffen hat. Das Sehen der Augen, das Hören der Ohren, das Luftatmen der Nase, sie erstatten dem Herzen Meldung. Das Herz ist es, das jede Erkenntnis entstehen läßt, und die Zunge ist es, die wiederholt, was vom Herzen erdacht ist[5]). [57]So wurden alle Götter geschaffen und so wurde seine Neunheit vollendet. Es entstand ja jedes Gotteswort durch das, was vom Herzen erdacht und von der Zunge befohlen wurde. ... [58]So wurden alle Arbeiten verrichtet und alles Handwerk, das Tun der Hände und das Gehen der Füße und die Bewegung aller Glieder gemäß dieser Weisung, die vom Herzen erdacht wird und durch die Zunge hervorkommt. ... [59]So ruhte Ptah, nachdem er alle Dinge und alle Gottesworte gemacht hatte.

2. Re schildert seine Schöpfung

Der Text steht auf zwei hieratischen Papyri, die im Ägyptischen Museum in Turin bzw. im Britischen Museum zu London verwahrt sind. Beide stammen aus der Ramessidenzeit. Textveröffentlichung: A.H.Gardiner, Hieratic Papyri in the British Museum, 3rd Series, 1935, Tf. 64–65 (Zeilenzählung nach dem Papyrus in Turin).

Die Schilderung erfolgt im Zusammenhang einer mythischen Erzählung, wonach Isis den geheimen Namen des Sonnengottes dadurch zu erfahren sucht, daß sie ihn durch ein von ihr geschaffenes magisches Wesen beißen läßt und ihn erst dann von seinen Schmerzen befreit, als er ihr seinen geheimen Namen offenbart hat. Bevor er

---

[3]) Zusammenstellung vieler ägyptischer Stellen zur Schöpfung durch das Wort bei J.Zandee, Das Schöpferwort im Alten Ägypten: Verbum, FS H.E.Obbink, 1964, S.33–66.

[4]) Darunter ist hier die Gruppe der dem Schöpfergott zur Seite stehenden untergeordneten Götter zu verstehen.

[5]) Das Herz ist das Organ der Willensbildung (ebenso im AT: 2.Mose 35,5; 36,2; 1.Kön. 8,17; Jer. 23,20 u.ö.), die Zunge (oder der Mund) das des Willensvollzugs durch das schöpferische Wort.

diesen letzten Namen preisgibt, nennt er andere „Namen": seine Schöpfungswerke nämlich.

Der Erzählungszusammenhang, aus dem das nachfolgende Textstück stammt, hat im AT eine gewisse Parallele in der Zurückweisung der Frage nach dem Gottesnamen 1. Mose 32,30 (Ri. 13,17f.), kontrastiert aber insgesamt mit der souveränen Selbstvorstellung des at.lichen Gottes in seinem Namen 2. Mose 3,14; 6,2; 20,2 (.7) u.ö. Der ausgewählte Abschnitt berührt sich in Einzelzügen mit at.lichen Schöpfungsaussagen (z.B. mit Ps. 65,7ff.; 136,5ff.).

Übersetzt ist der Text auch in ANET³, S. 12 ff. und bei E. Brunner-Traut, Altägyptische Märchen, 1973³, S. 115 ff. (danach das folgende Textstück).

⁶... Ich bin es, der die Erde gemacht und die Berge geknüpft hat
Und der erschuf, was darauf ist.
⁷Ich bin es, der die Wasser gemacht hat, so daß die Himmelskuh entstand⁶).
Ich bin es, der den Stier gemacht hat für die Kuhherde,
So daß die Liebesfreude in die Welt kam.
Ich bin es, der den Himmel gemacht hat und die Geheimnisse der beiden Horizonte⁷),
Damit die Seelen der Götter darin wohnen.
⁸Ich bin es, der seine Augen öffnet, auf daß es Licht werde,
Und der seine Augen schließt, auf daß es Finsternis werde;
Auf dessen Geheiß die Fluten des Nils dahinströmen,
Dessen ⁹Namen die Götter aber nicht kennen.
Ich bin es, der die Stunden schafft, auf daß die Tage werden.
Ich bin es, der die Neujahrsfeste macht und der die Überschwemmungswasser schafft...

3. Die Welt vor der Schöpfung

Die wiedergegebenen Bruchstücke sind verschiedenen Texten entnommen: 1) Pyr. 1040, 2) Pyr. 1466, 3) CT II 396b und III 383a, 4) Pap. Berlin 3055, 16,3−4. Veröffentlicht sind die Stellen 1,2 und 4 bei H. Grapow, Die Welt vor der Schöpfung, ZÄS 67, 1931, S. 34−38.

Alle Stellen gehören zu Texten, welche die Einsamkeit des Schöpfergottes beim Akte der Schöpfung betonen, da sie für seine Unabhängigkeit von der geschaffenen Welt, für seine Allmacht und Weisheit zeugt. − Das Nicht-Seiende läßt sich nicht anders als mit der auf der Erfahrung des Seienden beruhenden Sprache schildern. Der Zustand der Welt vor der Schöpfung wird somit zwangsläufig in negativen Ausdrücken umschrieben. − Erhalten sind die wiedergegebenen Schöpfungsaussagen in Totentexten, in denen sich der Tote magisch mit dem Schöpfergott identifiziert, bzw. im Tempelritual des täglichen Gottesdienstes (Text 4).

At.liche Parallelen liegen vor im Eingang der jahwistischen Schöpfungserzählung 1. Mose 2,4b−5 und in Ps. 90,2, weisheitlich gefaßt überdies in Spr. 8, 24−26.

Zum geistigen Zusammenhang vgl. E. Hornung, Der Eine und die Vielen, 1971, S. 169−171 sowie H. Grapow, a.a.O.

⁶) Die Kuh erhebt sich aus dem Urwasser und bildet den Himmel. Vgl. Text Nr. 5.

⁷) Die Stellen, an denen die Sonne beim Auf- und Untergang die Erde berührt, religiös durch den Kontakt der beiden Welten hochbedeutsam für den Ägypter.

1) ... als der Himmel noch nicht entstanden war, als die Erde noch nicht entstanden war, als die beiden Ufergebirge noch nicht entstanden waren, als noch nicht Störung entstanden war, als noch nicht jene Furcht entstanden war, die wegen des Horusauges entstand [8]).

2) ... als der Himmel noch nicht entstanden war, als die Erde noch nicht entstanden war, als die Menschen noch nicht entstanden waren, als die Götter noch nicht geboren waren, als der Tod noch nicht entstanden war.

3) ... als noch nicht zwei Dinge in diesem Lande entstanden waren [9]).

4) (Amun ist der Gott), der im Uranfang war, als noch kein Gott entstanden war, als noch nicht der Name irgendeines Dinges genannt worden war.

4. Die vier Wohltaten des Schöpfers

Der Text ist auf sieben Särgen des Mittleren Reiches erhalten. Veröffentlicht ist er in CT VII, OIP 87, S. 461 ff.

Im Zusammenhang eines Totentextes sind Worte des Schöpfergottes erhalten, die dieser spricht, um wirre menschliche Vorwürfe gegen ihn wegen der Unordnung in der Welt zu entkräften. Er richtet sie an sein Gefolge, das alle die Schöpfungsordnung bedrohenden Mächte bekämpft, sowohl kosmische Kräfte (Wolken) als auch menschlichen Aufruhr. Vgl. auch den Text Nr. 5.

Die Pointe im wiedergegebenen Textstück, das Böse, die Störung des Geschaffenen, rühre ausschließlich her aus dem Herzen der Menschen, hat im AT vor allem in der ätiologisch orientierten Darstellung des Jahwisten 1. Mose 3–11* Parallelen. Vgl. besonders 1. Mose 6,5; 8,21; andererseits etwa auch Jer. 2,21 ff.; 5,23 ff.

Das Textstück ist oft übersetzt und behandelt worden: Vgl. Eb. Otto, Der Vorwurf an Gott, 1951; ANET³, S. 7; L. H. Lesko, The Ancient Egyptian Book of Two Ways, 1972, S. 130 f.; G. Fecht, Der Vorwurf an Gott in den Mahnworten des Ipu-wer, AHAW 1, 1972, S. 122 ff.; M. Lichtheim, Ancient Egyptian Literature I, 1973, S. 131 f.

[461]Der Allherr spricht zu denen, die den Aufruhr zum Schweigen bringen, bei der Fahrt des Hofstaates [10]): [462]„Zieht nur hin in Frieden! Um das Böse zum Schweigen zu bringen, wiederhole ich euch die guten Taten [11]), die mein eigenes Herz mir eingegeben hat innen in der Umringlerschlange [12]). Ich habe

---

[8]) Mit der Verletzung des Horusauges durch Seth geschah die erste böse Tat auf Erden, anders als im AT (1. Mose 4) durch Götter. Konflikte gehören nach dem ägyptischen Weltbild wesentlich zur Schöpfung. Seit jener Tat herrscht Furcht.

[9]) Schöpfung bedeutet auch Differenzierung (vgl. die Akte des „Scheidens" in 1. Mose 1, 4.6.7.14.18). Nur der Zustand vor der Schöpfung ist ungegliedert.

[10]) Gemeint ist der Hofstaat des Sonnengottes, er wendet sich also an seine Begleiter im Sonnenschiff.

[11]) In vier Handschriften scheint zu stehen „die beiden guten Taten"; die Überlieferung ist unsicher.

[12]) Symbol des Urmeeres (der *tehom*), in dem der Schöpfergott seinen Weltplan faßte, bevor er ihn durch das Wort in die Tat umsetzte. In Text Nr. 6 ist der Gott selbst eine Schlange im Urmeer.

vier gute Taten getan im Tor des Horizontes [13]): Ich habe die vier Winde geschaffen, [463]damit jedermann atmen könne in seiner Umgebung [14]); das ist eine der Taten. Ich habe die große Flut (Nilüberschwemmung) geschaffen, damit der Arme (darüber) Verfügung habe wie der Reiche; das ist eine der Taten. Ich habe jedermann geschaffen wie seinen Nächsten [464]und nicht befohlen, daß sie Böses täten: ihre Herzen [15]) waren es, die das gestört haben, was ich gemacht [16]) hatte; das ist eine der Taten. Ich habe gemacht, daß ihre Herzen den Westen (das Totenreich) nicht vergessen können, damit den Göttern des Landes [17]) Opfer gebracht würden; das ist eine der Taten."

Der Menschen Aufruhr

5. Die Vernichtung des Menschengeschlechts

Der Text ist in Hieroglyphen in den Gräbern Sethos' I., Ramses' II., III. und VI. erhalten, allerdings fehler- und lückenhaft. Veröffentlicht ist er in einer synoptischen Ausgabe: Ch. Maystre, BIFAO 40, 1941, S. 53 ff. (Zeilenzählung nach Sethos I.).

Die vorliegende Textfassung stammt wohl aus der 18. Dynastie (16./14. Jh.), da der mittelägyptische Text mannigfache Anlehnungen an die Sprache dieser Zeit enthält. Der Stoff ist sicherlich älter (Anspielung auf den ersten Teil in der Lehre für Merikare, Nr. 27, auf die Entfernung Gottes in CT II 25 und 34). Die Form ist weitgehend volkstümlich. Ätiologische Ausdeutungen vieler Episoden hängen sich an „Wortspiele" an („und so entstand ..."). Sie sind hier ausgelassen.

In manchem entspricht der Text der Sintfluterzählung 1. Mose 6–8, zweifellos mutatis mutandis. Mittel der Vernichtung der Menschen im ägyptischen Bereich, für den die Nilüberschwemmung Segen bedeutet, ist naturgemäß nicht die Flut, sondern die Wüstenglut. Mittel der Errettung des Rests ist entsprechend nicht der schwimmende Kasten, die Arche, sondern der Rauschtrank, der die ahndende Göttin überlistet. Daß die Gottheit einen Rest der Menschen, die im Aufruhr ihr Leben verwirkt haben, begnadigt, hat in der Erzählung von Noah seine Parallele (1. Mose 6, 8 ff.). Die nach dem Aufruhr eintretende Gottesferne endlich hat eine gewisse Entsprechung in der bereits 1. Mose 3, 23 f. erzählten Vertreibung der Menschen aus Gottes Garten.

Der Text ist oft übersetzt und erklärt worden: vgl. ANET[3], S. 10; E. Brunner-Traut, Altägyptische Märchen, 1973[3], Nr. 69; S. Donadoni, Testi religiosi egizi, 1970, S. 365 ff.

[1]Es geschah aber, daß [das Alter auf] Re, den Gott, der selbst geworden ist, herabgestiegen war, nachdem er im Königtum über die Menschen und die

---

[13]) Das Tor, durch das die Sonne erstmals bei der Schöpfung, dann täglich im Osten erscheint.

[14]) Es ist offenbar an die vier Weltgegenden und die Mannigfaltigkeit der Schöpfungswerke gedacht (Menschenrassen, Lebensbedingungen).

[15]) Herz als Sitz menschlicher Vernunft, also der Willensfreiheit und Verantwortung (s. o. Anm. 5).

[16]) Wörtlich: „gesagt", also Schöpfung durch das Wort.

[17]) Wörtlich: „den Gaugöttern", wohl im Unterschied zu den auch oft „Götter" genannten Toten.

Götter allzumal gestanden hatte. Da planten die Menschen [2]etwas gegen
Re [18]). Seine Majestät aber war alt geworden, seine Knochen aus Silber, sein
Fleisch aus Gold, seine Haare aus echtem Lapislazuli. Da [3]erfuhr Seine Majestät von den Anschlägen, die von den Menschen gegen ihn geplant wurden,
und es sprach Seine Majestät zu seinem Gefolge: „Rufe mir doch mein Auge
und Schu, [4]Tefnut, Geb, Nut samt den Vätern und Müttern, die bei mir
waren, als ich noch im Nun weilte, und auch die Gottheit, den Nun selbst [19]),
wobei er auch seinen Hofstaat [5]mit sich bringen soll. Aber bringe sie heimlich her: Die Menschen sollen es nicht sehen und ihr Herz soll nicht fliehen [20]).
Du sollst mit ihnen (den Göttern) zum Palast kommen, damit sie ihre Ratschläge vortragen. Am Ende [6]gehe ich dann in den Nun [21]) zurück, dorthin,
wo ich entstanden bin.

Da wurden diese Götter herbeigebracht, und diese Götter (reihten sich) zu
seinen beiden Seiten auf, die Stirn auf dem Boden [7]vor Seiner Majestät, damit
er (Re) seine Rede halte vor seinem Vater (Nun), dem Ältesten, dem Erschaffer
der Menschen, dem König des Volkes. Sie sprachen zu Seiner Majestät:
„Sprich [8]zu uns, damit wir es hören!" Und Re sprach zu Nun: „Du ältester
Gott, aus dem ich entstanden bin, und ihr Urgötter! Seht, die Menschen, die
[9]aus meinem Auge entstanden sind [22]), sie haben Pläne gegen mich ersonnen.
Sagt mir, was ihr dagegen tätet. Seht, ich suche (die rechte Lösung) und töte
sie nicht, bis ich gehört habe, was ihr [10]dazu zu sagen habt."

Da sprach die Majestät des Nun: „Mein Sohn Re, du Gott, der größer ist
als sein Erzeuger, älter (dh. ehrwürdiger) als seine Schöpfer, nimm wieder
Platz auf deinem Thron [23])! [11]Die Furcht vor dir ist groß, da doch dein Auge [24])
gegen die steht, die sich von dir entfernt haben." [25])

Da sprach die Majestät des Re: „Seht, sie sind in die Wüste geflohen. Ihre
Herzen sind in Furcht wegen dessen, was sie gedacht haben."

[12]Da sprachen sie zu Seiner Majestät: „Laß dein Auge ausgehen und sie

---

[18]) Das Ende der engen Gemeinschaft Gottes mit den Menschen auf Erden wird
durch Anschläge der Menschen herbeigeführt, die durch das hohe Alter und die Schwä-
che des Gottes möglich werden.

[19]) „Nun" ist das Urmeer vor der Schöpfung, die potentiell fruchtbare, aber nicht
aktiv schöpferische Flut, der at.lichen *tehom* entsprechend.

[20]) Wahrscheinlich ist an Ohnmacht gedacht.

[21]) Das Eschaton gleicht dem Anfang. Vgl. Text Nr. 6.

[22]) Ein ägyptischer Mythus von der Erschaffung der Menschen läßt sie aus den
Tränen der Gottheit entstehen. Vgl. LÄ I, Sp. 303 (dort unter dem Stichwort Anthropologie, religiöse).

[23]) Re hatte sich vor seinem Vater erhoben; er spricht nur ihn an.

[24]) Das Sonnenauge, zugleich Tochter (pupilla) des Gottes, birgt todbringende
Gewalt, besonders in der Wüste.

[25]) Doppelsinn: Die Menschen haben sich bei der Schöpfung – äußerlich – vom
Schöpfer entfernt, aus dessen Auge sie stammen; sie haben sich aber jetzt noch einmal
durch die Empörung von ihm entfernt, sie sind abgefallen.

dir schlagen, die sich (jetzt) im Bösen entfernt haben [26]). Es gibt kein Auge, das ihm über wäre, sie für dich zu schlagen. [13]Es steige hinab als Hathor." [27])

Dann kam diese Göttin zurück, nachdem sie die Menschen in der Wüste geschlachtet hatte. Da sprach die Majestät dieses Gottes: „Willkommen in Frieden, Hathor, die du für den Schöpfer das getan hast, weswegen du gekommen bist."

[14]Da sprach diese Göttin: „So wahr du für mich lebst, ich habe mich der Menschen bemächtigt, und es war ein Labsal für mein Herz."

Da sagte die Majestät des Re: „Jetzt werde ich Macht haben können über sie als König (?), [15]da ich sie an Zahl verringert habe" ...

Da sprach Re: [16]„Ruft mir Schnellboten her, die dahinsausen, damit sie huschen wie der Schatten eines Körpers!" Diese Boten wurden ihm sofort gebracht. [17]Da sprach die Majestät dieses Gottes: „Lauft nach Elephantine und holt mir viel roten Ocker!" Da wurde ihm dieser Ocker gebracht. Dann ließ die Majestät dieses Gottes [18]den Bezopften, der in Heliopolis ist, diesen Ocker zerreiben [28]). Inzwischen hatten Sklavinnen Gerste zum Bier(brauen) gemahlen, und nun schüttete man diesen roten Ocker in die Maische, und es sah aus wie [19]Menschenblut. Es machte 7000 Krüge Bier aus.

Dann kam die Majestät des Königs von Ober- und Unterägypten Re zusammen mit diesen Göttern, um sich dies Bier anzusehen.

Inzwischen war der Morgen gekommen, [20]an dem die Menschen zur Zeit ihrer Fahrt nach Süden (vollends) durch diese Göttin geschlachtet werden sollten. Da sprach die Majestät des Re: „Wie gut ist es (das Bier)! Ich werde [21]die Menschen vor ihr (der Göttin) schützen." Dann sprach Re: „Tragt es an den Ort, von dem sie gesagt hat: ‚Dort will ich die Menschen schlachten'." Die Majestät des Königs von Ober- und Unterägypten Re hatte sich schon ganz früh, [22]in tiefer Nacht, erhoben, um diesen Schlaftrunk ausgießen zu lassen. Nun wurden die Felder damit drei Handbreit hoch überflutet nach dem Willen der Majestät dieses Gottes.

Da kam [23]diese Göttin am Morgen und fand diese (Felder) überflutet. Ihr Antlitz wurde milde davon [29]). Dann trank sie, und es tat ihrem Herzen wohl. Sie kam trunken zurück, ohne die Menschen [24]erkannt zu haben. Da sprach die Majestät des Re zu dieser Göttin: „Willkommen in Frieden, du Holde!"

[27]... Dann sprach die Majestät des Re: „So wahr ich mir lebe, mein Herz ist viel zu müde, um mit ihnen (den Menschen) zusammen zu sein. Hätte ich sie bis auf den letzten Rest vernichtet, dann wäre [28]die Reichweite meines Armes nicht zu gering gewesen." Aber die Götter seines Gefolges sprachen:

---

[26]) S. die vorige Anm.

[27]) Auf Erden muß das Auge die Gestalt einer Göttin annehmen. Hathor ist Göttin des Rausches, des Blutrausches sowohl wie des Bierrausches (auch des Liebesrausches).

[28]) Der Hohepriester von Heliopolis trägt gelegentlich einen Seitenzopf. Kornmahlend werden nur andere Würdenträger des Neuen Reichs dargestellt. Es wird sich dennoch um die Ätiologie eines Kultbrauches handeln.

[29]) Der Anblick des (vermeintlichen) Blutes stimmt die Göttin froh und veranlaßt sie, sofort zu trinken.

„Ziehe dich nicht zurück in deiner Müdigkeit. Du hast doch Macht über was du nur willst." Aber die Majestät [29]dieses Gottes sprach zur Majestät des Nun: „Meine Glieder sind schlaff wie in der Urzeit. Ich kann mich nicht mehr wehren (?) gegen einen anderen, der mich angreift."

Da sprach die Majestät des Nun: „Mein Sohn Schu[30]), habe ein Auge auf [30]deinen Vater und schütze ihn! Meine Tochter Nut, setze ihn (auf deinen Rücken)!" Da sprach Nut: „Wie meinst du denn das, mein Vater Nun?" So sprach Nut. [31]... Dann verwandelte sich Nut (in eine Kuh) und die Majestät des Re setzte sich auf ihren Rücken ... die Menschen [32]... staunten, als sie ihn auf dem Rücken der Kuh sahen. Da sprachen die [33]Menschen: „... uns, dann werden wir deine Feinde fällen, die Pläne ersonnen haben gegen den, der sie erschaffen hat (?)." [34]Seine Majestät aber begab sich in den Palast (hoch oben) auf dem Rücken der Kuh und war nicht mehr bei ihnen. Da lag die Erde im Dunkeln[31]). Als der Morgen dämmerte, da zogen die Menschen [35]aus mit ihren Bogen[32]).

Weltende

6. Gespräch des Osiris mit Atum

Der Text ist in drei Handschriften des Totenbuches als „Spruch 175" erhalten. Seine beste Fassung findet sich im Papyrus des Cha in Turin: E. Schiaparelli, La tomba intatta dell'architetto Cha, 1927, S. 60, 18. Dynastie. Ferner Papyri Leiden T 5 und Brit. Mus. 10.470 (Ani), beide 18./19. Dynastie (1450–1200). – Ein Bruchstück steht – wohl als Zitat – schon in den Sargtexten der 12. Dynastie (1991–1785): CT III 82 f. (Zeilenzählung nach Cha).

Dieses Mythenfragment ist in Totentexte geraten, weil darin vom Überleben und langer Lebensdauer die Rede ist.

Mit at.lichem Denken berührt sich das Fragment in mehreren Punkten: So, wenn das Totenreich als „Wüste" aufgefaßt ist. Vergleichbare Assoziationen sind in Jer. 2, 31 und Hi. 12,24 f. im Schwang[33]). Ist von der „Tiefe" die Rede, gibt es noch ausgeprägtere Parallelen, etwa in 2. Mose 15,5 und Ps. 88,7. Wie im AT werden die Bedingungen im Totenreich „via negationis" erschlossen: Gehört zum irdischen Leben Licht, so zum Totenreich Finsternis, Dunkel. Vgl. hierzu u. a. Hi. 10,21 f.; 15,22; 17, 13; 18,18; 38,17, nicht zuletzt Ps. 88,7.13.19. Auch ist die Befürchtung, im Tod von Gott geschieden zu sein, im AT lebendig: vgl. Jes. 38,18; Ps. 6,6; 88,11–13. – Andererseits gibt es im alten Ägypten neben solch skeptisch-pessimistischen Auffassungen auch ganz andere, hellere und freundlichere Vorstellungen vom jenseitigen Leben.

---

[30]) Schu, ein Sohn des Re, ist der Gott des Luftraums zwischen Erde und Himmel.

[31] Mit der Entfernung des Gottes von der Erde bricht über diese die Urfinsternis aus der Zeit vor der Schöpfung – teilweise, bei Nacht – wieder herein.

[32]) Im folgenden ist ein Mythus von der Entstehung und der Wertung des Krieges nur sehr verstümmelt erhalten. Paralleltexte dazu bei J. Yoyotte, in: École Pratique des Hautes Études, V^e section, Annuaire 1971–1972, Bd. 79, S. 164 f.

[33]) Vgl. hierzu N. J. Tromp, Primitive Conceptions of Death and the Nether World in the O. T., BibOr 21, 1969, S. 130–133.

Der Text ist oft übersetzt worden: vgl. z.B. Eb.Otto, Der Vorwurf an Gott, 1951; H.Kees, Ägypten, RGL 10, 1928, S.27f.; ANET³, S.9; S.Donadoni, Testi religiosi egizi, 1970, S.327f.

[11]Was Osiris zu Atum sagte: „Was soll das, daß ich in die Wüste des Totenreiches ziehen muß? [12]Sie hat doch kein Wasser, sie hat doch keine Atemluft, sie ist so tief, so dunkel, so endlos!"[34] (Atum:) „Du lebst dort in Sorglosigkeit." [13](Osiris:) „Aber dort kann man keine geschlechtliche Befriedigung finden." „Ich habe Verklärtheit anstelle von Geschlechtlichkeit, Wasser [14]und Atemluft gegeben. Sorglosigkeit anstelle von Brot und Bier[35]," sagte Atum. (Osiris:) „Wie [15]schmerzlich ist es mir aber, dein Angesicht nicht zu schauen."[36] „Ich dulde nicht, [16]daß du Mangel leidest" … [19]… „Wie steht es nun mit der Lebenszeit?" [20]fragte Osiris. „Du wirst Millionen von Millionen (Jahre leben). Die Lebenszeit dort beträgt Millionen! [21]Ich aber werde alles, was ich geschaffen habe, zerstören. Diese Erde wird wieder in den Nun zurückgehen, in die Flut (?), [22]wie im Urzustand. Ich bin das, was übrig bleibt – zusammen mit Osiris –, nachdem ich meine Gestalt [23]wieder in eine Schlange verwandelt habe[37]), die kein Mensch kennengelernt, die kein Gott gesehen hat …"

II. Kulthymnen (und literarische Nachformungen)

Hymnen sind aus den drei Jahrtausenden ägyptischer Geschichte überaus zahlreich erhalten. Die im täglichen Tempelkult gesungenen Lieder aus älterer Zeit kennen wir freilich kaum; oft nur insoweit, als sie sich in persönlichen Liedern niedergeschlagen haben, die vor allem in Gräbern und auf Grabsteinen aufgeschrieben sind. Eine andere indirekte Quelle sind die hier übersetzten Hymnen, die auf Papyri niedergeschrieben sind und als literarische Produkte gewertet werden müssen, obwohl auch sie zumindest Gedanken, wahrscheinlich aber auch Formulierungen der im Tempelkult vorgetragenen Hymnen widerspiegeln. Vgl. J.Assmann, Liturgische Lieder an den Sonnengott, Untersuchungen zur altägyptischen Hymnik I, MÄSt 19, 1969.

---

[34]) Das Jenseits hat chaotische Qualitäten: Es ist lichtlos, grenzenlos und tief, vgl. 1.Mose 1,2. Osiris ist der Gott, der die menschliche Not des Sterbens erfahren hat und nun sein Los dem Atum, dem ältesten Gott und Weltschöpfer, klagt. Durch seinen Mund klagt die Menschheit.

[35]) Das Fragment aus dem Mittleren Reich hat die literarisch bessere Variante: „Ich habe Verklärtheit anstelle von Geschlechtlichkeit, Herzensweite anstelle von Herzensenge, Sorglosigkeit anstelle von Brotessen gegeben." Herzensweite bzw. -enge: Sorgen ziehen das Herz zusammen, Freude macht es weit. Ein in Ägypten häufiges Bild.

[36]) Atum ist zugleich Sonnengott.

[37]) Die Schlange kann im Urwasser leben; daher nimmt der Urgott vor und nach der Periode der geschaffenen Welt ihre Gestalt (bzw. die eines Aales) an. Vgl. auch Text Nr. 4 und Anm. 12.

7. Hymnus an Amun aus der 18. Dynastie

Der Text ist der Sammelhandschrift Papyrus Boulaq 17 – jetzt im Museum von Kairo – entnommen. Seine Veröffentlichung besorgte A. Mariette, Les papyri égyptiens du Musée de Boulaq, 1871–76, II, Tf. XI–XIII (Ausschnitte und Anspielungen finden sich auch auf anderen Denkmälern).

Entstanden ist der Hymnus in der 18. Dynastie vor der Regierung Echnatons (vor 1365 v. Chr.). Die gen. Handschrift enthält vier Amunshymnen. Teile aus dem 2. und 3. Hymnus sind nachstehend wiedergegeben. Die fortgelassenen Partien enthalten vorwiegend mythologische Umschreibungen der Macht Amuns. Inwieweit es sich um einen literarischen oder kultischen Hymnus handelt, ist derzeit noch offen.

Die Gattung des Hymnus (des beschreibenden Lobs) tritt vergleichbar im AT auf, auch dort gern mit Bezug auf die Gottestaten der Schöpfung (Hi. 26,7 ff.; 37,2 ff.; Ps. 19,1–7; 33,6.7.9; 65,7; 104; 136,5–9; 146,6 u. ö.). Ebenso wie im ägyptischen Text (IV 2.5; VI 3) kann auf den Mund des Gottes abgehoben sein, der über das Schöpferwort verfügt (Ps. 33,6; 148,5). Mit der Schöpfungsthematik verbindet sich etwa auch in Ps. 104, 10 ff. 27 f. der Gesichtspunkt der Fürsorge Gottes. In Ps. 146, 6–8 ist, mit den Amunshymnen vergleichbar (IV 3.4), das Motiv der Rechtshilfe für den Bedrückten, der Erhörung des Gefangenen und der Aufrichtung des Gebeugten einbezogen. Auch versteht sich die at.liche Gemeinde zugleich als Gottes Geschöpf und Herde (vgl. Ps. 95, 4–7 mit VII 1), apostrophiert überdies den Schöpfer als König (vgl. Ps. 95,3 mit III 5). Selbst der Gedanke, der Schöpfergott habe andere Götter erschaffen und müsse von ihnen entsprechend gelobt sein (III 6; IV 2; V 1; VII 4 ff.), hallt von Ferne in biblischen Hymnen nach (Ps. 29,1 f.; 148,1 ff.; Hi. 38,7). Andererseits ist wichtig und nicht zu verkennen, daß at.licher Lobpreis keinem Sonnengott gelten kann (Ps. 148,3). Der Sonnenhymnus Ps. 19,5 b–7 läßt keinen Zweifel daran, daß auch die Sonne nur Gottes Geschöpf ist. – Zu weiteren Bezügen s. u. Anm. 47.

Einzige Bearbeitung von E. Grébaut, Hymne à Ammon-Ra, 1874. Vollständige Übersetzung in ANET[3], S. 365–367.

III 5 . . . Guter Hirte, der in der Weißen Krone erscheint,
Herr der Strahlen, der [6]die Helligkeit macht,
Dem die Götter Hymnen darbringen,
Der seine Arme reicht dem, den er liebt[38]),
Während sein Feind von einer [7]Flamme verzehrt wird:
Das ist sein Auge[39]), das die Feinde zu Fall bringt.
. . . IV1 . . . Heil dir, Re, Herr der Ordnung[40]),
Dessen Schrein verborgen ist[41]), Herr der Götter,
[2]Chepri in seiner Barke[42]), der Worte sprach und die Götter entstanden,
Atum, der das Volk schuf,
Der [3]ihre Arten unterschied und machte, daß sie leben können,

---

[38]) Auch die Übersetzung: „wem er will" ist möglich.

[39]) Das Sonnenauge hat auch böse, verbrennende Kraft, s. Text Nr. 5.

[40]) Maat, „Ordnung", umfaßt zugleich Wahrheit, Recht, Ordnung in Natur und Gesellschaft.

[41]) Der Sonnengott besitzt kein Kultbild in einem Sanktuar wie andere Götter.

[42]) Chepri ist die Form des jugendlichen Sonnengottes am Morgen. Der Sonnengott fährt in einem Boot.

Der die Hautfarben unterschied, eine von der anderen;
Der das Gebet dessen hört, der in Gefangenschaft (?) [4]ist,
Barmherzig dem, der ihn anruft,
Der den Scheuen rettet von dem Gewalttätigen,
Der Recht spricht dem Schwachen [5]und dem Verletzten.
Herr der Einsicht, dessen Mund über das Schöpferwort verfügt;
Dem zuliebe die Nilüberschwemmung kommt.
[6]Herr der Milde, mit großer Liebe,
Der kommt, um das Volk zu beleben (?),
Der freien Lauf gibt [7]jedem Wesen,
Das etwa aus dem Nun geschaffen wird [43]),
Dessen Milde das Licht geschaffen hat,
Über dessen Vollkommenheit die Götter [V] [1]jubeln,
Bei dessen Anblick die Herzen leben. Ende.

Re, den man in Karnak verehrt!
… [4]Heil dir, der du im Frieden bist!
Herr der Freude, mächtig beim Erscheinen,
[5]Herr der Uräusschlange, mit hohen Federn,
Mit schönem Stirnband und hoher Weißer Krone.
Die Götter lieben es, dich zu sehen.
[6]Die Doppelkrone ist fest auf deiner Stirn. Deine Liebe ist durch Ägypten aus-
 gebreitet,
Wenn deine Strahlen in den Augen erschienen sind.
Die [7]Vollkommenheit der Oberschicht bedeutet dein Aufgang.
Das Vieh wird müde, wenn du strahlst.
Deine Liebe ist im südlichen Himmel,
[VI] [1]Deine Milde im nördlichen Himmel.
Deine Vollkommenheit ergreift die Herzen,
Deine Liebe läßt die Arme sinken.
[2]Deine vollkommene Gestalt macht die Hände schlaff,
Die Herzen vergessen, wenn sie dich sehen [44]).
Einzigartige Gestalt, die schuf alles, [3]was da ist,
Einzig Einer, der machte, was existiert.
Aus dessen Augen die Menschen hervorgegangen sind [45]),
Aus dessen Mund die Götter wurden.
Der das Kraut schafft, [4]das die Herden leben läßt,
Und die Fruchtbäume für das Menschenvolk.
Der macht, wovon die Fische [5]im Strom leben
Und die Vögel unterm Himmel.
Der Luft gibt dem Wesen im Ei

---

[43]) Da die Schöpfung nicht abgeschlossen ist, kann Gott auch in Zukunft noch unbekannte Wesen aus dem Urmeer, dem Nun, schaffen. Vgl. 5. Mose 8, 3.

[44]) Geborgenheit hat völlige Entspannung zur Folge.

[45]) Vgl. Anm. 22.

Und das Junge der Schlangen ernährt.
Der macht, wovon [6]die Mücken leben können
Und die Würmer und Flöhe ebenso.
Der schafft, was die Mäuse in ihren Löchern brauchen,
[7]Und ernährt das, was fliegt, in jedem Baum.
Heil dir, der du dies alles tatest,
Einzig Einer, mit vielen Händen[46]),
[VII] [1]Der des nachts wacht, wenn alle Welt schläft,
Indem er sucht, was nützlich ist für seine Herde[47]),
Du Amun, der in allen Dingen währt[48]),
[2]Atum und Harachte[49]),
Preis gilt dir, wenn alle sprechen:
‚Jubel für dich, weil du dich [3]mit uns abmühst,
Verehrung dir, weil du uns geschaffen hast!‘

Heil dir, wegen alles Viehs[50]),
Jubel dir, wegen [4]aller fremden Länder[51]),
Bis zur Höhe des Himmels und bis zur Weite der Erde und bis zur Tiefe des
     Meeres!
Die Götter verneigen [5]sich vor deiner Majestät
Und preisen die Macht dessen, der sie geschaffen hat;
Sie jubeln, wenn der naht, der sie erzeugt hat.
Sie [6]sagen zu dir: ‚Willkommen, Vater der Väter aller Götter,
Der den Himmel erhoben und den Erdboden ausgebreitet hat,
Der [7]machte, was ist, und schuf, was sein wird,
Du Herrscher – Leben, Heil, Gesundheit! –, Oberhaupt der Götter!
Wir preisen deine Macht, [VIII] [1]so wie du uns geschaffen hast.
Wir opfern dir (?), weil du uns geboren hast.
Wir bringen dir Hymnen dar, weil du dich mit uns abmühst.

Heil dir, der [2]du alles machtest, was ist!
Herr der Ordnung, Vater der Götter,

---

[46]) Die vielen Hände entsprechen zunächst der mannigfachen Schöpfertätigkeit,
dann aber auch dem fortdauernden Wirken in der creatio continua. Die Amarnazeit
stellt diese Vielhändigkeit Gottes im Bilde dar: Von der Scheibe des Aton gehen viele
Sonnenstrahlen aus, die sämtlich in Hände münden. Vgl. Abb. 1.

[47]) Die Herde Gottes sind die Menschen, die er weidet (vgl. z.B. Ps. 95,7). Zur
schlaflosen Fürsorge Gottes vgl. Ps. 121,3. Zum Bild Gottes oder des Königs als guten
Hirten und der Menschen als einer Herde vgl. D. Müller, ZÄS 86, 1961, S. 126 ff.

[48]) Diese bedeutende Aussage über Amun wird zugleich durch einen Anklang
„bestätigt“; mn „bleiben“ klingt dem Namen des Amun ähnlich.

[49]) Atum und Harachte sind Erscheinungsformen des Sonnengottes während des
Tageslaufes.

[50]) Vielleicht sind Tiere, besonders solche der Wüste, gemeint, vielleicht auch die
Menschen als Herde Gottes, vielleicht aber auch beides.

[51]) Anspielung auf die Mannigfaltigkeit der Schöpfung, die für jedes Land eine
eigentümliche, angemessene Fürsorge zeigt. S. Text Nr. 8.

Der die Menschen machte und das Getier schuf,
Herr des Korns, ³der aber auch dafür sorgt, daß die Tiere der Wüste leben
können. . . .

8. Der große Hymnus Echnatons an Aton

Der Text steht in Hieroglyphen eingemeißelt im Grabe des Eje in Tell el-Amarna.
(Kürzere Fassungen finden sich auf der gegenüberliegenden Wand und anderweitig.)
Die Publikation besorgte N. de G. Davies, The Rock Tombs of El Amarna VI, 1908,
Tf. XXVII und XLI.

Der Hymnus ist von König Echnaton (Amenophis IV., 1365–1348) eigenständig
abgefaßt worden, freilich im Anschluß an die alte Form des Hymnus an die aufgehende
Sonne und unter Verwendung überkommener Gedanken und Formulierungen. Bezeichnend für seine neue Theologie ist, daß er konsequent bestimmte Gedanken fort-
läßt, vor allem solche, die auf das Fortleben nach dem Tode oder auf Mythen Bezug
nehmen. Vgl. die Berührungspunkte mit den Texten Nr. 7 und 9.

Der Hymnus Echnatons weist Abschnitte auf, die im at.lichen Ps. 104 auffallende
Parallelen haben: Vgl. etwa die Zeilen 3.4 mit Ps. 104,20 f., Z. 6 mit Ps. 104,25 f.,
Z. 7 (Schluß) mit Ps. 104,24, Z. 10 mit Ps. 104,10 ff. Daß Parallelität grundverschie-
dene Wertung nicht ausschließt, wird an den Darstellungen des Einbruchs der Nacht
offensichtlich (Z. 3.4; Ps. 104,20 f.). Die Parallelität ist oft diskutiert worden: Vgl.
z. B. G. Nagel, FS Bertholet, 1950, S. 395 ff.; S. Morenz, HO I, 1,2, 1970², S. 231 f.
– Zu einzelnen Berührungspunkten vgl. auch die Anm. 57. 58. 60. 64.

Der Text ist auch häufig übersetzt worden, so von K. Sethe bei H. Schäfer, Amarna
in Religion und Kunst, 1931², S. 63 ff.; H. Kees, Ägypten, RGL 10, 1928, S. 6 ff.;
R. J. Williams in DOTT, S. 142 ff., nicht zuletzt auch von J. A. Wilson in ANET³,
S. 369 ff.

²Schön erstrahlst du am Himmelshorizont ⁵²), du lebender Aton ⁵³), du Anfang des Lebens. Wenn du am östlichen Horizont aufgegangen bist, dann hast
du jedes Land mit deiner Vollkommenheit erfüllt. Du bist schön und groß,
licht und hoch über jedem Lande, deine Strahlen umarmen die Lande bis hin
zu alledem, was du geschaffen hast. ³Du bist Re und reichst bis an ihr Ende
und bändigst sie für deinen geliebten Sohn (Echnaton). Bist du auch fern, so
sind deine Strahlen doch auf Erden; obwohl du in der Menschen Antlitz bist,
kennt man doch deinen Gang nicht. Gehst du unter im westlichen Horizont,
so liegt die Erde im Dunkel wie im Tode. Die Schläfer sind in den Kammern,
die Häupter verhüllt, kein Auge sieht das andere. All ihre Habe unter ihren
Köpfen mag gestohlen werden – sie merken es nicht. ⁴Alle Löwen sind aus
ihren Höhlen gekommen, alles Gewürm beißt. Das Dunkel ist …, die Erde
liegt in Schweigen, (denn) der sie schuf, ist in seinem Horizonte zur Ruhe
gegangen. – Hell wird die Erde: Du bist im Horizont aufgegangen. Du bist
als Aton erstrahlt am Tage und hast das Dunkel vertrieben. Du spendest

---

⁵²) S. o. Anm. 7.

⁵³) Aton ist Name und Erscheinungsform des von Echnaton ausschließlich verehrten Gottes, der freilich auch Re oder Re-Harachte heißt. Das Beiwort „lebend"
kommt in Ägypten seit alters der Gottheit zu.

deine Strahlen, und die beiden Länder[54]) sind in Festesfreude. Die Sonnen-
menschen sind erwacht und haben sich auf die Füße gestellt, du hast sie aufgerichtet. Sie waschen ihren Leib und nehmen die [5]Kleider, ihre Arme beugen
sich in Anbetung, weil du erscheinst. Das ganze Land geht an seine Arbeit.

Abb. 1: König Echnaton mit Gemahlin und Tochter opfern dem
Aton, dessen Strahlen in Hände endigen (vgl. Anm. 46)

---

[54]) Gemeint ist Ägypten.

Alles Vieh freut sich über sein Futter, Bäume und Kräuter grünen. Die Vögel flattern in ihren Nestern, ihre Flügel erheben sich in Anbetung vor deinem Geist[55]). Alle Lämmer hüpfen umher, die Vögel und alles, was flattert, [6]sie leben, denn du bist aufgegangen für sie. Die Schiffe fahren stromab und auch stromauf, jeder Weg ist offen, weil du erscheinst. Die Fische im Strom springen vor deinem Angesicht, denn deine Strahlen dringen in die Tiefe des Meeres. –

Der den Samen sich entwickeln läßt in den Frauen, der Flüssigkeit zu Menschen macht; der das Kind im Leibe seiner Mutter am Leben erhält, der es beruhigt, so daß es nicht mehr weint, du Amme im [7]Mutterleib. Der Atem gibt, um jedes, das er geschaffen hat, am Leben zu erhalten. Steigt es herab aus dem Leib, um zu atmen, am Tage seiner Geburt, so öffnest du seinen Mund vollends zum Sprechen und schaffst seinen Unterhalt. Das Küken im Ei, das schon in der Schale spricht[56]), dem gibst du Luft in seinem Innern, es am Leben zu erhalten. Du hast ihm seine Kraft gegeben, es (das Ei) zu zerbrechen. Es kommt hervor aus dem Ei, um mit voller Kraft zu sprechen, und läuft fort auf seinen Füßen, sobald es herausgekommen ist.

Wie mannigfaltig sind doch deine Werke! Sie sind verborgen vor dem Gesicht (der Menschen), [8]du einziger Gott, außer dem es keinen mehr gibt! Du hast die Erde geschaffen nach deinem Herzen, du ganz allein, mit Menschen, Herden und allem Getier, was immer auf der Erde auf Füßen geht, was immer in der Höhe ist und mit seinen Flügeln fliegt, die Fremdländer Syrien und Nubien und das Land Ägypten. Du setzt jedermann an seine Stelle und sorgst für seine Bedürfnisse; ein jeder hat sein Essen, berechnet ist seine Lebenszeit. Getrennt sind ihre Zungen beim Sprechen[57]), ihre Wesensart [9]desgleichen, auch ihre Hautfarbe ist unterschieden: du unterschiedest die Völker. – Du schaffst den Nil in der Unterwelt[58]) und holst ihn herauf nach deinem Belieben[59]), um das Ägyptervolk am Leben zu erhalten so, wie du sie geschaffen hast, du, ihrer aller Herr, der sich abmüht mit ihnen, du Herr des ganzen Landes, der du für sie aufgehst, du Aton des Tages, groß an Ansehn. Aber auch die Gebirgsländer in der Ferne, du machst, daß sie leben können, denn du hast einen Nil an den Himmel gegeben, und er steigt für sie herab; [10]er schafft Wasserfluten auf den Bergen wie ein Meer, ihre Felder zu befeuchten bei ihren Siedlungen. Wie wohltätig sind doch deine Pläne, du Herr der

---

[55]) Das ägyptische Wort Ka „Geist" bezeichnet die von Gott ausgehende, aber passiv auch den Menschen eigene Lebenskraft.

[56]) Der Unterschied zwischen Menschen, die erst nach der Geburt Laute von sich geben, und jungen Vögeln wird betont, die schon vor dem Schlüpfen piepen und als Nestflüchter sofort laufen können. Dem Dichter geht es um die Mannigfaltigkeit der Schöpfung.

[57]) Als at.liches Gegenstück ist 1. Mose 11, 1–9 zu vergleichen.

[58]) Der Nil fließt nach ägyptischer Vorstellung aus dem Urmeer, das sich nach der Schöpfung des festen Landes noch unter diesem erstreckt (vgl. die „Brunnen der Urflut" 1. Mose 7, 11; 8, 2); s. auch Anm. 103.

[59]) Hohe und niedrige Nilüberschwemmungen kommen unberechenbar.

Ewigkeit! Der Nil am Himmel, er ist für die Ausländer da und für alles Wild der Wüste, das auf Füßen läuft. Der (eigentliche) Nil aber, der kommt aus der Unterwelt für Ägypten.

Deine Strahlen ziehen alle Pflanzen groß: Wenn du aufgehst, so leben und wachsen sie für dich. Du schufest die Jahreszeiten[60]), um alles gedeihen zu lassen, was du geschaffen hast: [11]den Winter, um sie zu kühlen, die Hitze, daß sie dich kosten. Du hast den Himmel fern gemacht, um an ihm aufzugehen und alles zu schauen, was du gemacht hast, du ganz allein, wobei du in deinen Wandelformen als lebendiger Aton aufgehst[61]), erscheinend und leuchtend, fern und doch nah.

Du machst Millionen von Gestalten aus dir, dem Einen, Städte und Dörfer, Äcker, Wege und den Strom. Jedes Auge erblickt dich sich gegenüber, da du der Aton des Tages bist, hoch über der Erde. [12]... Es gibt keinen andern, der dich kennte, außer deinem Sohn Nefer-cheperu-Re-ua-en-Re (= Echnaton). Du läßt ihn kundig sein deiner Pläne und deiner Kraft[62]).

Die Welt befindet sich auf deiner Hand, wie du sie geschaffen hast. Wenn du aufgegangen bist, leben sie; gehst du unter, so sterben sie, denn du bist die Lebenszeit selbst, man lebt in dir. Die Augen [13]schauen die Vollkommenheit, bis du untergehst. Es ruhen alle Arbeiten, wenn du untergehst zur Rechten[63]). Wenn du wieder aufgehst, so läßt du jeden Arm sich rühren für den König, und Eile ist in jedem Bein, seit du die Erde gegründet hast. Du erhebst sie (die Geschöpfe) für deinen Sohn, der aus deinem Leibe gekommen ist[64]), den König von Ober- und Unterägypten, der von der Ordnung lebt, Echnaton, und die Große Königliche Gemahlin Nofretete[65]).

9. Das Tausend-Strophen-Lied

Der Text ist in einer einzigen Handschrift erhalten geblieben: in Pap. Leiden I 350. Sein Anfang und Ende sind verloren. Am besten ist er veröffentlicht durch J. Zandee, De Hymnen aan Amon van Papyrus Leiden I 350. Oudheidkundige Mededelingen uit het Rijksmuseum van Oudheden te Leiden, N.R. XXVIII, 1947 (mit Übersetzung und Kommentar). Es handelt sich um keinen kultischen Hymnus, sondern um ein literarisch-theologisches Werk. Die Strophen sind numeriert, zunächst von eins bis zehn, dann alle Zehner, ab hundert nur alle Hunderter, so daß der vollständige Text

---

[60]) Vgl. 1. Mose 8, 22.

[61]) Die Sonne wandelt ihre Gestalt mehrfach vom jugendlichen Aufgang über den Mittag zum Untergang im Alter; ein beliebtes Thema der Sonnenhymnen.

[62]) Wenn auch jeder Pharao Mittler ist zwischen Götter- und Menschenwelt und als solcher mehr Anteil an der Götterwelt hat als andere Menschen, so erhebt doch in keiner anderen Periode ein König einen solchen Anspruch auf Ausschließlichkeit des Wissens um Gottes Willen und damit auf Verehrung wie Echnaton.

[63]) Gemeint ist: im Westen.

[64]) Vergleichsweise interessant sind 2. Sam. 7, 14; Ps. 2, 7; 89, 27f.

[65]) Hier stehen die ausführlichen, in der Übersetzung gekürzten Titel des Königspaares.

(wenn die letzte Strophe die Zahl 1000 trug) 28 Strophen (von verschiedener Länge) enthielt. Das erste und letzte Wort jeder Strophe klingt an die Ziffer der Strophe an. Der Text stammt aus der Zeit nach Amarna und stellt Amun als Verkörperung alles Göttlichen dar, ohne die Existenz anderer Götter zu leugnen oder aus den Augen zu verlieren.

Das Werk lädt in mancherlei Hinsicht zum Vergleich mit at.lichen Hymnen ein: Vor allem, insofern es die universale Reichweite des Gotteshandelns preist (vgl. II 6 ff.; III 6 ff. mit Ps. 8; 29; 47; 103, 19; 113), dabei „Meer und Ozean" nachdrücklich einschließt (vgl. I 3 mit Ps. 29; 65, 8; 93), insofern es sowohl der allumfassenden Wohltaten Gottes gedenkt (vgl. II 3–10. 20; III 11 ff. mit Ps. 65; 145; 146; 147) als auch des göttlichen Schreckens, der alles erfaßt (vgl. I 2 f.; II 3 mit Ps. 33, 8; 66, 3. 5), nicht zuletzt, insofern es die Hinwendung schildert, in der alle Welt, Ägypten und Fremdländer, Götter und Menschen mitsamt der „Natur", den schuldigen Lobpreis abstatten (vgl. I 4 ff.; II 6 ff. 20; III 12 f. mit Ps. 47, 2. 10; 65, 9. 13 f.; 66, 8; 96, 11 f.; 98, 7 f.; 148; 150). – Im einzelnen verdienen Beachtung: die Verherrlichung der Sonne (vgl. insbesondere II 18 f. mit dem israelitisch abgewandelten „Sonnenhymnus" Ps. 19, 5 b–7); die Prädikation des hohen, mächtigen Gottesnamens (vgl. I 3 mit Ps. 8, 2 a. 10; 29, 2; 96, 8; 99, 3; 111, 9; 148, 13); die Würdigung des schöpferischen Gotteswortes (vgl. IV 6 ff. mit Ps. 33); die Anrede „Herr der Herren" (vgl. II 3 mit Ps. 136, 3); das Lob auf das Gottkönigtum (vgl. III 6 ff., Anm. 80, mit 2. Mose 15, 18; Ps. 29, 10; 47, 3; 93; 96, 10; 98, 6; 99, 4; 145, 11 ff.; 146, 10); die Erhebung des Gottes, der Gebete erhört (vgl. III 16 f. mit Ps. 65, 3), der selbst aus der Unterwelt rettet (vgl. III 15 mit Ps. 33, 19 [30, 4; 116, 8]), der unerforschlich und unbegreiflich ist (vgl. IV 17 ff. mit Ps. 145, 3; Jes. 40, 8; Hi. 5, 9).

Erstbearbeitung des Lieds von A. H. Gardiner, ZÄS 42, 1905, S. 12–42; eine weitere Übersetzung von A. Erman, Der Leidener Amonshymnus, SDAW, 1923. Zur 60. Strophe vgl. auch G. Fecht, ZÄS 91, 1964, S. 46 ff.

I 2 . . . Sechste Strophe.
Jede Gegend steht unter deiner Furcht.
Die Bewohner von 3 . . . deinen Schrecken [66]).
Dein Name ist hoch, mächtig und stark [67]),
Meer und Ozean [68]) stehen unter der Angst vor dir.
. . . 4Zu dir steigen herab die Fremd- und die Bergländer.
. . . Zu dir kommen die Bewohner von Punt [69]).
. . . 5Das Gottesland grünt für dich, aus Liebe zu dir.
Es rudern 6für dich [deine Schiffe], beladen mit Gummiharz,
Um deinen Tempel mit Festesduft festlich zu machen.
Die Weihrauchbäume träufeln dir 7Myrrhen.
Der Duft deines Taues (= Weihrauch) gelangt in deine Nase,
Und (die Bienen) arbeiten am Honig . . .

---

[66]) Das ägyptische Wort *šfšfjt* umfaßt die Bedeutungsbereiche der hebräischen Wörter *kabod* und *'ema*.

[67]) Vgl. auch 5. Mose 28, 58.

[68]) Gemeint sind konkrete Gewässer, die aber auf unserer Landkarte nicht zu identifizieren sind (Rotes Meer und Mittelmeer?).

[69]) Weihrauchland an der südlichen Küste des Roten Meeres.

[9]Für dich sind Zedern gepflanzt [70]).
[10]... Die Berge bringen dir Steine dar,
Um das Tor (deines Tempels) groß zu machen.
[11]Frachtschiffe liegen auf der See, Boote am Kai,
Beladen, vor deinem Antlitz rudernd.
[12]... Der Strom zieht nach Norden,
Aber der Wind bläst nach Süden
Und bringt dir von allem dar, was es gibt [71]) ...

II [2]Neunte Strophe.
Die Neunheit [72]), die aus dem Urwasser gekommen ist,
Versammelt sich, [3]wenn sie dich sieht, groß an Schrecken [72a]),
Herr der Herren [73]), der sich selbst geschaffen hat ...
Er ist der Herr.
Die blind waren [74]), ihnen leuchtet [4]er,
Ihr Antlitz zu erhellen in anderer (neuer) Gestalt.
Ihre Augen glänzen, ihre Ohren sind geöffnet,
Jeder Leib ist bekleidet, [5]nachdem er (der Sonnengott) strahlt.
Der Himmel ist aus Gold und der Nun aus Lapislazuli,
Die Erde mit Malachit bestreut, wenn er am Himmel aufgeht.
Die Götter können sehen und [6]ihre Tempel sind geöffnet.
Die Menschen fangen an zu schauen und zu sehen durch ihn.
Alle Bäume regen sich vor seinem Antlitz,
Sie wenden sich hin [7]zu seinem Auge,
Und ihre Blätter sind entfaltet.
Die Schuppigen springen im Wasser,
Sie kommen aus ihren Teichen hervor, [8]ihm zuliebe.
Alles Kleinvieh hüpft vor seinem Antlitz.
Die Vögel tanzen mit ihren Flügeln [75]).
Sie (alle) merken, daß er [9]in seiner guten Zeit ist.
Sie leben davon, daß sie ihn sehen als tägliche Notwendigkeit.
Sie sind in seiner Hand, mit seinem Siegel verschlossen,
Und kein Gott kann sie öffnen, außer Seiner Majestät.
[10]Es gibt keinen, der handelt, außer ihm,
Dem großen Gott, dem Leben für die Neunheit.

---

[70]) Vgl. Wenamun II 24, TGI² 45.
[71]) Dies die Verhältnisse in Ägypten.
[72]) Ein Götterkollegium unbestimmter Anzahl (neun = drei mal drei, also viel).
[72a]) S. o. Anm. 66.
[73]) Vgl. auch 5. Mose 10, 17.
[74]) Hier und im folgenden ist von schlafenden Menschen die Rede, die der Sonnengott aus dem Nun, in den sie im Schlaf zurückgetaucht sind, zu neuem Leben erweckt.
[75]) Die Natur nimmt teil an der Lobpreisung Gottes, vgl. neben Ps. 96, 11 ff. (1. Chr.
16, 31 ff.) etwa auch Jes. 43, 20.

II [15]Zwanzigste Strophe.

Wie fährst du über, [16]Harachte[76]),
Indem du täglich das vollbringst, was du von gestern gewöhnt bist.
Der du die Jahre machst und die Monate zusammenfügst,
Tage, Nächte und [17]Stunden entsprechen deinem Gang.
Du bist heute neuer als gestern[77]).
... Du allein Wachsamer, der den Schlaf verabscheut[78]).
[18]Während alle Menschen schlafen, sind seine Augen wachsam.
Der die Ewigkeit scheidet mit seinem vollkommenen Antlitz[79]),
Von dem kein Weg leer ist ... auf Erden;
Mit schnellem Lauf, [19]springend;
Der die Erde in einem Augenblick durchquert, ohne daß er Widerstand fände;
Der den Himmel durchfährt und die Unterwelt durchzieht;
Sonne auf allen Wegen, die sichtbar wandert,
[20]Und alle haben ihr Gesicht auf sie gerichtet,
Menschen und Götter, und sie sagen: „Willkommen bist du!".

III [6]Sechzigste Strophe.

Sein ist Ober- wie Unterägypten,
Er allein hat es genommen [7]durch seine Kraft[80]).
Seine Grenze war stark, solange er auf Erden weilte[81]),
Bis zur Breite der ganzen Erde und bis zur Höhe des Himmels.
[8]Die Götter erbitten von ihm, was sie brauchen,
Und er ist es, der ihnen Opferbrote gibt aus seinem Besitz[82]),
Er, der Herr der Äcker, der Ufer und der Felder.
Ihm gehört [9]jede Akte seines Grundbuches,
Der Meßstrick vom Anfang bis zu seinem Ende[83]).
Er mißt das ganze Land auf mit seinen Uräusschlangen.
[10]Die Gründungszeremonie (?) wird für ihn durchgeführt.
Sein ist die Königselle, die die Bausteine nachprüft;
Der den Meßstrick spannt über ... den Erdboden;
Der die [11]beiden Länder gegründet hat auf ihrem Platz,
Die Tempel und die Heiligtümer.

---

[76]) Die Sonne, hier als Horus der Auf- und Untergangsstelle („der Horizonte")
bezeichnet, durchfährt den Himmel in einem Boot.

[77]) Die am Abend gealterte Sonne wird morgens neu geboren.

[78]) Siehe oben Anm. 47.

[79]) Die Sonne scheidet die ungeteilte Ewigkeit in Abschnitte; vgl. 1. Mose 1, 14.

[80]) Diese Strophe handelt von dem auch im Ägyptischen sehr oft behandelten Königtum Gottes. Die Ausdrücke sind größtenteils der für das irdische Königtum Pharaos ausgebildeten Sprache entnommen.

[81]) Nach der Schöpfung regierte der Schöpfergott zunächst auf der Erde (Paradieszustand).

[82]) Die Schöpfung gehört mit all ihren Produkten dem Schöpfer, der Mensch gibt nur zurück. Im Ägyptischen vielfach belegt. Im AT vgl. bes. 1. Chr. 29, 14.

[83]) Vgl. Hi. 38, 4f.

Jede Stadt ist unter seinem Schatten[84]),
Damit sein Herz wandeln kann in dem, was er lieb gewonnen hat.
Man singt ihm unter jedem Dach[85]),
[12]Jede Gründung steht fest unter seiner Liebe.
Man braut für ihn am Tage des Festes,
Die Nacht wird noch um Mitternacht wachend [13]verbracht.
Sein Name geht um über den Dächern[86]),
Ihm gilt der Gesang in der Nacht, wenn sie finster ist.
Die Götter empfangen Opferbrote von seiner Lebenskraft,
[14]Der des starken Gottes, der das Ihrige schützt.

III [14]Siebzigste Strophe.
Der vom Übel befreit und Leiden verjagt;
Ein Arzt, der das Auge gesund macht ohne Heilmittel;
[15]Der die Augen öffnet und das Schielen vertreibt[87]).
… Der rettet, wen er will, und wenn er schon in der Unterwelt wäre[88]),
[16]Der vom Schicksal befreien kann nach seinem Wunsch[89]).
Er hat Augen und Ohren,
Wo immer er ist, für den, den er lieb gewonnen hat[90]);
Der die [17]Gebete dessen hört, der ihn anruft,
Der in einem Augenblick von Ferne kommt zu dem, der ihn anfleht.
Er verlängert die Lebenszeit und [18]verkürzt sie
Und gibt dem, den er lieb gewonnen hat, über das vom Schicksal Bestimmte
   hinaus[89]).
Ein Wasserzauber ist Amun, wenn sein Name über der Tiefe ist,
[19]Und das Krokodil hat keine Macht, wenn man seinen Namen nennt[91]).
Die Winde wenden sich, der Gegenwind kehrt um,
Der … beruhigt sich, wenn man seiner gedenkt.

---

[84]) Schatten als Schutz, wie im AT: vgl. etwa Ri. 9,15; Jes. 25,4; 30,2; Ps. 17,8;
36,8; 57,2; 63,8; 91,1 f.

[85]) Wörtlich: an jedem Ruheplatz.

[86]) Auf den Tempeldächern singen die Priester nachts Hymnen; vgl. 2. Kön. 23,12;
Jer. 19,13; Zeph. 1,5.

[87]) Zu Gott als Arzt vgl. etwa Ps. 103,3; fernerhin 2. Mose 15,26; Jer. 33,6. In
Ägypten gibt es zahlreiche Belege für die heilende Gottheit.

[88]) Auch dies ist eine in Ägypten wie in Israel häufige Aussage (s. o.). Mit „Unterwelt" ist jede Isolierung des Einzelnen von seiner Umgebung gemeint, vor allem auch
Krankheit und Aufenthalt in der Fremde.

[89]) Dem Ägypter wird bei seiner Geburt sein Schicksal bestimmt, doch können die
Götter, da sie über diesen Schicksalsmächten stehen, diese Bestimmung ändern. Siehe
S. Morenz, Untersuchungen zur Rolle des Schicksals in der ägyptischen Religion.
ASAW 52, 1, 1960. Vgl. 2. Kön. 20,6, andererseits Jes. 38,10 ff.; Ps. 102,24 f.

[90]) Vergleichbare Formulierungen 1. Kön. 8,52; 2. Kön. 19,16; Ps. 33,18; 34,16
u. ö.

[91]) Vgl. demgegenüber das Dekalog-Verbot 2. Mose 20,7 (5. Mose 5,11).

²⁰Ein nützlicher Ausspruch im Augenblick eines Getümmels⁹²),
Eine milde Brise für den, der ihn anruft.
Der den Gescheiterten rettet,
Milder Gott mit ²¹wirkungsvollen Ratschlägen⁹³).
Er gehört dem, der seinen Rücken an ihn lehnt,
Wenn er in seiner Stunde (der Gnade) ist.
Er ist nützlicher als Millionen dem, der ihn in sein Herz gibt,
Ein Mann ²²ist durch seinen Namen stärker als Hunderttausende⁹⁴);
Der wahrhaft gute Beschützer;
Wohltäter, Unfehlbarer, den man nicht abwehren kann.

ᴵᴵᴵ ²⁷. . . Neunzigste Strophe.
. . .⁹⁵). ᴵⱽ ⁶Er begann zu sprechen inmitten des Schweigens;
Er öffnete jedes Auge ⁷und ließ sie sehen.
Er begann zu rufen⁹⁶), als die Erde noch (starr war) vor Staunen.
Sein Ruf ging herum, ohne daß es noch seinesgleichen gab.
Er schuf, ⁸was ist, und ließ sie leben.
Er zeigte allen Menschen den Weg zum Gehen⁹⁷),
Und ihre Herzen leben, wenn sie ihn sehen.

ᴵⱽ ¹²Zweihundertste Strophe.⁹⁸)
. . . ¹⁷. . . Einer ist Amun, der sich vor ihnen⁹⁹) verbirgt,
Der sich geheimhält vor den Göttern, dessen Wesen man nicht kennt.
¹⁸Er ist ferner als der Himmel und tiefer als die Unterwelt –
Kein Gott kennt seine wahre Gestalt.
Sein Wesen ist nicht in Schriften ausgebreitet,
Man kann nicht verläßlich über ihn ¹⁹lehren.
Er ist zu geheimnisvoll, als daß man seine Würde enthüllen könnte,
Er ist zu groß, als daß man ihn erforschen könnte,
Zu stark, um ihn zu kennen.
²⁰Plötzlich aus Schrecken tot umzufallen ist dem bestimmt,
Der seinen geheimen Namen, wissentlich oder unwissentlich, ausspricht.
Es gibt auch keinen Gott, der ihn damit rufen könnte, den mächtigen.
²¹„Der Verborgene" (= Amun) ist sein Name entsprechend dem, wie er ge-
heimnisvoll ist.

---

⁹²) Stoßgebet!
⁹³) Hier ist an Orakel gedacht.
⁹⁴) Vergleichsweise interessant Ps. 54,3; 44,6.
⁹⁵) Dies Kapitel besingt die Schöpfung.
⁹⁶) Die Rufe sind die schöpferischen Worte, durch die alle Wesen ins Leben „gerufen" werden.
⁹⁷) Indem er als Sonne die Erde erleuchtet.
⁹⁸) Dies Kapitel handelt von der Verborgenheit und Unerforschlichkeit Gottes.
⁹⁹) Gemeint ist: vor den Göttern.

Dreihundertste Strophe.
Drei sind alle Götter:
Amun, Re und Ptah, und ihresgleichen gibt es nicht.
Der seinen Namen verbirgt als [22]Amun,
Er ist Re im Gesicht und sein Leib ist Ptah. [100] ...

10. Hymnus des Mer-Sechmet

Der Text ist entnommen einer Sammlung entsprechender Hymnen auf dem ramessidischen Papyrus Beatty IV, jetzt im Britischen Museum (Nr. 10. 684). Faksimile, Umschrift und Übersetzung bei A. H. Gardiner, Hieratic Papyri in the British Museum,
3rd Series, 1935. Unser Stück steht Vs. 7, 5–8, 9. Entstanden ist es nach der Amarnazeit. Die Hymnen jener Sammlung sind vermutlich keine Kultlieder gewesen, sondern
(unter Verwendung kultischer Liedelemente) von Einzelnen zu Gottes Ehren gedichtet
und gesungen worden. Im Unterschied zu den in Abschnitt IV zusammengestellten
Liedern überwiegt aber in diesen Hymnen der überpersönliche Lobpreis; es fehlt der
Bezug auf die Person des Sängers.

Die Parallelen, die der Text im AT hat, sind weithin dieselben, die in der Einleitung
zu Nr. 7 und 9 aufgeführt sind: Lobthema Schöpfung (Hi. 26, 7 ff.; Ps. 8, 4 ff.; 19, 1 ff.;
24, 1 f.; 33, 6 f.9; 89, 11 ff.; 95, 4 f.; 104; 136, 5 ff. u. ö.); schöpferisches Gotteswort
(Ps. 33, 6.9; 148, 5; außerhalb der Hymnen 1. Mose 1); ausnahmslos alles von der
gepriesenen Gottheit erschaffen (Ps. 8; 24, 1 f.; 104; 146, 6; 148; Jes. 37, 16; 44, 24
u. ö.); Lob zugleich auf die Fürsorge Gottes (Ps. 104, 10 ff. 27 f.); Furcht vor ihm allenthalben (Ps. 33, 8; 66, 3.5), aber auch Hinkehr zu ihm (Ps. 47; 148; 150 u. ö.) und Zu-
gehörigkeitsbekenntnis (Ps. 44, 5; 74, 12; vor allem Ri. 5, 3 b); im Hymnuskontext
neben dem Thema Schöpfung auch das der besonders Schutz- und Hilfsbedürftigen
(Ps. 146, speziell v. 6–9); nicht zuletzt die Lobpreisung „Erhörer des Gebets" (Ps. 65,
3), die Metapher Hirte und Herde (Ps. 95, 4–7; fernerhin Ps. 23, 1 ff. u. ö.) und die
Hervorhebung des Gottesnamens (Ps. 8, 2 a.10; 148, 5.13 u. ö.).

Eine auszugsweise Übersetzung findet sich in ANET[3], S. 371. Die ersten Wörter
eines jeden Absatzes sind im Papyrus rot geschrieben.

[7,5]Lobpreis dir, Amun-Re-Atum-Harachte [101]), der mit [7,6]seinem Munde
sprach und es kamen ins Sein Menschen, Götter, Vieh und alles Wild insgesamt, was fliegt und sich niederläßt [7,7]allzumal.

Du hast die Ufer der Hanebu geschaffen [102]), die in ihren Städten siedeln,
und auch die fruchtbaren Auen, [7,8]die vom Nun [103]) geschwängert werden

---

[100]) Hier werden alle Götter des ägyptischen Pantheons unter eine Trinität sub-
sumiert, deren eines Glied (Amun) verborgen ist, deren zweites (als Sonne) allen sichtbar ist und deren drittes körperlich ist. Diese Dreiheit wird in der Ramessidenzeit auch
dargestellt, z. B. in Abusimbel. Vgl. J. G. Griffiths, Triune Conceptions of Deity in
Ancient Egypt, ZÄS 100, 1973, S. 28 ff. (mit etwas abweichender, aber wenig wahrscheinlicher Deutung unserer Stelle auf S. 30).

[101]) Die vier Namen, die Aspekte des Sonnengottes bezeichnen, sind hier zu einem
einzigen vereint, um die Allmacht des Gottes auszudrücken.

[102]) Hanebu sind die Bewohner der Inseln und Küsten des östlichen Mittelmeeres.

[103]) Der Nun, die Urflut, gewährt durch den aus ihm fließenden Nil die zum Leben
nötige Fruchtbarkeit, vgl. Anm. 58.

und danach Frucht tragen [104]) und gute Dinge ohne Zahl [7,9]zum Unterhalt für das, was lebt.

Kräftig bist du als Hirte, der sie weidet in alle Ewigkeit. Die Leiber sind [7,10]erfüllt mit deiner Schönheit, die Augen sehen durch dich. Furcht vor dir ist bei jedermann, aber ihre Herzen wenden sich [7,11]dir zu: Du bist jederzeit gut. Alle Welt lebt von deinem Anblick.

Jedermann sagt: „Wir sind dein!", [7,12]der Starke und der Schwache gemeinsam, der Reiche wie der Arme mit einem Mund, und alles andere ebenso. [7,13]Lieblich bist du in ihren Herzen allen. Kein Leib ist frei von deiner Schönheit.

Sprechen nicht die Witwen: [8,1]„Du bist unser Ehemann" und die kleinen Kinder: „Du bist unser Vater und unsere Mutter"? Die Reichen prahlen mit deiner Schönheit [8,2]und die Armen verehren dein Antlitz. Der Gefangene wendet sich an dich [105]) und der Kranke ruft [8,3]zu dir.

Dein Name wird ein Schutz sein für den Leib jedes Einsamen, Heil und Gesundheit für den, der auf dem Wasser ist, eine Rettung vor dem Krokodil. [8,4]Es ist gut, sich seiner zu erinnern im Augenblick eines Getümmels, (er ist) eine Rettung aus dem Munde des Heißen [106]). Jedermann kann sich an dich wenden, daß sie dir Bitten unterbreiten.

Deine Ohren sind offen, daß du sie hörest [107]) und ihre Wünsche erfüllst, [8,6]du unser Ptah, der seine Gebilde liebt [108]), du Hirte, der seine Herde liebt [109]).

III. Königstexte

Die Vorstellung, daß der Pharao als Heilbringer des Landes von der Gottheit erwählt ist, findet sich in überaus vielen ägyptischen Texten. Meist ist er schon vor seiner Geburt („im Ei") erwählt und wird in seiner Jugend besonders beschützt; der wohl bei allen Pharaonen berichtete Mythus von der Erzeugung des Thronfolgers durch einen Gott konkretisiert die Rede von Gott als dem „Vater" des Königs. Wir können nur eine kleine Auswahl der zahlreichen Zeugnisse bringen. Zumindest verwiesen sei noch auf die Erzählung von Zeugung und Geburt der ersten Könige der 5. Dynastie im Papyrus Westcar [110]).

---

[104]) Wörtlich: „gebären".   [105]) Vgl. auch Ps. 79,11.

[106]) Der „Heiße" ist der Aggressive, s. S. 77.

[107]) Siehe o. Anm. 90; vgl. überdies Ps. 22,25.

[108]) Ptah ist der Handwerkergott. Der verehrte Sonnengott wird in seiner Schöpfereigenschaft mit ihm verglichen; die Menschen sind seine Gebilde. In vergleichbarer Weise wird im AT ein Wort, das „bilden, formen" bedeutet (jsr), für die Erschaffung der Menschen (und Tiere) verwendet: 1. Mose 2,7f.(19); Jes. 43,7; 45,9; Jer. 1,5.

[109]) Vgl. etwa 5. Mose 33,3.

[110]) Übersetzung z.B. bei E. Brunner-Traut, Altägyptische Märchen, 1973³, Nr. 3.

11. Gründung eines Tempels in Heliopolis

Der Text, aus dem exzerpiert wird, ist nur in einer hieratischen Abschrift des hieroglyphischen Originals auf einer Lederrolle im Berliner Museum (P 3029) erhalten; die beste Umschrift in Hieroglyphen und eine Übersetzung finden sich bei A. de Buck, The Building Inscription of the Berlin Leather Roll, AnOr 17, 1938, S. 48 ff. Übersetzung auch bei M. Lichtheim, Ancient Egyptian Literature I, 1973, S. 115 ff.

Zum Kontext: Sesostris I. erklärt in einer Thronsitzung (entsprechend einem Topos in der Gattung der Königsnovelle) seinen Willen, einen Tempel zu bauen, und stellt dazu seine Legitimität und die Legitimität seines Wissens um Gottes Willen fest. Im folgenden nur die einschlägigen Worte.

Als at.liche Parallelen zum Kontext unseres Exzerpts kommen 2.Sam. 7 (1.Chr. 17) und 1.Kön. 3, 4–15 (2.Chr. 1, 1–12) in Frage: Der erstgenannte Text vor allem, insofern er dem Tempelbauthema nachgeht. Der letztgenannte, insofern er die Erwählung des Königs durch Gott in den ersten Anfängen physischen Wachstums ansetzt (1.Kön. 3,7). At.liche Belege des Gedankens einer Erwählung vor der Geburt sind, allerdings nicht königsbezogen, u. a. Ri. 13,5.7 und Jer. 1,5. Damit, daß der König bestimmt ist, Gottes Willen zu vollführen, ist Spr. 21,1 vergleichbar, mit seiner Ernennung zum „Hirten" 2.Sam. 5,2 (1.Chr. 11,2); Jer. 3,15; Ez. 34,2.23 und Ps. 78,71 f.

Literaturhinweise: Allgemein vgl. S. Morenz, Die Erwählung zwischen Gott und König in Ägypten, Sino-Japonica, FS A. Wedemeyer, 1956, S. 118–137 (mit zahlreichen, aber dennoch sehr unvollständigen Belegen, da M. sich auf das Vorkommen des Stichwortes *mrj* „lieben" beschränkt, während es mehrere Ausdrücke für die Sache gibt). – Vgl. andererseits auch S. Herrmann, Die Königsnovelle in Ägypten und in Israel, FS A. Alt, 1953/54, S. 33–44.

[5]... Er (Re-Harachte) formte mich, [6]das zu tun, was er getan hat, das entstehen zu lassen, was zu tun er befohlen hat. Er ernannte mich zum Hirten dieses Landes[111]), denn er wußte, wer es ihm zusammenhalten würde. [7]Er brachte mir das, was er behütet und was das Auge, das in ihm ist[112]), erhellt, er, der alles nach seinem Willen schafft und der mich mit dem Wissen um das ausgestattet hat[113]), was [8]er bestimmt hat. Ich bin ein König seinem Wesen nach, ein Herrscher, dem man nicht erst (die Herrschaft) geben mußte. Ich habe schon als Säugling (wörtl. Nestling) erobert, ich war [9]machtvoll im Ei, ich regierte schon als Junge, er setzte mich ein zum Herrn der beiden Landesteile, als (ich noch) ein Kind (war), [10]dem die Vorhaut noch nicht gelöst war[114]). Er ernannte mich zum Herrn der Untertanen, (dazu) geschaffen [11]vor den Menschen. Er hat mich bestimmt (?), im Palast zu sein schon als Embryo, bevor ich noch aus den Schenkeln meiner Mutter hervorgekommen war ...

---

[111]) Sowohl der König als auch die Gottheit werden sehr häufig als „Hirt" oder „guter Hirt" bezeichnet, s. D. Müller, Der gute Hirte, ZÄS 86, 1961, S. 126 ff. (dort auch at.liche Parallelen).

[112]) Die Sonnenscheibe.

[113]) l. *'pr*, s. JEA 32, 1946, S. 1, Anm. 1.

[114]) Die Beschneidung erfolgte in Ägypten zu Beginn der Pubertät.

12. Weihinschrift Ramses' II. in Abydos

Der Text steht in Hieroglyphen auf der östlichen Außenwand der Großen Säulenhalle des Tempels Sethos' I. in Abydos. Handliche Textausgabe: K.A.Kitchen, Ramesside Inscriptions II, S.323 ff. Danach hier die Zeilenzählung (die ältere weicht davon ab).

Zum Kontext: Der König berichtet über seine Pläne, mehrere Tempel neu zu bauen, andere zu vollenden, die sein Vater Sethos begonnen hatte. Er spricht zu seinem Hofstaat und weist auf seine Legitimation hin.

Für einen Vergleich kommen eben dieselben at.lichen Texte in Betracht, die bereits bei Nr. 11 genannt worden sind: so etwa 2.Sam. 7 (1.Chr. 17); 1.Kön. 3, 4–15 (2.Chr. 1, 1–12), vor allem 1.Kön. 3, 7.

Die Weihinschrift ist mehrfach übersetzt worden, z.B. von G.Roeder, Kulte und Orakel in Ägypten (Bibliothek der Alten Welt), 1960, S. 37 ff.

... [43]Ich bin hervorgegangen aus Re, und ihr sagt ja auch „Es bleibt die Ordnung des Re"[115]). Der mich wartete und der mich großzog, war [44]der Allherr selbst, als ich noch ein Kind war, bis ich die Herrschaft ergriff. Er hatte mir das Land gegeben, als ich noch im Ei war ...

13. Kurze Zitate aus anderen Texten[116])

1) König Ahmose: „Besitzer von größerer Beliebtheit als alle anderen Könige"[117]).

2) Der Sieg Thutmosis' II. geschah, „weil sein Vater Amun ihn mehr liebte als jeden (anderen) König, der seit der Urzeit des Landes gelebt hat"[118]).

3) Von Thutmosis III. heißt es: „Er wirkt als ein König in diesem Lande, wie er sich in Ewigkeit nicht wiederholen wird"[119]).

14. Stele des Königs Pi (bisher Pianchi) vom Gebel Barkal

Das wiedergegebene Textstück steht auf der Kalksteinstele vom Gebel Barkal in Nubien. Der Text der Stele ist veröffentlicht bei G.Reisner, ZÄS 66, 1931, S.90 ff. Nachstehend nur die Einleitungssätze der Rede des gen. Gottes.

Es bieten sich wiederum die bei Nr.11 angeführten at.lichen Texte zum Vergleich an, besonders 2.Sam. 7, 14 (1.Chr. 17, 13) und 1.Kön. 3, 7, überdies Ps. 2, 7; 89, 27 f.; 110, 3, fernerhin, freilich nicht mehr königsbezogen, Jer. 1, 4 f. (und dazu M.Gilula, VT 17, 1967, S. 114).

---

[115]) D.i. der Vorname des Königs, auf den „angespielt" wird.

[116]) Diese Texte betonen die Erhöhung eines bestimmten Königs über alle vorher oder nachher; vgl. hierzu 1.Kön. 3, 12 f. (2.Chr. 1, 12) und Ps. 89, 28.

[117]) Urk. IV 20.

[118]) Urk. IV 141.

[119]) Urk. IV 199. Weitere Belege und Variationen bis hinab zu Ramses IV. bei S.Morenz, Die Erwählung zwischen Gott und König in Ägypten, Sino-Japonica, FS A.Wedemeyer, 1956, S. 123–127.

¹Es spricht Amun-Re, der Herr von Napata[120]), der einen Reinen ernennt, zu ²seinem geliebten Sohn, König Pi[121]): „Ich sagte von dir, als ³du noch im Leibe deiner Mutter warst, daß du Herrscher von Ägypten werden solltest, ⁴denn ich kannte dich schon im Samen, als du noch ⁵im Ei warst, daß du ⁶Herr werden würdest ..."

15. Zeugung und Geburt des Gottkönigs

Ausführlichste Fassung des Berichtes von der Erwählung des Heilbringers durch Gott in einem Zyklus von 15 Bildern, auf die der Text eines ursprünglich davon unabhängigen Mythus verteilt ist. Vollständig im Tempel der Hatschepsut in Der el-bahri und dem Luxor-Tempel Amenophis' III. Kritische Ausgabe mit Übersetzung von H. Brunner, Die Geburt des Gottkönigs, ÄA 10, 1964. Wahrscheinlich ist, daß dieser Mythus von jedem ägyptischen König berichtet wurde. Wenigstens teilweise dürfte die Fassung ins 3. Jt. zurückgehen. Hier nur ein Teil der IV. Szene: Beiwohnung und Gespräch des Amun und der Königin-Mutter (s. Abb. 2).

Als at.liche Vergleichsmöglichkeiten sind noch einmal 2.Sam. 7,14 (1.Chr. 17,13); Ps. 2,7; 89,27f. und 110,3 zu nennen. (Auf die Berührungspunkte mit der Geburtsgeschichte Jesu bei Lk. wird nur am Rande verwiesen.)

Es spricht die Königsmutter Mut-em-Uja vor der Majestät dieses herrlichen Gottes, des Herrn von Karnak: „Wie groß ist doch deine Macht! Wie vollkommen ist deine ...! Wie verborgen sind die Pläne, die du durchführst! Wie zufrieden ist dein Herz über meine Majestät! Dein Duft ist in allen meinen Gliedern", nachdem die Majestät dieses Gottes alles mit ihr getan hatte, was er wollte. – Da sprach Amun-Re, der Herr von Karnak, vor ihrer Majestät: „Amenophis, Herrscher von Theben, ist der Name dieses Kindes[122]), das ich in deinen Leib gegeben habe, entsprechend dieser Knüpfung von Worten, die aus deinem Mund gekommen ist. Er wird dies wohltätige Königtum in diesem Lande ausüben ...

IV. Persönliche Gebete und Lieder

Neben dem Tempelkult und dem Totendienst und -glauben ist die „persönliche Frömmigkeit" der dritte wichtige Bereich ägyptischer Religion. Auch in diesem Leben fühlte sich der einzelne Ägypter der Gottheit unmittelbar, nicht nur durch den von Staats wegen in den Tempeln unterhaltenen Kult, verbunden, empfand er sein Leben als durch eine Gottheit bestimmt. Oft ist es

---

[120]) Die Residenz der Könige von Nubien am Gebel Barkal, Napata, führt im Ägyptischen denselben Namen wie Karnak.

[121]) Neue Lesung des unter dem Namen Pianchi bekannten Königs der 25. Dynastie (ca. 740–713 v. Chr.).

[122]) Der Name ist aus Elementen der Rede der Königin gebildet.

Abb. 2: Amun zeugt mit der Königin den Thronfolger;
er hält ihr ein Lebenszeichen an die Nase; dabei steht Text Nr. 15.

ein einzelner Gott oder eine Göttin, der er sein Leben weiht, der er sich anvertraut (Nr. 20); doch kann der Name der Gottheit je nach der Situation wechseln. Bestimmt wird das Verhältnis menschlicherseits durch Ergebenheit, Vertrauen, Liebe, Gehorsam, Gebet und Opfer, Teilnahme an Prozessionen und Festen, göttlicherseits durch sichere Führung, Schutz vor Gefahren und ebenfalls Liebe. Gelübde, Gebet, Gebetserhörung und Dank sind die Formen, in denen sich dieses Verhältnis entfaltet – soweit es sich überhaupt in Dokumenten niederschlagen kann.

Bislang fehlt noch eine zusammenfassende Darstellung dieser Seite der ägyptischen Religion. Zu vergleichen ist aber S. Morenz, Ägyptische Religion, 1960, bes. III, IV, VII, sowie ders., Gott und Mensch im alten Ägypten, 1964.

Gelübde und Bittgebete

Gebete haben in Ägypten eine meist sehr strenge Form, die sich weitgehend an Hymnen anlehnt. Persönliche Töne erklingen vor allem in der Ramessidenzeit; und hier sind es vornehmlich die Arbeiter an den thebanischen Königsgräbern, wohnhaft in der Siedlung Der el-Medina, die in den Gebetstexten ihrer kleinen Weihstelen auf individuelle Notlagen und ihr persönliches Verhältnis zur Gottheit (eine lokale Form des Reichsgottes Amun, die „Bergspitze" des westlichen Theben in Form einer Schlange, Ptah als Gott der Kunsthandwerker, aber auch andere) abheben. Freilich tendieren auch diese durch unmittelbares Erleben geprägten Sätze sofort zur Norm für Spätere. – Manche für diese Gattung typischen Ausdrücke wie „Hand" für Schutz, „Unterwelt" für gesellschaftliche Isolation, erinnern ebenso wie die Gesamtstimmung an Psalmen.

16. Votivstele des Malers Neb-Re für Amun-Re

Textnachweis: Berlin-Ost, Inv.Nr. 20 377. Abbildung und Übersetzung bei A. Erman, Denksteine der thebanischen Gräberstadt, SDAW 1911, S. 1087 ff. und Tf. 1 sowie E. Brunner-Traut, Die alten Ägypter, 1974, Tf. 45.

Zum Verständnis des Textes vorweg: Der Maler Neb-Re hat dem Amun gelobt, ihm einen Hymnus zu verfassen und auf einer Stele öffentlich aufzustellen, wenn er seinen erkrankten Sohn Nachtamun rette. Sein Gebet wurde erhört und der Denkstein errichtet.

Der Text der Stele berührt sich – sowohl im ganzen als auch in vielen Details – mit at.lichen „Dankliedern des Einzelnen" (mit individuellem „berichtendem Gotteslob"): mit Ps. 18; 22, 23 ff.; 30; 32; 34; 40, 2–5 (.6–12); 41; (92;) 116; 138; Jes. 38, 10 ff.; Jon. 2, 3 ff. u. a. Vergleichbar der „berichtende" Rückbezug auf durchstandene Not (Z. 8; Ps. 18, 4 ff.; 30, 8; 32, 3 f.; 116, 3; Jes. 38, 10 ff.). Vergleichbar der Bericht von der erfahrenen Erhörung und Errettung durch Gott (Z. 9. 14 ff.; Ps. 18, 7 ff.; 22, 25; 30, 3 f.; 34, 5; 40, 2 f.; 116, 1 f. 8; 138, 3; Jes. 38, 17; Jon. 2, 3. 7). Vergleichbar das „forensische" Moment, das Zeugnisablegen vor andern (Z. 2; Ps. 18, 50; 22, 23; 34, 3. 12;

40,4.11; 116,13ff.), die allumfassende Weite der Bezeugung (Z. 2f. 8; Ps. 18,50; 22,28ff.; 40,10f.; 116,14.18; 138,1.4), der Aufschwung zu generalisiertem Bekenntnis (Z. 4ff.; Ps. 18,26ff.; 32,10; 34,10ff.; 116,5f.; 138,6), der Einschluß unterweisender, vermahnender Worte (Z. 2.4; Ps. 32,6.10; 34,9ff.), nicht zuletzt auch die Momente Gelübde und Gelübdeerfüllung (Z. 13ff.; Ps. 22,26; 116,14ff.; Jes. 38,20; Jon. 2,10). Vergleichbar überdies auch allerlei Einzelheiten: so die Lobpreisung des Namens der Gottheit (Z. 1.7; Ps. 22,23; 34,4; 92,2; 138,2), die Prädikation „Erbarmer/Gnädiger" (Z. 6; Ps. 116,5), das Vertrauen auf die Kurzlebigkeit des göttlichen Zorns (Z. 10f.; Ps. 30,6), der Wortgebrauch „arm" (Z. 4; Ps. 22,25; 34,7. . .) u.a.m.– Möglicherweise hat selbst der Brauch der Denkstein-Errichtung at.liche Analogien gehabt (vgl. die Übersetzung der Psalmüberschrift *mktm* in Septuaginta und Targum). Analogielos ist freilich, daß die ägyptische Steleninschrift den Namen des Weihenden nennt.

Die Inschrift ist schon öfter übersetzt worden, u.a. in ANET[3], S. 380ff. und bei E. Brunner-Traut, Die alten Ägypter, S. 136–138.

Über der Gestalt des thronenden Amun:

Amun-Re, der Herr von Karnak, der Große Gott, der Erste von Theben, der heilige Gott, der die Bitten erhört, der auf die Stimme des betrübten Armen hin kommt, der Atemluft gibt dem, der elend ist.

[1]Den Amun lobpreisen

Ich mache Hymnen auf seinen Namen,
Ich gebe ihm Lobpreis bis zur Höhe des Himmels
    und bis zur Weite der Erde,
Ich erzähle [2]von seiner Macht dem, der hinauffährt,
    und dem, der stromabfährt:
Hütet euch vor ihm!
Wiederholt es dem Sohn und der Tochter,
    den Großen und den Kleinen,
Erzählt es Geschlecht um [3]Geschlecht,
    das noch nicht entstanden ist;
Erzählt es den Fischen in der Flut
    und den Vögeln im Himmel,
Wiederholt es dem, der es noch nicht weiß,
    und dem, der es weiß:
[4]Hütet euch vor ihm! . . .
Du, Amun, bist der Herr für den Scheuen,
Der kommt auf den Ruf des Armen.
Ich rufe zu dir, da ich bedrückt bin,
Und schon bist du [5]gekommen, um mich Elenden zu retten,
Um mich zu retten, der ich gebunden bin(?) [123]).

---

[123]) Wenn die Übersetzung richtig ist, dürfte eine Metapher vorliegen, ähnlich wie bei „arm"; in der Sprache der Frömmigkeit bezieht sich „arm" nicht ausschließlich auf materielle Not. Beten heißt *śnmḥ*, d.i. „sich arm machen", sich also vor Gott demütigen. (Siehe auch Anm. 148.) Zum Wortgebrauch „binden" vgl. überdies Ps. 22, 17 BHS.

Du, Amun-Re, der Herr von Theben, bist es,
Der den rettet, der schon in der Unterwelt ist [124]),
Denn du bist ein [6]Erbarmer [125]).
Ruft man zu dir,
So kommst du aus der Ferne.

Neb-Re, Maler des Amun in der thebanischen Nekropole, Sohn
des Pai, Malers des Amun in der thebanischen Nekropole, hat
es gemacht [7]auf den Namen seines Herrn, des Amun, Herrn von
Theben, der auf die Stimme des Armen hin kommt.
Was er ihm machte, sind Hymnen auf seinen Namen,
Weil seine Kraft so groß ist.
Was er ihm machte, sind [8]Gebete zu ihm,
Angesichts des ganzen Landes [126]),
Wegen des Malers Nacht-Amun,
Als er krank und im Sterben lag,
In der Gewalt des Amun wegen seiner Kuh [127]).
Ich [9]fand, daß der Herr der Götter als Nordwind kam und daß
Süße Luft vor ihm herging; er rettete den Nacht-Amun, den
Maler des Amun.
[10]Er sagt:
Entspricht es dem Diener, Sünde zu begehen,
So entspricht es dem Herrn, gnädig zu sein [128]).
Nicht verbringt der Herr von Theben einen ganzen [11]Tag im Zorn.
Wenn er zürnt, so ist es nur ein Augenblick,
Und es bleibt nichts zurück.
Der Wind hat sich zu uns gewendet in Gnade,
[12]und Amun kehrt mit seinem Odem zurück.
Bei deinem Geist! Du wirst gnädig sein,
Und nicht kehrt uns wieder, was einmal gewendet ist!
[13]Er sagt [129]):

„Ich werde diese [130]) Stele auf deinen Namen machen und werde [14]diesen
Hymnus auf ihr als Inschrift verewigen, wenn du mir den Schreiber Nacht-

---

[124]) Vgl. Anm. 88.

[125]) Wörtlich: ein Gnädiger.

[126]) Preis und Bekenntnis in der Öffentlichkeit gehören zum Wesen dieser Frömmigkeit.

[127]) Eine für uns unklare Anspielung auf den von den Betroffenen erkannten Grund der Krankheit (Diebstahl von Tempeleigentum?); vgl. Anm. 143.

[128]) Diese geradezu paulinische Wendung steht auch auf der etwa gleichzeitigen und aus derselben Stadt stammenden Stele einer Frau Ta-cha: B. Bruyère, Rapport sur les fouilles de Deir el Médinéh 1945–1947, Tf. 8.

[129]) Gemeint ist hier: „Er hat damals gesagt". Es folgt das Gelübde während der Krankheit.

[130]) Das „diese" ist von der Gegenwart aus gesehen eingefügt.

Amun rettest." [15]So sagte ich dir, und du erhörtest mich. Nun siehe, ich tue, was ich sagte. Du bist der Herr für den, [16]der zu ihm ruft und der die Wahrheit[131]) anerkennt, du, der Herr von Theben.

17. Votivstele des Arbeiters Neferabu für die Bergspitze

Textnachweis: Turin, Cat. Gen. 50 058. Textveröffentlichung: M. Tosi / A. Roccati, Stele e altri epigrafi di Deir el Medina, 1972, S. 286 und 94 ff. Entstehungszeit: 19. Dynastie (etwa 13. Jh. v. Chr.). – Als Empfängerin des Textes ist Meret-seger in Schlangengestalt mit Geier-, Menschen- und Schlangenkopf abgebildet.

Als at.liches Vergleichsmaterial kommt die bei Nr. 16 genannte Textgruppe in Betracht.

Die Inschrift wurde oft übersetzt, so von A. Erman, Denksteine der thebanischen Gräberstadt, SDAW 1911, S. 1098 ff. und in ANET³, S. 381. Neuestens in: E. Brunner-Traut, Die alten Ägypter, 1974, S. 134.

[1]Lobpreis geben der Bergspitze des Westens, ihren Ka[132]) verehren. Ich gebe Lobpreis, höre (mein) Rufen, (denn) ich war [2]ein Gerechter auf Erden. Gemacht vom Nekropolenarbeiter Neferabu.

Ein unwissender Mann, ein [3]törichter, weiß nicht gut von böse[133]). Ich beging die Tat der [4]Sünde gegen die Bergspitze, und sie bestrafte mich. Ich war in ihrer Hand [5]bei Nacht wie am Tage. Ich saß auf dem Ziegel wie die Schwangere, [6]ich rief nach Luft, aber sie kam nicht zu mir[134]). Ich [7]gelobte (?) der kraftreichen Bergspitze des Westens und jedem Gott und jeder Göttin: [8]„Sieh, ich werde zum Großen und zum Kleinen, der in der Arbeiterschaft ist, sagen: ‚Hüte dich vor [9]der Bergspitze! Denn ein Löwe ist in ihr. Die [10]Bergspitze schlägt mit dem Schlag eines wilden Löwen [11]und verfolgt einen, der gegen sie sündigt.'"

So rief ich zu meiner [12]Herrin, fand, daß sie (gleich) zu mir gekommen war als erquickende Luft. Sie ward [13]mir gnädig. Sie hatte mich ihre Hand sehen lassen und jetzt wandte sie sich wieder [14]mir zu in Gnade. Sie ließ mich die Krankheit vergessen, [15]die in meinem Herzen gewesen war. Ja, die Bergspitze des Westens ist gnädig, wenn man [16]sie anruft – sagt Nefer-abu. Er sagt: Seht, alle Ohren (derer?), [17]die auf Erden leben, mögen es hören: „Hütet euch vor der Bergspitze des Westens!"

---

[131]) Hier ist die Erfüllung des Gelübdes gemeint. Vgl. 4. Mose 30,3; 5. Mose 23, 23 u. ö.

[132]) Ka kann grob mit „Geist" übersetzt werden; hier steht es im Parallelismus als Synonym der Göttin. Diese wohnt in der charakteristischen Bergspitze, die die Siedlung der Arbeiter, das Königsgräbertal und die ganze Westseite Thebens überragt.

[133]) Nicht nur die Rechtschreibung, auch der Stil dieses von Neferabu selbst (freilich unter Verwendung vorgeformter Ausdrücke) verfaßten Hymnus ist ungelenk. Die Übersetzung sucht das wiederzugeben.

[134]) Neferabu scheint einen Schlangenbiß, der seine Atmung lähmt, als Strafe der Göttin zu verstehen – die Schlange ist eine ihrer Erscheinungsformen. Seine Atemnot wird mit der einer Kreißenden verglichen (zum Ziegel vgl. den hebräischen Text von 2. Mose 1, 16).

18. Bittstele des Neferabu an Ptah

Textnachweis: London Brit. Mus. 589. Textveröffentlichung: T. G. H. James, Hiero-
glyphic Texts, Part 9, 1970, Tf. 31. – Als Empfänger des Gebets ist der thronende
Ptah abgebildet; über ihm zwei Augen und vier Ohren.

At.liche Vergleichsmöglichkeiten: Zum Sündenbekenntnis (Z. 2 f.) vgl. Ps. 32, 3 ff.;
38, 19; 51, 5 ff. Zur Art der begangenen Sünde (Z. 2) vgl. 3. Mose 19, 12, dazuhin Jer.
5, 2; 7, 9; Hos. 10, 4; Sach. 5, 3; Ps. 24, 4. Zum Verständnis der Krankheit als Strafe
(Z. 3, Anm. 139) vgl. Ps. 38, 2 ff.; 41, 5 u. ö. Zur Redeweise von Gottes „Hand" (Z. 7)
vgl. Ps. 32, 4; 38, 3. Zur Einbeziehung einer Vermahnung der andern (Z. 3 ff.) vgl.
Ps. 32 (51, 15; 130, 7). Zur Verknüpfung mit Bittrufen (Z. 3 ff. 9) vgl. Ps. 38, 2. 22 f.;
51, 3 f. 9 ff. Zur Verbindung mit Lobpreis doxologischer Art (d. h. zur Verbindung
von Confessio und Doxologie) (Z. 1 ff. 8) vgl. Jos. 7, 19; Hi. 5, 6 ff. 9 ff., in gewisser
Beziehung auch Ps. 7, 10 b – 12.

Auch diese Steleninschrift ist vielfach übersetzt, u. a. von A. Erman, Denksteine der
thebanischen Gräberstadt, SDAW 1911, S. 1100 ff.; E. Brunner-Traut, Die alten Ägypter, 1974, Tf. 44 und S. 134.

Vs.:

¹Lobpreis geben dem Ptah, dem Herrn der Maat, dem König der beiden
Länder, dem gnädigen ¹³⁵) auf ²seinem Thron, dem einzigartigen Gott in der
Neunheit ¹³⁶), ³dem Geliebten als König der beiden Länder; er gebe Leben,
Heil und Gesundheit, Einsicht, ⁴Lob und Liebe, und daß meine Augen täglich
Amun sehen ¹³⁷), ⁵so wie es gewährt wird einem Gerechten, der Amun ⁶in sein
Herz schließt – von dem Nekropolenarbeiter Neferabu.

Rs.:

¹Beginn des Sprechens von der Gewalt des Ptah, südlich seiner Mauer ¹³⁸),
durch den Nekropolenarbeiter des westlichen Theben ²Neferabu. Er sagt:
„Ich bin ein Mann, der frevelhaft geschworen hat bei Ptah, dem ³Herrn der
Wahrheit, und er hat mich Finsternis sehen lassen bei Tage ¹³⁹). Nun werde
ich seine Gewalt dem erzählen, der sie nicht ⁴kennt, wie dem, der sie kennt,
den Kleinen wie den Großen: Hütet euch vor Ptah, dem Herrn der Wahrheit.
Er läßt ⁵keines Menschen Tat unbeachtet! Steht davon ab, den Namen des
Ptah falscherweise zu nennen! Sieh, wer ihn ⁶falscherweise nennt, sieh, der
geht zugrunde ¹⁴⁰). Er ließ mich sein wie die Hunde ⁷der Häuser ¹⁴¹), indem
ich in seiner Hand war. Er ließ Menschen und Götter auf mich blicken, indem

---

¹³⁵) Wörtlich: „mit schönem (d. h. huldvollem, geglättetem) Gesicht".
¹³⁶) Neunheit heißt jede Göttergruppe, gleich welcher Anzahl. Hier sind die in Der
el-Medina verehrten Götter gemeint.
¹³⁷) Entweder der tägliche Anblick der Sonne (Gegensatz Blindheit oder Tod) oder
täglicher Tempelbesuch.
¹³⁸) Kultname des Ptah vom Memphis.
¹³⁹) Neferabu empfindet seine Blindheit als Strafe für einen bei Ptah geschworenen
Meineid.
¹⁴⁰) Wörtlich: „zerfällt" wie ein altes Gemäuer.
¹⁴¹) Vielleicht Kettenhund, vgl. RdE 19, 1967, S. 136, Anm. 6.

ich war ⁸wie ein Mann, der Verbotenes gegen seinen Herrn getan hat. Wahr-
haftig (gerecht) ist Ptah, der Herr der Wahrheit gegen mich: Er hat mich
bestraft. ⁹Sei mir (nun) gnädig, sieh mich an, du bist gnädig!"

19. Bittgebet der Frau Iit-Noferti, der Gemahlin des Sennodjem (Theben, Grab Nr. 1)

Textnachweis: Bankes Collection in Kingston Lacy, Dorset, England. Textveröffentlichung: J. Černý, Egyptian Stelae in the Bankes Collection, 1958, Nr. 6. Entstehungszeit: 19. Dynastie (ca. 13. Jh. v. Chr.).
At.liche Vergleichstexte: s. o. unter Nr. 18.

Lobpreis geben dem Iah-Thot [142]), dem vollkommenen Gott, der die Bitten
erhört; verehren den Schu, den großen Gott. Sei gnädig! Du hast mich Finsternis sehen lassen bei Tage wegen jener Worte der Frauen [143]). Seid mir
gnädig, daß ich eure Gnade sehe!

20. Gebet und Stiftung des Simut, genannt Kiki

Textnachweis: Inschrift im Grab des Genannten, Nr. 409, in Theben. Textveröffent-
lichung: M. Abdul-Qader Muhammed, ASAE 59, 1966, S. 159 ff.
Übersetzung: A. Wilson, JNES 20, 1970, S. 190 ff.
Der Gedanke, an die Gottheit zurückerstatten zu sollen, der aller Besitz zu verdan-
ken ist (Z. 10 ff.), hat mutatis mutandis (!) Parallelen in Texten wie 5. Mose 26, 1–11
und 2. Mose 34, 19, die auf ihre Weise eine Anerkennung Gottes als des eigentlichen
„Besitzers" artikulieren. Ansonsten kommen für einen Vergleich noch am ehesten die
Vertrauenserklärungen persönlicher Klagelieder und anderer at.licher Psalmen in
Frage: u. a. Ps. 27, 1 ff.; 31, 4; 56, 4 f. 12; 140, 8; 142, 6, nicht zuletzt auch Ps. 91. Im
einzelnen entspricht der erklärte Verzicht auf „Beschützer unter den Menschen"
(Z. 17 f.) Ps. 60, 13; (108, 13); 118, 8 f.; 146, 3 f. Ähnlich wie in Z. 3 ist in Ps. 16, 11
von einem „Weg des Lebens" die Rede. Vgl. aber auch Spr. 2, 19; 5, 6; 10, 17; 15, 24.
Zum Verständnis: Nach einer biographischen Einleitung spricht Kiki selbst. In einer
ersten Rede stiftet er sein Vermögen der Göttin Mut von Theben und begründet diesen
Schritt, in einer zweiten betet er zu ihr. Als dritter Teil seiner Rede folgt ein Hymnus
auf die Göttin. Der Text ist nur lückenhaft erhalten, ein zweiter ähnlichen Inhalts
noch stärker zerstört; er scheint Einzelheiten der Schenkung dargeboten zu haben.

¹Es war ein Mann des südlichen Heliopolis (= Theben), ein wahrhaftiger
Schreiber in Theben, dessen Name von seiner Mutter her Simut war, ²genannt
Kiki selig. Seine Gottheit erkannte ihn und unterwies ihn in ihrer Weisheit.
³Sie setzte ihn auf den Weg des Lebens, um seinen Körper zu schützen. ⁴Der
Gott erkannte ihn schon als Kind, und erlesene Speisen für ihn wurden an-

---

[142]) Iah ist ein dem Semitischen entlehntes Wort für „Mond", Thot ist Mondgott.
Schu ist der Gott des Tageslichtes, so daß die Erblindete Lichtgötter anruft.
[143]) Eine für uns unklare Anspielung auf den Grund der Erblindung; vgl. Anm. 127.

geordnet. Dann ging er zurate ⁵mit sich selbst, für sich eine Schutzgottheit zu finden, und er fand Mut an der Spitze der Götter. Schai und ⁶Renenet ¹⁴⁴) sind bei ihr, die Dauer des Lebens und des Odems unterstehen ihr, und alles, was geschieht, unterliegt ihrer Weisung ¹⁴⁵). ⁷Daraufhin sprach er:

„Hiermit übergebe ich ihr mein Vermögen und allen Zugewinn. Ich weiß, ⁸daß sie für mich von Nutzen ist, daß sie allein wohltut und daß sie mir einen Freiraum schaffen kann im Kampf⁹getümmel ¹⁴⁶). Sie beschirmt (?) im bösen Augenblick. Sie ist schon gekommen – Nordwind vor ihr her ¹⁴⁷) –, wenn ¹⁰ich ihren Namen anrufe. Ich war ein Notleidender ihrer Stadt, ein Armer und ¹¹ein Bettler ihrer Stadt ¹⁴⁸). Ich kam zu meinem Besitz nur durch ihre Kraft, wegen des Lebensodems ¹⁴⁹). (Deshalb) soll kein ¹²Mitglied des Haushaltes Teil daran haben, er soll (vielmehr) nur ihr zugutekommen in Frieden … ¹³Ich sage von einem Minister auf seinem Gipfel ¹⁵⁰): ‚Er ist stark, aber er reicht nicht ¹⁴heran ¹⁵¹) an die, die sich an Sechmet, die Große halten‘. Man kann die Weite ihres Schrittes nicht ermessen ¹⁵²). ¹⁵Keiner ihrer Diener droht in Zorn zu kommen ¹⁵³) immer und ewig.“

„O Mut, Herrin ¹⁶der Götter, höre meine Gebete! Ein Diener bezeugt die Wohltaten seines Herrn(?) … ¹⁷Ich mache mir keinen Beschützer unter den Menschen, ich mache mir nicht ¹⁸… unter den Großen, und auch mein Sohn ist es nicht (kein Schützer?) …“

„Wen Mut ⁶⁹in (ihren) Schutz nimmt, dem kann kein Gott (mit Schaden) nahe kommen; ein Günstling des Königs ist er sein Leben hindurch, ⁷⁰der in Gnaden stirbt.

Wen Mut in (ihren) Schutz nimmt, den kann kein ⁷¹Übel treffen; er ist behütet jeden Tag, bis er in den Friedhof eingeht.

Wen ⁷²Mut in (ihren) Schutz nimmt, wie schön verläuft sein Leben! Wohltaten des Königs, die seinem Leib zugute kommen, gehören ⁷³dem, der sie in sein Herz gibt.

---

¹⁴⁴) Schai heißt das bei der Geburt mitgegebene Schicksal, besonders die Lebenszeit, Renenet das in der Kindheit erworbene, die „Umwelteinflüsse“.

¹⁴⁵) Siehe o. Anm. 89.

¹⁴⁶) Von der Schlacht übertragen auf alle akut bedrängenden Notlagen im Leben.

¹⁴⁷) Der kühle Nordwind, vom Mittelmeer ins Niltal wehend, wird als Wohltat empfunden.

¹⁴⁸) Ausdrücke der Selbstminderung als Zeichen hilfloser Ergebenheit gegen die Gottheit, nicht notwendigerweise wörtlich zu verstehen. Vgl. Anm. 123.

¹⁴⁹) Scil.: durch den sie ihre Kraft mitteilte. Die Übersetzung ist nicht ganz sicher. Ich nehme für die mit „wegen“ übersetzte Präposition schon die Bedeutung an, die sie im Koptischen bekommen hat.

¹⁵⁰) Wörtlich: „in seinem rechten Augenblick“, d.h. auf dem Gipfel seiner Macht.

¹⁵¹) *tkn*.

¹⁵²) D. h. die Reichweite ihrer Macht.

¹⁵³) Gemeint ist wohl der Zorn des Herrschers, der Ungnade zur Folge hat, oder auch der Zorn der Göttin.

In Stein gemeißelte Hieroglyphen.
Darunter ein Beter, der sich mit hingebungsvoller Gebärde
an eine Göttin wendet

Wen Mut in (ihren) Schutz nimmt, dem ist Lob und [74](gutes) Geschick sicher, und Angenehmes steht auf seinem Geburtsziegel[154]); er kommt zu Gnaden.

Wen Mut in (ihren) Schutz nimmt, [75]– wie gedeiht, wen sie liebt! Kein Gott kann ihn niederwerfen, da er den Tod nicht kennt.“

Preis- und Danklieder

Im Unterschied zu den in Abschnitt II wiedergegebenen Hymnen stehen hier Lieder Einzelner, bei denen der Inhalt ein persönliches Verhältnis zwischen Gott und Sänger erkennen läßt. Freilich sind sie in Wortwahl und Gedanken an die Kulthymnen angelehnt. Eine scharfe Scheidung würde Zusammengehöriges zerreißen.

21. Hymnus des Nech-Atum (oder Chu-Atum?[155]) an den vergöttlichten König Amenophis I.

Textnachweis: Turin, Cat. Gen. 50 049. Textveröffentlichung: M. Tosi / A. Roccati, Stele e altri epigrafi di Deir el Medina, 1972, S. 281.83 f.

Wie die meisten derartigen Dokumente stammt auch dieser Text aus der Arbeiterstadt der Werkleute des Königsgräbertals. Da die Stifter ungebildete Leute sind, wimmelt die Inschrift von orthographischen Fehlern. Entstehungszeit: 19. Dynastie (13. Jh. v. Chr.). – Als Empfänger des Liedes ist die Kultstatue des 200 bis 300 Jahre zuvor verstorbenen Königs Amenophis I. abgebildet. Bemerkenswert ist hierbei, daß die alten Ägypter auf einen verstorbenen König grundsätzlich die gleichen Prädikate beziehen können wie auf einen Gott.

Vergöttlichung – Apotheose – eines menschlichen Königs ist im AT nicht zu belegen[156]). Wohl aber haben einzelne Phrasen des ägyptischen Textes at.liche Entsprechungen. Im einzelnen siehe die Fußnoten.

Übersetzungen des Hymnus liegen vor bei Tosi/Roccati, a.a.O. und A. Erman, Denksteine der thebanischen Gräberstadt, SDAW 1911, S. 1105 f.

[1]Lobpreis geben dem Herrn der Beiden Länder Amenophis I., er gebe Leben, und Thutmosis IV., [2]dem großen lebendigen Gott, der die Maat liebt, der den

---

[154]) Zu den Geburtsziegeln vgl. noch einmal 2. Mose 1, 16. Auf diese Ziegel schrieben die sieben Hathoren, die bei der Geburt des Kindes dessen Geschick festsetzen, sein Schicksal. Siehe auch oben Anm. 89.

[155]) Verschrieben. Für beide Lesungen ist eine Korrektur nötig.

[156]) Eigentümlichkeiten in Ps. 45 reichen nur von ferne heran: einerseits die Lobpreisart, in welcher der menschliche Herrscher apostrophiert wird, andererseits die ihm geltende Anrede „Gott“ oder „Göttlicher“ (Ps. 45, 7). Letzteres nur, wenn auf den überlieferten hebräischen Text Verlaß ist. Im übrigen gibt es im AT bloß approximativ an Gott heranrückende Texte: so 2. Sam. 14, 17.20; Sach. 12, 8. Vgl. aber auch die bei Nr. 15 genannten Stellen.

rettet, der in der Unterwelt ist[157]), und [3]Luft gibt dem, den er liebt[158]). Wer zu dir eintritt betrübten Herzens, [4]der kommt jubelnd heraus in Kürze[159]). Die Großen kommen [5]zu dir wegen deines Namens, seit man gehört hat, daß dein Name [6]stark ist. Es freut sich, wer dir vertraut[160]), aber wehe dem, der [7]dich angreift[161]) ... [8]eines wilden Löwen, [9]strecket die Hand in ein Loch, in dem eine große Schlange ist: so werdet [10]ihr die Macht des Amenophis sehen, wenn er Wunder wirkt für seine Stadt[162]).

22. Amun als Hirte

Gebet in hieratischer Schrift auf einem ramessidischen Kalksteinostrakon im Britischen Museum, Nr. 5656 a. Textveröffentlichung: A. Gardiner und J. Černý, Hieratic Ostraca I, 1957, Tf. 89.

Der unvollständig erhaltene Text des Ostrakons enthält mehrere Strophen eines hymnischen Gebetes an Amun. Von ihnen wird nur die vierte wiedergegeben. Andere enthalten Anspielungen auf das Schicksal Echnatons, so daß unser Text nicht lange nach seinem Sturz (nach 1348) geschrieben sein kann.

Im AT kommt ihm Ps. 23,1 ff. am nächsten. Von Gott als dem Hirten seines Volkes sprechen Jes. 40,11; Jer. 31,10; Ps. 28,9; 74,1; 79,13; 80,2 und 95,7.

Individuelle hymnische Gebete in der Art unseres Texts Nr. 22 sind in der Ramessidenzeit sehr häufig; vgl. Nr. 16–20. Gedanken und Formulierungen mögen sich dabei an Tempelhymnen anlehnen. Zum Bild des Guten Hirten in Ägypten vgl. D. Müller, Der gute Hirte, ZÄS 86, 1961, S. 126–144, unsere Strophe dort S. 139.

[6]Amun, Hirte, der schon frühmorgens für die Herde sorgt, der den Hungrigen zu den Kräutern treibt. Es treibt der Hirte die Rinder zum Kraute; Amun, du treibst [7]mich, den Hungrigen, zur Speise, denn Amun ist ja ein Hirte, ein Hirte, der nicht müßig ist.

23. Hymnisches Gebet an Amun

Aus der hieroglyphischen Inschrift auf der Rückseite einer hölzernen Gruppe des Ehepaares Amenemopet und seiner Frau Hathor. Berlin 6910. Textveröffentlichung: Ägyptische Inschriften aus den Staatlichen Museen zu Berlin II, 1924, S. 70 f. Im folgenden nach einer Fotografie.

Der Text ist bald nach der Amarnazeit entstanden. Er enthält neben hymnischen Elementen deutliche Züge der persönlichen Frömmigkeit.

---

[157]) Nach zahlreichen Parallelen ist wohl so zu verbessern. Andere Möglichkeit: „Er rettet den, der dich (sic!) verehrt", so Tosi/Roccati. Zur Errettung aus der Unterwelt vgl. etwa Ps. 9,14; 30,4; 49,16; 71,20; 86,13; 116,8.

[158]) Mit der Nuance „vorzieht, begünstigt", s. E. Otto, MDAI. K 25, 1969, S. 98 ff.

[159]) Fehlerhafte Schreibung für nhj, also „nach kurzer Zeit".

[160]) Wörtlich: „sein Herz mit dir erfüllt".

[161]) Vgl. dazu die antithetische Vertrauensaussage Ps. 25,3.

[162]) Gottvertrauen feit gegen Löwen und Schlangen.

Er hat, gerade insoweit er Bittrufe aus der Not (H 6) mit Lobpreiselementen verbindet, in hymnisch durchsetzten individuellen Klage- und Bittgebeten wie Ps. 71 und 86 formale Parallelen. – Im einzelnen sind vergleichbar: die Glückseligpreisung (H 5) mit Ps. 40,5; 84,13, die Wendung „der den Armen rettet“ (H 5) mit Jer. 20,13; Ps. 22,25; 69,34, der Lobsatz „der die Gebete ... erhört ...“ (H 7) mit Ps. 65,3, das Motiv „Rettung aus der Hand der Gewalttätigen“ (H 7) mit Jer. 15,21; Ps. 71,4; (86,14); 140,2.5 u. a. m.

Eine Übersetzung des Gebets liegt auch vor bei A. Scharff, Ägyptische Sonnenlieder, 1921, S. 73 f.

H 5Heil dem, der wohl sitzt auf der Hand des Amun, der den Scheuen leitet, der den Armen rettet, der Lebensodem gibt jedem, den er liebt und ihm ein schönes Alter im Westen von Theben zuweist ... H 6O mein Gott, Herr der Götter, Amon-Re, Herr von Karnak: Reich mir die Hand und rette mich! Gehe auf für mich, mache, daß ich am Leben bleibe! Du bist der einzigartige Gott, ohne H 7seinesgleichen. Re bist du, der am Himmel aufgeht, Atum, der die Menschen schuf. Der die Gebete dessen erhört, der ihn anruft, der einen Mann rettet aus der Hand der Gewalttätigen, der den Nil herbeibringt für die, die in ihm [163]) sind, der vollkommene Leiter H 8für jedermann. Wenn er aufgeht, leben die Menschen, und ihre Herzen leben auf, wenn sie den sehen, der Lebensodem gibt dem, der im Ei ist [164]), und der Menschen und Vögel am Leben erhält, der Lebensunterhalt schafft den Mäusen in den Löchern H 9und auch den Würmern und Flöhen. – Er gebe ein schönes Begräbnis nach dem Alter, indem ich heil bin in seiner Hand ...

24. Religiöse Sentenzen und Maximen

Zahlreiche Skarabäen tragen Sentenzen und Maximen als Inschrift. Wo die Texte veröffentlicht sind, ist in den Anmerkungen angegeben. Übersetzt wird meist nach É. Drioton. Alle Texte stammen aus der 19./20. Dynastie (14.–12. Jh.).

Auf den am Fingerring oder um den Hals getragenen Skarabäen stehen jene kurzen, prägnanten Texte meist in verschlüsselter Schrift, wohl um die Neugierde von Betrachtern durch auffällige, unbekannte Zeichen und Zeichenkombinationen zu erregen und zur „Lösung“ zu reizen. Weniger wahrscheinlich ist, daß die Träger ihr Bekenntnis halb geheim halten wollten – wozu hätten sie dann die Sentenzen überhaupt sichtbar getragen? Viele hunderte von Skarabäen tragen Dutzende von verschiedenen Texten, viele mit größeren und kleineren Varianten. Die Deutung ist oft fraglich; wir bringen nur gesicherte Beispiele.

Diese Zeugnisse persönlicher Bindung an Gott und der Art dieser Bindung bzw. gewählter Lebensgrundsätze kommen at.lichen Aussagen vor allem in den Psalmen und Sprüchen nahe; auf Parallelen wird jeweils in den Anmerkungen hingewiesen. Dort auch Literaturhinweise.

---

[163]) Unklar; an Fische wird man kaum denken wollen. Ob „die von ihm leben“ (wörtlich: „essen“) gemeint sind? Der Text ist nicht in Ordnung.

[164]) Das wird auch von ungeborenen Menschen gesagt. Hier sind beide, ungeborene Kinder und noch nicht geschlüpfte Küken gemeint. Der nächste Vers differenziert dann, um die Vielfalt der Schöpfung zu zeigen.

1) Gott[165]) liebt den, der ihn liebt[166]).

2) Ptah liebt alle, die ihn lieben und die ihn bitten[167]).

3) Jede gute Tat vergilt Ptah großzügig[168]).

4) Gott ist der Schutz meines Lebens[169]).

5) Amun ist hinter mir (d.h. mein Schutz), ich fürchte nichts, denn Amun ist stark[170]).

6) Es gibt keine wahre Zuflucht für mein Herz außer Amun[171]).

Abb. 3: Skarabäus; auf seiner Unterseite ist der Text Nr. 24, 6 graviert

7) Der Schutz meines Lebens ist es, Amun zu dienen[172]).

8) Mein Ruhm ist es, Amun zu dienen[173]).

9) Mein Glück ist im Tempel des Lebendigen[174]).

10) Mein Lieblingsort ist dein Tempel, Onnophris[175]).

---

[165]) Statt des allgemeinen Ausdrucks „Gott" oder „der Gott" finden sich in den meisten Texten auch Gottesnamen, vor allem Amun, Ptah, Osiris, auch Göttinnen. Die Namen wechseln in der gleichen Maxime, zwar nicht beliebig (Nr. 3 etwa findet sich nur von Ptah), aber häufig.

[166]) Viele ägyptische Belege für diese Maxime bei É. Drioton, AnBib 12, 1959, S. 57 ff. – Vgl. im AT neben 1. Sam. 2, 30; Ps. 145, 20 vor allem Spr. 8, 17a (dort ein exakt paralleles Wort aus dem Mund der Urordnung „Weisheit"). Vgl. aber auch den Deboraliedschluß Ri. 5, 31 und (mutatis mutandis) die reziproken Formulierungen in 1. Mose 12, 3.

[167]) Drioton, Kêmi 14, 1957, S. 21 ff.

[168]) Drioton, a.a.O., S. 9 f. – Vgl. 1. Sam. 24, 20; Spr. 19, 17; Rt. 2, 12; fernerhin Neh. 5, 19; 13, 31.

[169]) Drioton, Pages d'Égyptologie, 1957, S. 117. – Vgl. Ps. 46, 8.12; 59, 10.17 f.; 144, 2 u. ö.

[170]) Drioton, a.a.O., S. 118. – Vgl. u. a. Ps. 3, 4–7; 23, 4; 27, 1 ff.; 118, 6; fernerhin 1. Mose 15, 1; 26, 24; 5. Mose 31, 6 ff.; Jos. 1, 5; Jes. 41, 10.13; aber auch Mi. 3, 11.

[171]) Drioton, ZÄS 79, 1954, S. 4. – Vgl. etwa 2. Sam. 22, 3.32; Ps. 11, 1; 16, 1 f. (BHS); 18, 32; 62, 6–9; ferner Jes. 30, 1 ff.; 43, 11; 44, 8; Hos. 13, 4.

[172]) Drioton, Pages d'Égyptologie, S. 118. – Vgl. der Sache nach etwa 2. Mose 34, 10–26; 5. Mose 6; 11; Jos. 24; 1. Sam. 7, 3; Mal. 3, 13–21.

[173]) Drioton, a.a.O., S. 125. – Vgl. Jer. 9, 22 f.; Ps. 34, 3.

[174]) Drioton, a.a.O., S. 129. Zahlreiche Sentenzen preisen den Tempel als Ort der Nähe Gottes. Hiermit vergleichbar vor allem die „Zionlieder" (Ps. 46; 48; 76; 84; 87; 122), beispielshalber Ps. 84, 3–6.11; außerdem Ps. 27, 4; 65, 5; 137. – „Der Lebendige" ist häufiger Beiname der Gottheit. Vgl. dazu u. a. Jos. 3, 10; 1. Sam. 17, 26; Jer. 10, 10; Ps. 42, 3; 84, 3.

[175]) Drioton, a.a.O. Vgl. im übrigen die vorige Anm.

11) Amun ist die Stärke des Einsamen [176]).
12) Gott ist es, der auf den Lebensweg führt [177]).
13) Wer die Gerechtigkeit liebt, ist ein Erwählter Gottes [178]).
14) Glücklich, wer Amun täglich sieht [179]).
15) Besser ist Zufriedenheit als Zorn [180]).

25. Das ramessidische Briefformular

Die ägyptischen Briefe aus der Zeit um 1000 v. Chr. beginnen mit einem zwar variablen, im Grunde aber feststehenden Formular religiöser Art. A) ist nach dem Papyrus Leiden I 369 (Umschrift bei J. Černý, Late Ramesside Letters, 1939, No. 1) übersetzt, B) nach dem Papyrus Brit. Mus. 10. 417 (bei Černý No. 14).

A) ist von dem in der Fremde weilenden Vater an seine in Theben zu Hause gebliebenen Angehörigen und Mitarbeiter gerichtet.

B) dagegen ist aus einem Brief eines seiner Leute an ihn.

Bei A) verdienen die Zusicherungen des Briefeingangs im Hinblick auf die Fürbitte Beachtung, die Israeliten füreinander (Ps. 35, 13 f.), für ihren König (Ps. 20, 2–6; 61, 7–8; 72 u. ö.), für Jerusalem (Ps. 122, 6–9), das Gottesvolk insgesamt (Ps. 28, 9), aber auch für Nicht-Jahwegläubige (Jer. 29, 7) übten. – Bei B) ist zur Vorstellung des Königs über die Götter Ps. 95, 3, zum Verhältnis zwischen diesem und dem einzelnen Menschen Ps. 5, 3 zu vergleichen. Zum übrigen siehe etwa 1. Mose 28, 15. 20.

Eine Übersetzung der beiden Briefe findet sich auch bei E. F. Wente, Late Ramesside Letters, SAOC 33, 1967, S. 18. 46 f.

A)

A an B. [3]Ich sage zu Harsaphes, dem Herrn von Herakleopolis, zu Thot, dem Herrn von Hermopolis und zu jedem Gott und jeder Göttin, [4]an denen ich vorbeikomme [181]), daß sie Euch Leben, Heil und Gesundheit geben mögen, lange Lebenszeit und ein schönes hohes Alter; und daß sie Euch Gunst geben mögen [5]vor Göttern und Menschen [182]). Wie geht es Euch? Wie geht es Euren Leuten? Ich lebe noch, [6]der morgige Tag steht in Gottes Hand [183]). Ich bin der, der sich danach sehnt, Euch täglich zu sehen und von Eurem Befinden zu hören. Was [7]soll es denn, daß ich Euch diese verschiedenen Briefe geschickt habe, ohne daß Ihr mir auch nur einen zukommen laßt? Was habe

---

[176]) Drioton, ZÄS 79, 1954, S. 10. – Vgl. Ps. 27, 10 und 25, 16, außerdem Ps. 38, 12. 16; 102, 2 ff. 7 f. sowie Ps. 3; 31; 62, überdies Klgl. 3, 25 ff.

[177]) Drioton, Pages …, S. 126. – Vgl. etwa Ps. 23, 2 ff.

[178]) Drioton, Pages …, S. 120. – Vgl. u. a. Ps. 15; 24, 3–6; 119; Spr. 14, 34; 21, 21.

[179]) Siehe o. Anm. 137. Drioton, a. a. O., S. 128. – Vgl. Ps. 27, 4; 42, 3; 63, 3 f.

[180]) Variante: Besser ist Liebe als Zorn. Drioton, FS W. Deonna, 1957, S. 200. – Vgl. Ps. 37, 1–11; Spr. 29, 8, evtl. 19, 19.

[181]) Der Absender ist in Mittelägypten und nennt Götter seines jetzigen Aufenthaltsortes.

[182]) Vgl. Spr. 3, 4.

[183]) Vgl. Ps. 31, 16; Spr. 27, 1. J. G. Griffiths bringt in HThR 53, 1960, S. 219 ff. zahlreiche ägyptische, griech.-lat. und hebr. Parallelen.

ich [8]Euch denn getan? Und wenn ich millionenmal Unrecht getan habe, habe ich denn nicht ein einziges Mal etwas Gutes getan, um es in Vergessenheit zu bringen? Ich bin doch gut [9]zu Euch, gar nicht bin ich böse zu Euch. Bitte sagt doch zu Amun des Thrones der Beiden Länder und zu Meresger[184]), er möge mich lebend [10]aus dem Yar von Na-mechai zurückbringen[185]) ...

B)

... Ich [3]sage Amun, dem Götterkönig, er möge Dir Gunst geben vor dem General, Deinem Herrn. [Rs. 1]Amun möge Dich wohlbehalten zurückbringen, daß ich Dich umarmen kann, [Rs. 2]wenn alle Gefahr vorbei ist und Amun vom Thron der beiden Länder dich gerettet hat. Du bist sein Diener ...

V. Lebenslehren

26. Die Lehre für Merikare

Die Lehre ist in 3 Papyrushandschriften des Neuen Reiches erhalten. Die Basishandschrift, nach der die Zeilen gezählt werden, befindet sich in Leningrad und ist fast vollständig, 2 weitere, fragmentarische werden in Moskau und Kopenhagen aufbewahrt. Alle drei sind in hieroglyphischer Umschrift veröffentlicht und übersetzt von A. Volten, Zwei altägyptische politische Schriften, AAeg 6, 1945, S. 3–103. Hier nur drei kürzere Auszüge.

Die Rede wird dem soeben verstorbenen König Achthoës (?) in den Mund gelegt, der zu seinem Sohn und Thronfolger Merikare (10. Dynastie, Ende des 22. Jh.) spricht. Praktisch ist es eine Art Regierungserklärung des letzteren. Der Text enthält vielerlei politisch-konkrete Anweisungen, allgemeine Maximen (unser erstes Stück) und schließlich hymnische Stücke. Er gipfelt in dem kosmologischen Gesang vom Wirken des Sonnengottes, den wir als drittes Stück bringen.

Als Parallele verdienen vor allem die „Worte an Lemuel", Spr. 31, 1–9, Beachtung, die gleichfalls als vermahnende Lebenslehre an einen fürs Königsamt bestimmten Sohn gerichtet und dennoch von diesem selbst überliefert sind und vergleichbare Pflichten benennen. Was letztere anlangt, kommen überdies 2. Sam. 23, 3 ff.; Ps. 72, 1–4.12–14; 101, aber auch Jer. 21, 11 f.; 22, 1 ff.; 23, 5 in Betracht. Die Verbindung von vermahnender mit hymnischer Rede (Z. 46 ff. bzw. Z. 131 ff.) findet sich entsprechend in Hi. 4, 1–5, 27 (siehe speziell 5, 9–11). Zum Lobpreisthema der Fürsorge Gottes (Z. 131 ff.) vgl. Ps. 104, 14–15.21.27–28; 145, 15–16; (147, 9; Hi. 38, 39–41), zum Gedanken, niemand könne der unsichtbar angreifenden Gottheit wehren (Z. 124 f.), siehe vornehmlich Hi. 9, 11–12, zum Theologumenon der Verborgenheit Gottes beispielshalber Jes. 8, 17; 45, 15; Ps. 89, 47. Zu allem übrigen vgl. die Anmerkungen.

Zusätzliche Literaturhinweise: ANET[3], S. 414–418; neuerdings auch M. Lichtheim, Ancient Egyptian Literature I, 1973, S. 97 ff.

---

[184]) Thebanische Gottheiten.
[185]) Offenbar eine Bezeichnung des Ortes, wo der Absender sich aufhält.

Tue [46]das Recht, und du wirst lange auf Erden weilen[186]). Beruhige den Weinenden, unterdrücke keine Witwe[187]) [47]und verdränge keinen Mann vom Besitz seines Vaters[188]), verringere nicht [48]den Großen ihren Besitz. Sei auf der Hut davor, ungerecht zu strafen. Töte nicht[189]), das bringt dir keinen Gewinn; strafe vielmehr mit Schlägen [49]und Haft, dabei ist das Land fest gegründet ...

[123]Unter den Menschen geht eine Generation nach der anderen dahin, [124]und Gott, der die Charaktere kennt, hat sich verborgen[190]). Den Schlag des Herrn der Hand kann niemand abwehren[191]). Er greift (selbst unsichtbar) an, was die Augen [125]sehen (das Sichtbare). Verehrt wird der Gott auf seinem Prozessionsweg[192]), hergestellt aus Edelsteinen und geformt aus Metall, wie eine Welle ersetzt werden kann [126]durch eine andere Welle. Kein Fluß läßt sich (auf die Dauer) verbergen: Er verläßt den Kanal, in dem er verborgen war[193]). So kommt auch die Seele zu dem Platz, den sie kennt, und weicht nicht ab von ihrem gestrigen Weg. Mache dein Haus im Westen trefflich und statte deinen Sitz in der [128]Nekropole wohl aus[194]) dadurch, daß du aufrecht bist und das Rechte tust, worauf die Herzen der Menschen bauen. Die [129]Tugend des aufrecht Gesinnten wird lieber angenommen als das Rind des Sünders[195]) ...

---

[186]) Zur Verknüpfung mit dieser Zusage vgl. 2. Mose 20,12; 5. Mose 5,16.

[187]) Kardinalfälle sozialen Verhaltens, in Ägypten ebenso wie im AT. Vgl. u. a. 2. Mose 22,21 ff.; 5. Mose 24,17; 27,19; Jes. 1,17; Mal. 3,5.

[188]) Vgl. dazu 1. Kön. 21,1–4; Mi. 2,2 b.

[189]) Hier wohl: Todesstrafe verhängen.

[190]) Der biblischen Vertreibung aus dem Paradies (1. Mose 3,24) entspricht der zweite Teil des unter Nr. 5 gebrachten Mythus: Schilderung des Rückzuges Gottes aus der Nähe der Menschen. Seit damals hält sich Gott entfernt, bleibt unsichtbar, greift aber in die sichtbare Welt ein.

[191]) Die „Hand Gottes" als Bild für das (strafende) Eingreifen Gottes in das Geschick der Einzelnen oder die Weltläufte ist ein häufiges biblisches Bild. Vgl. beispielshalber 2. Mose 9,3; 5. Mose 2,15; 1. Sam. 6,5; Ez. 25,13.16; Am. 1,8.

[192]) Anstelle des unsichtbaren Gottes pflegt man sein sichtbares, aber nicht mit ihm identisches Substitut, das Kultbild, zu verehren. Die Menge begegnet ihm nur bei Prozessionen. – Vgl. immerhin 2. Mose 32,1 ff.; 1. Kön. 12,28 ff.; Hos. 8,4 ff. und andererseits 2. Mose 20,4 ff.; 5. Mose 5,8 ff.

[193]) Die Verborgenheit Gottes hat eines Tages ein Ende: Im Gericht bricht er hervor und tritt dem Menschen gegenüber. – Vgl. den hebr. Text von Ps. 34,17 und 76,8 ff.

[194]) Dieser Doppelsatz ist ein Zitat aus der viele Jahrhunderte älteren Lehre des Djedefhor. Was dort materiell gemeint war und sich auf den Bau und die Ausrüstung des Grabes und die Opfer bezog, biegt unsere Lehre ins Spirituell-Moralische um durch den Zusatz „dadurch, daß".

[195]) Vgl. evtl. 1. Sam. 15,22; Jes. 1,10–17; Hos. 6,6; Am. 5,21–24; Ps. 40,7; Spr. 21,3. Vielleicht ist aber auch das hier mit „Tugend" übersetzte Wort etwas anders zu lesen und mit „Brot" zu übersetzen.

Wohl [131]versorgt sind die Menschen, das Vieh Gottes [196]).
Er hat geschaffen Himmel und Erde um ihretwillen.
Er hat vertrieben den Gierigen des Wassers [197]).
Er hat die Luft geschaffen, damit ihre Nasen [132]leben.
Seine Abbilder sind sie, aus seinem Leibe gekommen [198]).
Er geht am Himmel auf um ihretwillen,
Er hat [133]für sie die Pflanzen geschaffen,
Tiere, Fische und Vögel, um sie zu ernähren.
Er hat seine Widersacher getötet,
seine eigenen Kinder verringert,
[134]weil sie planten, sich zu empören [199]).
Er erschafft das Licht um ihretwillen
und fährt (am Himmel), um sie zu sehen.
Er hat sich eine [135]Kapelle errichtet zu ihrem Schutz,
und wenn sie dort weinen, so hört er [200]).
Er hat für sie Herrscher gebildet im Ei,
Machthaber, [136]um den Rücken des Schwachen zu stützen [201]).
Er hat für sie den Zauber geschaffen als Waffe,
dem Schlag des [137]Unheils zu wehren [202]),
über das Tag und Nacht gewacht wird [203]).
Er hat getötet die Aufrührer unter ihnen,
wie ein [138]Mann seinen Sohn züchtigt dessen Bruder zuliebe [204]).
Gott kennt jeden Namen [205]).

27. Die Lehre eines Mannes für seinen Sohn

Erhalten auf 2 Papyri und etwa 10 Ostraka, alle aus dem Neuen Reich. Hierogl. Umschrift, latein. Umschrift und Übersetzung von K. A. Kitchen. OrAnt 8, 1969, S. 189–208, dazu jetzt ODM 1266 bei G. Posener, Cat. des Ostr. hiér. litt. II, Doc. de Fouilles 18, 1972. Einteilung in Paragraphen nach Kitchen.

---

[196]) Siehe o. Anm. 47. Vgl. nochmals Jes. 40, 11; Jer. 31, 10; Ps. 28, 9; 74, 1; 79, 13; 80, 2; 95, 7.

[197]) Vgl. Jes. 51, 9f.; Ps. 74, 13f.; 89, 10f.; Hi. 9, 13; 26, 12f.

[198]) Zur Frage der Gottesebenbildlichkeit in Ägypten siehe E. Hornung. Der Mensch als „Bild Gottes" in Ägypten, in: O. Loretz, Die Gottebenbildlichkeit des Menschen, 1968, S. 123 ff. Vgl. im AT: 1. Mose 1, 26f; (5, 3; 9, 6); Ps. 8, 6.

[199]) Anspielung auf den Mythus von der Vernichtung des Menschengeschlechts, unsere Nr. 5.

[200]) Dies ist der einzige in unserem Text genannte Zweck der Tempel. Vgl. 1. Kön. 8, 29ff., dazuhin 1. Sam. 1, 9–18.

[201]) Dies ist der einzige hier genannte Zweck von Herrschaft (vgl. Spr. 29, 14).

[202]) Vgl. kontrastweise 2. Mose 22, 17; 5. Mose 18, 9ff.; Jer. 27, 9.

[203]) Vgl. Ps. 121, 3ff.

[204]) Auch der Empörer steht noch in der Liebe des göttlichen Vaters; wenn er ihn bestraft, so den anderen Kindern zuliebe.

[205]) Name als Zeichen der Individualität, vgl. Jes. 43, 1.

Die Lehre stammt aus der 12. Dynastie (1991–1785 v.Chr.). Auffallenderweise bleiben Lehrer wie Schüler („Sohn") anonym. Die Weisung scheint für die breiten Volksschichten bestimmt zu sein (vgl. G. Posener, Littérature et politique dans l'Égypte de la XIIᵉ dynastie, 1956, S. 124 ff.).

Die Lehre berührt sich, insofern sie als väterliche Unterrichtung eines „Sohnes" gefaßt ist, mit at.lichen Weisheitstexten: vgl. Spr. 1, 10.15; 2, 1; 3, 1.21; 4, 1.10.20; 5, 1 . . . 23, 12–24, 22. Andersgeartete Berührungspunkte kommen hinzu: Mit § 2 vgl. Spr. 4, 1 f. 10.20 u.a.; mit § 3 einerseits Spr. 25, 6 f., andererseits Spr. 6, 6; 24, 30 ff. u.a.; mit § 4 Spr. 10, 19; 12, 19; 21, 23; mit §§ 13–16 immerhin Spr. 16, 15. Im übrigen siehe die Anmerkungen.

§ 1   Beginn der Lehre, die ein Mann für seinen Sohn gemacht hat.
          Er sagt:

§ 2   Höre auf meine Stimme, vernachlässige nicht meine Worte
          und mißachte nicht, was ich dir sagen will.

§ 3   Erwirb dir Ansehen, aber geh nicht zu weit dabei.
          Trägheit gehört sich nicht für einen Weisen.

§ 4   Sei verläßlich und schweigsam, krümme deinen Arm [206]
          und sei wohlwollend ...

§ 13 a   Er [207] macht aus dem Unwissenden einen Weisen,
          und der Verhaßte wird ein Beliebter.

§ 13 b   Er läßt den Geringen den Großen übertreffen,
          und der Letzte ist der Erste [208].

§ 14   Wer nichts besaß, verfügt über Schätze,
          und wer nur wenig Land besaß, hat jetzt Hörige ...

§ 16   Er lehrt den Stummen (?) sprechen,
          er öffnet die Ohren des Tauben [209] ...

28. Die Lehre des Anii

Erhalten auf vier Papyri (einer davon unpubliziert) und einigen Ostraka. Basishandschrift ist Pap. Boulaq IV, jetzt im Museum von Kairo, Zeilenzählung nach ihm. Hierogl. Umschrift und Übersetzung: E. Suys, La Sagesse d'Ani, AnOr 11, 1935.

Die Lehre dürfte, obwohl das älteste Manuskript aus der Ramessidenzeit stammt, in der zweiten Hälfte der 18. Dynastie entstanden sein (15./14. Jh.). Der Verfasser ist Schreiber am Tempel der Ahmes-Nofretere in Theben [210].

Der erste Textauszug ist mit Spr. 7, 5–23 zu vergleichen, der zweite mit Hab. 2, 20; Zeph. 1, 7; Sach. 2, 17; Ps. 37, 7, aber auch mit Spr. 10, 19, zum dritten Auszug s. die Fußnoten. Ein direkter Einfluß der Lehre des Anii auf das AT ist wenig wahrscheinlich; dagegen ist mit einer Einwirkung über die Lehre des Amenemope (Nr. 29) oder deren Vorbild zu rechnen.

---

[206] Zum Gruß.
[207] Wahrscheinlich der König.
[208] Am Rande ein nt.licher Stellenverweis: vgl. Mt. 19, 30.
[209] Vgl. die auf Gottes Erscheinen bezogene Stelle Jes. 35, 5, die in Mt. 11, 5 und Lk. 7, 22 wiederaufgenommen worden ist.
[210] Vgl. G. Posener, RdE 6, 1951, S. 42, Anm. 2.

Eine neuere Bearbeitung fehlt. Zu Fragen der Textkritik und einzelnen Abschnitten vgl. A. Volten, Studien zum Weisheitsbuch des Anii, Hist.-Fil. Meddelelser, Kgl. Danske Videnskabernes Selskab, XXIII 3; vgl. auch ANET³, S. 420 f.

III [13]Hüte dich vor einer Frau aus der Fremde [211]),
die niemand in ihrer Stadt kennt.
Blicke ihr nicht nach, wenn sie vorüber [14]geht,
und erkenne sie nicht fleischlich.
Sie ist ein tiefes Wasser [212]), dessen Umfang (?) man nicht kennt.
Eine Frau, deren Mann fern ist, sagt wohl täglich zu dir [213]):
„Ich bin doch glatt (= hübsch) [214])!", wenn sie keinen Zeugen hat. Sie wartet [215]) und stellt ihre Falle auf [216]). Ein großes Verbrechen – und der Tod [217]), wenn es bekannt wird ...

VI [1]Halte keine großen Reden, sondern schweige: Dann wird es dir gut gehen.
Sei kein Schwätzer: [2]Der Ruheplatz des Gottes (Tempel), dessen Verbot ist
    Geschrei.
Bete du mit liebendem Herzen, dessen Worte [3]alle verborgen sind, dann wird er tun, wessen du bedarfst [218]). Er hört, was du sagst, und nimmt dein Opfer an ...

VIII [3]Du darfst nicht das Essen verzehren, [4]während ein anderer dabeisteht, und du nicht deinen Arm für ihn nach der Speise streckst [219]).
Wird es (das Brot) denn ewig dasein?
Der Mensch [5]ist ja ein Nichts.
Der eine ist reich, wo der andere arm ist [220]).
Ist denn die Speise etwas Dauerhaftes?
[6]Kann das nicht einmal vorbei sein?
Der Reiche vom vorigen Jahr,
der ist dies Jahr ein Vagabund.
Sei nicht gierig, [7]deinen Bauch zu füllen.
Irgendeiner wird dich ebenso kränken können [221]).
Auch du kannst in die Lage kommen,
daß ein anderer dir Brosamen reicht.

---

[211]) Die Warnung vor der „fremden" Frau (Ehefrau eines anderen oder eine in der Stadt Unbekannte) findet sich in Ägypten vom Alten Reich bis in die ptolemäische Zeit. Vgl. Spr. 2, 16–19; 5, 1–14; 6, 20–35; 7, 1–27.
[212]) Vgl. immerhin auch Spr. 18, 4 a.
[213]) Spr. 7, 19.
[214]) Ob Spr. 7, 5 oder 7, 21 zu vergleichen ist?
[215]) Spr. 7, 12.
[216]) Wie zum Vogelfang, vgl. Spr. 7, 23 a; Pred. 7, 26 f.; Sir. 9, 3.
[217]) Spr. 7, 23 b.
[218]) In Israel ist stilles Gebet ungewöhnlich, vgl. 1. Sam. 1, 13. S. dagegen Mt. 6, 5–7.
[219]) Spr. 14, 21.   [220]) Spr. 22, 2.
[221]) Nämlich, indem er dich hungrig stehen läßt, während er ißt.

[8]Der Strom des Wassers vom vorigen Jahr hat sich verlagert,
er bildet einen anderen Wasserarm dieses Jahr.
Große Seen [9]werden trocken,
und Ufer werden zu Tiefen.
Geht es nicht so auch den Menschen?
Eines ist [10]ihr Plan, etwas ganz anderes ist der des Herrn des Lebens[222]).

29. Die Lehre des Amenemope

Basistext ist pBritMus 10. 474, veröffentlicht von E. A. W. Budge, Hieratic Papyri in the British Museum, 2nd Series, 1923, Tf. 1–14. Kapitelzählung im Text, Seiten- und Zeilenzählung nach dem Hauptpapyrus.

Die Lehre dürfte in der 20. Dynastie (1186–1070) entstanden sein. Sie zeigt deutliche Entlehnungen aus der Lehre des Anii (Nr. 28). Vf. ist Steuerbeamter. Die entsprechende Sphäre herrscht vor.

Enge, teilweise wörtliche Übereinstimmungen mit Teilen der Sprüche, besonders mit 22, 17–23, 11. Im einzelnen hat auch die Gottergebenheit des A. Parallelen in at.lichen Texten, beispielsweise in Ps. 37; 38, 14 ff. oder in Jer. 11, 20, nicht zuletzt in Spr. 20, 22.

Oft übersetzt und besprochen. Siehe ANET[3], S. 421. Vollständige Bearbeitung von I. Grumach, Untersuchungen zur Lebenslehre des Amenope, MÄSt 23, 1972. Dort sind auch weitere Handschriften angegeben und benützt.

Einleitung

[1,1]Beginn der Lebenslehre,
der Unterweisung für das Heil,
aller Vorschriften für den Umgang mit den Großen,
der Regeln für die Hofleute,
[1,5]um eine (mündliche) Äußerung zu erwidern[223]) dem, der sie sagt,
um eine (schriftliche) Botschaft zu beantworten dem, der sie sendet[224]),
um einen recht zu leiten auf den Wegen des Lebens[225]),
um ihn heil sein zu lassen auf Erden,
um sein Herz hinabsteigen zu lassen in seinen Schrein[226]),
[1,10]indem es ihn fortlenkt vom Bösen,
um ihn zu retten aus dem Munde der Leute,
indem er geehrt ist im Munde der Menschen …

---

[222]) Vgl. Jes. 55, 8; Spr. 16, 1; 16, 9; 19, 21 u. ö.

[223]) Mit I. Grumach lese ich nur r ḫsf.

[224]) Vgl. Spr. 22, 21.

[225]) Vgl. Spr. 22, 19, überdies Ps. 25, 4 und Spr. 2, 19; 10, 17; 15, 24.

[226]) Das Herz ist das Empfangsorgan für Gottes Weisung. Wenn es „im Leibe" ist, so bedeutet das vernünftiges, gottgefälliges Handeln. Dazu will A. seine Leser anleiten. („Schrein" ist Metapher für Leib.)

³, ⁸Erstes Kapitel

Gib deine Ohren, höre, was gesagt wird ²²⁷).
³, ¹⁰Gib dein Herz daran, es zu verstehen.
Es ist nützlich, es (das Gehörte) in dein Herz zu geben,
aber wehe dem, der es unbeachtet läßt!
Laß es in deiner Brust ruhen ²²⁸),
damit es ein Verschluß in deinem Herzen sei.
³, ¹⁵Wenn dann ein Sturm von Worten entsteht,
dann wird es ein Pflock für deine Zunge sein ²²⁹).
Wenn du deine Lebensspanne verbringst mit diesem im Herzen,
dann wirst du finden, daß es Erfolg bringt.
⁴, ¹Du wirst meine Worte als ein Vorratshaus des Lebens finden,
und dein Leib wird heil sein auf Erden ²³⁰).

Zweites Kapitel

Hüte dich, einen Elenden zu berauben und ⁴, ⁵einen Schwachen zu vertreiben ²³¹).
Strecke nicht deine Hand einem Alten entgegen
und richte nicht zuerst das Wort an einen Großen (?).
Laß dich nicht mit einer rauhen Botschaft ausschicken
und schätze nicht den, der sie aufgetragen hat.
⁴, ¹⁰Erhebe kein Geschrei gegen den, der sich gegen dich vergeht,
und tritt ihm gegenüber nicht für dich selber ein ²³²).
Wer Böses tut, den wirft der Uferdamm ab,
und sein (des Dammes) Schlamm holt ihn ²³³).
Der Nordwind kommt und beendet seine (des Bösen) Stunde,
⁴, ¹⁵er vereinigt sich mit dem Unwetter;

---

²²⁷) Nicht nur die vorliegende Lehre, sondern allgemein das tradierte Lehrgut; vgl. dazu Grumach, a.a.O., S.25. – Vgl. Spr. 22,17a und LXX. – Im folgenden entsprechen sich: 3,10 und Spr. 22,17b; 3,13 und Spr. 22,18a; 3,16 und Spr. 22,18b.
²²⁸) Wörtlich: „Kasten deines Leibes", ein weiterer Ausdruck für den Sitz des Herzens; vgl. Anm. 226.
²²⁹) Also ein fester Halt, ein Orientierungspunkt sollen die auswendig gelernten Lehren in Fällen von Verwirrung der Gefühle oder der Meinungen sein. „Der Weg der Lehre führt vom Ohr – zum Herzen (wo sie ein,verleibt' wird, HB) – zur Zunge (die sie vor Unbesonnenheiten schützt, HB) – zum Leben (das sie heil sein läßt, in weltlichem wie religiösem Sinn, HB)": Grumach, a.a.O., S.29.
²³⁰) Wer sich diese Lehre zu innerem Besitz macht, wird Erfolg vor Gott und Menschen haben.
²³¹) Offenbar ist an eine Situation vor Gericht, besonders bei Erbschaftsstreitigkeiten, gedacht. Spr. 22,22.
²³²) Überlasse vielmehr die Verteidigung oder die Rache Gott. Der Gedanke wird im folgenden breiter ausgeführt und bildet ein Hauptthema der Lehre (ʿn wšb „für jmdn. eintreten" oft im Neuen Reich).
²³³) Der Böse, der einen Sturm entfacht hat, kann jetzt nicht sicher sein Schiff ans Ufer bringen: er strandet.

die Gewitterwolken sind hoch, die Krokodile böse:
Du Heißer, was ist jetzt mit dir[234])?
Er schreit, und seine Stimme dringt bis zum Himmel.
Du Mond, der sein Vergehen feststellt[235]),
[5, 1]steure, fahre den Bösen zu uns herüber,
die wir nicht wie er gehandelt haben[236])!
Richte ihn auf, gib ihm deine Hand,
setze ihn in die Arme des Gottes,
[5, 5]fülle seinen Leib mit Brot von dir,
daß er satt werde und sich schäme.
Etwas anderes Gutes im Herzen des Gottes ist es,
vor dem Reden zu zögern.

Drittes Kapitel

[5, 10]Fang keinen Streit mit dem Heißmäuligen an
und greife ihn nicht mit Worten an.
Zögere vor einem Gegner, beuge dich vor einem Angreifer,
schlafe vor dem Reden.
Ein Sturm, der sich erhebt wie Feuer im Stroh:
[5, 15]das ist der Heiße in seiner Stunde.
Zieh dich zurück vor ihm, lasse es unbeachtet (?) –
der Gott wird ihm zu antworten wissen.
Wenn du deine Lebensspanne verbringst mit diesem im Herzen,
so werden deine Kinder es sehen[237]).

[5, 20]Viertes Kapitel[238])

[6, 1]Der Hitzige im Tempel,
er ist wie ein Baum, der im Innern wächst[239]).
Einen Augenblick nur bringt er junges Grün hervor[240]).

---

[234]) Der Heiße ist der Unbeherrschte, der seinen Gefühlen ungehemmt Ausdruck gibt. Die Opposition dieses negativen Menschenbildes mit dem positiven des „wahren Schweigers" ist ein Hauptthema dieser Lehre.

[235]) Der Mondgott Thot ist Wahrer des Rechts. An ihn richtet sich die Fürbitte derer, die nicht durch falsches Verhalten gestrandet sind.

[236]) Nicht „pharisäisch" gemeint, sondern sachlich. Im Bilde: Die, die sicher gelandet sind, bitten, daß auch der Gescheiterte noch gerettet werde.

[237]) Scil. den Segen, der auf dem ruht, der die Lehre beherzigt; vielleicht ist zugleich gemeint, daß ein so geführtes Leben beispielhaft wirkt.

[238]) Die Deutung dieser viel behandelten Strophe folgt G. Posener, ZÄS 99, 1973, S. 129–135. Zum 4. Kap. im ganzen vgl. Jer. 17, 5–8 sowie Ps. 1.

[239]) Auch im AT kann der Mensch mit einem Baum verglichen werden: vgl. Jer. 11, 16ff.; 17, 8; Ez. 17, 5ff.; Ps. 1, 3; 52, 10; 92, 13ff. u. ö. Bei uns wird vor Distanzlosigkeit gegenüber Gott gewarnt: Im „Tempel" kann der Baum nicht gedeihen; sein richtiger Standort ist „abseits", d. h. im Freien, wo er Sonnenlicht hat.

[240]) Da er im Dunkeln steht, treibt er nur „geile" Triebe, die nicht gedeihen können.

Sein Ende findet er im Kanal [241]),
[6, 5]er treibt weit fort von seiner Heimat,
oder die Flamme wird sein Begräbnis.
Der wahre Schweiger [242]) aber hält sich abseits.
Er ist wie ein Baum, der im Sonnenlicht wächst.
Er grünt und verdoppelt seine Früchte,
[6, 10]er steht im Angesicht seines Herrn [243]),
seine Früchte sind süß, sein Schatten ist angenehm,
und sein Ende findet er als Statue [244]).

Fünftes Kapitel

Eigne dir nicht Anteile des Tempels an;
[6, 15]sei nicht gierig, und du wirst Überfluß finden [245]).
Verdränge nicht einen Diener Gottes,
um einem anderen Gutes zu erweisen [246]).
Sage nicht: „Heute ist wie morgen",
[6, 19]Wie wird es enden?
[7, 1]Wenn das Morgen gekommen und das Heute vorübergegangen ist,
dann ist die Flut zum Rand einer Welle geworden [247]).
Die Krokodile liegen bloß, die Nilpferde auf dem Trockenen,
die Fische sind zusammengedrängt [248]).
[7, 5]Die Wölfe sind satt und die Vögel im Fest:
die Fischnetze sind ausgeleert.
Alle Schweigenden im Tempel aber,
sie sagen: „Groß an Gunst ist Re!" [249]).
Halte dich an einen Schweiger, dann wirst du Leben finden,
[7, 10]und dein Leib wird heil sein auf Erden.

---

[241]) Das mit „Kanal" übersetzte Wort ist sonst unbekannt. Der im Dunkeln wachsende Baum hat minderwertiges Holz gebracht, das nur ins Wasser geworfen oder verbrannt werden kann. Tod im Wasser, in der Fremde oder gar im Feuer sind für den Ägypter dieser Zeit fürchterliche Vorstellungen.

[242]) Der „wahre Schweiger", wörtl. „der in richtiger Weise schweigt, der entsprechend der Maat schweigt" *(gr m ꜣꜥ)* ist das Idealbild dessen, der zu Gottes Ordnung schweigt, der „Stille", der Schickungen annimmt, der auch im Alltag bescheiden ist und Gott nicht bedrängt. Er ist das positive Gegenstück zum „Heißen".

[243]) D. h. vor dem ihn bestrahlenden Sonnengott.

[244]) Sein Holz wird, weil vorzüglich, noch zu einem Götterbild verarbeitet – eine Apotheose für den Baum, ein Bild für die Seligkeit des frommen Schweigers.

[245]) Vgl. Spr. 21,26.

[246]) Versuche nicht, bei der Postenbesetzung deinen Günstling vorzuziehen auf Kosten eines anderen.

[247]) Der Nil verschiebt oft und unberechenbar sein Bett. Bild für den Umschwung des Geschicks.

[248]) In einer Pfütze, wo sie ihren Feinden eine leichte Beute werden.

[249]) Wohl die ersten Worte einer Dankhymne, vgl. B. Gunn, JEA 41, 1955, S. 92.

Sechstes Kapitel

Verrücke nicht den Markstein auf den Grenzen der Äcker[250])
und verschiebe nicht die Meßschnur von ihrer rechten Stelle.
Sei nicht gierig nach einer Elle Ackers
[7, 15]und verletze nicht die Grenze einer Witwe[251]).
Die Furche zum Treten: es verkürzt seine Lebenszeit,
wer sie dem Felde wegnimmt[252]).
Hat er sich auch mit falschen Eiden etwas angeeignet,
so wird er doch durch die Macht des Mondes gefesselt[253]).
[8, 1]Du erkennst den, der solches tut, (schon) auf Erden:
Er ist ein Feind des Schwachen,
Er ist ein Gegner, der in deinem Leib niederreißt,
In seinem Auge ist etwas, was Leben raubt,
[8, 5]sein Haus ist ein Feind der Stadt,
seine Scheunen werden zerstört,
sein Besitz wird seinen Kindern fortgenommen,
seine Habe einem anderen gegeben.
Hüte dich (also), die Grenzen der Äcker zu verletzen,
[8, 10]damit der Schrecken dich nicht hole.
Man befriedigt Gott mit der Macht des Herrn,
dem Scheiden der Ackergrenzen[254]).
Strebe danach, daß dein Leib heil bleibe,
hüte dich vor dem Allherrn.
[8, 15]Betritt nicht die Furche eines anderen:
es ist gut für dich, wenn sie wohlbehalten ist (?).
Pflüge die Felder, und du wirst finden, was du brauchst,
du wirst Brote von deiner eigenen Tenne erhalten.
Besser ist ein Scheffel, wenn der Gott ihn dir gibt,
[8, 20]als fünftausend mit Unrecht[255]).
[9, 1]Die verbringen nicht einen Tag in Speicher und Scheune,
die geben keine Nahrung für den Krug[256]).
Kurz nur ist ihre Zeit im Vorratshaus,
bei Tagesanbruch sind sie versunken.

---

[250]) Vgl. Spr. 22,28, dazuhin 5. Mose 19,14; 27,17; 1. Kön. 21,1–4; Hos. 5,10; Hi. 24,2.

[251]) Spr. 23,10.

[252]) Die Furche zwischen zwei Feldern verlockt besonders dazu, sie seinem eigenen Gebiet einzuverleiben.

[253]) Der Mondgott Thot ist vom Berechner der Mondphasen und des Kalenders zum Rechengott und Beschützer der Geometer geworden.

[254]) Der Herr ist Pharao, und seine Beamten haben die Grenzen gerecht festzulegen, wie es besonders nach der jährlichen Nilüberschwemmung immer neu nötig wurde.

[255]) Vgl. Spr. 15,16; 16,8.

[256]) Bier wurde aus Gerste gebraut und war ein Grundnahrungsmittel.

[9,5]Besser ist Armut aus der Hand Gottes
als Schätze im Vorratshaus [257]),
Besser sind Brote, wenn das Herz vergnügt ist,
als Reichtum mit Kummer [258]).

Siebtes Kapitel

[9,10]Hänge dein Herz nicht an Schätze [259]):
Es gibt keinen, der Bestimmung und Geschick [260]) kennt!
Wirf dein Herz nicht hinter Äußerlichkeiten her:
Jedermann hat seine (ihm bestimmte) Stunde.
Mühe dich nicht, nach mehr zu suchen [261]),
[9,15]dann wird dein Bedarf sichergestellt bleiben.
Wenn dir Schätze durch Raub gebracht werden,
so bleiben sie nicht über Nacht bei dir [262]).
Wenn es tagt, sind sie nicht mehr in deinem Haus:
Man kann noch ihre Stelle sehen, aber sie sind nicht mehr da [263]).
[9,20]Der Boden hat seinen Schlund geöffnet und ihnen recht getan,
er hat sie verschlungen,
[10,1]und sie sind in die Unterwelt getaucht [264]).
Sie haben sich selbst ein Loch gemacht, so groß wie sie,
und sind ins Totenreich untergetaucht.
Oder sie haben sich Flügel gemacht wie Gänse
[10,5]und sind zum Himmel geflogen [265]).
Freue dich nicht über Schätze, die durch Raub erworben sind,
und seufze nicht über Armut.
Wenn sich ein Gruppenführer (zu weit) vorwagt,
dann läßt ihn seine Truppe im Stich.
[10,10]Das Schiff des Habgierigen bleibt im Schlamme stecken [266]),
während das Boot des Schweigers mit gutem Winde fährt.
Bete zur Sonne (Aton), wenn sie aufgeht,
und sprich: „Gib mir Heil und Gesundheit!",
dann gibt er dir deinen Lebensbedarf,
[10,15]und du bist heil vom Schrecken ...

---

[257]) Vgl. Spr. 19,1.22.
[258]) Vgl. Spr. 17,1 und 15,17.
[259]) Vgl. Ps. 62,11, ferner Ps. 39,7; 49,6ff.; 52,9; Pred. 5,9ff.
[260]) Bei der Geburt mitgegebene Anlage und Umwelteinflüsse.
[261]) Vgl. Spr. 23,4a, ferner Pred. 3,1ff.
[262]) Vgl. Ps. 62,11.
[263]) Spr. 23,5a, ferner 21,6.
[264]) Siehe J. Ruffle, JEA 50, 1964, S.178.
[265]) Vgl. Spr. 23,5b.
[266]) Weil es zu schwer beladen ist und daher zu viel Tiefgang hat.

Hieratische Schrift auf Papyrus; Lehre des Amenemope

[11, 12]Neuntes Kapitel

Mache dir nicht den Heißen zum Gesellen[267])
und suche ihn nicht auf zu einem Gespräch.
[11, 15]Laß deine Zunge heil sein (d.h. Heiles sprechen), deinem Vorgesetzten
 zu antworten,
und hüte dich davor, gegen ihn zu agitieren.
Laß ihn nicht seine Rede auswerfen, um dich zu fangen,
und laß dich nicht gehen bei deiner Antwort.
Berate die Antwort mit einem Mann deiner Stellung
[11, 20]und hüte dich davor, sie überstürzt zu äußern.
[12, 1]Die Rede eines, dessen Herz geschädigt ist, ist rascher
 als Wind und Regen[268]).
Er wird zerstört und wird aufgebaut durch seine Zunge[269]),
seine Rede ist unzulänglich.
[12, 5]Er gibt eine Antwort, die Prügel verdient,
weil ihre Fracht Schädigung ist[270]).
Er fährt zu aller Welt,
hat dabei aber falsche Rede geladen[271]).
Er ist wie ein Fährmann, der Worte webt:
[12, 10]er kommt und geht mit Streit[272]).
Ob er ißt, ob er trinkt zu Hause:
Seine Antwort ist doch draußen.
Der Tag, der seine Untat feststellt,
ist ein Jammer für seine Kinder.
[12, 15]Möge doch Chnum kommen,
der Töpfer[273]) des Heißmäuligen,
daß er seine Herzensunzulänglichkeit knete[274])!

---

[267]) Spr. 22, 24.

[268]) Konjektur nach Grumach. Gemeint ist nicht ein bemitleidenswerter „Trauma-
tisierter", sondern ein Mann mit unvollkommener Einsicht, dessen Worte unüberlegt
und gefährlich sind, für andere wie für ihn selbst.

[269]) D.h. er schädigt sich selbst, nützt sich aber auch gelegentlich, wie es gerade
trifft. Es ist auch möglich, aktiv zu übersetzen: „Er zerstört und baut auf", doch spricht
dagegen u.a., daß solche Tätigkeit 24, 15 der Gottheit zugeschrieben wird. – Vgl.
immerhin auch Spr. 18, 21 a.

[270]) Durch seine Antworten schädigt der „Heißmäulige" Mitmenschen.

[271]) Ungehemmt verkehrt er mit allen, stiftet aber nur Schaden durch seine unüber-
legte Tölpelhaftigkeit (vgl. 13, 4–5). Nicht vom Bösen ist hier die Rede, sondern vom
Unerzogenen, Zuchtlosen.

[272]) Der Fährmann fährt zwischen den Ufern hin und her wie das Weberschiffchen.
Der Heiße wird mit einem Fährmann verglichen, der beim An- wie beim Ablegen
Streit stiftet.

[273]) Vgl. Jes. 29, 16; 45, 9; 64, 7; Jer. 18, 1ff.; Hi. 10, 9; 33, 6, aber auch 1. Mose
2, 7f. u. ö.

[274]) Chnum, der widderköpfige Gott, schafft die Menschen aus Lehm auf der Töp-
ferscheibe. Er soll hier, so lautet die Fürbitte, beim Heißmäuligen die Unzulänglich-

Er ist wie ein junger Wolf in der Viehhürde.
Er wendet ein Auge gegen das andere[275]),
[13, 1]er macht Brüder streiten.
Er wird vor jedem Wind hergetrieben wie Gewölk,
er verdunkelt die Farbe der Sonne.
Er fängt seinen eigenen Schwanz wie ein junges Krokodil,
[13, 5]er trifft nur unzulänglich.
Sind auch seine Lippen süß, so ist seine Zunge doch sauer,
denn das Feuer brennt in seinem Leibe[276]).
Fliege nicht, dich einem solchen anzuschließen,
[13, 9]damit der Schrecken dich nicht hole[277]).

[13, 10]Zehntes Kapitel

Grüße nicht den Heißen, indem du dir Gewalt antust,
und schädige nicht dein eigenes Herz:
Sage ihm nicht falscherweise ‚Sei gepriesen!‘,
indem doch Schrecken in deinem Inneren ist[278]).
[13, 15]Verkehre nicht falscherweise mit Menschen,
das ist dem Gott ein Abscheu[279]).
Trenne nicht dein Herz von deiner Zunge[280]),
dann werden alle deine Pläne Erfolg haben.
Dann wirst du gewichtig sein vor den Leuten,
[14, 1]indem du heil bist in der Hand des Gottes.
Gott haßt das Verfälschen von Worten,
sein großer Abscheu ist der, der im Inneren krank ist[281]).

Elftes Kapitel

[14, 5]Begehre nicht die Habe eines Abhängigen[282])
und hungere nicht nach seinem Brot.

---

keiten des Herzens durch Neuformung heilen, ihn damit für die rechte Weisung empfänglich machen.

[275]) Entweder: Er hat einen unangenehmen Blick, er schielt, oder, dem Zusammenhang nach wahrscheinlicher: Er verfeindet seine Umgebung untereinander.

[276]) Auch wenn er sich Mühe gibt, so sind seine Worte verletzend, weil er in seinem Inneren „heiß" ist.

[277]) Vgl. Spr. 22, 24 f.

[278]) Die Weisung lautet nicht, man solle einen Heißen gar nicht grüßen, vielmehr, man solle keinen „Schrecken im Innern" haben, ihm gelassen gegenübertreten (so I. Grumach).

[279]) Abscheu: eigentlich Tabu, Verbotenes. – Vgl. Spr. 6, 16 f.

[280]) Vgl. dazu H. Brunner, „Eure Rede sei ja ja, nein nein" im Ägyptischen, in: FS S. Schott, 1968, S. 7 ff.

[281]) Wer an Unzulänglichkeit des Herzens, an einem Charakterfehler leidet und dadurch Unfrieden in seiner Umgebung stiftet, lebt in Gottesferne.

[282]) Zu 14, 5–8 und 14, 17–18 vgl. Spr. 23, 6–8, doch scheint A. nicht vor der Beraubung oder Ausnützung Abhängiger zu warnen, vielmehr im Gegenteil davor, sich

Die Habe eines Abhängigen bleibt einem in der Kehle stecken[283],
sie ist ein Brechmittel (?) für den Hals.
Er erwirbt sie[284] ja durch falsche Eide,
[14, 10]wobei sein Herz verdreht wird in seinem Leibe.
Durch Widersetzlichkeit[285] wird der Erfolg geschwächt (?),
und der Schlechte wie der Gute haben Mißerfolg.
Du wirst Mißerfolg haben vor deinem Vorgesetzten,
indem du erfolglos bist mit deinen Reden.
[14, 15]Deine Schmeicheleien werden mit Flüchen erwidert
und deine Verneigungen mit Prügeln.
Den großen Bissen Brot, den verschluckst du und brichst ihn wieder aus,
und so bist du dein Gutes los.
Du erkennst den Aufseher in Abhängigkeit daran,
[15, 1]daß ihn Stöcke treffen,
daß alle seine Leute in den Block gesperrt sind,
und der Aufseher wird zur Richtstätte geführt (?).
Wenn du dich vor deinem Vorgesetzten gehen läßt,
[15, 5]so bist du für deine Untergebenen tadelnswert.
So steure fort von dem Abhängigen auf dem Wege,
betrachte ihn nur: halte dich fern von seiner Habe.

Dreizehntes Kapitel

[15, 20]Mindere nicht einen Menschen mit der Feder auf dem Papyrus:
Das ist ein Abscheu[286] für den Gott.
[16, 1]Lege kein Zeugnis ab mit falschen Worten
und schiebe keinen anderen (von der Liste?) mit deiner Zunge beiseite.
Stelle keine (Steuer-) Rechnung auf für den, der nichts hat,
und fälsche nicht mit deiner Feder.
[16, 5]Wenn du einen großen Rückstand findest bei einem Armen,
dann teile ihn in drei Teile.
Zwei davon wirf fort[287] und laß nur einen stehen.
Du wirst es wie einen Weg des Lebens finden:
Bei Dunkelheit legst du dich nieder und schläfst,
und am [16, 10]Morgen findest du es wie eine gute Botschaft.

---

wegen materieller Vorteile in den Stand eines solchen Klienten zu begeben (so I. Grumach).

[283] Wörtlich: „Ist eine Verstopfung der Kehle".

[284] Nämlich der Abhängige seine scheinbar gesicherte materielle Stellung. Dabei wird aber das Herz „umgedreht", so daß seine Einstellung zu Gott und Mitmenschen verkehrt wird.

[285] Das „verkehrte" Herz führt notwendig zu „Widersetzlichkeit" gegen Gottes Gebote, so daß selbst der Gute, begibt er sich in Abhängigkeit, versagen muß.

[286] Siehe o. Anm. 279.

[287] Erlasse sie dem Schuldner.

Besser ist es, als Menschenfreund gelobt zu werden,
als Reichtum im Speicher.
Besser sind Brote bei vergnügtem Herzen,
als Reichtum mit Kummer [288]).
...[289]).

[19, 10]Achtzehntes Kapitel

Gehe nicht schlafen, wenn du dich vor dem Morgen fürchtest.
Wenn es tagt, wie ist dann das Morgen?
Der Mensch weiß nicht, wie das Morgen wird [290]).
Der Gott wird immer in seinem Erfolg sein,
[19, 15]während der Mensch immer in seinem Versagen sein wird.
Ein Ding sind die Worte (= Gedanken), die der Mensch sagt,
ein ander Ding ist, was der Gott tut [291]).
Sage nicht: ‚Ich habe keine Sünde‘,
Strebe (aber auch?) nicht nach Unordnung [292]).
[19, 20]Die Sünde gehört dem Gott,
sie ist mit seinem Finger besiegelt [293]).
Es gibt nichts Vollkommenes in der Hand Gottes,
es gibt aber auch kein Versagen vor ihm [294]).
[20, 1]Wer sich müht, das Vollkommene zu suchen,
der schädigt sich [295]) in einem Augenblick.
Halte dein Herz zurück [296]) und stärke dein Herz,
mache dich nicht zum Steuermann deiner Zunge;
[20, 5]die Zunge des Menschen ist (zwar) das Steuerruder des Schiffes,
(doch) der Allherr ist sein Pilot [297]).

---

[288]) Vgl. Spr. 17, 1.

[289]) Die ausgelassenen Kapitel bringen erneut eine Warnung vor Abhängigkeit (Kap. 14) sowie vor bestimmten beruflichen Verfehlungen eines Verwaltungsbeamten (Kap. 15).

[290]) Vgl. Ps. 31, 16; Spr. 27, 1. Im übrigen s. o. Anm. 183.

[291]) Vgl. Spr. 16, 9; 19, 21.

[292]) Unklar. Ob hier an das Gegenteil von Selbstgerechtigkeit, an Selbstzerfleischung gedacht ist?

[293]) Statt „Finger" kann man auch „Siegel" übersetzen. Gemeint ist, daß Gott über die Sünde verfügt wie über sein Eigentum. Vgl. Tausend-Strophen-Lied (oben Nr. 9) 2, 9.

[294]) Wer sich „in die Hand Gottes" begibt, für den fallen Erfolg und Mißerfolg als Wertmaßstäbe dahin. Sie sind nicht mehr die Außenseite maatgemäßen oder maatwidrigen Tuns, sondern freie Gnade Gottes (Grumach, S. 127f.). Vgl. dazu auch H. Brunner, Der freie Wille Gottes in der ägyptischen Weisheit, in: Les Sagesses du Proche-Orient ancien, Travaux du centre d'études supérieures spécialisé d'histoire des religions de Strasbourg, 1963, S. 103–120.

[295]) Oder „der schädigt ihn (den Erfolg)"?

[296]) Sei beherrscht und besonnen.

[297]) Vgl. dazu H. Brunner, Der freie Wille Gottes (Anm. 294).

[20, 20]Zwanzigstes Kapitel

Mindere nicht einen Menschen im Gericht
und dränge nicht die Gerechtigkeit beiseite.
[21, 1]Wende dich nicht einem glänzenden Gewande zu,
schone (aber) auch nicht den, der in Lumpen geht[298]).
Nimm keine Bestechung von einem Starken an
und bedränge ihretwegen nicht einen Schwachen.
[21, 5]Die Maat, eine große Traglast Gottes[299]),
die gibt er, wem er will[300]).
Die Kraft dessen, der ist wie er,
befreit den Elenden von seinen Schlägen.
Mache dir keine lügenhaften Dokumente,
[21, 10]das ist ein großer todeswürdiger Verrat.
[21, 15]Maße dir nicht selbst die Macht Gottes an,
als ob es Bestimmung und Geschick nicht gäbe[301]).
Übergib Besitz seinen (rechtmäßigen) Eigentümern
und suche für dich das Leben.
Laß nicht dein Herz in ihren Häusern gebaut werden,
[21, 20]während dein Gebein der Richtstätte verfällt[302]).

Einundzwanzigstes Kapitel

[22, 1]Sage nicht: ‚Ich habe einen starken Vorgesetzten gefunden,
und nun kann ich einen Mann in deiner Stadt angreifen‘.
Sage nicht: ‚Ich habe einen Protektor (?) gefunden,
und nun kann ich den angreifen, den ich hasse‘.
[22, 5]Denn wahrlich, du kennst nicht die Pläne Gottes,
und morgen sollst du dich nicht schämen müssen.
Setze dich in die Arme Gottes,
so wird dein Schweigen sie (die Gegner) zu Fall bringen.
Das Krokodil, das der Zunge beraubt ist[303]),
[22, 10]vor dem ist die Furcht tief eingewurzelt.

---

[298]) Vgl. u. a. 3. Mose 19, 15; 5. Mose 16, 19; Spr. 18, 5; 24, 23; 28, 21.

[299]) Siehe dazu J. Bergmann, Ich bin Isis, 1968, S. 208.

[300]) Siehe dazu H. Brunner, a.a.O. (Anm. 294). Der Tun-Ergehen-Zusammenhang der älteren Lehren ist hier aufgegeben, Gott bestimmt über Recht und Unrecht, über die Verteilung von Gut und Übel. Sie sind menschlicher Verfügung grundsätzlich entzogen.

[301]) Dem Zusammenhang nach wird davor gewarnt, Orakel des Gottes zu verfälschen oder gar selbst zu erteilen.

[302]) Man soll sein Herz nicht mißgünstig fremdem Eigentum zuwenden, vgl. 9, 10. Bei der „Richtstätte" bleibt es in der Schwebe, ob der, der sein Herz an Äußerlichkeiten hängt und dadurch den Weg des Lebens verfehlt, irdischer oder jenseitiger Gerechtigkeit verfällt.

[303]) Zu den diesem Satz zugrundeliegenden Naturbeobachtungen und Mythen vgl. G. Posener, in: FS S. Schott, 1968, S. 106 ff.

Leere dein Inneres nicht aus vor aller Welt
und schädige nicht (dadurch) dein Ansehen [304]).
Laß nicht deine Rede bei den Leuten herumgehen
und verbrüdere dich nicht mit einem Leidenschaftlichen [305]).
[22, 15]Besser ist ein Mann, dessen Nachricht in seinem Leibe (verborgen)
    bleibt,
als der, der sie zum Schaden sagt.
Man rennt nicht, um den Erfolg zu erreichen,
man läuft nicht, um ihn zu schädigen.

Zweiundzwanzigstes Kapitel

[22, 20]Reize nicht deinen Streitgegner
und laß ihn nicht seine innersten Gedanken sagen.
Übereile dich nicht, vor ihn zu treten,
[23, 1]wenn du nicht siehst, was er tut.
Du sollst dir (vielmehr) erst aus seiner Antwort Bescheid holen,
und kannst dich ruhig verhalten, dann wirst du dein Ziel erreichen.
Lasse es unbeachtet (?), wenn er sein Inneres ausleert.
[23, 5]Wer zu schlafen versteht, den findet man [306]).
Ergreife seine Füße [307]) und schädige ihn nicht,
erweise ihm Ehrfurcht und mißachte ihn nicht.
Denn wahrlich, du kennst nicht die Pläne Gottes,
und morgen sollst du dich nicht schämen müssen.
[23, 10]Setze dich in die Arme Gottes,
so wird dein Schweigen sie (die Gegner) schon zu Fall bringen.

Dreiundzwanzigstes Kapitel

Iß nicht Brot vor einem Beamten [308])
und mach dich nicht zuerst ans Essen (?).
[23, 15]Wenn du dich mit unrechtmäßigen Bissen sättigst,
so ist das nur für deinen Speichel eine Lust.
Blicke auf den Napf, der vor dir steht [309]),
und laß ihn deine Bedürfnisse stillen.

[24, 8]Fünfundzwanzigstes Kapitel

Verlache nicht einen Blinden und verhöhne nicht einen Krüppel,
[24, 10]Erschwere nicht das Geschick eines Lahmen [310]).

---

[304]) Vgl. zu diesen beiden Versen Spr. 23,9.   [305]) Vgl. Spr. 22,24.
[306]) „Man" ist Gott: An den Stillen, der sich beherrscht, ja der bei Angriffen gegen sich „schläft", erinnert er sich.
[307]) Ob als Schutzsuchender? Oder Ehrfurchtsgeste?
[308]) Wohl eine Warnung vor häuslichem Verkehr mit einem Höhergestellten. „Brot" allgemein für Essen. Zum Kapitel 23 vgl. Spr. 23, 1–3.
[309]) Sei zufrieden mit deinem Los, sowohl mit dem einfachen Essen wie überhaupt mit deiner Stellung.
[310]) Nicht ganz sicher. Vielleicht „Verletze nicht die Gefühle"?

Verspotte nicht einen Mann, der in der Hand Gottes ist[311]),
und sei nicht aufgebracht gegen ihn, wenn er sich vergangen hat.
Der Mensch ist Lehm und Stroh,
der Gott ist sein Baumeister[312]).
[24, 15]Er zerstört und er erbaut täglich,
er macht tausend Geringe nach seinem Belieben,
und macht tausend Leute zu Aufsichtspersonal,
wenn er in seiner Stunde des Lebens ist.
Wie freut sich, wer den Westen erreicht,
[24, 20]wenn er (dann) heil wird in der Hand des Gottes[313]).

Achtundzwanzigstes Kapitel

Greife nicht eine Witwe heraus, indem du sie auf dem Felde (bei der Besteue-
rung?) herausfischst
[26, 10]und es unterläßt, dich ihrer Antwort zuzuneigen.
Übergehe nicht den Fremden mit dem Bierkrug,
gib ihm vielmehr doppelt vor deinesgleichen[314]).
Gott liebt den, der den Geringen achtet,
mehr als den, der den Vornehmen ehrt[315]).

[27, 6]Dreißigstes Kapitel

Sieh dir diese dreißig Kapitel an[316]),
sie erfreuen und belehren,
sie sind an der Spitze aller Bücher,
[27, 10]sie machen den Unwissenden wissend.
Wer sie einem Unwissenden vorliest,
der macht einen Reinen (= Gottgefälligen) mit ihrer Hilfe[317]).
Fülle dich an mit ihnen, gib sie in dein Herz[318]),
und werde ein Mann, der sie erklären kann,
[27, 15]indem er sie als Lehrer erklärt.

---

[311]) Ein Epileptiker oder ein Geisteskranker.

[312]) Mit dem Gedankengang insgesamt vgl. Ps. 103,14. Zum alten Mythologume-
non von Gott als Töpfer oder Maurer vgl. Jes. 29,16; 45,9; 64,7; Jer. 18,1ff.; Hi.
10,9; 33,6; ferner Sir. 33,13 und Weish. Sal. 15,7 bis hin zu Röm. 9,21. Dazu S. Morenz, ZÄS 84, 1959, S. 79f. – Zum folgenden vgl. Spr. 29,13 und vor allem 1. Sam.
2,6f.

[313]) Mit dem irdischen Tod verschwinden körperliche Mängel ebenso wie Unterschiede sozialer Stellung; vor Gott sind die Menschen heil, und schon auf Erden soll
man seine Mitmenschen so sehen, wie Gott sie sieht.

[314]) Vgl. u. a. 2. Mose 22,20ff.; 23,9; 3. Mose 19,33f.; 5. Mose 24,17.19ff.; 27,19.

[315]) Vgl. etwa Hi. 34,19.

[316]) Spr. 22,20!

[317]) Zu „reinigen" im Sinne von „erziehen" s. H. Brunner, Altägyptische Erziehung,
1957, S. 112.

[318]) Suche sie zu durchdringen und auswendig zu lernen.

Ein Schreiber, der in seinem Amte erfahren ist,
der wird würdig gefunden, ein Höfling zu sein [319]).
[27, 18]Ende.

30. Eine Inschrift im Grab des Petosiris

Sie wurde veröffentlicht von G. Lefebvre, Le tombeau de Petosiris, 1924, Bd. III, Inscr. 127.

Sie entstammt dem Ende des 4. Jh. Das Grab liegt in der Wüste von Tuna el-Gebel bei Hermopolis magna, dessen Hoherpriester P. war. Der Abschnitt stammt aus dem Grabteil, das dem Vater des P., Sia-Schu, gehört.

Der Gedanke, daß irdische Schätze niemanden vom Tode befreien oder über den Tod hinaus begleiten können, findet sich auch im AT: vgl. u. a. Ps. 39,7; 49,8 ff. 18, mutatis mutandis auch Zeph. 1,18; Spr. 11,4.

Übersetzt ist die Inschrift bei Lefebvre, a.a.O. I, S. 161, teilweise bei Eb. Otto, Die biographischen Inschriften der ägyptischen Spätzeit, 1954, S. 48 f.

[2]... Ich führe euch (die später Lebenden, die diese Inschrift lesen werden) auf den Weg des Lebens [320]), ich nenne euch eure (rechte) Lebensführung, [3]die zur Stadt der Verjüngung (Jenseitsseligkeit) leitet; haltet euch an meine Worte und ihr werdet sie nützlich finden und mir dafür danken. Trinkt und betrinkt euch, hört nicht auf zu feiern. Folgt eurem Herzen während des Augenblicks auf Erden. [4]... Wenn ein Mann geht, geht auch sein Vermögen, und einer, der es teilen wird, ist dann da, der nun an der Reihe ist, seine Herzenswünsche zu erfüllen. Dann gibt es keine Sonne mehr für den Reichen. Es gibt keinen Todesboten [321]), der ein Geschenk annehmen würde, um unausgeführt zu lassen, weswegen er [5]ausgeschickt wurde [322]). Er geht plötzlich wie ein Traum [323]), und keiner kennt den Tag, wann er kommt. Es ist das Werk Gottes, die Herzen den Tag (des Todes) vergessen zu lassen. Wie eine ausgerissene Pflanze ist, wer als Kind fortgenommen wird, wenn auch sein Haus reich ist an allen Dingen [6]... Es ist Gott, der es in das Herz dessen gibt, den er haßt, damit sein Besitz einem anderen gegeben wird, den er liebt [324]). Denn er (Gott) ist der Herr seines Besitzes, und er teilt ihn seinem (jeweiligen) Eigentümer zu. Selig, wer seinem Gott opfert, um dies in seinem Herzen zu bewahren.

---

[319]) Spr. 22,29. Der Gedanke ist in Ägypten schon Ende des 3. Jt. belegt.

[320]) Dieser Ausdruck ist, wie schon anderwärts angedeutet, auch aus dem AT gut bekannt: vgl. Ps. 16,11; Spr. 2,19; 5,6; 10,17; 15,24. In Ägypten wie in Israel ist der „Weg Gottes" damit identisch.

[321]) Nach ägyptischer Auffassung schicken die Götter, besonders Osiris, Boten, den Menschen in den Tod zu holen.

[322]) D. h. man kann keinen Todesboten bestechen.

[323]) Vgl. Ps. 39,7; 73,20, aber auch Jes. 29,7 f.; Hi. 20,8.

[324]) Zur Verstockung vgl. z.B. 2. Mose 7,3; Jes. 6,9–13 u. ö.

VI. Aus dem Totenbuch

Abb. 4: Der Verstorbene spricht vor seinen Jenseitsrichtern das Bekenntnis (den nachstehenden Text Nr. 31); die Waage zeigt an, ob seine Aussage mit der Wirklichkeit seines Lebens übereinstimmt.

31. *Das negative Sündenbekenntnis (Totenbuch Spruch 125)*

Der Text ist durch überaus zahlreiche nicht oder nur unzureichend veröffentlichte Handschriften bezeugt. Da eine kritische Ausgabe fehlt, stützt sich die folgende Übersetzung auf die Texte bei E. Naville, Das ägyptische Todtenbuch der XVIII. bis XX. Dynastie, 1886 und E. A. W. Budge, The Book of the Dead, 1898. Zeilenzählung nach Naville.

Der offensichtlich aus verschiedenen Einzelstücken zusammengesetzte Spruch 125 ist erstmals im frühen Neuen Reich belegt. Bei zahlreichen Textvarianten im einzelnen scheint die Komposition im ganzen kanonisch zu sein. Wie die meisten ägyptischen Totentexte ist auch dieser Spruch in der vorliegenden Fassung magisch gemeint: Wer ihn aufsagt, „wird von seinen Sünden getrennt". Doch zeugt die Nennung der Sünden für die Ethik der Ägypter und steht in engem Zusammenhang mit Autobiographien und Lebenslehren. Orientiert sein könnte das negative Sündenbekenntnis an Formeln der Reinheitsbeteuerung, die Priester (oder andere Beter?) beim Betreten des Tempels abzulegen hatten (vgl. hierzu Ps. 15; 24, 3–6; Jes. 33, 14–16). In der vorliegenden Fassung aus dem Neuen Reich sollen Teil I vom Toten beim Betreten der Halle des Totengerichts, Teil II beim Akt der Prüfung gesprochen werden, bei dem das Herz des Toten gegen die Maat gewogen wird und der Waagbalken, an dem die beiden Waagschalen hängen, dann in Ruhe bleibt, wenn die Aussage stimmt, die genannte Sünde also nicht begangen worden ist. Teil III schließlich war wohl, wie die Einleitung sagt, beim Verlassen der Halle zu sprechen.

Sieht man von dem besonderen Verwendungszusammenhang ab, so läßt sich das Bekenntnis Teil II mit at.lichen („Beichtspiegeln", besser:) Unschuldsbekenntnissen parallelisieren, am meisten mit 5. Mose 26, 13–14, mit Ps. 26, 4–5, ferner mit 1. Sam. 12, 3 und Hi. 31, wo freilich anders stilisiert ist. Einzelne Bekenntnissätze berühren sich substantiell mit at.lichen Ge- und Verboten sowie entsprechender prophetischer Kritik, so etwa die Beteuerung, Maße und Gewichte nicht verändert zu haben (II 16 f.), mit 3. Mose 19, 35 f.; 5. Mose 25, 13 ff.; Ez. 45, 10 ff.; Hos. 12, 8; Am. 8, 5; Mi. 6, 10 f.; Spr. 11, 1 u. ö. Die Vorstellung von dem den Menschen wägenden Gott tritt, aus dem Rahmen des Totengerichtes gelöst, in Hi. 31, 6 auf. Sie steht auch hinter Jes. 40, 15; Ps. 62, 10 und Dan. 5, 27. Nicht zuletzt kommt sie in der Ikonographie des christlichen Jüngsten Gerichtes zum Vorschein. Die Vorstellung von den Göttern im Gefolge des großen Gottes, die über der Menschen Wandel berichten (I 3; III 12), erinnert (mutatis mutandis) an Hi. 1,6ff. Daß das Totenreich als „Schweige-Land" gekennzeichnet ist (III 16), hat schließlich in Ps. 94,17 und 115,17 eine genaue Entsprechung.

Das ganze Totenbuch ist von P.Barguet übersetzt worden: Le livre des morts des anciens Égyptiens, 1967, der Spruch 125 von J.Yoyotte: Le jugement des morts, SOr 4, 1961, S.51ff.; vgl. dazu J.Spiegel, Die Idee vom Totengericht in der ägyptischen Religion, LÄS 2, 1935.

Einleitung

[1]Was zu sagen ist beim Eintreten in die Halle der beiden Wahrheiten[325], beim Trennen des N.N. von allem [2]Bösen, das er getan hat, beim Schauen der Gesichter der Götter[326]: N.N. spricht:

I. Begrüßung

Gegrüßet seist du, großer Gott, Herr der beiden Wahrheiten! Ich bin zu dir gekommen, [3]mein Herr, ich bin zu dir gebracht worden, um deine Vollkommenheit zu schauen. Ich kenne dich, ich kenne den Namen der 42 Götter, die bei dir sind in [4]der Halle der beiden Wahrheiten, die von denen leben, die das Böse behalten haben[327], die von ihrem Blute schlürfen an jenem Tage [5]des Abrechnens der Charaktere vor Unennofer (d.i. Osiris). ‚Der, dessen beide Augen Töchter sind[328], Herr der Maat' ist dein Name. Ich bin zu dir gekommen, [6]nachdem ich dir die Maat gebracht habe und dir das Unrecht vertrieben habe.

II. Negative „Beichte"

Ich habe kein Unrecht gegen Menschen begangen. Ich habe das Vieh (Gottes)[329] nicht in Not gebracht. Ich habe keine Unzucht getrieben[330] [7]an der Stätte der Wahrheit[331]. Ich kenne nicht, was nicht existiert[332]. Ich habe nicht [8]Böses getan … [9]Mein Name ist nicht in die Barke dessen gekommen,

---

[325] Die Zweizahl bezeichnet im Ägyptischen oft die Vollständigkeit, so daß zu verstehen sein dürfte „der ungebrochenen Wahrheit". „Wahrheit" heißt auf ägyptisch Maat, s. dazu Anm.40.

[326] Var.: „den Gott, den Herrn der Gesichter", d.i. der Sonnengott.

[327] Die also nicht davon getrennt wurden, die den vorliegenden Spruch nicht haben aufsagen können oder nicht freigesprochen worden sind. Weniger wahrscheinlich: „die von der Bewachung der Sünder (oder der Sünden) leben".

[328] Der Sonnen- und Himmelsgott, als dessen „Töchter" Sonne und Mond gelten können.

[329] Die Menschen, s. Anm.47.

[330] Übersetzung unsicher. Ich denke an das Wort *iwit*, das neben der allgemeinen Bedeutung „Haus" sicher auch „Bordell" heißt (pAnast. IV 12,3 mit Varr.).

[331] D.h. wohl: in der Nekropole, deren Felsgräber Liebesleuten geeigneten Unterschlupf anboten.

[332] Hierzu vgl. E.Hornung, Der Eine und die Vielen, S.166ff.

der die Leute leitet[333]). Ich habe nicht Gott [10]gelästert. Ich habe mich nicht an einem Armen vergriffen[334]). Ich habe nicht den Tabu eines Gottes gebrochen. [11]Ich habe keinen Diener bei seinem Vorgesetzten angeschwärzt. Ich habe nicht krank [12]gemacht[335]). Ich habe nicht weinen gemacht. Ich habe nicht getötet. Ich habe nicht zu töten geheißen[336]). [13]Ich habe nicht das Leiden irgendwelcher Leute verursacht. Ich habe nicht die Speisen in den [14]Tempeln geschmälert. Ich habe nicht die Opferbrote der Götter geschädigt. Ich habe nicht die Opferkuchen [15]der Toten geraubt. Ich habe nicht einen Buhlknaben beschlafen, ich habe mich nicht selbst befriedigt[337]). [16]Ich habe nichts zugefügt noch vermindert am Scheffel. Ich habe nichts vermindert am Ackermaß. Ich habe nichts fortgenommen an Ackerland. Ich habe nichts zugefügt am Gewicht der [17]Standwaage, ich habe nichts verringert am Lot der Handwaage. Ich habe nicht die Milch aus dem Mund des Säuglings fortgenommen. Ich habe [18]nicht das Kleinvieh seiner Kräuter beraubt. Ich habe keine Vögel gefangen im Schilfrohr der Götter, ich habe nicht in ihren Lagunen [19]gefischt[338]). Ich habe das Wasser in seiner Jahreszeit[339]) nicht abgeleitet. Ich habe keinen Damm gegen fließendes Wasser gebaut. Ich habe nicht das Feuer zu seiner Zeit (d.h. wenn es brennen sollte) gelöscht. [20]Ich habe nicht den Zeitpunkt für die Opfer überschritten. Ich habe nicht den Herden des Gottesbesitzes (d.h. der Tempel) gewehrt. Ich bin dem Gott bei seinem Auszug nicht entgegengetreten[340]). [21]Ich bin rein (viermal zu sprechen)! Meine Reinheit ist die Reinheit des großen Phönix, der in Herakleopolis ist, denn ich bin die Nase [22]des Herrn des Lebensodems, der alle Ägypter am Leben erhält ...[341]).

[333]) Var. statt „Barke" „Amt". Gemeint ist entweder der Einsatzleiter des Zwangsarbeitsdienstes (corvée) oder einer Gefangenen-Abteilung, wohl ersterer, bei dem der Sprecher nicht unangenehm auffiel.

[334]) Var.: an der Habe eines Armen.

[335]) Wohl durch Schadenzauber.

[336]) In dem Text Ramses' IV., der als König von Amts wegen Todesurteile zu fällen hatte, steht der Zusatz: „unrechtmäßig".

[337]) Die beiden letzten Sätze sind in ihrer genauen Bedeutung unsicher. Homosexualität war streng verpönt, die entsprechende Handlung ist als Siegergeste zur Entehrung des Unterlegenen bekannt. Vgl. pBremner-Rhind 22,19.

[338]) In den Tempelbesitzungen.

[339]) Während der Zeit der Nilüberschwemmung. Gemeint ist wohl die widerrechtliche Aneignung von Wasser durch Ableiten auf eigene Felder.

[340]) Bei manchen Prozessionen fanden Mythenspiele statt, bei denen Leute bewaffnet dem Gott und seinen Anhängern entgegenzutreten hatten. Obwohl solche Aufführungen Gegner des Gottes erforderten, scheint doch diese Rolle als Sünde gewertet worden zu sein.

[341]) Es folgen Hinweise auf Mythen von Heliopolis, deren Kenntnis, ja Miterleben der Tote nachweist. Danach werden die 42 Totenrichter einzeln mit – verschlüsselten – Namen angerufen und vor jedem wird versichert, daß der Sprecher eine bestimmte Sünde (deren Zusammenhang mit den Angesprochenen nur teilweise erkennbar ist) nicht getan habe (2. negative „Beichte"). Bevor die Richter das Ergebnis dieser Untersuchung dem Gott berichten, der das Urteil spricht, wendet sich der Tote nochmals an sie.

III. Schlußrede

²Seid gegrüßt, ihr Götter! ³Ich kenne euch, ich kenne eure Namen. Ich werde nicht eurem ⁴Gemetzel verfallen, denn ihr werdet nichts Schlimmes über mich jenem großen Gott berichten, in dessen Gefolge ihr seid. ⁵Durch euch wird mein Name nicht (vor ihn) kommen, vielmehr werdet ihr „Wahrheit"³⁴²) von mir sagen vor dem Allherrn, denn ich habe Wahrheit getan im Lande Ägypten. Ich habe keinen Gott beschworen³⁴³) und ich wurde nicht belangt wegen eines regierenden Königs³⁴⁴). Gegrüßet seid ihr, Götter in der Halle der beiden ⁷Wahrheiten, in deren Leib nichts Unrechtes ist, die ihr von der Maat lebt, die ihr von der Maat trinkt ⁸vor Horus in seiner Sonnenscheibe: Rettet mich vor Babi³⁴⁵), der von den Eingeweiden der Großen lebt an jenem Tage der großen Abrechnung. ⁹Seht, ich bin zu euch gekommen, ohne daß ich eine Sünde, ohne daß ich eine Schuld habe, ohne daß es etwas Böses an mir, ohne daß es einen Zeugen gegen mich gäbe, oder einen, gegen den ich etwas (Böses) getan hätte. Vielmehr ¹⁰lebe ich von der Maat und trinke von der Wahrheit. – Ich habe getan, was die Menschen gesagt haben³⁴⁶) und womit die Götter immer zufrieden sind. Ich habe den Gott mit dem zufrieden gestellt, was er liebt: ¹¹Ich habe Brot gegeben dem Hungrigen und Wasser dem Durstigen, Kleider dem Nackten und eine Fähre dem Schifflosen³⁴⁷). ¹²Ich habe den Göttern die Gottesopfer und den Toten die Totenopfer dargebracht. So rettet mich denn, so schützt mich denn, macht keine Meldung über mich beim Großen Gott! ¹³Ich bin einer mit reinem Mund und reinen Händen, einer, zu dem die, die ihn sehen, „Willkommen!" sagen: denn ich habe jenen großen Streitfall untersucht, den der Esel und der Kater ¹⁴im Hause des Maulaufreißers vorgetragen haben³⁴⁸). Der Fährmann war Zeuge und stieß einen lauten Schrei aus. Ich habe auch das Spalten des Isched-

---

³⁴²) Die Richter fällen nicht selbst das Urteil, berichten vielmehr dem „Großen Gott" (Osiris oder dem Sonnengott), der dann das Urteil spricht. Der Tote bittet, daß sie über ihn das Wort „Wahrheit" sagen sollen, d. h. bestätigen, daß seine Aussagen im negativen Bekenntnis den Tatsachen entsprochen haben.

³⁴³) Zauberei gegen einen Gott ist wie im AT Sünde. Vgl. 2. Mose 20,7; 5. Mose 5,11; Ez. 13,19. – Varianten haben stattdessen „gelästert", wobei Gotteslästerung mit dem folgenden „Majestätsbeleidigung" ein Begriffspaar abgäbe.

³⁴⁴) Es mag Beleidigung gemeint sein oder aber auch Beschwörung oder überhaupt mißbräuchliche Nennung des Namens.

³⁴⁵) Ein unheimlicher Gott in Affengestalt (Babi>Babuin>Pavian).

³⁴⁶) Gemeint sind die Lebenslehren ägyptischer Weiser, die, ähnlich der at.lichen Weisheit (Chokma), Regeln (nicht Gesetze!) für ein gott- und menschengefälliges Leben aufstellen.

³⁴⁷) Da die Felder oft auf der anderen Seite des Nils oder eines Kanals liegen, sind die Ärmeren, die kein eigenes Boot besitzen, oft dem Profitgeist der Bootsbesitzer ausgeliefert. Es gilt als soziale Tat, Arme unentgeltlich überzusetzen. – Vgl. III 11 insgesamt mit 5. Mose 15,7f.; Jes. 58,7; Ez. 18,7.16; Spr. 22,9, aber auch Spr. 11,24ff.

³⁴⁸) Nilpferd? Anspielung auf einen uns unbekannten Mythus.

baumes in der westlichen Nekropole gesehen[349]. [15]Ich bin der Mumifizierer (Paraschist) der Götterneunheit und kenne das, was in ihren Leibern ist[350].

Ich bin hierher gekommen, [16]die Waage im Gleichgewicht zu halten im Schweige-Lande[351] ...

---

[349] Nach einem Kampf gegen Götterfeinde wird der Ischedbaum (Sykomore?) gespalten, damit die Sonne aufgehen, d. h. wiedergeboren werden kann.

[350] Auch hier geht es um die Kenntnis geheimer Dinge, konkret vorgestellt als Leibesinhalt der Götter, der bei der Öffnung des Leibes bei der Mumifizierung zutagetritt.

[351] Das Jenseits.

B) MESOPOTAMISCHE TEXTE

Einführung

Die großen Werke der sumerisch-akkadischen Literatur des Zweistromlandes wurden, wie verstreute Einzelfunde immer deutlicher beweisen, in der gesamten altorientalischen Welt, d. h. in ganz Vorderasien, und offenbar auch in Ägypten gelesen – wozu gehört, daß sich die Gebildeten dieser Epoche mit Keilschrift und Babylonisch auskannten. Die kanaanäische Geisteskultur Syrien-Palästinas zumal war im 2. und beginnenden 1. Jt. v. Chr. vorwiegend mesopotamisch bestimmt.

Israel, ein vergleichsweise junger Eindringling mit noch knapper eigener Tradition, machte sich diese ihm dargebotene Erbschaft zunächst augenscheinlich schnell zu eigen – ohne daß wir diesen Prozeß im einzelnen verfolgen könnten. Deutlich aber wird, daß die Anpassung im kultischen und religiösen Bereich von den strengen Anhängern des Jahweglaubens mehr und mehr gebremst und schließlich aufgehalten, ja ins Gegenteil verkehrt wurde. Israels religiöse Literatur ist uns nur in den dergestalt gesteckten Grenzen erhalten. Das AT als einzig verbliebene Quelle bietet daher eine nur schmale Ebene für die Zusammenschau mit anklingenden Zeugnissen der Keilschriftliteratur[1]).

Ein religionsgeschichtlicher Vergleich muß dabei zwei grundlegende Fakten im Auge behalten: Die heranzuziehenden sumerisch-akkadischen Urkunden – das Sumerische blieb an den zwei Strömen immer ein Bestandteil der „Kirchen-" und Literatursprache und bedeutet somit keinen bestimmten Zeithinweis – sind erstens im Durchschnitt erheblich (zuweilen bis zu anderthalb Jahrtausenden und mehr) älter als die korrespondierenden Texte des AT. Zweitens sind die letzteren in ihrer heutigen Fassung bis hin zur „Weisheit" religiös bestimmt, was für die Keilschrifturkunden in wesentlich geringerem Maße zutrifft.

Die Entwicklung des israelitischen Jahweglaubens eliminierte gewisse Aspekte der Religion, vor allem die Magie, so daß das üppige altmesopotamische Material dieser Richtung für den Vergleich ausfällt. Andererseits spielte an den zwei Strömen das kodifizierte Recht eine untergeordnete Rolle; Israels

---

[1]) Für den Einzelvergleich bleibt unerläßlich A. Jirku, Altorientalischer Kommentar zum Alten Testament, 1923, unveränderter Neudruck 1972; vgl. ferner S. N. Kramer, Sumerian Literature and the Bible, AnOr 12, 1959, S. 185 ff.; K. H. Bernhardt, Die Umwelt des Alten Testaments, 1967.

Reichtum hieran kommt daher nicht zum Tragen. Der Vielgottglaube der Sumerer und Akkader und der Monotheismus Israels begegnen sich, religiös beurkundet, in einem den Vergleich bzw. die Gegenüberstellung zulassenden Maße auf fünf Feldern: In Mythen, Epen und sonstigen Sagenstoffen (I), in der kultischen Dichtung (II), bei „prophetischen" Texten (III), in bestimmten Inhalten der Verträge und Sündenkataloge (IV) und in der „Weisheit" (V). Von der sog. „kultischen Liebeslyrik" Altmesopotamiens[2]) soll hier abgesehen werden, da die mythologisch-kultische Deutung des Hohenliedes weiterhin umstritten bleibt und zum mindesten die neueren einschlägigen sumerischen Texte, bisher z.T. nur durch die Hand eines einzigen Forschers gegangen, noch der kritischen Kontrolle bedürfen.

Zu I: Angesichts der Zahl von über 3000 beurkundeten Gottheiten und des schwelenden Rivalitätskampfes zwischen den Priesterschaften der bedeutendsten unter ihnen war die mesopotamische Mythen – und Ependichtung nicht befähigt, eine einheitliche Konzeption von Schöpfung, Weltordnung und Urgeschichte zu schaffen. Eine der ältesten Götterlisten aus Schuruppak (kurz vor 2500) nennt noch sieben Paare von Vater- und Muttergottheiten; gegen Ende der Sumererzeit, um 2000, stehen dann der Himmelsgott und Göttervater An[3]) – dieser bereits verblassend –, Enlil[4]) von Nippur[5]), der weise und gnädige Enki-Ea[6]) von Eridu[7]) und die meist Ninchursanga[8]) genannte Muttergöttin als die bedeutendsten Schöpfergottheiten vor uns. Am zähesten kämpfen dabei Enki und Enlil um den ersten Platz; es war wohl eine Art „Reichstheologie" der 3. Dynastie von Ur (2065–1955), die beide schließlich – mit Ninchursanga als Helferin – als gemeinsam wirkend darstellte. Nur langsam konnte danach der babylonische Marduk den Rang des Weltschöpfers und -ordners gewinnen, und diese Entwicklung wurde schließlich durch das „Weltschöpfungsepos" (s.u. Text Nr.6) besiegelt. Im Gegensatz zu dieser geschlossenen, aber späten Dichtung blieben uns die sumerischen Traditionen über die genannten Themen nur ausschnittsweise oder als mythologische Einleitungen zu Texten anderen Inhalts erhalten[9]). – Ebenso vermissen wir im Zweistromland eine Urgeschichte nach biblischer Art, finden vielmehr nur gewisse, an die at.liche Paradies-Konzeption

---

[2]) Vgl. S.N.Kramer, ANET[3], S.496. 637ff.; ders., The Sacred Marriage Rite, 1969; A.Falkenstein, SAHG, S.119f. (Nr.25) und S.370; W.G.Lambert, JSSt 4,1959, S.1ff.; ders., MIOF 12, 1966, S.41ff.

[3]) Akkadisch Anu, noch vor Inanna-Ischtar insbesondere in Uruk verehrt.

[4]) Herr der (bewegten) Luft, Sturmgott und Beherrscher der Erdoberfläche.

[5]) Heute Niffer, 160 km sö. von Bagdad.

[6]) „Herr des Unteren", d.h. des unter der Erde gedachten Urozeans Apsu, auch Gott der Weisheit.

[7]) Abu Schahrain, ca. 30 km sö. von Nasirije.

[8]) Mit ihr fließen mehrere andere Göttinnen dieses Typs wie Nintu, Ninmach, Nammu, Mama und Aruru zusammen; ihr Erbe tritt schließlich Inanna-Ischtar selbst an. Zu den Göttergestalten vgl. jeweils D.O.Edzard, WM I.

[9]) Einen instruktiven Überblick vermittelt J.J.vanDijk, AcOr 28, 1964, S.1ff.

Akkadische Keilschrifttafel, „Weltschöpfungsepos", Tf. IV

gemahnende Vorstellungen, überdies die „Könige vor der Flut", die Sintflutgeschichte selbst sowie (was wir erst ganz neuerdings wissen) die „Sprachverwirrung". Zwei Einzelmotive, die in die Mosesage Aufnahme fanden, lassen sich anschließen.

Zu II: Besitzen wir so immerhin zwischen der mythisch-epischen Dichtung Altmesopotamiens und insbesondere der biblischen Urgeschichte nicht unerhebliche Parallelen, so liegen die Dinge bei der kultischen Dichtung (im allgemeinsten Sinne) anders. Israels Psalmen – das Gesang- und Gebetbuch der Jahwereligion – und seine Klagelieder (Threni) stellen eine auf das sorgfältigste getroffene Auswahl dar. Zwischen ihr und den entsprechenden Dichtungen Mesopotamiens, zwischen einzigartigem Monotheismus und extremer Vielgötterei konnte es nur geringe Gemeinsamkeiten geben. Das gilt auch angesichts der Tatsache, daß wir die sumerisch-akkadische Kultlyrik in einem Stadium unbeschwerter (und offenbar nicht als widersprüchlich empfundener) Gleichmacherei antreffen. Die Epitheta der Götter, deren hypertrophe Aufzählung hierbei den Hauptteil ausmacht, wechseln augenscheinlich wahllos – und dementsprechend begegnen wir echter religiöser Ergriffenheit und glaubhaftem, hingebungsvollem Gottvertrauen sowohl im Götterlied wie im Gebet nur selten. Natürlich aber sind die besten dieser volltönenden Kultdichtungen befähigt, die Macht und Herrlichkeit der besungenen Gottheit eindrucksvoll zu bezeugen. Was die gottesdienstlichen und die „persönlichen" Gebete betrifft, so meinen wir in dem einen oder anderen dieser meist im Klageton gehaltenen Texte ein von Herzen kommendes Hinstreben zur Gottheit (die dann meist als die persönliche Schutzgottheit – der oder die „Heilige" des altmesopotamischen Glaubens – aufzufassen ist), ein ehrliches Schuldbekenntnis und eine echte Bitte zu spüren. Die Klagedichtungen schließlich, die Sturz und Ende großer, berühmter Städte zum Inhalt ihrer Weherufe haben, erinnern verständlicherweise in vielem an die judäischen Trauergesänge über den Fall Jerusalems. Da wir in der Kultlyrik trotz aller Eintönigkeit und Formelhaftigkeit doch am ehesten den Pulsschlag des sumerisch-akkadischen Gottesdienstes und der ihm zugrundeliegenden Religion hören, haben wir den Hymnen und Gebeten einen größeren Raum zugestanden [10]).

Zu III: Bis zur Wiederauffindung und Erschließung der Briefarchive von Mari aus dem 18. Jh. v. Chr. schien die Keilschriftliteratur Prophetentexte nach at.licher Art nicht zu besitzen. Was an Zukunftsweissagungen

---

[10]) Eine umfangreiche, trotz des seitherigen philologischen Fortschritts immer noch lehrreiche Zusammenstellung der sumerisch-akkadischen Kultlyrik findet sich in AOT[2], S. 241 ff. Man vergleiche weiter ANET[3], S. 383 ff. und die neuen Fachpublikationen: A. Falkenstein – W. von Soden, SAHG, 1953; A. Falkenstein, Sumerische Götterlieder I; J. J. van Dijk, Sumerische Götterlieder II, beides AHAW.PH, 1959 und 1960; A. Sjöberg, Der Mondgott Nanna-Sin I, 1960; ders. und andere, The Collection of Sumerian Temple Hymns, TCS III, 1969; J. Krecher, Sumerische Kultlyrik, 1966; A. Falkenstein und W. von Soden, Stichwort „Gebet" I und II, in: RLA III, Lfg. 2, 1959 und 3, 1964.

bekannt war, gehörte eindeutig in den Bereich der akkadischen Omina und war mit den Gattungen und Praktiken der Vorzeichenlehre (Astrologie, Rauch-, Öl-, Eingeweide-, insbesondere Leberschau und anderem mehr) verbunden. Hierzu bot das jahwistische Israel nichts Vergleichbares. Auch jene babylonischen Texte, die neuerdings als Apokalypsen bezeichnet werden[11]), den Geschichtsablauf wohl als einen festen Zyklus betrachten[12]) und so aus der Beobachtung der Vergangenheit das zukünftige Geschehen ablesen zu können glauben, haben im AT, dem dieses Betrachtungsschema unbekannt ist, nur mit den Weissagungen des Danielbuches gewisse Parallelen. Erst die berühmten Prophetensprüche aus dem altbabylonischen Mari brachten näher verwandtes Gut[13]) – rund zwei Dutzend Texte, die an den König Zimrilim gerichtet sind, Mahnungen, Warnungen und Heilsworte enthalten und auf Grund von Visionen, Auditionen oder Träumen durch Kultpropheten verschiedener Tempel, aber auch durch Laien verkündet wurden. Ereignisse solcher Art galten damals in Mari als so bedeutsam, daß sie von Fall zu Fall dem Fürsten berichtet und verifiziert werden mußten. Eigenartigerweise ist dieses Phänomen, das übrigens eher der von den großen Propheten Israels bekämpften Kultprophetie als den Verkündigungen der Schriftpropheten parallel geht, nach unserer heutigen Kenntnis auf die Zeit Zimrilims, des Bundesgenossen bzw. Rivalen Hammurabis (1728–1686) und auf Mari und einige benachbarte Gebiete beschränkt; sein Ursprung dürfte, wie die Geschichte Wen-amons (um 1070 v.Chr.)[14]) und das Phänomen der at.lichen „Lügenpropheten"[15]) beweisen, eher syrisch als mesopotamisch sein.

Zu IV: Während man sich seit dem Erscheinen der ersten keilschriftlichen Gesetze[16]) über das Vorhandensein bedeutender – für den religionsgeschichtlichen Vergleich aber unwichtiger – Parallelen zwischen altorientalischem und israelitischem Recht im klaren war, haben erst neue Keilschriftfunde und sorgfältige stilistische Untersuchungen einen anderen juristischen Bereich aufgezeigt, in dem sich AT und AO berühren und der überdies auch zeitlich übereinstimmt. Wir meinen die Fluchformeln assyrischer Staatsverträge, mit denen die Verstöße gegen die abgeschlossenen Übereinkommen bedroht werden: Sie gemahnen lebhaft an die Drohreden der israelitischen Propheten, mögen sie sich gegen das „abtrünnige" eigene Volk oder gegen feindliche Nationen richten, noch mehr aber an die Unheilsworte, die Deuteronomium und Priesterschrift für Israel bei Verstößen gegen den von Jahwe mit ihm geschlossenen Bund bereithalten. Das umfangreichste und bekannteste assyrische Dokument dieser Art ist der „Vasallenvertrag" Asarhaddons; und da trotz

---

[11]) Vgl. W.W.Hallo, IEJ 16, 1966, S.235ff.

[12]) A.K.Grayson und W.G.Lambert, JCS 18, 1964, S.9f.

[13]) Hierzu jetzt die gründliche Monographie von F.Ellermeier, Prophetie in Mari und Israel, 1968; s.u. Nr.30, S.146ff.

[14]) Vgl. K.Galling, TGl², 1968, S.41ff., besonders S.43, Z.38ff.

[15]) Vgl. exemplarisch 1.Kön. 18,20ff., dazu die entsprechende Polemik der Schriftpropheten, vgl. u. S.147, Anm.274.

[16]) Besonders des Kodex Hammurabi in Susa 1901/2.

verständlichen Schweigens der at.lichen Geschichtsschreiber zu diesem Punkt als sicher gelten kann, daß auch Manasse von Juda (686–649) ein entsprechendes Dokument zu unterschreiben hatte[17]), liegt in diesem Falle sogar die Annahme einer unmittelbaren Beeinflussung at.licher Texte durch assyrische Vorlagen sehr nahe. Das literarische Vorbild kam zum Tragen, als Josia den Assyrern den Gehorsam aufkündigte und an Stelle des Vasallenvertrages mit Ninive den „Neuen Bund" des Deuteronomiums – nun zwischen Gott und erwähltem Volk – verkünden ließ. An die Stelle der ungezählten Eid- und Fluchgötter Assyriens trat freilich allein Jahwe.

Zu V: Trotz unverkennbarer Verweltlichung gehört die Weisheitsliteratur zum religiösen Fundus des AT, ja, scheint den Redaktoren der Kanonisierung besonders nahegestanden zu haben, wie die Aufnahme so manchen religiös praktisch indifferenten Abschnitts beweist. Um so verständlicher ist es, daß Sumer und Babylon hier üppiges Vergleichsmaterial anbieten. Es sind Dichtungen, die dem Zeitraum vom Ende des 3. bis Ausgang des 2. Jt. entstammen, von einer vorwiegend pessimistischen Weltschau zeugen und insbesondere dem Problem der Theodizee nachgehen. Sie geben sich – bis zur Künstlichkeit des Akrostichs – „akademisch". Die beiden erst seit neuerem erschlossenen Werke, mit denen wir unsere Textauswahl abschließen (Nr. 35 u. 36), belehren uns, daß die zweistromländische Weisheitslehre alte Traditionen besaß und daß insbesondere die Frage nach dem Grund des Leidens Unschuldiger bereits ein Erbe der ursprünglichen sumerischen Geisteskultur war. Die ergreifende und unsterbliche Gestalt des biblischen Hiob kam aus Sumer.

Was die Auswahl der Texte betrifft, so muß der Vf. den Leser um Verständnis für seine Zwangslage bitten. Bei ihr handelt es sich um die Tatsache, daß die meisten hier versammelten altmesopotamischen Keilschrifturkunden bereits bei E. Ebeling in Greßmanns AOT² von 1926 (wenn auch z. T. philologisch überholt), z. T. überdies bei D. W. Thomas, DOTT, 1958, und vor allem im bereits zum dritten Male aufgelegten und bereicherten ANET J. B. Pritchards erschienen. Ihr dokumentarischer Wert macht es indes unmöglich, auf sie zu verzichten. Um so mehr freut sich der Verfasser, wenigstens einiges Neue beitragen zu können.

Für die Textwiedergabe gilt das bewährte Prinzip, sie so wortgetreu wie möglich und so frei wie für das Verständnis des heutigen Lesers nötig zu halten. Angesichts der absoluten Fremdartigkeit der sumerischen Sprache erweist sich allerdings bei Texten dieser Abkunft zuweilen eine freiere Übertragung als zwangsläufig.

Die fortlaufende Erschließung der Urkunden – teils mit Keilschrifttext, teils in Umschrift und Übersetzung, teils nur in Übersetzung – ergibt für den Textbeleg eine oft prekäre Situation. Zu vielen hier ausgewählten Urkunden

---

[17]) Zu Manasses „Sünden" (vgl. 2. Kön. 21,2 ff.; 23,26; 24,3; Jer. 15,4; 2. Chr. 33,2 ff.) gehörte wahrscheinlich auch die Aufstellung assyrischer Altäre und die Installierung des dazugehörigen Kultes im Jerusalemer Tempel.

finden sich nämlich immer mehr Fragmente wechselnden Umfangs – manchmal nur wenige Zeilen – an, deren Nachweis (dem Laien ohnedies ein Buch
mit sieben Siegeln) nicht selten ganze Seiten füllen würde. Da der Vf. annehmen kann, daß die überwiegende Zahl der Leser keilschrift-unkundig ist, hat
er im Vorspann zu den Einzeltexten auf die Zitierung der keilschriftlichen
Originalbelege, wo diese zu schwierig und umfangreich war, verzichtet und
sich statt dessen mit dem Hinweis begnügt, wo der Interessierte den entsprechenden Nachweis finden kann. Da Textedition, Übersetzung und Kommentar in vielen Fällen gemeinsam erfolgten, war auch die an sich wünschens-
werte saubere Trennung der Angaben zu „Text" bzw. „Text und Kommentar" und „Literatur" nicht immer möglich. Hier bittet der Vf. ebenfalls um
Verständnis. Für jeden Weiterforschenden bietet sich heute das Schlüssel-
werk R. Borgers, Handbuch der Keilschriftliteratur I, 1967, II/III 1975, an;
er wird in ihm nach den Bearbeitern bzw. Herausgebern sowie (Bd. III) nach
inhaltlichen Kriterien geordnet alle bisher edierten Keilschrifturkunden auf-
finden. Dem genannten Gelehrten ist der Vf. für zahlreiche Ratschläge und
Hinweise zu herzlichem Dank verpflichtet. Für einen großen Teil der Ver-
weise auf at.liche Vergleichsmöglichkeiten zeichnet der Herausgeber verantwortlich; ich danke ihm sehr für diese Bereicherung.

I. Mythen, Epen, verstreute Sagenstoffe

Weltschöpfung und Weltordnung

1. *Aus dem sumerischen Epos „Gilgamesch, Enkidu und die Unterwelt":
Trennung von Himmel und Erde*

Text: J. van Dijk, AcOr 28, 1964/65, S. 16 ff.; S. N. Kramer, SM, S. 30 ff. und S. 113
Anm. 32; ders., FTS, S. 77 (= GbS, S. 71); ders., Sumerians, S. 199 ff.
Literatur: Th. Jacobsen, JNES 5, 1946, S. 138 ff.; A. Falkenstein, BiOr 5, 1948,
S. 164; ders., ebd. 22, 1965, S. 282; M. Lambert, RA 55, 1961, S. 184, Nr. 8; L. Matouš,
ArOr 35, 1967, S. 20 ff.; D. O. Edzard, WM I, S. 70 f.; W. von Soden, in: Schott-von
Soden, Das Gilgamesch-Epos, (Reclam) Ausg. 1970, S. 112 f. – Der (akkadische)
zweite Teil der Dichtung erscheint als eine Art Anhang auf der 12. Tafel des Gilga-
mesch-Epos.
Vollständige wissenschaftliche Edition der etwa 300 Zeilen umfassenden Dichtung
steht bisher aus; Übersetzung und Deutung sind teilweise noch umstritten. Der gewiß
noch vor 2000 fixierte Text, dessen erster sumerisch erhaltener Teil auch unter dem
Namen „Gilgamesch und der Chaluppu-Baum" bekannt ist[18]), bietet eines der fünf
sumerischen (Teil-)Epen, von denen drei die Grundlage des späteren akkadischen
Gilgamesch-Epos bilden. Der Beginn der Dichtung bietet nach sumerischer Gewohn-
heit Mythologisches, hier wichtige Schöpfungsakte, vor allem die Trennung von Himmel und Erde wie in der Priesterschrift 1. Mose 1, 6 ff. (Text in Anlehnung an die neue
Übertragung von J. van Dijk, a. a. O.):

---

[18]) Vgl. S. N. Kramer, AS 10, 1938 (unser Textteil dort auf S. 3).

An jenem Tag, jenem fernen Tage,
In jener Nacht, jener längstvergangenen Nacht,
In jenem Jahr, jenem fernen Jahr,
Als die Blumen sich nach göttlicher Weisung entfalteten,
Als die Blumen nach göttlicher Weisung in die Erde gepflanzt wurden,
Als jedes Ding in den Vorrat des Landes Sumer aufgenommen ward,
Als das Feuer im Ofen des Landes Sumer entzündet wurde,
Als der Himmel von der Erde getrennt,
Als die Erde vom Himmel herabgestiegen war [19]),
Als der Same [20]) der Menschen gestiftet war –
Als An sich den Himmel erwählt,
Als Enlil sich die Erde erwählt hatte,
Als der Ereschkigal [21]) die Unterwelt überantwortet worden war ...

2. Sumerische Hymne auf die Hacke

Textübersetzung und Kommentar: S. N. Kramer, SM, S. 51 ff. und S. 115 Anm. 52;
Th. Jacobsen, JNES 5, 1946, S. 128 ff., besonders S. 137 (Teilübersetzung).
Literatur: A. Falkenstein, BiOr 5, 1948, S. 164; D. O. Edzard, WM I, S. 77; M. Civil,
JNES 28, 1969, S. 70.

Der bisher nicht vollständig edierte und z. T. noch umstrittene Text (108 Zeilen),
der weniger präzis auch als „Mythus von der Erschaffung der Hacke" bezeichnet wird,
preist die Schöpfung des für Landmann und Erdarbeiter (besonders bei Bauarbeiten)
unentbehrlichen Geräts der Hacke durch Enlil und die bei ihrer Initiierung erfolgte
Erschaffung des Menschengeschlechts. Als Enlil uranfänglich die Hacke in den Erdboden schlug, entsprossen der dabei geschaffenen Öffnung die ersten Menschen [22]).
Die Dichtung setzt sich in einem Lobpreis des einzigartigen Handwerkszeugs und
seiner mannigfachen Verwendung fort. Hier Z. 1–20, deren Verständnis und Übertragung noch viele Rätsel bergen, in Anlehnung an Jacobsen (a. a. O.):

Der Herr schuf fürwahr die rechte Ordnung,
Der Herr, dessen Entscheidungen unabänderlich sind,
Enlil, beeilte sich, den Himmel von der Erde zu trennen [23]),
So daß die Saat, aus der das Volk (erwuchs), vom Feld aufsprießen
    konnte [24]).
[5]Ja, er vollzog die Trennung zwischen Erde und Himmel,
Verknüpfte (aber) für sie (die Erde) den Spalt im „Verband Himmels
    und der Erden",

---

[19]) So van Dijk („descendit"); Falkenstein (BiOr 5, S. 164): „herabgetropft".
[20]) Desgl. mit van Dijk („semence").
[21]) Unterweltsgöttin, galt als ältere Schwester Inanna-Ischtars.
[22]) Vermutlich zeigte man im Enlil-Heiligtum Ekur zu Nippur die Stelle, wo dies
einst geschah – worauf die Namen Z. 6 f. anspielen könnten; vgl. Jacobsen, a. a. O.,
S. 134 ff.
[23]) Vgl. 1. Mose 1, 6 ff.
[24]) Spuren vergleichbarer Vorstellungen in Ps. 139, 15 und möglicherweise in
Hi. 1, 21.

So daß aus dem *Uzu-e*[25]) (dann) die ersten Menschen[26]) hervorgehen
   konnten.
Er ließ, als das Tageslicht erschien, die Hacke entstehen,
Setzte die Pflichten fest – des Hackenschwingers Tun,
[10]Auf daß dieser (seinen) Arm nach Hacke und Korb ausstreckte.
(Danach) stimmte Enlil den Lobpreis der Hacke an.
Seine Hacke war aus Gold, ihre Klinge[27]) aus Lapislazuli ...
   Es folgen 5 schwer deutbare hymnische Verse.
[17]Er schlug seine Hacke ins *Uzu-e*,
Da waren in der (so entstandenen) Höhlung die ersten Menschen.
Als nun sein Land[28]) durch den Erdboden hindurch vor Enlil drängte,
[20] Da erschaute er die Schwarzköpfigen[29]) in bleibender Gestalt ...

3. Sumerischer Mythus „Enki und Ninmach“[30]): Die Erschaffung der Menschen

Textübersetzung und Kommentar: S.N.Kramer, SM, S.68ff.; ders., Sumerians,
S.149ff.; Th.Jacobsen, JNES 5, 1946, S.143; A.Falkenstein, BiOr 5, 1948, S.164f.;
J.J.van Dijk, AcOr 28, 1964/65, S.1ff., besonders S.24ff.; C.A.Benito, „Enki and
Ninmah“ and „Enki and the World Order“, 1972, S.9ff.

Literatur: Th.Jacobsen, in: Frankfort u.a., Frühlicht des Geistes, UB 9, 1954,
S.178ff.; M.Lambert, RA 55, 1961, S.186f.; D.O.Edzard, WM I, S.58; W.G.Lam-
bert, JSSt 14, 1969, S.246f.; G.Pettinato, Das altorientalische Menschenbild etc.,
1971; H.M.Kümmel, WO 7, 1973, S.25ff.

Die fragmentarische, textlich schwierige Dichtung (nach dem gegenwärtigen Stand
etwa 150 Zeilen), deren moderner Titel nicht recht befriedigt, hat eine andere, unmittelbar an den Bericht des Jahwisten in 1.Mose 2,7 gemahnende, indes gut 1000 Jahre
ältere Tradition über die Erschaffung des Menschen bewahrt: Aus „Lehm über dem
Urozean (Apsu)“ wurde wie ein tönernes Bildwerk eine Figur geformt und belebt. Wir
hören einleitend von der Unlust der Götter, ihr tägliches Brot selbst zu erarbeiten, und
von ihrer – offenbar für das Ohr des weisen, aber in tiefen Schlaf versunkenen Enki
bestimmten – Klage darüber. Von seiner Mutter Nammu[31]) geweckt, weist Enki diese

---

[25]) Wörtlich: „Hervorbringer des Fleisches“, nämlich der Menschen.

[26]) Wörtlich etwa: „die Vorhut“.

[27]) Wörtlich: „Kopf“.

[28]) Die Menschen Sumers. – Die Vorstellung, daß die ersten Menschen durch die
Erdkruste empordrangen, findet sich auch im sumerischen Eridu-Hymnus, SAHG,
S.133, Z.1–3; dort heißt es nach Falkenstein:

   „Als allem Gezeugten das Schicksal bestimmt war,
   Als die Menschen in einem Jahr des Überflusses, das An geschaffen,
   Wie Gras die Erde durchbrochen hatten ...“

Vgl. dazu weiter van Dijk, Or. NS 41, 1972, S.342; 42, 1973, S.502ff.

[29]) Die Bewohner des Zweistromlandes.

[30]) Ninmach, „Erhabene Herrin“, ist einer der Namen der Muttergöttin (s.o.
Anm.8), mit Ninchursanga gleichgesetzt.

[31]) Nammu trägt gelegentlich die Namen „Mutter, die Himmel und Erde geboren
hat“ oder „die alle Götter geboren hat“. Sie ist vielleicht als „Personifikation der
unterirdischen Wassertiefe“ (D.O.Edzard, WM I, S.107) anzusehen.

an, mit Hilfe der erfahrenen Schöpfergöttin Ninmach und weiterer Handlanger aus Tonerde der genannten Provenienz helfende Wesen – Menschen – als Versorger für die Götter zu schaffen. Da, wo von der Ausführung dieser Anweisung die Rede gewesen sein dürfte, bricht indes der Text bedauerlicherweise ab, und wir hören danach nur von einem fatalen Schöpfungswettbewerb zwischen Enki und Ninmach, die im Rausch eines Festes nur defekte Wesen zustande bringen – ein Passus, der (recht respektlos) vielleicht die Existenz abnormer, krankhafter und unnützer Menschen in der sumerischen Gesellschaft erklären sollte. Der Streit scheint – wiederum läßt uns der Text hier im Stich – schließlich zu Enkis Gunsten auszugehen [32]. Die entsprechenden Zeilen der Weisung Enkis an Nammu (30–37) lauten [33]:

> O meine Mutter – das Wesen, das du nanntest, ist da [34]:
> Verbinde mit ihm das Bild (?) der Götter,
> Mische den Kern [35]) des Lehms über dem Urozean.
> Die Götter und fürstlichen Gestalter (?) werden den Lehm eindicken,
> Du aber versieh die Glieder mit Leben.
> Ninmach wird dir dabei helfen,
> Die Gottheiten ... [36]) werden dir beim Formen beistehen ...
> O meine Mutter, bestimme sein (des neuen Wesens) Geschick! [37]

4. Die babylonische Beschwörung „Zahnwurm"

Text, Literatur: F. Thureau-Dangin, RA 36, 1939, S. 3 f.; A. Heidel, BG², S. 72 f.; R. Labat, RPOA I, S. 78 f.; E. A. Speiser, ANET³, S. 100 f.

[32]) So Falkenstein, BiOr 5, 1948, S. 165.
[33]) Nach Kramer, Sumerians, S. 150, vgl. dazu jetzt Benito, a. a. O., S. 36 f.
[34]) Gemeint ist wohl: Das Wesen existiert bereits als Enkis Gedankenbild.
[35]) Wörtlich: „das Herz".
[36]) Es folgen die Namen weiterer göttlicher Helfer.
[37]) Töpferlehm ist wie in 1. Mose 2,7 (J) so auch für die altmesopotamischen Mythendichter in einer naheliegenden Gedankenassoziation der bevorzugte Stoff zur Erschaffung des Menschen. Im Atrachasis-Epos werden aus Lehm (sowie Fleisch und Blut eines aufsässigen Gottes) sieben Menschenpaare gebildet, vgl. Lambert–Millard, Atra-ḫasīs, 1969, S. 61, Z. 249 ff. und S. 63, Z. 8 ff. Auch der „Tiermensch" Enkidu wird von der Göttin Aruru aus „abgekniffenem Lehm" geschaffen, vgl. Schott – von Soden, Das Gilgamesch-Epos (s. u. S. 118 ff.), S. 19, Tf. I, Z. 33 ff. Noch ein seleukidisches Bauritual aus Babylon läßt in seiner mythologischen Einleitung Ea aus Lehm Götter und Menschen formen, vgl. F. Thureau-Dangin, Rituels accadiens, 1921, S. 45 ff.; A. Heidel, BG², S. 65 f., Z. 24–38. Wir begegneten ferner bereits der Vorstellung, daß die Menschen wie Pflanzen der Erde entsprossen seien (s. o. Nr. 2), und finden noch die andere, daß der Mensch in den Tiefen der Erde gebildet werde, vgl. van Dijk, Or. NS 42, 1973, S. 502 ff., der hierbei auf Ps. 139,15 f. hinweist. In vergeistigter Form wird die Schöpfung insgesamt als nur durch das Aussprechen der Namen erfolgend – so, wie es bei P in 1. Mose 1,6 ff. geschieht – dargestellt, oder es werden dabei einfach die Verben „machen", „entstehen lassen" o. ä. verwendet. So heißt es etwa in der sumerischen Sintfluterzählung (vgl. Lambert–Millard, a. a. O., S. 140 f., Z. 47–50): „Als An, Enlil und Ninchursanga die Schwarzköpfigen geschaffen, überall die Tiere zahlreich gemacht, Lebewesen aller Größe, Vierfüßler, als passenden Schmuck der Steppe angesetzt hatten ...". Eine weitere Abstraktion bis hin zur Konzeption einer

Die aus neubabylonischer Zeit stammende Kopie geht, wie aus dem Kolophon deutlich wird, auf eine altbabylonische Vorlage des 19./18. Jh. v. Chr. zurück; dies wird auch durch eine in Mari gefundene hurritische Rezension [38]) gesichert. Die Beschwörung soll – natürlich zusammen mit einer entsprechenden zahnärztlichen Behandlung – Zahnschmerzen heilen, indem sie mit der Hilfe Eas [39]) den seit Uranfang im Gebiß eingenisteten „Zahnwurm" vertreibt. Wiederum interessiert uns nur die mythologische Einleitung von Z. 1–7:

> Als Anu [den Himmel erschaffen],
> Als der Himmel [die Erde] erschaffen,
> Als die Erde die Flüsse erschaffen,
> Als die Flüsse die Kanäle erschaffen,
> Als die Kanäle den Morast erschaffen,
> (Und) als der Morast den Wurm erschaffen hatte,
> Kam der Wurm klagend zu Schamasch [40]) ...

5. Sumerischer Mythus „Enki und die Weltordnung"

Text und Übersetzung: Inez Bernhardt und S. N. Kramer, WZ(J) 9, 1959/60, S. 231 ff. [41]); A. Falkenstein, ZA 56, 1964, S. 44 f.; C. A. Benito (vgl. Lit. zu Nr. 3) S. 77 ff.

Literatur: S. N. Kramer, SM, S. 59 ff.; ders., FTS, S. 89 ff. (= GbS, S. 80 ff.); ders., Sumerians, S. 171 ff.; M. Lambert, RA 55, 1961, S. 186, Nr. 16; D. O. Edzard, WM I, S. 58 f.

Die in altbabylonischen Kopien vorwiegend aus Nippur erhaltene, mit über 450 Zeilen sehr umfangreiche Dichtung ist in ihrer jetzigen Form wohl zur Zeit der 3. Dynastie von Ur um 2000 mit harmonisierender Tendenz aus mehreren ursprünglich selbständigen Einzelteilen entstanden und stellt Enki als Organisator von Natur, Zivilisation und Kult in den Mittelpunkt. Indes kommt Enlil als Herrscher- und Schöpfergott ebenfalls zu seinem Recht: Er war es, der die me, die geheimnisvollen, in seiner Hand befindlichen „Göttlichen Kräfte", Enki übergab, so daß dieser nun frei und aus dem Vollen schaffen und die Welt ordnen konnte. In einem als späterer Zusatz zu wertenden Schlußabschnitt erhält auch Inanna, die spätere Ischtar, auf die der vorhergehende Text keinen Bezug nahm und die sich über ihre Hintansetzung beschwert, durch eine eigens an sie gerichtete Rede Enkis Genugtuung. Im Hauptteil des eingangs und am Schluß beschädigten Textes begegnet uns zunächst eine Hymne auf Enki, den Herrn des allgemeinen Wohlstandes, des Gedeihens und der Weisheit, gefolgt von einem doppelten, seitens der übrigen Götter durch ihre Zustimmung gesteigerten Selbstpreis des großen Götterherrn – eine merkwürdige Eigenheit des hymnischen Schrifttums Sumers: Einig mit seinem Vater An und seinem „älteren Bruder" Enlil lenke er die Geschicke der Welt, schreibe die kosmischen Vorgänge nieder, bewässere das Land

---

Art sich fortzeugender „Selbstschöpfung" läßt sich des weiteren erkennen, wie der folgende Text zeigt.

[38]) Vgl. F. Thureau-Dangin, RA 36, 1939, S. 4 f.
[39]) Anderer Name des Gottes Enki.
[40]) Sonnen- und Richtergott.
[41]) Um dem Leser einen Einblick in die Schwierigkeit des keilschriftlichen Textnachweises zu geben, sei auf Anm. 1 (S. 251) der zitierten Edition hingewiesen.

und bewirke reichen Fischfang und gute Ernten. Danach wird von Riten zu Enkis Ehren gesprochen und erzählt, wie Enki sich zu Schiff auf eine Reise durch die Länder begibt, um deren Schicksale zu bestimmen. Er kommt dabei zuerst nach Sumer, verleiht ihm und vor allem Ur[42]) seinen Segen und besucht dann, allenthalben seine Huld spendend, Meluchcha[43]) und die Insel Tilmun im Persischen Golf[44]). Einem Fluch gegen die feindlichen Länder Elams folgen neue Segenssprüche für das Land Martu[45]), die Lande am Euphrat und Tigris und die Marschen[46]) etwa an den Mündungen der Ströme. Dann hören wir von der Gründung eines Heiligtums „im Meer" – das heißt wohl, in einer Lagune am Nordwestende des Persischen Golfs, es dürfte der Enki-Tempel Eengurra in Eridu gemeint sein. Und nun beginnt Enkis Weltordnung – ein großartiger Aufbau menschlicher Zivilisation, deren einzelne Institutionen – etwa Feldbearbeitung, Getreidebau, Werk der Hacke, Hausbau, Tierzucht, Festlegung der Grenzen, Weberei – eingerichtet, gesegnet und jeweils einem verantwortlichen Gott unterstellt werden. Inannas Klage, Enkis Antwort und vielleicht ein kurzer Hymnus auf Enki bilden den Schluß. Der Text – noch in vielen Einzelheiten schwer durchschaubar – erinnert entfernt an die deuteronomischen Paränesen von 5. Mose 7–11 (speziell an die dortigen Segensverheißungen) und an Ps. 104. Zur Wiedergabe in unserem Rahmen sind bis jetzt nur einige Stücke geeignet.

[189-193]Enki bestimmte ihm (d. i. Sumer) das Geschick:
[190]Sumer, „großer Berg"[47]), Land vom Himmel und Erde,
Erfüllt von furchtbarem Glanz, das von Sonnenaufgang bis Sonnenuntergang dem (ganzen) Lande die „Göttlichen Kräfte" gegeben hat,
Deine „Göttlichen Kräfte" sind die höchsten, unantastbar.
Dein Sinn ist tief, nicht zu ergründen ...

[307-323]Er berief die zwei Winde (und) die Wasser des Himmels[48]),
Gleich zwei einherziehenden Wolken ließ er sie kommen,
Ihren belebenden (?) Hauch bis zum Horizont gehen,
[310]Verwandelte die (unfruchtbaren?) Hügel in Ackerfelder.
Ihn, der im starken Wetter einherfährt, der mit dem Blitz zuschlägt[49]),
Der den geweihten Riegel inmitten des Himmels zuschiebt (?) –
Den Sohn Ans, den Wassermeister Himmels und der Erden,
Ischkur[50]), den Guten, den Sohn des An,
[315]Setzte Enki dafür ein.

---

[42]) Sumers Metropole zur Entstehungszeit der Dichtung, deshalb wohl als einzige Stadt genannt.
[43]) Land der Induskultur, damals in Handelsbeziehungen zu Sumer.
[44]) Identifizierung noch umstritten, am ehesten Bahrein (nach anderen, kaum wahrscheinlich: Failaka) im Persischen Golf.
[45]) Die Heimat der westsemitischen „Amurru-Leute".
[46]) Wohl als Spender des im holzarmen Mesopotamien für Geräte, leichte Bauwerke und zur Feuerung unersetzlichen Rohrs.
[47]) Etwa „erhabenes Land" – Sumer ist bis auf die (künstlichen) Trümmerhügel Flachland.
[48]) Zu dieser Vorstellung vgl. etwa Ps. 148,4b.
[49]) Vgl. Ps. 104,3f., ferner Ps. 68,34; 5. Mose 33,26 u. ö.
[50]) Der sumerische Wettergott.

Pflug, Joch (und) Gespanne richtete er,
Der erhabene Fürst Enki ließ die ...-Rinder (beim Pflügen) in gerader
   Linie schreiten,
Tat auf (?) die heiligen Saatfurchen,
So daß das gute Feld Gerste sprießen lassen konnte[51]).
[320]Den Herrn, der das Diadem (?) trägt, die Zier der hohen Steppe,
Den Starkarmigen, Enlils Landmann,
Enkimdu[52]), den Herrn der Gräben und Kanäle,
[323]Setzte Enki dafür ein ...

[339-346]Er zog die Leine, legte das Fundament gerade an,
[340]Der Ratsversammlung zur Seite erbaute er das Haus, ordnete die
   Reinigungsriten,
Der große Fürst legte die Grundmauern (und) setzte die Ziegel darauf.
Ihn, dessen in die Erde gelegte Grundmauern niemals vergehen[53]),
Dessen auferbautes gutes Haus niemals wanken wird,
Dessen wohlerrichtetes Gewölbe dem Regenbogen gleich zum Himmel
   reicht –
[345]Muschdama[54]), den großen Baumeister Enlils,
Setzte Enki dafür ein ...

[356-365]Er stellte die Hürden auf, vollzog die Reinigungsriten,
Errichtete Schafpferche, ließ Fett und Milch aufs beste geraten,
Verlieh Üppigkeit dem Platz, da die Götter speisen,
Die Steppe, in der das Gras (und) die Kräuter wachsen, ließ er wohl-
   gedeihen,
[360]Den König, den rechten Versorger des Eanna[55]), den Freund des An,
Den geliebten Schwiegersohn des starken Suen[56]), den heiligen Gemahl
   der Inanna,
Der Herrin des Himmels, der Meisterin der hehren „Göttlichen Kräfte",
Ihn, der auf den Straßen von Kullaba[57]) ... vereinigen läßt,
Dumuzi[58]), den „Drachen des Himmels", den Freund des An,
[365]Setzte Enki dafür ein ...

6. Akkadischer Mythus „Als droben" („Weltschöpfungsepos")

Text: W.G.Lambert und S.B.Parker, Enuma eliš, 1966 (vollständiger Keilschrifttext); S.Langdon, The Babylonian Epic of Creation, 1923; R.Labat, Le poème babylonien de la création, 1935; ders., RPOA I, S.36ff.; A.Deimel, Enuma eliš², 1936;

---

[51]) Vgl. Ps. 104,14f.
[52]) Gott des Ackerbaus und der Bewässerung.
[53]) Vgl. Ps. 104,5.
[54]) Gott der Baumeister.
[55]) „Himmelshaus", Tempel der Inanna-Ischtar in Uruk.
[56]) Des Mondgottes.
[57]) Anderer Name bzw. ein Teil von Uruk.
[58]) Sumerischer Name des Tammuz.

A. Heidel, BG²; E. A. Speiser, ANET³, S. 60 ff.; A. K. Grayson, ebd., S. 501 ff.; für die 5. Tafel: B. Landsberger und J. V. K. Wilson, JNES 20, 1961, S. 154 ff.

Literatur: W. von Soden, ZA 40, 1931, S. 163 ff.; 41, 1933, S. 90 ff.; A. L. Oppenheim, Or. NS 16, 1947, S. 207 ff.; D. O. Edzard, WM I, S. 121 ff.; L. Matouš, ArOr 29, 1961, S. 30 ff.; W. G. Lambert, JThS NS 16, 1965, S. 290 ff.; Th. Jacobsen, JAOS 88, 1968, S. 104 ff.

Der aus 7 Tafeln mit zusammen fast 900 Zeilen bestehende, nach altorientalischer Übung, mit den Anfangsworten *Enuma elisch* („Als droben") betitelte Text wurde mindestens ab 700 v. Chr., vielleicht auch schon früher, regelmäßig am vierten Tage des Neujahrsfestes (der großen kultischen Staatszeremonie) im Marduktempel Esangila in Babylon rezitiert und diente der Verherrlichung des „Reichsgottes" Marduk, wobei der Nachdruck weniger auf der Schöpfung bzw. Menschenerschaffung als vielmehr auf Marduks Sieg über Tiamat, seiner Weltordnung und seiner Erhebung zum Herrn der Götter lag. Die Dichtung stand auch bei den Assyrern in hohem Ansehen, nur daß man hier den Namen Marduks durch den des Staatsgottes Assur ersetzte. Sowohl der Jahwist als auch der Vf. der Priesterschrift, ferner der Autor des Hiob und viele Psalmendichter dürften diese klassische Kosmogonie Babylons gekannt haben, die auch bei Berossos[59]) noch nachklingt. Die Entstehungszeit des Epos wird heute meist ins 12./11. Jh. v. Chr. angesetzt. – Weitschweifig und mit langen Wiederholungen berich-

Abb. 5: Götter im Drachenkampf. Akkadisches
Siegelbild (um 2300 v. Chr.)

tet es zunächst von der Erschaffung der Götter durch das uranfängliche Paar Apsu (Urozean) und Tiamat („Gebärerin"?) und von weiteren Göttergenerationen. Das Lärmen der jüngeren Götter raubt dem alten Apsu (wie im Atrachasis-Epos das Lärmen der Menschen dem Enlil) die Ruhe, er beschließt ihre Vernichtung, begegnet aber zunächst dem Widerspruch der Tiamat. Es kommt dennoch zum Kampf, in dem Apsu dank der zauberkräftigen Beschwörung Eas getötet wird. Nun freilich will Tiamat den Gatten rächen, und gegen sie wagt kein Gott anzutreten – bis auf Eas Sohn Marduk, der als Preis seines Sieges die Oberherrschaft über Götter und Kosmos verlangt und auch zugesprochen erhält. In einem furchtbaren Kampf[60]) tötet er Tiamat

---

[59]) P. Schnabel, Berossos, 1923, S. 255. Berossos, ein Mardukpriester in Babylon, der später aber in Kos lehrte, schrieb um 300 v. Chr. 3 Bände „Babyloniaca", die leider nur fragmentarisch in späteren Auszügen vorliegen.

[60]) Der hier ausführlich geschilderte „Drachenkampf" hat auf die entsprechenden, allerdings nur andeutungsweise überlieferten Vorstellungen des AT (Jes. 27, 1; Ps. 74, 14; Hi. 3, 8) offenbar weniger direkt eingewirkt, als dies die kannaanäisch-ugaritischen

und ihre Helfer, zerteilt Tiamats Leib, formt aus ihm Himmel und Erde[61]), gibt dem
Himmel eine Ordnung, setzt Sterne und Mond ein, bestimmt unter anderem auch den
„Sabbat"[62]) und erschafft aus dem Blut des Kingu, Tiamats mächtigstem Helfer, die
Menschen als Diener der Götter. Zum Dank bauen ihm die Götter den Tempel
Esangila und dessen Stufenturm und preisen den Sieger mit 50 Ehrennamen. Enlil,
der frühere Götterfürst, übergibt ihm schließlich die Herrschaft über das All. Der
Text zählt dann Marduks 50 Namen auf und schließt mit der Mahnung, diese wie
die gesamte Dichtung heilig zu halten und weiterzugeben[63]). Zu den Vergleichsmög-
lichkeiten im AT siehe die Fußnoten.

Tf. I [1-10]Introitus

Als droben der Himmel (noch) nicht genannt[64]),
Drunten der Grund (noch) nicht benamt war,
Als der uranfängliche Apsu, ihr Erzeuger,
(Und) Mummu[65])-Tiamat[66]), die sie alle gebiert,
[5](Noch) ihre Wasser zusammenfließen ließen,
Ried nicht entsprossen, Rohrwuchs nicht erschienen,
Von den Göttern keiner erstanden,
Sie (noch) unbenannt und die Geschicke nicht bestimmt waren[67]),
Da wurden in ihrer[68]) Mitte die Götter erschaffen.
[10](Als erste) erschienen Lachmu (und) Lachamu und wurden mit
    Namen benannt ...

Tf. IV [129-140]Tötung der besiegten Tiamat und Erschaffung des Himmels

Der Herr[69]) trat auf die Beine der Tiamat,
[130]Mit seiner schonungslosen Streitkeule zermalmte er ihren Schädel[70]),
(Und) als er die Adern ihres Blutes zerschnitten hatte,

Geschichten des Baal-Zyklus taten; vgl. O. Kaiser, Die mythische Bedeutung des
Meeres, BZAW 78, 1962, S. 74f. – S. N. Kramers Theorie vom Vorhandensein sumerischer Drachenkampf-Sagen (sogenannte Mythen von KUR) hat sich als Fehlinter-
pretation erwiesen, vgl. Th. Jacobsen, JNES 5, 1946, S. 131. 143 ff. Zum gegenwärtigen Stand des Meinungsstreites betreffs Bibel, Babel und Schöpfung vgl. W. G. Lambert, in: JThS, a. a. O.

[61]) Die Gestaltung der Erde dürfte in einem jetzt fehlenden Textstück berichtet
worden sein.

[62]) *schapattu*, der 15. Tag des Mondmonats und zugleich Vollmond; vgl. 1. Mose
2, 2 f.

[63]) Zeilenzählung nach Speiser und Labat, a. a. O.

[64]) Mit der Namengebung vollzieht sich die Erschaffung. Vgl. Jes. 40, 26; Ps. 147, 4.

[65]) Hier wohl nur im Sinne von „Mutter", nicht zu verwechseln mit dem später auf-
tretenden Wesir.

[66]) *tehom* in 1. Mose 1, 2.

[67]) Mit einer Reihe vergleichbarer Negationen umschreibt auch der Jahwist in
1. Mose 2, 5 die „Welt vor der Schöpfung".

[68]) Nämlich Apsus und Tiamats.

[69]) Marduk ist gemeint.

[70]) Vgl. Ps. 74, 14, ferner Hi. 26, 12 f.

Trug es[71]) der Nordwind in unbekannte Gefilde.
Als seine Väter dies sahen, freuten sie sich und jauchzten[72]),
Überbrachten ihm Huldigungsgaben.
[135]Dann ruhte der Herr und betrachtete ihren Leichnam,
Gewillt, das Gebilde[73]) zu zerteilen und Kunstvolles zu schaffen.
Er hälftete es wie einen Trockenfisch,
Setzte die eine Hälfte hin und machte sie zum Firmament[74]),
Zog eine Haut darüber, stellte Wächter auf
[140]Und wies sie an, ihr Wasser nicht herausfließen zu lassen[75]) ...

Tf. V[1-18]Erschaffung von Sternen und Mond[76])

Er schuf die himmlische Residenz[77]) für die großen Götter,
Die Sterne, ihre (astralen) Erscheinungen, die „Bilder", setzte er darauf
ein,
Bestimmte das Jahr, gab (ihm) seine Begrenzung,
Für jeden der zwölf Monate wies er drei Sterne an.
[5]Nachdem er die Marken des Jahres gesetzt hatte,
Bestimmte er den Stand des Polarsterns, um ihre[78]) Bereiche fest-
zulegen
Und auf daß es keinen Abweg und kein Nachlassen gebe.
Mit ihm (dem Pol) legte er die Standorte für Ea und Enlil[79]) fest,
Öffnete Tore an beiden Seiten (des Himmels)
[10](Und) festigte die Türen nach links und rechts.
In ihren (Tiamats) Leib verlegte er die Höhen des Himmels,
Ließ den Mondgott erscheinen und vertraute ihm die Nacht an,
Erwählte ihn zum Emblem der Nacht, daß er die Tage (des Monats)
festlege,
Und grenzte jeden Monat ohne Aufhören durch seine Krone[80]) ab:
[15]„Wenn der Neumond über dem Land erscheint,
Sollst du in Form wachsender Hörner leuchten, um sechs Tage zu
bestimmen,
Am siebenten Tage dann als halbe Krone;
So sollen die fünfzehntägigen Perioden einander gleichen – zwei Hälften
je Monat.

---

[71]) Das Blut.
[72]) Vgl. Hi. 38,7.
[73]) Wörtlich: „Foetus", vgl. Labat, RPOA I, S. 54, Anm. 2.
[74]) Siehe demgegenüber 1. Mose 1,7 (P) (Ps. 19,2).
[75]) Vgl. 1. Mose 7,11; 8,2 a (P), vor allem aber Hi. 7,12 (!) und 38,8.
[76]) Text im Anschluß an B. Landsberger, a.a.O., S. 156 f. Vgl. 1. Mose 1, 14 ff. (P).
[77]) Wörtlich „Standplatz". – In Ps. 8,4 und 148,6 ist entsprechend vom „Hinstellen" die Rede.
[78]) Der Sterne.
[79]) Variante: Anu (der alte Himmelsgott).
[80]) Die Mondscheibe in ihren verschiedenen Phasen wird als Krone des Mondgottes
Sin angesehen.

Tf. V [49-51]Die Bestimmung der Wettererscheinungen [81])

Er knüpfte die Wolken aneinander und ließ sie von Wasser über-
    fließen.
[50]Winde zu entfachen, regnen zu lassen, Kälte zu bringen,
Nebel aufzuziehen (und) seinen Dunst in Schichten zu lagern,
Behielt er sich selbst vor und nahm es in seine Hand.

Tf. VI [31-40]Die Erschaffung der Menschen als Diener der Götter

Sie banden ihn (Kingu), brachten ihn vor Ea,
Legten ihm die Strafe auf (und) schnitten ihm die Adern [82]) durch.
Aus seinem Blute formte er [83]) die Menschheit.
Ihr legte er den Dienst für die Götter auf und befreite diese (auf solche
    Weise) [84]).
[35]Nachdem der weise Ea (so) die Menschen erschaffen
Und ihnen den Dienst für die Götter auferlegt hatte
– Das Werk ging über alles Begreifen.
Nach Marduks kunstvollem Plan vollbrachte es Nudimmud [85]) –
Teilte Marduk, der König der Götter [86]),
[40]Die Gesamtheit der Anunnaki [86a]) in solche der Höhe und solche der
    Tiefe ...

Tf. VII [151-155]Schlußapotheose

Dauerhaft ist sein [87]) Geheiß, unverwandelbar sein Wort,
Was sein Mund sprach, soll kein Gott ändern.
Schaut er (im Zorn), wendet er den Nacken nicht [88]),
Ist er gereizt, kann kein Gott seinem Zorn entgegentreten!
Unergründlich ist sein Herz, weit sein Sinn [89]).

Urgeschichte

7. Sumerischer Mythus „Enki und Ninchursanga": Paradies?

Text: S.N.Kramer, Enki und Ninḫursag, BASOR Supplementary Studies 1, 1945;
ders., ANET³, S.37ff.; M.Witzel, Or. NS 15, 1946, S.239ff.

---

[81]) Siehe Anm.76. Vgl. Hi. 38,22–30.
[82]) Wörtlich: „das Blut".
[83]) Marduks Vater als traditioneller Schöpfergott; die „Marduk-Rezension" ist
in diesem Falle nicht perfekt, was jedoch durch Z.138 harmonisiert wird.
[84]) Bemerkenswert anders 1.Mose 2,15 (J).
[85]) Beiname Eas.
[86]) Vgl. Ps. 95,3, der Sache nach 2.Mose 15,11; Ps. 96,4; 97,9 u.ö.
[86a]) Bedeutet hier nur „die großen Götter".
[87]) Marduks.
[88]) Ist er nicht umzustimmen.
[89]) Die nun folgenden letzten Verse sind in ihrer Deutung noch umstritten, vgl. aber
Grayson, ANET³, S.503.

Literatur: S.N.Kramer, SM, S.54ff.; ders., Sumerians, S.147ff.; A.Falkenstein, BiOr 5, 1948, S.164; M.Lambert – R.Tournay, RA 43, 1949, S.105ff.; Th.Jacobsen, Frühlicht des Geistes, UB 9, 1954, S.173ff.; M.Lambert, RA 55, 1961, S.185, Nr.14; D.O.Edzard, WM I, S.57f.

Der schwierige Text von etwa 280 Zeilen schildert Enkis (die lässigen Gepflogenheiten eines Zeus noch in den Schatten stellenden) Liebeshandel mit der Muttergöttin Ninchursanga[90]), mit ihrer beider Tochter, Enkelin und Urenkelin und preist ihn als Spender süßen Wassers. Die Dichtung, die vielleicht – so Jacobsen a.a.O. – Naturphänomene mythisch deuten will, ist für uns nur darin von Belang, daß von ihrem Schauplatz Tilmun möglicherweise paradiesische Zustände berichtet werden[91]), die sich im AT ähnlich abzeichnen (siehe Anm.94.96). Es herrscht dort im Lande Tilmun bei den Menschen und Tieren Friede; Schmerz und Leid sind unbekannt oder werden zum mindesten nicht als solche empfunden. Zu diesem Lobpreis Tilmuns als eines „Landes der Seligen" sei hinzugefügt, daß nach der sumerischen Sintflutsage[92]) der überlebende Held Ziusudra mit Unsterblichkeit bedacht und dorthin versetzt wurde. Nach einem einleitenden Preiswort auf das „reine" Tilmun lauten die Zeilen 12–25:

> Dieser Platz ist rein, (ist strahlend).
> In Tilmun krächzt der Rabe nicht,
> Der ... Vogel stößt den ... Schrei nicht aus[93]),
> [15]Der Löwe tötet nicht,
> Der Wolf raubt nicht das Lamm[94]),
> Den Hund[95]), der das Zicklein reißt, kennt man nicht,
> Das Schwein, das die Gerste wegfrißt, kennt man nicht,
> (Und) unbekannt ist der Vogel, der das
> [20]Auf dem Dach ausgebreitete Malz der Witwe frißt (?).
> Die Taube läßt den Kopf nicht hängen (?),
> Wes' Auge schmerzt, sagt nicht: ‚Mein Auge ist krank',
> Wes' Kopf schmerzt, sagt nicht: ‚Mein Haupt ist krank'[96]),
> Seine[97]) Greisinnen sagen nicht: ‚Ich bin eine alte Frau',
> [25]Seine Greise sagen nicht: ‚Ich bin ein alter Mann'[98]).

[90]) Diese Göttin wird mit der in Tilmun (vgl. Anm.44) verehrten Ninsikil gleichgesetzt.

[91]) Es handelt sich durchaus um einen Nebenzug des Geschehens, der nicht genügt, um hier von einem „Paradies-Mythus" (so Kramer) zu sprechen – und dies um so weniger, als die Deutung der betreffenden Zeilen keineswegs einheitlich ist, ja, das Vorhandensein einer sumerischen Paradiesvorstellung von manchen Gelehrten überhaupt bestritten wird; vgl. van Dijk, Or. NS 39, 1970, S.302 und B.Alster, RA 67, 1973, S.101ff., besonders S.104, Anm.4.

[92]) M.Civil, in: W.G.Lambert–A.R.Millard, Atra-ḫasīs, 1969, S.138ff., besonders S.145, Z.256–260; s.u. S.113ff.

[93]) Geht es um einen Vogel, dessen Ruf den Tod bedeutete?

[94]) Vgl. die Erwartung Jes. 11,6–9, die sich auf eine endzeitliche Wiederherstellung des urzeitlichen Paradiesfriedens richtet (1.Mose 1,30). Vgl. überdies Jes. 29, 17–21; 32,15–20; 35,9; 65,25; Ez. 34,25.28; Hos. 2,20.

[95]) Offenbar ist an die halbwilden Paria-Hunde des Orients gedacht.

[96]) Vgl. Jes. 35,10; 51,11, fernerhin Jes. 25,8 und Ps. 126,5f. [97]) Tilmuns.

[98]) Nach drei unverständlichen Versen heißt es dann noch weiter, .daß der Sänger in Tilmun keine Klagelieder anstimme.

8. *Sumerisches Epos „Enmerkar und der Herr von Aratta": Paradies?*

Text: S.N.Kramer, Enmerkar and the Lord of Aratta, 1952; ders., FTS, S.14ff. (= GbS, S.26).

Literatur: M.Lambert, RA 50, 1956, S.37ff.; ders., RA 55, 1961, S.182, Nr.1; ders., Syr. 32, 1955, S.212ff.; Th.Jacobsen, ZA 52, 1957, S.91ff.; besonders S.112f., Anm.43–45; R.R.Jestin, RHR 151, 1957, S.145ff.; S.N.Kramer, Sumerians, S.269ff.; Cl.Wilcke, Das Lugalbanda-Epos, 1969, passim; B.Alster (vgl. Anm.91).

Der über 230 Zeilen lange, gut erhaltene Text gehört zu dem Zyklus der Uruk-Epen, deren Helden Enmerkar, Lugalbanda und Gilgamesch sind, und schildert eine Auseinandersetzung zwischen Enmerkar und dem (nicht mit Namen genannten) Fürsten von Aratta, einem an Gold, Silber und Edelsteinen reichen Land in Iran „hinter den sieben Bergen" – vielleicht mit Aspadana-Isfahan zu identifizieren. Ein Bote Enmerkars soll die Beschwörung Nudimmuds (des Gottes Enki) in Aratta wörtlich zitieren, um auf solche Weise dessen König zu Unterwerfung und Tribut zu veranlassen. In dieser Botschaft begegnet uns sowohl (für den Fall, daß der Fürst von Aratta sich unterwirft) die Schilderung einer goldenen Zukunft als auch ein Beleg für die sumerische Variante der „Sprachverwirrung" (vgl. hierzu den folgenden Text Nr.9 sowie im AT 1.Mose 11,1–9). Wir lesen in den Zeilen 136–140:

> An diesem Tage gibt es keine Schlange, keinen Skorpion,
> Keine Hyäne, keinen Löwen[99]),
> Keinen (bösen) Hund[100]), keinen Wolf,
> Keine Angst, keinen Schrecken,
> (Und) die Menschen haben dann keinen Feind (mehr)[101].

9. *„Sprachverwirrung" sumerisch*

Text: S.N.Kramer, JAOS 88, 1968, S.108ff.; ders., Or. NS 39, 1970, S.108f. (vgl. auch die Textangabe unter Nr.8); J.J. van Dijk, Or. NS 39, 1970, S.302ff.; B.Alster (vgl. Anm.91).

Der an den eben zitierten Passus unmittelbar anschließende Abschnitt war zwar bisher noch zehn Zeilen weiter lesbar, doch fehlte diesen im Ablauf der Erzählung die Sinngebung. Ein neuerdings identifiziertes, ergänzendes Fragment, dessen nicht voll zutreffende Deutung von seiten S.N.Kramers nunmehr durch B.Alster korrigiert worden ist, bietet jetzt einen – an die vorhergehende Schilderung eines möglicherweise nahen goldenen Zeitalters anschließenden – sinnvollen Text: Der große Gott Enki wird bei Anbruch der verkündigten Friedenszeit die „Sprachverwirrung" der Völker beenden, so daß alle Völker dann einhellig die Götter in der Sprache Sumers preisen. Mit anderer Motivierung und in umgekehrter Folge begegnet damit, an die tausend Jahre vor der Erzählung des Jahwisten in 1.Mose 11,1–9, die Vorstellung der mit einer Zunge redenden Menschheit, hier als „Sprachentwirrung", auf die vielleicht auch Jes. 19,18 hinauswill. Wir lesen mit Kramer-Alster die Zeilen 141ff.:

> An diesem Tage werden die Länder Schubur[102]) und Chamasi,
> Deren Sprache der Sumers entgegengesetzt ist – Sumers, des Landes mit
> edler Kultur –,

---

[99]) Vgl. Jes. 35,9; Ez. 34,25.
[100]) Siehe oben Anm.95.
[101]) Vgl. etwa Jes. 29,20f.   [102]) Subartu, = Assyrien.

Uri [103]), das vornehme Land,
Und die Länder der Nomaden [104]), die in der weiten Steppe schlafen,
Die ganze Welt, soweit bevölkert,
Zu Enlil in einer Sprache reden.
Enki ... der Herr ... der Fürst ... der König [105]) ...,
Enki, der Herr des Überflusses, dessen Worte zuverlässig sind,
Der Herr der Weisheit, der das Land kennt,
Der Fürst der Götter,
Begabt mit Weisheit, der Herr von Eridu,
Wird alle vorhandenen Sprachen in ihrem Munde verwandeln,
Die Sprache der Menschheit wird dann e i n e sein.

10. Die sumerischen Könige vor der Flut

Text: Th. Jacobsen, The Sumerian King List, AS 11, 1939, besonders S. 70 ff.;
A. L. Oppenheim, ANET³, S. 265 f.; Textnachweis bei R. Borger, HKL I, S. 201.
Literatur: F. R. Kraus, ZA 50, 1952, S. 29 ff.; M. B. Rowton, JNES 19, 1960,
S. 156 ff.; J. J. van Dijk, UVB 18, 1962, S. 43 ff.; S. N. Kramer, Sumerians, S. 328 ff.;
J. J. Finkelstein, JCS 17, 1963, S. 39 ff.; W. W. Hallo, ebd., S. 52 ff.; W. G. Lambert,
JThS NS 16, 1965, S. 292 f.; ders. u. A. R. Millard, Atra-ḫasīs, 1969, S. 25; W. W. Hallo,
JCS 23, 1970, S. 57 ff.; W. G. Lambert, in: Symbola Böhl, 1973, S. 271 ff.
Vielleicht unter dem Eindruck der Befreiung von den gutäischen Fremdherrschern
und der Einigung des Reiches, die von Utuchegal von Uruk um 2060 begonnen (und
durch Urnammu von Ur beendet) wurde – nach anderen unter dem Usurpator Ur-
ninurta von Isin (um 1850 v. Chr.) – schufen gelehrte Historiker auf der Grundlage
älterer Dynastienkataloge der einzelnen Metropolen die berühmte „Sumerische Königsliste" mit den Namen von 140 Herrschern, die angeblich alle über das ganze Land
der zwei Ströme geherrscht hätten und einander chronologisch gefolgt seien. Diese
Liste ist in mehreren Redaktionen überliefert und hat unter Sinmagir von Isin (um
1760) ihre abschließende Form erhalten. In der Herrscherfolge erscheint die Sintflut
verständlicherweise als markante Trennungslinie; zwar haben auch die ersten Fürsten
nach ihr noch übermenschliche Regierungszeiten, diese werden aber von den Jahres-
zahlen der vorsintflutlichen Könige bei weitem übertroffen. Acht [106]) Herrscher aus
fünf Städten regierten insgesamt 241 200 Jahre [107]). Mit gutem Grund hat man diese
sumerischen „Könige vor der Flut" den zehn biblischen Patriarchen von Adam bis

---

[103]) Akkad.
[104]) Der von den Semiten bewohnte Westen.
[105]) In einem Doppelvers jeweils mit dem Titel *ada* versehen.
[106]) In Nebenrezensionen auch zehn, einmal – in einem assyrischen Fragment aus
Assurbanipals Bibliothek – neun Könige, vgl. W. G. Lambert, JThS NS 16, 1965,
S. 292. – Zur Zehnzahl der älteren Könige in der sumerischen Tradition vgl. Finkelstein, a.a.O., besonders S. 45; sie erscheint zuletzt bei Berossos (Schnabel, S. 261 f.). –
Zehn Urkönige oder Heroen begegnen auch in der ägyptischen, indischen und chine-
sischen Überlieferung.
[107]) Alle Zahlen sind durch die Hochsumme des sumerischen Duodezimalssystems,
1 Sar = 3600 (60 × 60) bzw. durch ihr Sechstel, 600, teilbar. Berossos bietet nur
volle Sar-Zahlen.

Noah (1.Mose 5,1 ff.; vgl. 4,17 ff.) zur Seite gestellt. Wir zitieren hier die Hauptrezension der Liste, die acht Herrscher nennt (Kol. I, 1–39):

[1-10]Als das Königtum vom Himmel herabkam, war das Königtum in Eridu. In Eridu wurde Alulim König und regierte 28 800 Jahre. Alalgar regierte 36 000 Jahre. 2 Könige regierten (somit) 64 800 Jahre. Ich lasse (damit) Eridu beiseite; sein Königtum wurde nach Badtibira gebracht.

[11-19]In Badtibira regierte Enmenluanna 43 200 Jahre. Enmengalanna regierte 28 800 Jahre. Der göttliche Dumuzi, ein Schafhirt, regierte 36 000 Jahre. 3 Könige regierten (somit) 108 000 Jahre. Ich lasse (damit) Badtibira beiseite; sein Königtum wurde nach Larak gebracht.

[20-25]In Larak regierte Ensipazianna 28 800 Jahre. 1 König regierte (somit) 28 800 Jahre. Ich lasse (damit) Larak beiseite; sein Königtum wurde nach Sippar gebracht.

[26-35]In Sippar wurde Enmeduranna[108]) König und regierte 21 000 Jahre. 1 König regierte (somit) 21 000 Jahre. Ich lasse (damit) Sippar beiseite; sein Königtum wurde nach Schuruppak[109]) gebracht.
In Schuruppak wurde Urbatutu[110]) König und regierte 18 600 Jahre. 1 König regierte (somit) 18 600 Jahre.

[36-40]Das sind 5 Städte; 8 Könige regierten 241 200 Jahre. (Dann) strömte die Flut über (die Erde) . . .

11. Sumerische Flutmythe

Text: M. Civil, in: W. G. Lambert - A. R. Millard, Atra-ḫasīs, 1969, S. 138 ff.
Literatur: S. N. Kramer, FTS, S. 176 ff. (= GbS, S. 115 ff.); ders., Sumerians, S. 163 f. und (mit Übersetzung) ANET³, S. 42 ff.; Schott-von Soden, Das Gilgamesch-Epos, (Reclam) Ausgabe 1970, S. 114 f.; vgl. ferner die Literaturangaben zum Atrachasis-Epos (s. u. Nr. 12).

Zur Zeit kennen wir drei keilschriftliche Flut-Mythen[111]), nämlich die sumerische, die im akkadischen Atrachasis-Epos enthaltene und, am besten überliefert, die 11. Tafel des akkadischen Gilgamesch-Epos. Sie sind offensichtlich und in dieser Reihenfolge voneinander abhängig; wie weit, unterliegt noch der Forschung. Zum mindesten die beiden letzteren Dichtungen wurden in einer ihrer verschiedenen Redaktionen während des 2. und wohl auch noch des frühen 1. Jt. v. Chr. von den Gebildeten im

---

[108]) Enmeduranna (oder Enmeduranki), Sumers siebenter vorsintflutlicher König, ist das Gegenbild des biblischen Henoch. Auch das Mythologem von Henochs „Entrückung" (1. Mose 5,24) stammt aus dem Zweistromland: Zwar nicht von Enmeduranna, wohl aber von dem ihm zugeordneten Weisen namens Utuabzu wird berichtet, daß er zum Himmel emporgestiegen sei, vgl. R. Borger, JNES 33, 1974, S. 183 ff.

[109]) Die Sintflutstadt der 11. Tafel des Gilgamesch-Epos, dort Schurippak genannt.

[110]) Der Vater Utnapischtims, des babylonischen Sintfluthelden.

[111]) Eine vierte, anders geartete Flutsage, deren Hauptfigur Inanna zu sein scheint, kündigt sich soeben erst an, vgl. C. Wilcke, Das Lugalbandaepos, 1969, S. 72, Z. 564 bis 577.

ganzen Vorderen Orient gelesen; auch der Jahwist kannte die Geschichte, und es ist heute unbestritten, daß die mesopotamische Fassung der at.lichen Erzählung von 1. Mose 6–8 als Vorbild gedient hat. Ebenso aber wie bei der Schöpfungsgeschichte wird, und zwar zugunsten des biblischen Berichtes, der Unterschied in der religiösen und ethischen Höhenlage deutlich. Die – wohl erst in nachsumerischer Zeit (19./18. Jh.) kopierte, aber wahrscheinlich älteres Material enthaltende und frühere Vorlagen benutzende – sumerische Flutmythe ist infolge zahlloser Textlücken bisher nur zu einem Drittel wiederherstellbar, und der Gang der Handlung bleibt daher noch unsicher. Ihr Hauptteil spielt in der Zeit v o r der Flut; wir hören von der Erschaffung der Menschen und Tiere[112]), von der Gründung der Zivilisation durch die Götter und dem Entstehen des Königtums, wobei die vorsintflutlichen Residenzen wie in der Sumerischen Königsliste[113]) genannt werden. Nach Analogie des Atrachasis-Epos dürfen wir vielleicht annehmen, daß das zunehmende Lärmen der Menschen die Götter störte – jedenfalls beschließt ihre Mehrheit die Wiederausrottung des Menschengeschlechts durch eine große Flut. Ziusudra, der sumerische Noah (und der Xisuthros des Berossos), wird durch einen menschenfreundlichen Gott, in dem wir gewiß Enki vermuten dürfen, von der drohenden Gefahr unterrichtet; es geschieht durch die bei Atrachasis und Utnapischtim wiederkehrende List[114]) der zur Hauswand gesprochenen Warnung. Ziusudra baut daraufhin (im Text nicht erhalten) die Arche. Am Ende der Textlücke ist die Sintflut bereits hereingebrochen, und wir lesen Z. 201 bis 211[115]):

> Alle vernichtenden Winde (und) Stürme kamen,
> Der Flutsturm überschwemmte die großen Städte.
> Als der Flutsturm das Land 7 Tage und 7 Nächte überschwemmt
> Und der zerstörende Orkan das Großschiff in den hohen Fluten umhergeschleudert hatte,
> Brach die Sonne durch und beleuchtete Erde und Himmel.
> Ziusudra öffnete eine Luke im Großschiff,
> Und die Sonne drang mit ihren Strahlen in das Großschiff ein.
> Da warf König Ziusudra
> Sich vor Utu[115a]) nieder,
> (Und) der König brachte eine große Zahl von Ochsen und Schafen als Schlachtopfer dar.

12. Akkadisches Atrachasis-Epos: Flut

Text: W. G. Lambert–A. R. Millard, Atra-ḫasīs, 1969, dort auch die ältere Literatur; E. A. Speiser, ANET³, S. 104 ff.; A. K. Grayson, ebd., S. 512 ff.

Literatur: J. Laessøe, BiOr 13, 1956, S. 90 ff.; W. G. Lambert, JSSt 5, 1960, S. 113 ff.; L. Matouš, ArOr 35, 1967, S. 1 ff.; ebd., 37, 1969, S. 1 ff. 148; ebd., 38, 1970, S. 74 ff.; G. Pettinato, Or. NS 37, 1968, S. 165 ff.; W. von Soden, ebd., 38, 1969, S. 415 ff.; ebd., 39, 1970, S. 311 ff.; ebd., 40, 1971, S. 99 ff.; W. G. Lambert, ebd., 38, S. 533 ff.; ebd., 40, S. 95 ff.; R. Labat, RPOA I, S. 26 ff.; J. Siegelová, ArOr 38, 1970, S. 135 ff.; W. L. Moran, BASOR 200, 1970, S. 48 ff.; ders., Bib. 52, 1971, S. 51 ff.

---

[112]) Siehe oben S. 103 f. Anm. 37.   [113]) Siehe oben S. 113 f. Nr. 10.

[114]) Götterbeschlüsse durften den Menschen nicht bekanntgemacht werden.

[115]) Vgl. Civil, a.a.O., S. 142 ff.

[115a]) Dem sumerischen Sonnengott.

Die zu ihrer Zeit weltbekannte Dichtung – in kurzen, meist zu Doppelversen verbundenen Zeilen abgefaßt, indes poetisch kein Meisterwerk – blieb in zwei nahe verwandten, freilich jeweils fragmentarischen Versionen erhalten, nämlich einer altbabylonischen Fassung, die zur Zeit des Königs Ammisaduqa (1582–1562) von dem „Jungschreiber" Kuaja in Sippar geschaffen oder wenigstens kopiert wurde und drei Tafeln umfaßt, und einem neuassyrischen Zweitafel-Werk aus Assurbanipals ninivitischer Bibliothek; hinzu treten noch mehrere Bruchstücke verschiedener Datierung. Erst nach Identifizierung neuer Fragmente im Britischen Museum und völliger Umordnung der rund fünfundzwanzig Bruchstücke durch W. G. Lambert erschließt sich nun das Werk dem Verständnis und erscheint als Babylons klassische, indes dem sumerischen Fluttext offenbar nahe verwandte Dichtung über Urgeschichte und Sintflut [116]). Wir hören zunächst von der Mühsal, der die Götter in der noch menschenlosen Welt zur Erwerbung ihres täglichen Brots ausgesetzt waren, von der Anstellung der „jüngeren Götter" zur Arbeit, ihrem Aufstand gegen den Götterherrn Enlil und dem schließlichen Ausweg, als Diener der Überirdischen Menschen zu schaffen [117]). Indes beginnt das Lärmen der sich vermehrenden Menschheit [118]) den Göttern, zumal ihrem Oberherrn Enlil, unerträglich zu werden, so daß letzterer sie in Abständen von jeweils 1200 Jahren durch eine Pest und eine Dürre zu dezimieren sucht. In beiden Fällen hilft der gütige Ea dem um Hilfe flehenden, frommen Menschenkönig Atrachasis (der Name bedeutet „Allweiser"). Schließlich aber läßt Enlil eine große Flut über die Erde kommen – und ihr wird, wiederum dank Eas Warnung, nur Atrachasis samt seiner Familie und dem, was er in die Arche mitnahm, entgehen. Die Sintflutgeschichte, die in wohl nur leicht veränderter Form [119]) von hier später ins Gilgamesch-Epos übernommen werden sollte, beginnt auf der 3. Tafel der Kuaja-Rezension mit Enkis (verbotener und daher an die Wand von Atrachasis' Rohrhütte gerichteter) Flutwarnung und dem Rat zum Bau des rettenden Schiffes; die Handlung verläuft sodann, im Er-Stil erzählt, entsprechend der bekannten Fabel in der 11. Tafel des Gilgamesch-Epos [120]). Da der Text vielfach zerstört und lückenhaft ist, werden von ihm hier nur einige Proben aus der dritten Tafel der altbabylonischen Redaktion geboten [121]).

Kol. I [11-48]Enkis Warnung

Atrachasis tat seinen Mund auf
Und sprach zu seinem Herrn:
„Erkläre mir den Sinn [des Traumes].

---

[116]) Nach Moran, a.a.O., ein „kosmogonischer Mythus" (S. 58 f.).

[117]) Siehe oben S. 103 f., Anm. 37.

[118]) In den dicht bewohnten und eng zusammengebauten Städten des Alten Orients gab es offensichtlich bereits das Problem des gesundheitsgefährdenden Lärms. – Siehe andererseits auch die Erwägung W. v. Sodens (Der Mensch bescheidet sich nicht …, FS F. M. Th. de Liagre Böhl, 1973, S. 353 f.), es könnte an über den ursprünglichen Auftrag hinausgehende lärmende Aktivitäten der Menschen gedacht sein.

[119]) So erzählt im Gilgamesch-Epos der dort Utnapischtim genannte Sintflutheld seine Geschichte im Ich-Stil – wie übrigens auch auf dem neuerdings in Ugarit entdeckten Fragment aus dem 13. Jh. v. Chr. (J. Nougayrol, Ugaritica 5, 1966, S. 300 ff.); W. G. Lambert–A. R. Millard, Atra-ḫasīs, 1969, S. 131 ff.; R. Borger, RA 64, 1970, S. 189.

[120]) Siehe unten S. 118 ff., Nr. 13.

[121]) Lambert–Millard, a.a.O., S. 88 ff., vgl. dazu auch den Inhalt der assyrischen Fragmente, S. 122–129. – Bezug im AT noch immer 1. Mose 6–8.

Ich möchte wissen [...], seinen Ausgang [122]) (?) erkennen!"
[15][Enki] tat seinen Mund auf
Und antwortete seinem Diener:
„Du sagst: ‚Im Bettgemach [122a]) will ich Auskunft suchen!'
Achte auf die Botschaft, die ich dir kundtun will:
[20]Wand, höre mich,
Rohrwand [123]), achte auf alle meine Worte!
Reiß das Haus ab, bau ein Boot;
Mißachte die Habe – rette das Leben!
Das Boot, das du baust,
Soll ... gleich sein ...

2 Verse zerstört

Laß es überdacht sein wie der Apsu [124])!
[30]Daß die Sonne nicht hineinscheine,
Laß es oben und unten überdacht sein [125]),
Das Zubehör soll sehr fest sein,
Mach das Pech zäh und (das Schiff) damit stark.
Ich will demnächst herabsenden
[35]Eine Menge Vögel (und) Fische im Überfluß (?)!"
Er öffnete die Wasseruhr [126]) und füllte sie,
Das Kommen der Flut verkündigte er ihm für die siebente Nacht.
Atrachasis nahm die Weisung an,
Die Ältesten ließ er zu seinem Tor kommen.
[40]Alsdann öffnete Atrachasis seinen Mund
Und sagte zu den Ältesten:
„Mit euerm Gott ist mein Gott nicht (mehr) einig,
Enki und [Enlil] haben sich miteinander verfeindet.
Sie haben mich aus [meinem Hause] gewiesen.
[45]Da (?) ich [Enki] verehre,
Sagte er mir das.
So kann ich [nicht] mehr in ... leben,
Auf dem Boden Enlils kann ich nicht [bleiben]!" [127])

---

[122]) Wörtlich: „seinen Schwanz".
[122a]) So nach W. von Soden.
[123]) Rohrhütten, z.T. von beachtlicher Höhe und Länge, werden in altorientalischer Weise noch heute von den Ma'dan in den Tigrissümpfen nw. von Basra gebaut, vgl. S. Westphal-Hellbusch u. H. Westphal, Die Ma'dan, 1962.
[124]) Der unterirdische Urozean, über dem sich die Erde wölbt.
[125]) Der Dichter denkt wohl an zwei Decks; in der 11. Tafel des Gilgamesch-Epos sind es sogar sechs bzw. sieben.
[126]) Altorientalisches Zeitmeßgerät.
[127]) Notlüge zum Zweck unbehinderten Davonkommens.

Kol. II [42-53] Ausbruch der Sintflut

(Während) er (Atrachasis) seine Familie an Bord schickte,
Aßen sie [128]) und tranken,
Er aber ging ein und aus, konnte weder sitzen noch hocken,
[45]Denn sein Herz war zerschlagen, und er erbrach Galle [129]).
Das Aussehen des Wetters verwandelte sich,
Adad [130]) brüllte (?) in den Wolken.
Sobald (?) er Adads Stimme vernahm,
Brachte man ihm Lehm zum Verschließen seiner Tür.
[50]Als er seine Tür verschlossen hatte,
Brüllte (?) Adad (wiederum) in den Wolken.
Als der Sturm zu wüten begann,
Riß er die Trosse heraus und ließ das Boot treiben ...

Kol. IV [24 f.] Dauer der Flut

Für sieben Tage und sieben Nächte
Kam die Flut, der Sturm ... [131])

13. Elfte Tafel des akkadischen Gilgamesch-Epos: Flut

Text: R. C. Thompson, The Epic of Gilgamish, 1930; vgl. weiter P. Garelli (Hg.),
Gilgameš et sa légende, 1960; A. Heidel, The Gilgamesh Epic and Old Testament
Parallels, 1949², besonders S. 80 ff.; E. A. Speiser, ANET³, S. 72 ff., besonders S. 93 ff.;
R. Labat, RPOA I S. 145 ff., besonders S. 212 ff.; neueste deutsche Übertragungen:
W. von Soden, in: Schott – von Soden, Das Gilgamesch-Epos, (Reclam) Ausgabe 1970;
H. Schmökel, Das Gilgamesch-Epos, 1971² (metrische Übersetzung).

Literatur (nur die neuere kann genannt werden): A. L. Oppenheim, Or. NS 17, 1948,
S. 51 ff.; L. Matouš, Das Altertum 4, 1958, S. 195 ff.; W. von Soden, ZA 53, 1959,
S. 209 ff., besonders S. 232 f.; E. Sollberger, The Babylonian Legend of the Flood, 1962;
D. O. Edzard, WM I, S. 72 ff.; Artikel „Gilgameš", in: RI A III, Lfg. 5, 1968, S. 357 ff.

Während die Flutsage mit dem Ablauf des Geschehens im Atrachasis-Epos orga-
nisch verbunden ist und seinen Höhepunkt bildet, zeigt sie sich im akkadischen Zwölf-
tafelepos von Gilgamesch deutlich als Zusatz, dessen Fehlen keine merkliche Lücke
hinterlassen würde. Der Schöpfer dieses größten und berühmtesten Werkes der Keilschriftliteratur, der im 12. Jh. v. Chr. lebende Sin-leqe-unninni, hat die bereits klassische Erzählung, die, wie wir sahen, im bisher bekannten Atrachasis-Text nur fragmentarisch vorhanden ist, an passender Stelle eingefügt und dabei vermutlich z. T.
neu gestaltet [132]). Als Gilgamesch, erschüttert durch den Tod seines Freundes Enkidu,

---

[128]) Die Bauleute und Ältesten, auf einem makabren Abschiedsfest.

[129]) Vor Angst. [130]) Der Wettergott.

[131]) Die weitere Beschreibung und das Ende der Flut sind im Text nicht erhalten;
wir hören nur noch von der Klage der Götter, dem Opfer Atrachasis' nach dem Ab-
laufen des Wassers, dem Erscheinen und dem Streit der Götter und vielleicht von einer
neuen Ordnung für die Menschheit.

[132]) Neben dieser, leider nicht vollständig überkommenen akkadischen Dichtung,
die aus der ninivitischen Bibliothek Assurbanipals erhalten blieb, gibt es eine – noch
fragmentarischere – altbabylonische Fassung; beide gehen auf sumerische Teilepen
zurück.

nach dem ewigen Leben sucht und dabei am Ende der Welt zu seinem Ahnen Utna-pischtim gelangt, erzählt ihm dieser – im Ich-Stil und im Versmaß des Epos (2:2 Hebungen) – die Geschichte von seiner und seines Weibes Errettung aus der großen Flut und von der danach gewonnenen Unsterblichkeit (Tf. 11, Z. 8–157). Das Kernstück des Textes ist deutlich die „Vorlage" für die at.liche Sintflutgeschichte von 1.Mose 6, 5–8, 22. Einen Grund für die vorgesehene Ausrottung der Menschen – im Atrachasis-Epos ist es ihr götterschlafstörender Lärm, bei J und P ihre Sündhaftigkeit – nennt der Dichter hier nicht.

8-43Da sprach Utnapischtim zu Gilgamesch:
Verborgenes, Gilgamesch, will ich dir sagen,
10Ein Geheimnis der Götter dir kundtun:
Schurippak, eine Stadt, die du kennst,
Die am Ufer des Euphrat gelegen ist –
Diese Stadt war (schon) alt, die Götter wohnten darin.
Eine Sintflut zu machen, beschlossen die großen Götter.
15Es berieten sich ihr Vater Anu,
Der Held Enlil, ihr Berater,
17/18Ihr Wesir Ninurta (und) Ennugi, ihr „Wächter der Kanäle".
Unter ihnen saß Ninschiku-Ea 133);
20Ihre Worte sagte er zu einem Rohrhaus (weiter):
„Rohrhaus, Rohrhaus! Wand, Wand!
Rohrhaus, höre! Wand, vernimm!
Mann 134) von Schurippak, Sohn des Ubartutu,
Reiße das Haus ab (und) erbaue ein Schiff,
25Laß fahren den Besitz, kümmere dich um das Dasein,
Gib das Gut hin, sichere das Leben,
Nimm ins Schiff allerlei Lebewesen!
Das Schiff (betreffend), das du bauen sollst –
Seine Maße seien wohlberechnet,
30Breite und Länge sollen gleichbemessen sein,
(Und) du sollst es mit einem Dach wie beim Apsu 135) versehen!"
Ich verstand es und sprach zu Ea, meinem Herrn:
„Die Weisung, Herr, die du mir so gegeben hast,
Werde ich genau beachten und nach ihr handeln!
35Was (aber) soll ich der Stadt, den Bürgern, den Ältesten sagen?"
Es öffnete Ea seinen Mund
Und sagte zu mir, seinem Knecht:
„So sollst du zu ihnen sprechen:
‚Es steht fest, daß Enlil mir ungnädig ist!
40So kann ich in eurer Stadt nicht (mehr) wohnen
(Und) meine Füße nicht (mehr) auf Enlils Boden setzen.

---

133) Anderer Name Enkis.
134) D. h. König.
135) Der Urozean, der gewölbt unter der Erde vorgestellt wurde und von Enki-Ea beherrscht wird.

Ich werde zum Apsu hinabsteigen
Und dort bei Ea, meinem Herrn, bleiben!'"

Z.44–79 berichten vom Bau der Arche, ihrer Verproviantierung und dem Fest für die Werkleute.

[80-161]Alles, was mein war, lud ich hinein,
Was ich an Silber hatte, lud ich ein,
Was ich an Gold hatte, lud ich ein,
Was ich an allerlei Lebewesen hatte, lud ich ein.
Ich ließ meine ganze Familie und Sippe ins Schiff gehen.
[85]Vieh des Feldes, Wild und alle Handwerksmeister lud ich ein.
Eine Frist hatte mir Schamasch [136]) gesetzt:
„Am Morgen werde ich Dattelbrot (?), am Abend Weizen regnen
    lassen [137]) –
Dann steig ins Schiff und verschließ dein Tor!"
Diese Frist kam heran,
[90]Am Morgen ließ er Dattelbrot (?), am Abend Weizen regnen.
Ich betrachtete das Aussehen des Wetters,
Das Wetter war furchtbar anzusehen –
Da trat ich ins Schiff und schloß mein Tor,
Dem Schiffer Puzuramurri, der das Schiff verpicht hatte,
[95]Übergab ich den „Palast" [138]) und seine Habe.
Beim ersten Morgendämmern
Kam eine schwarze Wolke vom Horizont herauf.
In ihr donnerte Adad [139]),
Schullat und Chanisch [140]) ziehen vor ihm her,
[100]Als Herolde eilen sie über Berg und Ebene.
Eragal [141]) reißt den Pfosten heraus,
Ninurta geht und läßt die Deiche überfließen,
Die Anunnaki [142]) hoben die Fackeln,
Entflammten mit ihrem Glanz das Land.
[105]Über die Himmel kam wegen Adad Beklommenheit,
Alle Helle verwandelten sie in Dunkel.
Das weite Land zerschlugen sie wie einen Tonkrug.
Einen Tag lang [brauste] der Südsturm,
Blies gewaltig, [um] die Berge [zu überfluten (?),]
[110]Wie im Kampf mit [...]
Keiner vermag den anderen zu sehen,

---

[136]) Der Sonnengott – vielleicht im Auftrag Eas?
[137]) Ungeklärt.
[138]) Mit dem „Palast" („Großhaus") wird die gewaltige Arche gemeint sein, die Utnapischtim seinem (vorher bereits einmal genannten) Kapitän unterstellt.
[139]) Der Wettergott.
[140]) Sturmdämonen? Vgl. aber I. J. Gelb, ArOr 18, 1.2, 1950, S. 189 ff.
[141]) Unterweltgott.   [142]) Die großen Götter.

Vom Himmel (her) waren die Menschen nicht zu erkennen.
Vor dieser Flut gerieten die Götter in Furcht,
Sie flohen hinauf zum Himmel des Anu,
[115]Kauern wie Hunde, sie lagern draußen.
Ischtar schreit wie eine Frau in Wehen,
Es klagt die Götterherrin mit wohllautender Stimme:
„Wäre doch jener Tag [143]) zu Lehm geworden [144]),
Da ich in der Götterversammlung Böses gebot!
[120]Wie konnte ich im Götterrat Böses befehlen,
Den Kampf zur Vertilgung meiner Menschen gebieten!
Folgendermaßen sprach ich: ‚Meine Leute gebären zwar,
Doch werden sie wie Fischbrut das Meer füllen!‘"
Die Anunna-Götter klagen mit ihr.

Bedeutung von Z. 125 f. noch umstritten.

Sechs (?) Tage und sieben Nächte
Hält an der Orkan, die Flut, macht eben der Südsturm das Land.
(Erst) als der siebente Tag herankam, hielt der Südsturm die Flut, das
    Rasen auf,
[130]Der wie eine Gebärende (?) um sich geschlagen hatte.
Ruhig wurde das Meer, der Sturm legte sich, die Flut hörte auf.
Ich schaute nach dem Wetter: Stille war eingetreten,
Und alle Menschheit war zu Lehm geworden,
Das Land lag eingeebnet wie ein (flaches) Dach.
[135]Ich öffnete eine Luke, und Licht fiel auf mein Gesicht.
Niedergebeugt saß ich und weinte,
Tränen flossen über mein Gesicht nieder.
Dann erblickte ich die Ufer des Meerbereichs:
Auf zwölf … stieg eine Insel auf,
[140]Am Berge Nisir legte das Schiff an.
Der Berg Nisir hielt das Schiff, und ließ es nicht schwanken,
Einen ersten Tag, einen zweiten Tag hielt der Nisir das Schiff und ließ
    es nicht schwanken.
Einen dritten Tag, einen vierten Tag hielt der Nisir das Schiff und ließ es
    nicht schwanken.
Einen fünften Tag, einen sechsten Tag hielt der Nisir das Schiff und ließ
    es nicht schwanken.
[145]Als der siebente Tag herankam,
Sandte ich eine Taube aus, ließ sie frei –
Die Taube flog weg, kam aber wieder,
Kein Rastplatz fiel ihr ins Auge, daher kehrte sie zurück.

---

[143]) Der Tag, an dem die Sintflut beschlossen wurde.
[144]) D. h. wäre es doch nie eingetreten.
[145]) So nach R. Borger, Bab.-ass. Lesestücke, S. 118 (Heft III) Mitte.

Ich sandte eine Schwalbe aus, ließ sie frei –

¹⁵⁰Die Schwalbe flog weg, kam aber wieder,

Kein Rastplatz fiel ihr ins Auge, daher kehrte sie zurück.

Da sandte ich einen Raben aus, ließ ihn frei,

Der Rabe flog weg, sah, daß sich die Wasser (nun) verlaufen hatten,

Fand Fraß, flatterte umher (?), krächzte (?) und kehrte nicht mehr zurück.

¹⁵⁵Da ließ ich (alle) hinausgehen in die vier Winde, brachte ein Opfer dar

(und) goß ein Trankopfer aus auf dem Berggipfel.

Je sieben Räucherschalen stellte ich hin

(Und) füllte sie mit Rohr, Zeder und Myrte.

Es rochen die Götter den Duft,

¹⁶⁰Die Götter rochen den süßen Duft,

Wie Fliegen scharten sich die Götter um den Opfernden …

Die Erzählung schließt mit der Anklage der Götter gegen Enlil und der Verleihung der Unsterblichkeit an den Sintfluthelden und dessen Frau.

Verstreute Sagenstoffe

14. Sumerischer Mythus „Inanna und der Gärtner" ¹⁴⁶): Blutplage

Textübersetzung: S.N.Kramer, ArOr 17, I, 1949, S.399ff.; ders., FTS, S.66ff. (= GbS, S.63ff.).

Literatur: ebd. und S.N.Kramer, Sumerians, S.162f. und S.196; M.Lambert, RA 55, 1961, S.187f., Nr.23; D.O.Edzard, WM I, S.89; C.J.Gadd, Iraq 28, 1966, S.117f.

Der etwa 250 Zeilen umfassende, am Ende leider zerstörte Text, der zu der von den altbabylonischen Gelehrten in Nippur veranstalteten Sammlung sumerischer Literatur gehört, ist noch nicht wissenschaftlich ediert; wir verdanken die Kenntnis von ihm wiederum fast ausschließlich S.N.Kramer. Zum Zyklus der Inanna-Mythen gehörig, erzählt er vom Werk des Gärtners Schukallituda ¹⁴⁷), der als erster eine wohlgeordnete, schattenspendende Baumpflanzung anlegte, aber eine große Freveltat beging: Als Inanna ¹⁴⁷ᵃ), von langer Reise ermüdet, seine Anlage betrat und im Schatten eines Baumes ruhte, wohnte er der im Tiefschlaf Wehrlosen bei und versteckte sich dann, da er zu Recht die Rache der Göttin fürchtete, auf seines Vaters Rat hin „in den Städten der Schwarzköpfigen, seiner Brüder". Inanna suchte den Schuldigen und strafte die Menschen durch drei Plagen, die sie über das Land brachte – ohne aber Schukallituda zu finden: Einmal wurde alles Wasser zu Blut, dann kamen vernichtende Stürme; die Art der dritten Heimsuchung ist infolge der Zerstörung des Textes, der danach bald ganz abbricht, noch nicht bekannt. Zum bisher ersten Mal begegnet

---

¹⁴⁶) Titel bei Kramer: „Inanna und Schukallituda".

¹⁴⁷) Vorläufige Lesung des Namens.

¹⁴⁷ᵃ) Sumers vielbesungene Fruchtbarkeits- und Liebesgöttin, die babylonisch-assyrische Ischtar.

uns damit in der altorientalischen Literatur das Motiv der „Blutplage", das wir aus 2. Mose 7, 14–25 kennen. Wir lesen die einschlägigen Verse mit S. N. Kramer[148]):

Welches Unheil (aber) brachte dann die Frau[149]) ihres Schoßes wegen!
Inanna – was tat sie ihres Schoßes wegen!
Alle Brunnen des Landes füllte sie mit Blut,
Alle Haine und Gärten des Landes sättigte sie mit Blut.
Die Sklaven beim Brennholzsammeln – sie trinken nichts als Blut,
Die Sklavinnen, die da kommen, um Wasser zu schöpfen – sie schöpfen nichts als Blut.
„Ich muß ihn finden, der mir beiwohnte, in allen Landen!" sagte sie.
Aber ihn, der ihr beiwohnte, fand sie nicht …

15. Die akkadische Sargon-Legende: Göttlicher Schutz des erwählten Kindes

Text und Literatur: L. W. King, Chronicles Concerning Early Babylonian Kings II, 1907, S. 87 ff.; H. G. Güterbock, ZA 42, 1934, S. 62 ff. (dort ältere Literatur); E. A. Speiser, ANET³, S. 119; H. Hirsch, AfO 20, 1963, S. 7; R. Labat, RPOA I, S. 307 f.

Der in drei unvollständigen neuassyrischen Abschriften und einem neubabylonischen Fragment erhaltene Text unbestimmten Alters gehört zu den vielfachen Traditionen über die Gestalt des ersten Begründers eines semitischen Großreichs, Sargon von Akkad (etwa 2350–2294), und bietet als einziger eine Herkunftslegende. Es dürfte sich bei ihr um ein typisches „Wandermotiv"[150]) handeln, das auch auf andere hervorragende Herrschergestalten des Alten Orients fixiert worden sein mag[151]); indes fehlen uns bisher weitere Belege. Die Verwandtschaft mit der Erzählung von Moses Aussetzung und Auffindung (2. Mose 2, 1–10) ist unverkennbar. Nach dem für uns wichtigen Abschnitt zählt der Text Sargons Taten auf; der Schluß ist zerstört. Z. 1–14 lauten:

Ich bin Sargon, der starke König, der König von Akkad.
Meine Mutter war eine *enitum* (d. h. eine *entu*-Priesterin?)[152]), meinen Vater kenne ich nicht;
Der Bruder meines Vaters liebte die Berge.
Meine Stadt ist Azupiranu, das am Ufer des Euphrat liegt.
⁵Die *enitum*, meine Mutter, empfing mich und gebar mich insgeheim.
Legte mich in einen Binsenkorb, machte meinen Deckel[153]) mit Asphalt dicht
(Und) setzte mich im Fluß aus, der mich nicht überspülte[154]).
Der Fluß trug mich zu Akki, dem Wasserschöpfer.

---

148) FTS, S. 69, Z. 1–8 (vgl. S. 70, Z. 3–10).   149) Inanna.

150) Vgl. dazu P. Jensen, Artikel „Aussetzungsgeschichte", in: RLA I, 1928, S. 322 ff.

151) Die Geschichte empfahl sich für Usurpatoren, denen sie als Ersatz für Stammbaum und legitime Abkunft dienen konnte.

152) Deutung des Wortes nicht unbedingt sicher; trifft sie zu, so bezeichnet es einen hohen Rang (etwa „Hohepriesterin"), den oft Prinzessinnen einnahmen. Die *enitum* durfte zwar heiraten, doch war ihr Kinderlosigkeit auferlegt. – E. A. Speiser (a. a. O.) übersetzt dagegen *changeling*.

153) Wörtlich: „Tür".   154) „nicht über mich stieg".

Akki, der Wasserschöpfer, holte mich heraus, als er seinen Eimer ein-
tauchte.

[10]Akki, der Wasserschöpfer, [nahm mich] als Sohn an und zog mich
groß,

Akki, der Wasserschöpfer, machte mich zu seinem Gärtner.

Als ich Gärtner war, schenkte mir Ischtar[155]) ihre Liebe,

Und für vierund[fünfzig] Jahre übte ich die Königsherrschaft[156]) aus ...

II. Hymnen, Gebete und Klagelieder

16. Sumerischer Hymnus auf Enlil

Textübersetzung und Kurzkommentar: Neueste Bearbeitung durch A. Falkenstein,
SAHG, S. 77ff. (Nr. 12) und S. 365; dort weitere Hinweise.

Durch das Vorhandensein auch einer altbabylonischen neben der neuassyrischen
Kopie wird die zeitliche Ansetzung, die sonst in der keilschriftlichen Kultliteratur oft
unmöglich ist, auf das erste Drittel des 2. Jt. oder sogar auf ein Datum bald nach der
sumerischen Epoche ermöglicht. Es handelt sich um ein *„erschemma*-Lied" im poetischen Emesal-Dialekt; Dichtungen dieser Art waren ursprünglich für den Vortrag
durch Priesterinnen bestimmt. Das vorliegende Lied preist die Fruchtbarkeit, Macht
und Herrlichkeit, aber auch die Fürsorge Enlils[157]), des großen (später durch Marduk
bzw. Assur verdrängten) Schöpfer- und Reichsgottes von Nippur. Es berührt sich in
Eigentümlichkeiten hymnischer Rede, beispielsweise in der Verwendung der doxolo-
gisch rhetorischen Frage, mit at.licher Hymnendichtung (vgl. Z. 1 mit Jes. 40,13;
Ps. 92,6), ist aber, wie überhaupt die gesamte Kultlyrik Mesopotamiens, den gewaltigen Lobpreisdichtungen des AT (vgl. etwa Ps. 103–105) nicht ebenbürtig. – Der Text
in Anlehnung an Falkenstein, a.a.O.:

Weiser Herr, Planender, wer kennt Deinen Willen?

Mit Stärke Begabter, Herr des Ekur[158]),

Im Gebirge Geborener, Herr des Escharra[159]),

Unwetter von gewaltiger Kraft, Vater Enlil[160]),

Der Du aufgezogen bist von Dingirmach[161]), ungestüm zum Kampf
auftrittst,

Der das Bergland hinstreut wie Mehl[162]), (es) wie Gerste mit der
Sichel mäht!

---

[155]) Die kriegerische Ischtar Anunitum besaß einen ihr von Sargon gebauten Tempel
in Akkad.

[156]) Die Erzählung sagt nicht ausdrücklich, daß Ischtar ihren Geliebten auf den
Thron brachte; doch ist anzunehmen, daß sie dies voraussetzt.

[157]) Vgl. D. O. Edzard, WM I, S. 59ff.

[158]) „Berghaus", Haupttempel Enlils in Nippur.

[159]) Ein anderer Tempel.

[160]) Das hier zugrundeliegende Schema der Einführung ist in den at.lichen Hymnen
nicht aufzuweisen. Noch am ehesten läßt sich Ps. 80,2 vergleichen.

[161]) „Erhabener Gott".   [162]) Wie man beim Opfer Mehl ausstreut.

Gegen das aufsässige Land bist Du für Deinen Vater [163]) angetreten,
Nahtest Dich als Vernichter dem Gebirge,
Knickst das Feindland wie einen Rohrstengel,
[10]Machst alle Feindländer eines Sinnes!
„Die Schutzmauer gegen alle Feindländer und der, der sie abhält [164]),
   bin ich!"
Die Starken wirfst Du nieder, trittst an des Himmels Tür,
Du greifst an den Riegel des Himmels,
Reißt das himmlische Türschloß ab,
[15]Entfernst des Himmels Verschluß,
Das widerspenstige Land wirfst Du in Haufen nieder!
Das aufsässige, unfügsame Land läßt Du nicht wieder erstehen.
Herr, wie lange noch willst Du von dem Lande, das Du eines Sinnes
   machtest, nicht ablassen,
Wer vermag Dein zürnendes Herz zu besänftigen?
[20]Deines Mundes Ausspruch wird nicht mißachtet –
Wer könnte sich gegen ihn auflehnen?
„Ich bin der Herr, der Löwe des heiligen An, der Held Sumers,
Ich mache froh die Fische des Meeres, sorge, daß die Vögel nicht herab-
   stürzen,
Der kluge Landmann, der das Feld pflügt, Enlil, bin ich!"
[25](Ja), der Herr, der groß geworden, der Held Deines Vaters bist Du!
Deiner Rechten vermag kein Feind zu entgehen,
Deiner Linken entflieht kein Schlechter!

1 Vers zerstört

Das Feindland, über das Dein Spruch erging, läßt Du nicht wieder
   erstehen,
[30]Im aufsässigen Land, das Du verfluchtest, läßt Du niemanden!

Abb. 6: Götterprozession.
Assyrisches Relief aus Malatya (ungefähr 700 v. Chr.)

---

[163]) Den Himmelsgott An.   [164]) Wörtlich: „ihr Verschluß".

1 Vers zerstört

Herr des Ekur, voll weitwirkender Kraft,
Erster der Götter bist Du!
Oberster der Anunnaki[165]),
Herr, der den Pflug führt, Enlil, bist Du,
(Ja), Oberster der Anunna-Götter,
Herr, der den Pflug führt, bist Du!

17. *Akkadischer Hymnus auf den Sonnengott Schamasch*

Text: W. G. Lambert, Babylonian Wisdom Literature, 1960, S. 121 ff.; S. 124 weitere Literatur; S. 125 Nachweis der Texte; W. von Soden, SAHG, S. 240 ff. (Nr. 4) und 381 f.; R. Labat, RPOA I, S. 266 ff.

Der aus Assurbanipals Bibliothek stammende, indes ältere, gegen Ende des 2. Jt. v. Chr. anzusetzende „Große Schamasch-Hymnus" gehört zu den schönsten Götterliedern Altmesopotamiens. Er hat rund 200 (meist zu Doppelversen zusammengefaßte) Zeilen und besingt den Sonnengott als Erleuchter der Erde, Betreuer der Menschen, ersehnten, sieghaften Lichtbringer, Garanten von Wahrheit und Recht, Schutzherrn der Schwachen und Elenden, Meister der Vorzeichen und Gott der Gnade. Unter den at.lichen Psalmen sind insbesondere zu vergleichen Ps. 19, 5 b–7; 95; 104; 107; 113 und 136. Der Text ist nicht ganz vollständig erhalten. Hier die markantesten Abschnitte[166]):

[1-12]O Erleuchter ... (in) den Himmeln,
Der die Dunkelheit hell macht[167]) ... droben und drunten,
Schamasch, Erleuchter ... (in) den Himmeln,
Der die Dunkelheit hell macht ... droben und drunten!
[5]Deine Lichtstrahlen bedecken ... wie ein Netz.
Du erhellst die Finsternis der hohen Gebirge!
Bei Deinem Erscheinen freuen sich die Götterfürsten,
Frohlocken die Igigi insgesamt[168]),
Deine Strahlen erfassen ständig die geheimen Dinge[169]),
[10]In Deinem stetigen Lichte wird ihre Spur sichtbar.
Dein blendender Schein sucht stetig ... auf
Die vier Weltufer, dem Girru[170]) gleich ...

[17-38]O Erleuchter der Finsternis[170a]) der die „Zitzen" des Himmels
öffnet[171]),

---

[165]) Anunnaki sind ursprünglich die „Götter des Unteren", der Ausdruck wird aber auch wechselweise mit Igigi (ursprünglich „Götter des Oberen") für die höchsten Gottheiten gebraucht.

[166]) Verszählung nach W. G. Lambert, a. a. O.

[167]) Vgl. zu diesem Motiv immerhin Ps. 112, 4, dazuhin Ps. 36, 10 und Jes. 9, 1.

[168]) Vgl. Anm. 165.

[169]) Vgl. Ps. 19, 7 b.

[170]) Feuergott.

[170a]) Siehe oben Anm. 167.

[171]) Der den Regen spendet; Emendation R. Borger, JCS 18, 1964, S. 55.

Aufglühen läßt die Grannen des Lichts, die Kornhalme, das Leben des
　　Landes;
Deine Strahlen bedecken die hohen Gebirge,
[20]Dein Glutlicht erfüllt die Fläche der Länder.
Du beugst Dich über die Berge, die Erde zu überschauen,
Du hältst (?) vom Himmel her der Erde Rund.
Die Menschen der Länder behütest Du allesamt,
(Und) alles, was Ea, König der Fürsten, entstehen ließ, ist Dir anver-
　　traut.
[25]Alle mit Lebenshauch Begabten – Du weidest sie,
Du bist ihr Hirte droben und drunten [172].
Du durchziehst die Himmel regelmäßig und zuverlässig.
Über die weite Welt wanderst Du Tag für Tag,
Über die Meeresflut, die Gebirge, über Erde und Himmel
[30]Ziehst Du wie ein … in Stetigkeit täglich dahin [173].
In der Unterwelt sorgst Du für die Fürsten (?) des Kubu [174], die
　　Anunnaki,
In der Oberwelt leitest Du die Angelegenheiten aller Menschen.
Hirte des Unteren, Hüter des Oberen,
Schamasch, Bewahrender des Lichtes des Alls bist Du!
[35]Immer wieder überquerst Du das Meer in all seiner Weite,
Dessen tiefste Gründe nicht (einmal) die Igigi kennen.
Schamasch, Dein Funkeln dringt in die Abgründe der See,
So daß die Ungeheuer der Meerestiefe Dein Licht anschauen! –

[47-52]Gehst Du auf, versammeln sich die Götter des Landes,
Zorniger Glanz liegt über der Erde.
Was all die Lande mannigfacher Sprache planen –
[50]Du weißt es und Du erkennst ihren Wandel.
Die ganze Menschheit beugt sich vor Dir,
Nach Deinem Licht, o Schamasch, sehnt sich alle Welt!

[95-101]Wer da Wucher (?) nimmt, dessen Macht [175] vernichtest Du,
Wer tückisch handelt, dem wird ein Ende gemacht.
Den ungerechten Richter läßt Du (selbst) den Kerker kennenlernen,
Wer Bestechung annimmt, Unrecht tut, dem legst Du Strafe auf,
Wer aber Bestechung ablehnt und für den Schwachen eintritt,
[100]Ist Schamasch wohlgefällig, und er wird sein Leben verlängern [176].
Der weise Richter, der gerechte Urteile fällt,
Vollendet (?) einen Palast und wohnt unter den Fürsten.

---

[172] Vgl. u. a. Ps. 95,7.
[173] Vgl. Ps. 19,6–7.
[174] Vgl. B. Kienast, AS 16 (FS B. Landsberger), 1965, S. 146, Anm. 28.
[175] Wörtlich: „Hörner".
[176] Vgl. etwa Ps. 146,7–9.

[112-121]Wer Betrügerei übt, wenn er das Kornmaß hält,

Wer nach mittlerem Maß (Korn) ausleiht, (dann aber) ein großes Maß zurückfordert,

Den trifft der Menschen Fluch, bevor seine Zeit um ist.

[115]Verlangt er Rückgabe vorm Termin, wird ihm eine Last aufgebürdet,

Sein Erbe wird seinen Besitz nicht erhalten,

(Und) seine Brüder werden in sein Haus nicht eintreten (können).

Der ehrenhafte Kaufmann, der nach großem Maß Korn ausleiht, gewinnt viel Achtung,

Er ist Schamasch wohlgefällig, und er wird sein Leben verlängern.

[120]Er wird eine große Familie gründen, Wohlstand gewinnen,

Gleich dem Wasser eines immer fließenden Quells wird seine Nachkommenschaft Bestand haben.

[163-165]Die Bande derer, die sich vor Dir beugten, lösest Du,

Das Gebet derer, die Dich stets aufs neue preisen, nimmst Du immer wieder an.

[165]Sie (aber) loben ehrfürchtig Deinen Namen

Und verehren Deine Erhabenheit auf ewig.

[176]Erleuchter der Finsternis, Erheller des Dunklen,

Der das Düstere vertreibt, die weite Erde überstrahlt,

Der den Tag aufleuchten läßt, mittags Gluthitze auf die Erde niedersendet

(Und so) die weite Erde wie eine Flamme auflohen macht,

[180](Doch auch) die Tage kürzt und die Nächte verlängert,

Kälte, Frost, Eis und Schnee [bringt].

Text am Ende zunehmend zerstört.

18. Sumerisches „Handerhebungsgebet" an den Mondgott Nanna-Suen (Sin)

Text: A. Sjöberg, Der Mondgott Nanna-Suen in der sumerischen Überlieferung I, 1960, S. 167 ff.; A. Falkenstein, SAHG, S. 222 ff. (Nr. 44) und S. 379; F. J. Stephens, ANET³, S. 385 ff.; R. Borger, ZA 61, 1971, S. 81 f.

Der in Assurbanipals Bibliothek erhalten gebliebene, wie die Enlil-Hymne Nr. 16 im Emesal-Dialekt abgefaßte, zweisprachige[177] Text stammt evtl. aus der „nachaltbabylonischen"[178] Zeit, gehört aber dennoch zu den ältesten seiner Art. Der zur kanonischen[179] Literatur gezählte Hymnus, ein „öffentliches" Gebet, besingt in durchaus herkömmlichen (und keineswegs nur auf den hier gepriesenen Gott beschränkten) Formeln Schöpfertum, Kraft, Gerechtigkeit und Erhabenheit des Mondgottes, der Nanna oder Suen (später Sin) heißt und dessen Haupttempel das Ekisch-

---

[177]) Mit interlinearer akkadischer Übersetzung versehen.

[178]) So der Terminus; gemeint ist die Zeit ab etwa 1400 v. Chr.; vgl. A. Falkenstein, MDOG 85, 1953, S. 9 ff.

[179]) Im genannten Zeitraum hat offenbar eine Kanonisierung der babylonischen Literatur stattgefunden. Vgl. H. Schmökel, Kulturgeschichte des Alten Orient, 1961, S. 230 (a. a. O., S. 724 weitere Literatur), sowie W. G. Lambert, JCS 16, 1962, S. 59 ff.

nugal in Ur[180]) war. Vor allem die Z.29ff. laden zum Vergleich mit dem at.lichen Hymnus Ps. 147 ein, insbesondere mit v. 6.8–9.15–18. Zur Ablehnung des Mondkults im AT siehe andererseits 5.Mose 4,19; 17,3; 2.Kön. 23,5 und Hi. 31,26ff.

[1f.]Herr, Götterheld, der im Himmel und auf Erden hocherhaben ist[181]),

Vater Nanna, Herr Anschar[182]), Götterheld ...

[11-48]Frucht, die sich aus sich selbst bildet[183]), von hoher Gestalt, schön anzusehen, deren Pracht man nie überdrüssig wird,

Schoß, der alle gebiert, über den Menschen auf hohem Sitze thronend,

Huldreicher Vater, der das Leben des ganzen Landes (schützend) in der Hand hält!

Herr, Deine Göttlichkeit ist gleich dem fernen Himmel, gleich dem weiten Meere des Schreckens voll!

[15]Der das Land geschaffen, die Heiligtümer gegründet (und) mit Namen benannt hat,

Vater, der Götter und Menschen gezeugt hat[184]), auf hohem Sitz thront, die Opfergaben bestimmt,

Der Könige beruft, Zepter verleiht (und) das [Geschick] für ferne Tage festsetzt,

Der allem vorausgeht, der Mächtige, geheimen Willens, den kein Gott durchschaut,

Der hurtige Läufer ohne Ermüdung, der seinen göttlichen Brüdern den Weg öffnet,

[20]Der vom Rande des Himmels bis zu seiner Höhe einherzieht, das Himmelstor auftut (und) allen Menschen das Licht schenkt.

Mein Vater, alle Geschöpfe [jubeln], wenn sie Dich sehen, suchen [Dein Licht]!

Herr, der im Himmel und auf Erden die Entscheidungen trifft, dessen Spruch niemand zu ändern vermag,

Der Wasser und Feuer in Händen hält, die Geschaffenen lenkt – wer unter den Göttern ist wie Du[185])?

Wer im Himmel ist erhaben? Du allein bist erhaben[186])!

Hast Du im Himmel Dein Wort gesprochen, beten die Igigi[187]) zu Dir,

---

[180]) Mit dem großen, heute z.T. restaurierten Tempelturm.

[181]) Vgl. immerhin auch Ps. 148,13.

[182]) An sich Vater des An, später in Assyrien mit dem Reichsgott Assur gleichgesetzt, hier lediglich Titel.

[183]) Anspielung auf das regelmäßige Zunehmen des Mondes.

[184]) In der Theologie von Ur (und gewiß ebenso von Charran, der zweiten Mondkultstadt) wird Nanna Sin zum Schöpfergott, vgl. auch schon V.12.

[185]) Vgl. 2.Mose 15,11; Ps. 86,8; 97,9.

[186]) Vgl. Ps. 148,13.

[187]) Hier: die Himmelsgötter.

Hast Du auf Erden Dein Wort gesprochen, küssen die Anunnaki[188] den Boden.

Hast Du droben sturmgleich Dein Wort gesprochen, bringt es dem Lande im Überfluß Speis und Trank,

Hast Du auf Erden Dein Wort gesprochen, gedeiht dort üppig alle Vegetation[189].

30Dein Wort macht Hürde und Pferch fett, läßt zahlreich werden, was da lebt,

Dein Wort bewirkt Recht und Gerechtigkeit, läßt die Menschen die Wahrheit reden.

Dein Wort ist himmelsfern und erdentief, so daß niemand es durchschauen kann.

Dein Wort — wer vermag es zu erkennen, wer kann sich mit ihm messen!

O Herr, Dein Herrentum im Himmel, Deine Heldenkraft auf Erden hat unter Deinen Götterbrüdern keinen Widerpart,

35Gewaltiger, erhabener König, dessen „Göttliche Kräfte" Dir niemand abzuverlangen wagt — mit Deiner Göttlichkeit vergleicht sich keiner der Götter.

Wohin Du auch freundlich [blickst], ist Gnade,

Wo Du Deine Hand (hilfreich) erhebst, ist …

41[Deine] geliebte Gemahlin, die huldreiche Frau[190], möge zu Dir sagen: „Herr, besänftige Dich!"

Der Jüngling Utu[191], der Herr, der große Held, möge zu Dir sagen: „Herr, besänftige Dich!" …

47Der Riegel von Ur, der erhabene Verschluß[192] möge hergestellt werden,

Die Götter Himmels und der Erden mögen zu Dir sprechen: „Herr, besänftige Dich!"

19. Sumerische Tempelhymne

Text: A. Sjöberg u. a., The Collection of the Sumerian Temple Hymns, TCS 3, 1969, Nr. 35, S. 43 ff., vgl. S. 11 und S. 154.

Das Zweistromland sang seine Preislieder nicht nur auf die Götter und — während der Epoche ihrer Deifizierung[193] — auf die Könige, sondern auch auf die Heiligtümer, die man mit selbständiger göttlicher Kraft ausgestattet dachte und mit Kultgesang, Opfer, Bitte und Dank verehrte. Der hier zitierte Hymnus stammt aus einer Sammlung von Liedern dieser Bestimmung und ist an den Tempel des Kriegsgottes Zababa

188) Hier: die Götter der Erde bzw. der Unterwelt.
189) Text: „üppige Kräuter".
190) Die Göttin Ningal.
191) Der Sonnengott (akkadisch Schamasch), der als der Sohn Nannas gilt.
192) Des Nanna-Tempels?
193) D. h. mindestens von ungefähr 2300 bis etwa 1700 v. Chr.

namens Eduba in der altsumerischen Metropole Kisch[194]) gerichtet. Er kann nicht
später als altbabylonisch (20./17. Jh. v.Chr.) sein und erinnert entfernt an Israels
Preisgesänge auf den Zion, vgl. Ps. 48; 84; 87; 132 u.a.

> O Haus, reich aufgebaut, durch das Kisch sein Haupt hoheitsvoll
>   erhebt,
> Wohnsitz, fest gegründet – Dein großes Fundament kann niemand
>   zerstreuen.
> Deine Umfassungsmauer (?) ist ein mächtiger Wall, der sich weit er-
>   streckt, inmitten des Himmels schwebend,
> Dein Inneres (ist) eine Streitkeule, eine *meddu*-Waffe, schön geziert
>   mit ...
> [5]Deine Rechte läßt die Berge erzittern, Deine Linke zerstreut den Feind
>   (auf dem Boden).
> Dein Fürst (ist) mächtig und erhaben, ein großer Sturm, der die Erde zu
>   schrecklicher Furcht niederdrückt.
> Ekischiba, Dein Herr, der Krieger Zababa,
> Hat, o Haus Kisch, seinen Tempel[195]) auf Deiner ... erbaut, hat seinen
>   Platz auf Deinem Hochsitz eingenommen!

20. Sumerische Königshymne

Text: H.de Genouillac, RA 25, 1928, S.144ff.; A.Falkenstein, SAHG, S.120ff.
(Nr.26) und S.371; W.H.Römer, Sumerische „Königshymnen" der Isin-Zeit, 1965,
S.209ff.; A.Sjöberg, Or. NS 35, 1966, S.302f.

Das aus 14 Fragmenten rekonstruierte Preislied richtet sich an den 3. Herrscher der
westsemitischen Dynastie von Isin, Iddindagan (1916–1896), rühmt seine Berufung
durch die großen Götter Sumers, verherrlicht seine Werke, seine Weisheit und Gerechtigkeit und fleht den Segen der großen Götter auf den Fürsten herab, der als Sohn
Dagans selbst göttlichen Ursprungs ist. Diese – später übrigens von der Weiterüber-
lieferung ausgeschlossenen – höfischen Dichtungen, die vielleicht keine unmittelbaren
Beziehungen zum normalen Kult hatten, erinnern an at.liche Königspsalmen, so an
Ps. 2; 20; 21; 45; 72; 89; 101; 110 u.a. Einige Abschnitte genügen, um den Typ dieser
literarischen Gruppe zu umreißen.

> [1-6]Iddindagan, An hat dir an seinem erhabenen Platz ein hehres Ge-
>   schick bestimmt,
> Deine dir zukommende Krone hell erglänzen lassen,
> Hat dich zum Hirten über das Land Sumer erhoben[196]),
> (Und) das Feindland unter deine Füße gelegt[197]).
> [5]Enlil hat dich getreulich angeblickt
> (Und) zu dir, Iddindagan, sein unwandelbares Wort gesprochen.

---

[194]) Östlich von Babylon; der Tempelturm Zababas steckt in dem steilen Ruinenhügel El-Oheimir.
[195]) Wörtlich nur wieder: „das Haus".
[196]) Substantiell vergleichbar 2. Sam. 5,2 (1. Chr. 11,2); Ps. 78,71f.
[197]) Mit dieser Wendung vgl. Ps. 47,4 und 110,1.

[22-28]Läßt du dem Utu gleich den guten Tag anbrechen,
Sind aller Augen auf dich gerichtet,
Werden ruhig alle Fremdländer unter deinem weiten Schirm.
[25]Weg (und) Steg hast du gerade gemacht,
Das Land Sumer mit Freude erfüllt,
Gerechtigkeit in aller Mund gelegt[198]),
(und) die Götterkulte zum Leuchten gebracht.

[43-48]Für das Ekur[199]) bist du (wahrlich) der (rechte) Mann,
Deine Opfergaben mögen in Enlils Haus nie versiegen,
[45]Ekurs Ziegelwerk möge zu Enlil (und) Ninlil huldreich von dir
    sprechen!
Auf das gute Wort Ans (und) Enlils hin möge dir, Iddindagan, hohe
    Kraft geschenkt werden!
Dein hoher Name ist ruhmvoll im Lande Sumer,
Dein Name leuchtet bis an des Himmels Grenzen.

[55-63]Unter deiner Regierung werden die Menschen sich mehren, werden
    sie sich ausbreiten,
Ruhen die Feindländer in Frieden,
Genießen die Menschen Tage des Überflusses.
Der Blick der Schwarzköpfigen ist, wie auf deinen Vater[200]),
(So) auf dich, Iddindagan, gerichtet!
[60]Enlil, der Herr, der die Schicksale bestimmt,
Möge dir, Iddindagan, die Tage verlängern[201])!
In Gnade möge der, der alles weiß,
Freundlich dich anblicken!

21. *Akkadische Gebetsbeschwörung an einen ungenannten Gott*

Text und Literatur: E. Ebeling, OLZ 19, 1916, Sp. 296 ff.; W. von Soden, SAHG,
S. 272 f. (Nr. 19); W. G. Lambert, JNES 33, 1974, S. 267 ff., besonders S. 281 ff.,
Z. 132–157.

Der Text gehört zu einer Gruppe von Bußgebeten, die, offenbar viel zitiert, sowohl sumerisch als auch akkadisch sowie zweisprachig überliefert wurden und sogar
in entsprechenden hethitischen Kultdichtungen[202]) anklingen. Die hier gebotene „Gebetsbeschwörung" ist durch acht Fragmente aus Ninive und Assur belegt. Sie wendet sich wohl an den persönlichen Schutzgott, beginnt mit einer „Generalbeichte"
samt erster Bitte um Vergebung und setzt dann mit einem Hinweis auf die Sündhaftigkeit der gesamten Menschheit neu an. Dabei unterscheidet sie sich von den meisten

---

[198]) Vgl. hiermit vor allem Ps. 101, 5 ff.
[199]) „Berghaus", Haupttempel Enlils in Nippur.
[200]) Ist hier der irdische Vater des Königs, sein Vorgänger Schuilischu, oder sein
göttlicher Vater, Dagan, gemeint?
[201]) Vgl. die entsprechende Königsfürbitte Ps. 61, 7 f.
[202]) Vgl. H. G. Güterbock, JNES 33, 1974, S. 323 ff.

Bußpsalmen dadurch, daß hier die Übertretungen nicht nur kultisch-ritueller, sondern auch ethischer Art sind. Anklänge an Ps. 6; 32; 38; 102; 143 sind herauszuhören (Zeilenzählung nach W. G. Lambert).

> [132]Wen gibt es, der nicht gegen seinen Gott gesündigt [203]),
> Wen, der die Gebote stets befolgt hätte?
> Die gesamte Menschheit, die da lebt, ist sündhaft [204]).
> [135]Ich, Dein Diener, habe jederlei Sünde begangen!
> Wohl diente ich Dir, doch in Unwahrheit,
> Lügen sprach ich und achtete meiner Sünden gering,
> Ungehöriges sagte ich -- Du weißt es alles [205])!
> Ich verging mich gegen den Gott, der mich erschuf,
> [140] Tat Abscheuliches, stets Sünde begehend.
> Ich trachtete nach Deinem weiten Besitz,
> Nach Deinem kostbaren Silber gierte ich.
> Ich hob die Hand auf und entweihte, was unantastbar war,
> In unreinem Stande trat ich in den Tempel [206]).
> [145]Ständig verübte ich schändliche Entweihung an Dir,
> Deine Gebote übertrat ich in allem, was Dir mißfiel.
> In der Raserei meines Herzens lästerte ich Deine Göttlichkeit.
> Stetig beging ich Schändlichkeiten, bewußte und unbewußte,
> Wandelte ganz nach meinem Sinn, verfiel in Frevel.
> [150]Genug, mein Gott! Laß Dein Herz sich beruhigen,
> Möge die Göttin, die zürnte, sich ganz besänftigen!
> Laß ab von dem (so) hoch gestiegenen Zorn Deines Herzens [207])!
> Dein ..., bei dem ich schwor, möge sich voll mit mir versöhnen [208]).
> Sind meiner Übertretungen auch viele – löse meine Schuld!
> [155]Sind meiner Frevel auch sieben [209]) – laß Dein Herz ruhig werden!
> Sind meine Sünden auch zahlreich – zeig Erbarmen und heile (mich)!
> (Mein Gott), ich bin erschöpft, faß meine Hand ...

Fortsetzung fragmentarisch

22. Akkadische Gebetsbeschwörung an Ischtar

Text und Literatur: L. W. King, The Seven Tablets of Creation I, 1902, S. 222 ff.; E. Ebeling, Die akkadische Gebetsserie „Handerhebung", 1953², S. 130 ff.; W. von Soden, SAHG, S. 328 ff. (Nr. 61) und S. 401; E. Reiner und H. Güterbock, JCS 21, 1967, S. 255 ff.; F. J. Stephens, ANET³, S. 383 ff.; R. Labat, RPOA I, S. 253 ff.

---

[203]) Vgl. Spr. 20, 9; Hi. 4, 17; 15, 14, aber auch Ps. 130, 3.
[204]) Vgl. 1. Mose 8, 21.
[205]) Vgl. Ps. 139, 1–4.
[206]) Vgl. die Einzugsliturgien Ps. 15 und 24, 3–6.
[207]) Der Beter erkennt den Grad des göttlichen Zornes an der Schwere des Unglücks oder der Krankheit, die ihn betroffen hat.
[208]) Der Gott ist an sich gnädig.
[209]) Wohl im Sinne von „zahllos".

Der in spätbabylonischer Abschrift vorliegende, aber auch schon aus der Hethiterhauptstadt Hattusa-Boghazköy bezeugte, etwa aus der Mitte des 2. Jt. v. Chr. stammende Text hat trotz angefügter Ritualanweisung kaum magische Inhalte und erinnert
an die mit Nr. 21 vorgeführten Buß- und Klagepsalmen. Er repräsentiert die Litera-
turform der „Gebetsbeschwörung"[210]), deren bekannteste Gruppe die sog. „Hand-
erhebungsgebete" sind und die offenbar das freie, private Gebet weithin verdrängen
konnte. An die verschiedensten Gottheiten, vor allem aber an Schamasch, Marduk
und Ischtar gerichtet, in feste literarische Form gekleidet und rhythmisch gestaltet,
bringen die Gebetsbeschwörungen zunächst eine oft sehr ausgedehnte hymnische
Anrede und sodann Klage, Bitte und Dank – letzteren meist in der Form der Zusage
künftiger Verherrlichung der hilfreichen Gottheit (in der Form eines Dank- bzw. Lobgelübdes). Bei der Bitte geht es um gnädige Annahme des Gebets, Versöhnung des
zürnenden Gottes (der auch der persönliche Schutzgott sein kann), Tilgung des „Bösen
aller Art" und Lösung des Bannes. Der Name des Beters brauchte nur eingefügt zu
werden, das Gebet wurde dann – nach Exorzismen, Reinigungsriten und gewiß unter
Präsentierung der festgesetzten Opfergaben – durch den zuständigen Priester in der
Zella vor der Statue der Gottheit vorgetragen. Der Text insgesamt ist mit den bereits
unter Nr. 21 genannten at.lichen Bußliedern (Ps. 6; 32; 38; 102 und 143) zu vergleichen. Sein breiter hymnischer Eingang hat außer in Jer. 17,12–18 vor allem in der
Einheit Ps. 9–10 Parallelen. Das Dank- bzw. Lobgelübde, in dem die „Gebetsbeschwörung" endet, hat mannigfache Entsprechung, u. a. in Ps. 7,18; 13,6; 31,8–9; 35,9–10.
27–28. – Der umfangreiche mesopotamische Text lautet in den bezeichnendsten
Partien:

[18-26]Anu, Enlil und Ea[211]) haben Dich unter den Göttern erhöht, Deine
    Herrschaft groß gemacht,
Dich unter den Igigi erhoben, Deine Stellung überragend gemacht.
[20]Gedenken sie Deines Namens, wanken Himmel und Erde,
Zittern die Götter, erbeben die Anunnaki.
Deinen hehren Namen rühmen die Menschen[212]),
Denn groß und erhaben bist Du,
Alle Schwarzköpfigen[213]), die Menge der Menschen, preisen Deinen
    Heldenmut[214]).
[25]Gericht über die Beherrschten übst Du in Wahrheit und Gerechtigkeit,
Du schaust auf den Bedrückten und Mißhandelten und schaffst (ihnen)
    täglich Recht[215]).

[40-50]Wo Du hinblickst, wird der Tote wieder lebendig[216]), erhebt sich
    der Kranke,

---

[210]) Vgl. W. G. Kunstmann, Die babylonische Gebetsbeschwörung, LSSt NF 2,
1932.
[211]) Die höchste babylonische Götterdreiheit.
[212]) Vgl. Ps. 7,18; 66,2; 68,5; 69,31.
[213]) Die Bewohner des Zweistromlandes.
[214]) Ischtar hatte einen starken kriegerischen Aspekt – was auch bereits für die
sumerische Inanna gilt.
[215]) Vgl. etwa Ps. 146,7 ff.
[216]) Vgl. beispielshalber Ps. 33,18 f.

Wer ungerecht behandelt wurde, gedeiht wieder, wenn er Dein Antlitz
    schaut[217]).
Ich rief zu Dir, Dein elender, ermatteter, schmerzgeplagter Knecht,
Blick mich an[218]), o meine Herrin, erhöre mein Flehen,
Sieh getreulich auf mich, nimm mein Gebet an!
[45]Sag mir Vergebung zu, daß Dein Sinn sich mir gegenüber besänftige,
Vergebung für meinen geplagten Leib, der voller Bestürzung und
    Wirrnisse ist,
Vergebung für mein krankes Herz, das voller Tränen und Jammer ist,
Vergebung für mein aufgescheuchtes Haus, das unaufhörlich klagt,
[50]Vergebung für mein Gemüt, das mit Tränen und Weherufen gesättigt
    ist!

[56-71]Wie lange noch[219]), o meine Herrin, sollen meine Feinde mich
    finster anblicken,
Sollen sie mit Lüge und Betrug Schlimmes gegen mich planen,
Sollen meine Verfolger und Neider über mich frohlocken?
Wie lange noch[219]), o meine Herrin, sollen der Krüppel und der
    Schwachkopf (verächtlich) an mir vorbeigehen?
[60](Allzu) langes Warten (?) hat mich geformt, und so kam ich ins
    Hintertreffen,
(Denn) während die Schwachen erstarkten, wurde ich schwach,
Ich werde hin- und hergeworfen wie eine Wasserflut, die ein böser
    Sturm aufwühlt,
Mein Herz flattert auf und ab gleich dem Vogel des Himmels.
Ich klage wie eine Taube Nacht und Tag,
[65]Ich glühe und schreie bitterlich,
Von Ach und Weh ist mein Inneres ganz und gar erfüllt.
Was habe ich getan, o mein Gott und meine Göttin?
Mir ging es, als ob ich meinen Gott und meine Göttin nicht gefürchtet
    hätte!
Über mich kamen Krankheit, Kopfschmerz, Verderben und Ver-
    nichtung,
[70]Über mich kamen Schrecken, Abwendung des Antlitzes (und) rasender
    Zorn,
Aufgebrachtheit, Grimm (und), daß Götter und Menschen sich von
    mir abwandten.

[81-92]Löse meine Sünde, meine Missetat, meinen Frevel und mein Ver-
    gehen,
Übersieh meine Verfehlung (und) nimm mein Gebet an!
Löse meine Fesseln, bewirke meine Befreiung,

---

[217]) Vgl. beispielshalber Ps. 80, 4.8.20.
[218]) Vgl. Ps. 102, 3; 143, 7.
[219]) Eine typische Klageliedfrage auch im AT: Ps. 6, 4; 13, 1 ff.; 35, 17.

Leite meine Pfade recht, daß ich glänzend wie ein Großer (wieder) mit
den Menschen (meine) Straße wandeln kann!

[85]Gib Weisung, daß auf Dein Wort hin der ergrimmte (Schutz-)Gott
sich versöhne

(Und) die (Schutz-)Göttin, die mir zürnte, sich mir (wieder) zuwende!

Mein Kohlenbecken, das (jetzt) schwarz ist und raucht, möge (erneut)
aufglühen,

Meine Fackel, die erlosch, (wieder) leuchten!

Meine zersprengte Familie möge sich (neu) zusammenfinden,

[90]Mein Pferch sich erweitern, meine Hürde (wieder) größer werden!

Nimm meinen (demütigen) Fußfall an, erhöre mein Flehen,

Blicke freundlich auf mich und empfange mein Bittgebet gnädig!

[99-105]Laß meine Bitten und mein Flehen zu Dir gelangen

[100](und) Deine ganze Gnade bei mir sein!

Die (aber), die mich auf der Straße erblicken, sollen Deinen Namen
preisen,

(Und) ich selbst will Deine Göttlichkeit und Macht vor den Schwarzköpfigen laut rühmen:

„Hoch erhaben ist Ischtar, Ischtar ist die (wahre) Königin,

Hoch erhaben ist die Herrin, die Herrin ist die (wahre) Königin!

[105]Irnini [220]), die heldenhafte Tochter Sins, hat nicht ihresgleichen!" [221])

23. *Gebet des Sumererfürsten Gudea aus seiner Tempelbau-Hymne*

Text: F. Thureau-Dangin, Les cylindres de Goudéa, 1925; A. Falkenstein, SAHG,
S. 137 ff. (Nr. 32) und S. 372 ff.

Literatur: M. Lambert–R. Tournay, RB 55, 1948, S. 403 ff. 520 ff.; A. Falkenstein,
Die Inschriften Gudeas von Lagaš I, 1966, S. 178 ff.; S. N. Kramer, Sumerians, S. 137 ff.;
A. Baer, RA 65, 1971, S. 1 ff.

Im Gegensatz zum AT bietet die religiöse Literatur Altmesopotamiens das freie,
persönliche Gebet selten – am ehesten noch aus dem Mund der Fürsten und Könige,
und zwar in ihren Weih- und Bauinschriften; es wird dann die Gottheit angesprochen,
der die Weihgabe galt oder für die das betreffende Bauwerk errichtet bzw. restauriert
wurde. In seiner berühmten, mit mehr als 1300 Zeilen fast endlosen Bauhymne, die
auf zwei Tonzylindern aufgezeichnet ist, schildert Gudea von Lagasch (um 2050) – ein
frommer und auf Wiederbelebung des alten Sumerertums bedachter Fürst der Ur III-
Zeit – Vorgeschichte, Bau, Ausstattung und Einweihung des Ningirsu-Tempels Eninnu
(„Haus der Fünfzig") in Girsu [222]). Vor Beginn des großen Werkes, das ihm im Traum
von Ningirsu aufgetragen wurde, bereist Gudea zu Schiff die Heiligtümer seines Landes, um Opfer und Gebete darzubringen und von einer traumkundigen Göttin die

---

[220]) Beiname Ischtars.

[221]) Vgl. Ps. 40, 6; 71, 19; 86, 8 u. ö.

[222]) Heute Tello (ca. 200 km nw. von Basra), damals die Metropole des von Ur
abhängigen Sumererstaates Lagasch. Diesen seinen Namen hatte das Staatswesen von
der älteren Hauptstadt Lagasch, die am Platz des heutigen el-Hiba (etwa 20 km ö. von
Tello) lag.

Einzeldeutung seiner Vision zu erhalten. Natürlich sind die zitierten Gebete von einem Tempeldichter formuliert, dem wahrscheinlich die gesamte Mammutdichtung zugeschrieben werden darf; sie werden aber dem Glaubensgefühl Gudeas entsprochen haben und damit einem „persönlichen Gebet" nahekommen. Eine Probe dieser ältest erhaltenen Gebete Sumers mit sicherer Datierung darf (zitiert im Anschluß an Falkenstein) hier nicht fehlen.

Zylinder A

Kol. II 23–44

Im Tempel Bagara feierte er [223]) das *eschesch*-Fest.
Der Ensi [224]) ging zum Allerheiligsten der Gatumdu [225]), an ihr Lager,
25Brachte Brote dar, spendete kühles Wasser,
Trat zur hehren Gatumdu
(Und) sprach zu ihr das Gebet:
„Meine Königin, Tochter des hehren An,
Herrin des Nötigen, Göttin erhobenen Hauptes,
30Die im Lande Sumer Leben spendet,
Weiß, was ihrer Stadt gebührt –
Königin, Mutter, die Lagasch gründete, bist Du!
Hast Du Deinen Blick auf das Volk gerichtet, strömt ihm alsbald Überfluß zu,
Der wackere Jüngling, den Du anschautest, wird ein langes Leben haben.
35Ich habe keine Mutter – Du bist meine Mutter,
Ich habe keinen Vater – Du bist mein Vater!
Meinen Samen empfingst Du [226]), hast mich im Tempel geboren [227]),
Gatumdu – süß ist Dein reiner Name!
In der Nacht lagst Du für mich da,
40Bist meine große ,Sichel', die mir zur Seite steht,
Bist die, die dem Korn reichlich Wasser spendet,
Schenktest mir das Leben.
Du bist ein breiter Schirm, Deinen Schatten [228])
Will ich ehrfürchtig verehren ..." [229])

---

[223]) Gudea.
[224]) Gewollt archaischer Titel.
[225]) Lokale Muttergöttin.
[226]) Anspielung auf den Vollzug der Heiligen Hochzeit? Vgl. auch Z. 39.
[227]) Hypertropher dichterischer Ausdruck; Gatumdu gilt für Gudea als Mutter und zugleich als Braut der Heiligen Hochzeit.
[228]) Vgl. beispielshalber Ps. 91, 1.
[229]) Ähnliche Gebete finden sich in diesem Text weiter Zyl. A II 10–19; IV 8 – V 9 usf.

24. *Klagegebet aus einem Ischtar-Hymnus Assurnasirpals I.*

Text: W. von Soden, SAHG, S. 264 ff. (Nr. 14) und S. 386 (Übersetzung und erste Bearbeitung seit Brünnow, ZA 5, 1890, S. 66 ff.).

Literatur: W. G. Lambert, AnSt 11, 1961, S. 157; W. von Soden, Herrscher im Alten Orient, 1954, S. 76 ff.; R. Labat, RPOA I, S. 250 ff.

Die durch eine Kopie der Assurbanipal-Bibliothek fragmentarisch erhalten gebliebene Hymne an Ischtar geht auf den wenig bekannten mittelassyrischen König Assurnasirpal I. (um 1040 v. Chr.) zurück, der offenbar „unbekannter Herkunft" war, d. h. aus einer Nebenlinie der Dynastie stammte, und während einer Elendszeit seines Landes regierte. In einem dem Hymnus eingebetteten, leider bruchstückhaften Gebet hören wir zum ersten Male aus dem Munde eines Assyrerfürsten neben dem Hinweis auf seine frommen Werke Worte von eigener Schuld und Reue. Sie erinnern an die Klagedichtung „Ich will preisen den Herrn der Weisheit"[230], die dem Verfasser vielleicht bekannt war[231]. Die betreffenden, an Ischtar, „barmherzige Göttin", gerichteten Zeilen lauten (im Anschluß an W. von Soden, SAHG a. a. O.):

Abb. 7: Assyrischer Großer im Gebet vor dem Gott Assur. Schmelzziegelgemälde aus Assur (8. Jh. v. Chr.)

[Vs. 13 f.]Dein Ohr möge auf meine matten Worte gerichtet sein,
Dein Sinn durch meine schmerzerfüllte Rede besänftigt werden!
[23]Deiner Herrschaft gedachte ich nicht, betete nicht ständig …

---

[230] Siehe unten S. 160 ff., Nr. 34.   [231] W. von Soden, a. a. O., S. 387.

Rs. 8-12 Auf meinem Königsthron entbehre ich (?) [...],

An das Mahl, das ich essen soll, gehe ich nicht heran,

Das lebenerhaltende Feinbier [ist] mir widerlich [geworden] [232],

Saitenspiel und Klang, die zu ... gehören, nehme ich nicht auf, die
Zierde [...]

Die Freude der Lebenden entbehre ich [...]

16-19 Ich, Assurnasirpal, der Aufgescheuchte, der Dich fürchtet,

Der den Gewandsaum Deiner Göttlichkeit ergreift, zu Dir als Herrin
betet –

Schau auf mich, o Herrin, dann will ich Deine Entscheidung (?) an-
beten!

Die Du zürntest, erbarme Dich meiner, auf daß Dein Gemüt besänftigt
werde!

Es folgen weitere Flehrufe mit dem abschließenden Versprechen, nach Erlösung die
Göttin zu preisen [233].

25. Gebet aus einer Bauinschrift Nebukadnezars II.

Text: St. Langdon, Die neubabylonischen Königsinschriften VAB 4, 1912, S. 100 f.,
Nr. 1, Kol. II, Z. 16–32; W. von Soden, SAHG, S. 286 (Nr. 29) und S. 392.

Der Text stammt von dem Chaldäerkönig Nebukadnezar II. (605–562) – jenem
Herrscher also, der 597 Jerusalem ein erstes Mal besetzte, es 587/86 weithin zerstörte
und Deportationen durchführen ließ. Er wendet sich an den Weisheits- und Schrei-
bergott Nabu von Borsippa, der als Marduks Sohn galt und letzteren an Macht und
Ansehen zeitweise fast übertraf. Der Abschnitt bildet den Schluß einer auf den Tempelturm Nabus in Borsippa bezüglichen Inschrift, die von der Restauration dieses Bau-
werks [234] handelt.

Kol. II 16–31

Nabu, rechtmäßiger Erbe [235], erlauchter Wesir,

sieghafter Liebling Marduks,

sieh meine Werke in Gnaden freudig an,

19/20 schenke mir immerwährendes Leben, Sättigung mit hohem Alter,

Festigkeit des Thrones, langdauernde Regierung, Niederwerfung der
Feinde

(und) Eroberung des Feindlandes!

Auf Deiner zuverlässigen Tafel, die da festlegt die Grenzen

von Himmel und Erde,

25 Sprich aus, daß meine Tage lange währen mögen, und schreibe hohes
Alter für mich auf! [236]

---

232) Text: *daddaru*, d. i. eine stinkende Pflanze.

233) Vgl. auch hiermit Beispiele at.lichen Lobgelübdes: Ps. 7, 18; 13, 6; 31, 8–9;
35, 9–10. 27–28.

234) Noch heute südlich von Babylon als Ruine Birs Nimrud hoch aufragend.

235) Nämlich Marduks.

236) Vgl. die at.liche Königsfürbitte Ps. 61, 7–8, aber auch etwa Ps. 21, 5.

Vor Marduk, dem König Himmels und der Erden,
Deinem leiblichen Vater, laß meine Werke wohlgefällig sein,
sprich zu meinen Gunsten!
„Nebukadnezar
30ist wahrlich ein König, der reich ausstattet!" –
so möge es aus Deinem Munde heißen!

26. Sumerisches Klagelied über die Zerstörung von Ur

Text: H. de Genouillac, Textes religieux Sumériens, 1930, Nr. 40 und weitere Fragmente; S.N. Kramer, Lamentation over the Destruction of Ur, AS 12, 1940; ders., ANET³, S. 455 ff.; ders. und Inez Bernhardt, Sum. lit. Texte aus Nippur II, 1967, S. 16 zu Tf. 18–25; M. Witzel, Or. NS 14, 1945, S. 185 ff.; ebd. 15, 1946, S. 46 ff.; A. Falkenstein, SAHG, S. 192 ff. (Nr. 38) und S. 376 f.; C. J. Gadd, Ur Excavations Texts 6/II, 1966, S. 1 zu Nr. 135–139; H. Limet, RA 63, 1969, S. 5 ff.; H. Sauren, JNES 29, 1970, S. 42 ff.; Y. Rosengarten, Trois aspects de la pensée sumérienne, 1971, S. 45 ff.

Literatur: Th. Jacobsen, AJSL 58, 1941, S. 219 ff.; ders., in: Frankfort u. a., Frühlicht des Geistes, UB 9, 1954, S. 217 ff. (mit Teilübersetzung); M. Lambert, RA 55, 1961, S. 190 f. (Nr. 38); S. N. Kramer, Sumerians, S. 142 ff.; Y. Rosengarten, RHR 174, 1968, S. 117 ff.

Der mühsam zurückgewonnene, teils im sog. Emesal-, teils im Hauptdialekt abgefaßte Text hat über 430 Verse und stammt in seiner jetzigen Form aus der altbabylonischen Zeit; Y. Rosengarten (a.a.O.) hat versucht, ihn als eine Art sumerischer Tragödie zur Aufführung mit Vorsängern und Chor zu deuten. Die Dichtung bezieht sich wahrscheinlich auf die Zerstörung von Ur durch die Elamer etwa 1955 v. Chr. Sie ist nicht ohne Gegenstücke [237]. In 11 Abschnitte unterteilt, beklagt sie zunächst weitschweifig das verwüstete und von seinen Göttern verlassene Sumer und wendet sich sodann dem Schicksal Urs und seines Mondheiligtums zu, dessen Not auch die gnädige Ningal, die Gemahlin des Mondgottes Nanna-Sin, trotz zweifacher Fürbitte bei den obersten Göttern nicht lindern konnte. Ihre Klage um das verlorene Heiligtum und die flehentliche Bitte des für sein Volk sprechenden Sängers an die Götter werden wörtlich zitiert. Anders als in den Klageliedern des AT über Jerusalems Zerstörung 587/86 v. Chr., besonders in Klgl. 1 f., begegnen wir in der spätsumerischen, freilich fast anderthalb Jahrtausende älteren Dichtung dem Gedanken an ursächliche menschliche Schuld und Sühne nicht; dennoch ist eine gewisse Parallele unbestreitbar. Wir können, da der Text nach sumerischer Art jeden Gedanken mit leichter Umformung mehrfach wiederholt und ganze Listen von Städten, Tempeln und den dazugehörigen Göttern bietet, nur jeweils einige Verse als Probe zitieren (Zeilenzählung nach ANET).

65 f.O du Stadt (großen) Namens – nun bist du mir [238] zerstört,
Stadt der hohen Mauern – zugrunde ging dein Land!

---

[237] Eine noch weit umfangreichere, vielleicht ergreifendere, sich indes von dem historischen Sachverhalt stark entfernende Dichtung mit dem gleichen Thema, „Klage über die Zerstörung von Sumer und Ur", auch „Zweite Ur-Klage" genannt, wurde neuerdings von S. N. Kramer in ANET³, S. 611 ff. veröffentlicht. Zu ihr gehört auch die zunächst als selbständiges Werk angesprochene „Ibbisin-Klage" (Falkenstein, WO 1, 5, 1950, S. 377 ff. und SAHG, S. 189 ff.); vgl. Kramer, Iraq 25, 1963, S. 171 ff.

[238] Ningal spricht.

75 f.Seine 239) [gute Stadt], die zerstört wurde – bitter ist ihre Klage,
Sein Ur, das zerstört wurde – bitter ist seine Klage!

128-133Wie ein Zelt, eine Hütte, in der man das Korn [gesammelt hatte],
Wie eine Hütte, in der man das Korn [gesammelt hatte] 240), ist es (nun)
Regen und Wind preisgegeben!
130O Ur, mein erhabenes Gemach –
Mein Haus in der niedergelegten Stadt, das man mir zerstört hat,
Hat man wie den Pferch eines Hirten abgerissen,
(Und) meine Schätze, die sich in der Stadt türmten, sind (in alle Winde)
zerstreut!

173-175Enlil rief den Sturm – das Volk stöhnt,
Den Wind des Überflusses raubte er dem Lande – das Volk stöhnt,
Den guten Wind versagte er Sumer – das Volk stöhnt.

190-195Der Tag ward der aufgehenden Sonne, des hellen Lichts be-
raubt (?),
Im Lande ging die helle Sonne nicht auf, (sondern) schien (nur) wie ein
Stern am Abend 241),
Die Nacht wurde der Freude und ... vom (?) Südwind beraubt (?),
Ihre Becher waren mit Staub gefüllt 242) – das Volk stöhnt,
Über die Schwarzköpfigen gingen die Winde dahin – das Volk stöhnt.
195Das Fangnetz fiel über Sumer 243) – das Volk stöhnt.

200-205Der Sturm, der das Land vernichtet, tat sein Werk (?) in der
Stadt,
Der alleszerstörende Sturm [bedeutete Verderben].
Der Sturm, der Feuer regnen läßt (?), brachte die (Not) über das Volk,
Der Sturm, den Enlil haßvoll ausgesandt hatte, der Sturm, der das Land
davontrug,
205Deckte Ur zu wie ein Tuch, hüllte es ein wie Linnen.

227-229Der Schwache wie der Starke starb in Ur Hungers,
Die alten Frauen und Männer, die ihr Haus nicht verlassen hatten,
wurden vom Feuer überwältigt,
Die Kinder auf ihrer Mutter Schoß wurden wie Fische vom Wasser
davongetragen.

232-235Die Ratsversammlung des Landes ist zerstoben – das Volk stöhnt,
Die Mutter ließ ihre Tochter davon – das Volk stöhnt,
Der Vater wandte sich ab von seinem Sohn – das Volk stöhnt,
In der Stadt ist die Frau verlassen, das Kind verlassen, die Habe zer-
ronnen.

---

239) Des Mondgottes Nanna; das Volk bzw. der Sänger spricht.
240) Ähnliche Vergleiche Jes. 1,8.
241) Vgl. u.a. Jes. 13,10; Am. 5,18.
242) Vgl. vor allem Ps. 11,6, im weiteren u.a. Jes. 51,17.22; Klgl. 4,21.
243) Ein entsprechendes Bild z.B. in Ez. 12,13.

²⁵⁴⁻²⁵⁶Die Mutter Ningal steht, (als wäre sie) ein Feind, außerhalb der Stadt,
Die Frau erhebt laut die Klage über ihr zerstörtes Haus,
Die Königin von Ur ruft Wehe ob ihres vernichteten Heiligtums.

²⁸⁶⁻²⁸⁸„Weh mir – in meiner Stadt, die verging, bin ich nicht mehr die Königin!
[O Nanna] – in Ur, das verging, bin ich nicht mehr die Herrin!
Zur Ruine ist mein Haus gemacht, meine Stadt zerstört!"

Der Dichter ruft zu Ningal im Namen der Stadt Ur:

³⁶⁷⁻³⁷²In Deinen Kanälen, gebaut (einst) für große Schiffe, wächst (nun) [Schilf],
Auf Deinen Straßen, (einst) für Wagen angelegt, sprießt (nun) der „Bergdorn".
O meine Herrin – Deine Stadt weint um Dich wie um eine Mutter,
Ur sucht Dich – einem Kinde gleich, das sich in den Straßen verirrte,
Dein Haus streckt die Hand nach Dir aus – einem Manne gleich, der alles verlor,
Die Mauern Deines rechtschaffenen Hauses rufen wie ein Mensch: Wo bist Du? ...

³⁸¹⁻³⁸³Möge doch An, der König der Götter²⁴⁴), für dich sprechen: „Nun ist es genug!"
Enlil, der Herr aller Länder möge Dir (nun ein gutes) Geschick bestimmen!
Deine Stadt möge er Dir wiederherstellen, (und) Du sei (dort aufs neue) Königin ...

III. Weissagungen und Prophetensprüche

27. *„Ein Fürst wird kommen ..."*

Text: A.K.Grayson und W.G.Lambert, JCS 18, 1964, S.7ff. (dort S.7 auch ältere Literatur); R.D.Biggs, ANET³, S.606ff.
Literatur: R.D.Biggs, Iraq 29, 1967, S.117ff.; W.W.Hallo, IEJ 16, 1966, S.231ff.; W.G.Lambert, Or. NS 39, 1970, S.175ff.
Vier gattungsmäßig miteinander verwandte Texte prophetischer Art (A–D), die in fragmentarischen Kopien aus Assur und Ninive bekannt wurden, beschreiben das Erscheinen von zukünftigen Königen (manchmal auch „Fürsten" genannt), geben zuweilen sogar die Zahl ihrer Regierungsjahre an, nennen aber keine Namen. Der „Sitz im Leben"²⁴⁵) dieser Werke ist schwer zu klären. Ebenso ist umstritten, ob es sich

---

²⁴⁴) Vgl. Ps. 95,3, der Sache nach auch Ps. 96,4; 97,9 u.ö.
²⁴⁵) Zu Text C siehe auch bei Nr. 28 („Schulgi-Prophetie"); zu Text D bei Nr. 29 („Prophetische Rede Marduks").

hier um „säkulare" oder „theologische" Schriften auf der Grundlage der zyklischen Geschichtsschau handelt, wie W.W.Hallo[246]) zu erwägen gibt[247]); immerhin böte die Deutung des Weltgeschehens in dem Sinne, daß sich die Geschichte nach bestimmten Intervallen wiederhole und so eine Zukunftsschau zulasse, eine Möglichkeit, dem Sinn der vorliegenden Urkunden näherzukommen. Eine gewisse Parallelität zwischen ihnen und Dan. 8,23–25 und 11,2–45 ist festzustellen; in geringerem Maße erinnern sie ferner an die Jesaja-Apokalypse Jes. 24–27 und verwandte Texte. Hier zwei Proben aus Text A[248]):

II [2][Ein Fürst wird kommen] und 18 Jahre regieren.

Das Land wird in Sicherheit leben und gedeihen und das Volk Überfluß [haben].

Die Götter werden für das Land günstige Entscheidungen treffen, gute Winde werden kommen.

[5]Der ... und die Furche werden überreichen Ertrag bringen,

Schakan und Nisaba[249]) werden ständig im Lande weilen (?).

Es wird Regen und Flutwasser geben, das Volk (?) des Landes wird ein Fest veranstalten.

Dieser Fürst (aber) wird bei einem Aufstand durch die Waffe getötet werden.

Ein Fürst wird kommen und 13 Jahre regieren.

[10/11]Es wird ein Angriff der Elamer[250]) auf Akkad[251]) erfolgen und die Beute (?) von Akkad weggeschleppt werden.

Die Heiligtümer der großen Götter werden zerstört, Akkad wird eine Niederlage erleiden.

Es wird Aufruhr, Verwirrung und Unordnung im Lande geben.

Die Adligen (?) werden ihr Ansehen verlieren, ein anderer, unbekannter Mann wird aufsteigen,

[15]als König den Thron usurpieren und seine[252]) Vornehmen ans Schwert liefern.

Mit der Hälfte des Heeres von Akkad wird er die Bäche von Tupliasch,

Die Ebenen und die Hügel füllen[253]).

Das Volk wird eine schlimme Hungersnot erleiden.

28. Die Schulgi-Prophetie

Text: R.Borger, BiOr 28, 1971, S.3ff. besonders S.14ff. 20ff.; A.K.Grayson und W.G.Lambert, JCS 18, 1964, S.19ff.

---

[246]) Siehe oben S.98.
[247]) Kategorisch dagegen W.G.Lambert, Or. NS 31, 1962, S.175, Anm.7.
[248]) Grayson–Lambert, a.a.O., S. 12ff., „Erste Seite", Kol. II, Z.2–18.
[249]) Die Gottheiten der Tiere und des Korns.
[250]) Der meist feindlichen östlichen Nachbarn Babyloniens.
[251]) Das heißt hier: Nordbabylonien.
[252]) Des gestürzten Königs?
[253]) Überall werden Gefallene liegen.

Dem zweiten und berühmtesten König der 3. Dynastie von Ur, Schulgi (etwa 2046–1998), der bereits zu Lebzeiten deifiziert und noch später gelegentlich als Gott verehrt wurde, ist eine umfangreiche Prophezeiung in den Mund gelegt worden. Sie beginnt mit einer der üblichen Ruhmreden des Herrschers auf sich selbst, bei der er sich als „Ich, Gott Schulgi, der Liebling Enlils und Ninlils" bezeichnet. Der Text setzt sich mit einer Reihe von Zukunftssprüchen (die gewiß als vaticinia ex eventu anzusehen sind) betreffs der Schicksale der Städte Nippur und Babylon [254]) sowie ihrer Könige fort und endet mit mehreren Weissagungen, die abwechselnd Heil und Unheil verkünden [255]). Hier ein Auszug [256]):

Kol. IV 2–22

… Am Stadtrand [257]) von Babel
Wird der Erbauer dieses Palastes sich grämen.
Dieser Fürst wird Schlimmes erleben,
[5]Sein Herz wird nicht froh sein.
Während seines Königtums
werden Schlacht und Kampf
nicht aufhören.
Unter dieser Regierung werden Brüder einander verzehren [258]),
[10]die Leute werden ihre Kinder
für Geld verkaufen.
Die Länder insgesamt werden in Verwirrung geraten.
Der Mann wird das Weib verlassen,
(und) das Weib wird den Mann verlassen.
[15]Die Mutter wird vor der Tochter ihre Tür verschließen [259]),
Das Eigentum von Babel wird
nach Subartu [260])
und nach dem Lande Assur wandern.
Der König von Babel
[20]wird für den Fürsten von Assur den Besitz seines Palastes,
sein Eigentum, nach Assur
ausliefern [261]) …

---

[254]) In Wirklichkeit spielte Babylon zur Zeit Schulgis noch keinerlei Rolle.

[255]) Mit erneuten Anklängen an das biblische Daniel-Buch, vgl. Dan. 11,4.6.8 f.; 12,1.

[256]) Nach Borger, a.a.O., S. 20 f.

[257]) Oder „bei der Eroberung"?

[258]) Dasselbe Motiv Jes. 9,18–19.

[259]) Vgl. etwa Mi. 7,5–6 oder auch Jes. 3,5.

[260]) Älterer Name für Assyrien.

[261]) Hierbei kann es sich unseres Wissens nur um eine Anspielung auf die Zerstörung und Ausplünderung Babylons durch den Assyrerkönig Tukultininurta I. (ca. 1233–1198) handeln – was einen terminus post quem für die Datierung des Textes ergibt.

29. Prophetische Rede Marduks

Text und Übersetzung: R. Borger, BiOr 28, 1971, S. 3 ff., besonders S. 5 ff. 16 ff.;
A. K. Grayson und W. G. Lambert, a.a.O. (vgl. zu Nr. 21), S. 21 ff.
Literatur: H. G. Güterbock, ZA 42, 1934, S. 79 ff.

Der Text wurde in der Bibliothek Assurbanipals mit der „Schulgi-Prophetie" (vgl.
Nr. 28) zu einer „Serie" zusammengefaßt. Die Vorlage der außer Ninive auch aus
Assur stammenden Bruchstücke ist auf die „2. Dynastie von Isin", genauer in die Regierungszeit Nebukadnezars I. (ca. 1127–1105), zu datieren, in der Marduk endgültig
zur Spitze des babylonischen Pantheons aufstieg. Es handelt sich bei ihm um die „einzige göttliche Autobiographie der Keilschriftliteratur" (Borger). Sie gibt sich als eine
für die übrigen Götter bestimmte Ruhmrede Marduks auf sich selbst, spricht zunächst
von den drei bis zu jenem Zeitpunkt geschehenen Wegführungen der Mardukstatue
aus Babylon – die hier jedoch als freie Willensentscheidung des Gottes erscheinen –
und läßt eine umfangreiche Heilsprophetie folgen, die zweifellos an Nebukadnezar I.
gerichtet ist und nach dem Wunsch des Marduk-Klerus den absoluten Vorrang seines
Gottes besiegeln soll. Manche Einzelzüge klingen an at.liche Heilsweissagungen
an[261a]). Ihr Hauptinhalt ist eine umfangreiche „Wunschliste" eben dieser Priesterschaft an den König, von deren Erfüllung das verkündete Heil abhängig gemacht wird.
Es geht dabei um die Heimholung der Mardukstatue, die beim Sturz der Kassiten-
dynastie etwa 1160 v. Chr. von den Elamern verschleppt worden war, und um die
anschließende prachtvolle Erweiterung und Ausschmückung der Tempel Marduks
und ihm verwandter Götter. Sollte diese – tatsächlich erfolgte – Rückführung der
Statue zur Zeit der Abfassung unseres Textes noch ausgestanden haben, läge wenigstens in diesem Abschnitt eine echte Heilsweissagung vor. Wir zitieren die besterhal-
tenen Stücke aus dem Schlußteil[262]).

Fragment aus Assur IV 4–8 und 21–24

… Dieser Fürst wird mächtig sein und [keinen] Rivalen [bekommen].
[5]Er wird sich der Stadt[263]) annehmen, die Zerstreuten wird er sam-
    meln[264]).
Den Tempel Egalmach und die (anderen) Heiligtümer wird er gleich
    Edelsteinen erglänzen lassen.

[21-24]Das zerstreute Land wird er sammeln und konsolidieren.
Das Tor des Himmels wird ständig geöffnet werden (?).

Fragment aus Ninive III 6'–24'

Die Flüsse werden Fische bringen,
    das Feld der Flur (?) wird voller Ertrag sein[265]),
    das Gras des Winters wird bis zum Sommer,
    das Gras des Sommers bis zum Winter ausreichen[266]),

[261a]) Vgl. z. B. Jes. 1, 26 ff.; 4, 5 f.; 13, 19; 14, 22; 30, 23; 31, 8; 34, 5 b; 43, 5; 60, 4
oder Am. 9, 14 f.; Mi. 2, 12; 4, 6; Sach. 1, 17 u. ö.
[262]) Nach R. Borger, a.a.O., S. 16 b. 17 a.
[263]) Gemeint ist Isin, der Sitz der Dynastie.
[264]) Entsprechend etwa Ez. 11, 17; 20, 34.41.
[265]) Vgl. etwa 3. Mose 26, 4 und Ez. 34, 27.
[266]) Vgl. 3. Mose 26, 5.

[10] die Ernte des Landes wird gedeihen, der Marktwert günstig sein.

Böses wird in Ordnung kommen,

Trübes sich klären, Böses sich erhellen.

Wolken werden ständig vorhanden sein.

Der eine Bruder wird sich des anderen Bruders erbarmen,

[15] Der Sohn wird seinen Vater wie einen Gott verehren,

die Mutter [wird] die Tochter [...],

die Braut wird bekränzt (?) werden, ihren [Mann] wird sie verehren.

Erbarmen wird bei den Menschen immer vorhanden sein.

Der Mann – sein Ertrag [...] wird fest sein.

[20] Dieser Fürst wird die Länder insgesamt beherrschen.

Ich aber, ihr Götter alle,

habe ein Bündnis mit ihm [267]),

Elam wird er zerstören,

Seine Städte wird er zerstören ... [268]).

30. Prophetensprüche aus Mari

Text und Übersetzung: ARM II 90; III 40.78; X 4.6–10.50f. 53.80f.; XIII 23. 112–114; G. Dossin, RA 42, 1948, S. 128 ff.; ders. und A. Lods, in: FS Th. H. Robinson, 1950, S. 103 ff.; ders., La divination en Mésopotamie ..., 1960, S. 77 ff. Die Texte [268 a]) jetzt gesammelt und kommentiert von F. Ellermeier, Prophetie in Mari und Israel, 1968, die neueren aus ARM X („La correspondance féminine") außerdem von W. L. Moran, Bib. 50, 1969, S. 15 ff., vgl. auch ANET³, S. 629 ff.; W. von Soden, UF 1, 1969, S. 198; P. R. Berger, ebd., S. 207 ff.

Literatur: Praktisch bereits unübersehbar, vgl. die Zusammenstellung bei Ellermeier, a.a.O., S. 21 ff. auch S. 172 f. 186 und S. 224 ff. sowie dort jeweils zu den einzelnen Briefen; ferner die Zitate bei W. L. Moran, Bib. 50, 1969, S. 15 f., Anm. 1–3 und passim; J. G. Heintz, VT.S 17, 1969, S. 112 ff.; ders., Bib. 52, 1971, S. 543 ff.; W. Römer, Frauenbriefe über Religion, Politik und Privatleben in Mari, 1971; K. Koch, UF 4, 1972, S. 53 ff.

Unter den Tausenden von Briefen der Archive von Mari [269]) aus der Regierungszeit Zimrilims [270]) findet sich auch eine Reihe von Texten, die erstmalig echte babylonische Prophetensprüche bezeugen. Es handelt sich jeweils um Meldungen über prophetische

---

[267]) Dem König.

[268]) Während der Kampagne 1969/70 kam in Uruk-Warka u. a. eine Tontafel verwandten Inhalts ans Licht. Sie zählt zunächst eine Reihe von Königen verschiedener babylonischer Städte auf, die die „Gerechtigkeit" im Lande nicht durchsetzen konnten, und kündigt sodann einen aus Uruk stammenden Herrscher an, der Recht bringen, Uruk herrlich wiederherstellen und die ganze Welt regieren werde, vgl. H. Hunger, UVB 26/27, 1972, S. 87.

[268 a]) Weitere hierher gehörende Texte sind ARM X, 4.9.53.94 und 117, vgl. W. von Soden, a.a.O., und J. G. Heintz, Bib. 52, 1971, S. 547 f.

[269]) Heute Tell Hariri, seit 1933 von A. Parrot und seinem Stab ausgegraben, gelegen am Euphrat in Nordostsyrien nahe der irakischen Grenze.

[270]) Zeitgenosse und langjähriger Verbündeter Hammurabis, schließlich aber von diesem besiegt und entthront.

Verkündigungen in den Tempeln von Mari und anderswo – in benachbarten Städten jenseits der Grenzen – an König Zimrilim, die von Verwaltungsbeamten, diplomatischen Vertretern oder hochgestellten Damen des Hofes, vor allem Zimrilims Gemahlin selbst, abgesandt wurden. Als inspirierende Gottheiten erscheinen Dagan von Terqa, Tuttul und Mari (?), Anunitum, Belet-ekallim, Belet-biri und Iturmer, sämtlich in Tempeln des Landes oder in der Hauptstadt Mari verehrt, sowie Adad von Aleppo und Schamasch von Sippar[271]). Die im babylonischen Bereich ungewöhnliche Institution der Kultprophetie besaß zu dieser Zeit in Mari und seiner Nachbarschaft offenbar hohes Ansehen und politischen Einfluß. Das, was Propheten beiderlei Geschlechts[272]), gelegentlich aber auch andere Kultpersonen oder gar Laien, aufgrund von Träumen, Visionen, Auditionen und z.T. in Ekstase als Wort ihres Gottes aussagten, galt als so wichtig, daß darüber in jedem Fall von einiger Bedeutung an den König zu berichten und der Inhalt der Prophetie durch eine bestimmte Zeremonie[273]) zu „beeiden" war. Dieser Inhalt reicht von Mahnungen zu höherer Achtung vor dem verkündenden Gott oder zu besserer Ausstattung seines Heiligtums über Erinnerungen an fällige Opfer sowie politische Ratschläge und Warnungen bis zu klaren Heilsweissagungen betreffs militärischer Unternehmungen des Königs. Die Prophetien von Mari gehen damit gewiß parallel mit den (uns kaum bekannten) Verkündigungen beamteter israelitischer Nebiim, von denen wir in der Polemik der Schriftpropheten hören[274]), erinnern aber gelegentlich auch an die Trostworte eines Jesaja für seinen König und sein Volk, zu denen er sich in großen Nöten seines Landes durchrang[275]), an die zahlreichen, sekundären, in die Prophetentexte eingefügten Heilsweissagungen und an die Trost- und Heilspredigten Ezechiels und Deuterojesajas.

a) Totenopfer für den Vater (ARM III 40) [276]

¹[Zu] meinem Herrn sprich: So (sagt) Kibridagan[277]), Dein Diener. ⁵Dagan und Ikrubel[278]) geht es [wohl], (auch) in Terqa und im Bezirk ist alles in Ordnung. Ferner: Am Tag, an dem ich diesen Brief an meinen Herrn absenden wollte, ¹⁰kam der *muchchum* des Dagan zu mir und sagte [mir]: „Der Gott hat mich gesandt[279])! Schreibe dem König eilends, daß man dem Totengeist des Jachdunlim[280]) die Totenopfer

---

271) Vgl. Ellermeier, a.a.O., S. 76 ff.

272) Babylonisch *ap(i)lum* bzw. *apiltum*, „Beantworter(-in)", *muchchum* bzw. *muchchutum*, „Ekstatiker(-in)" sowie *qabbatum*, „Sprecherin".

273) Übersendung von Locke und Gewandsaum des Verkünders oder des Zeugen und Berichterstatters an den König.

274) Vgl. nur Jes. 28,7ff.; Jer. 5,31; 6,14; 14,13ff.; 23,9ff.; 27,9f.; 29,21ff.; Mi. 3,5ff.; Zeph. 3,4; P.R. Berger hat (UF 1, 1969, S. 107) ferner auch auf Jo. 3,1 verwiesen.

275) Vgl. Jes. 7,3ff.; 10,5ff.; 17,1ff.; 37,21ff.; 2. Kön. 19,20ff.

276) W. von Soden, WO 1,5, 1950, S. 399; Ellermeier, a.a.O., S. 32ff.; ANET³, S. 624.

277) Präfekt von Terqa (heute Aschara, 70 km nordwestlich von Mari am Euphrat).

278) Hauptgötter von Terqa, Dagan überdies oberster Gott des Landes Mari.

279) Vgl. Anm. 298.

280) Vater Zimrilims, dessen Totenkult während der assyrischen Oberherrschaft über Mari gewiß eingestellt worden war. Die Erinnerung an seine Wiederaufnahme verweist den Text wahrscheinlich in die erste Regierungszeit Zimrilims.

darbringen müsse!" Dieses hat jener *muchchum* [20]mir gesagt, und ich melde es hiermit meinem Herrn. Mein Herr möge tun, was ihm gut scheint!

b) Warnung und Ermutigung (ARM X 7) [281]

[1]Zu meinem Herrn sprich: So (sagt) Schibtu [282]), Deine Dienerin: Im Palast ist alles in Ordnung. [5]Im Tempel der Anunitum [283]) fiel am 3. Tage (des Monats) Schelebum [284]) in Ekstase. Also sprach [285]) Anunitum: „Zimrilim! Durch einen Aufstand [286]) [10]wird man Dich auf die Probe stellen; sei vorsichtig! Nimm Dir zuverlässige (?) Diener, denen Du vertraust, [15]zur Seite (und) setze sie so ein, daß sie [Dich] bewachen können! Unternimm nichts allein! [20]Die Männer aber, die Dich auf die Probe [stellen wollen], werde ich in Deine Hand geben!" (Anbei) habe ich jetzt Locke [und Gewandsaum] [25]des Eun[uchen] [287]) an [meinen Herrn] abgesandt [288]).

c) Beschwerde und Hilfeversprechen (ARM X 8) [289]

[1]Zu meinem Herrn sprich: So (sagt) Schibtu, Deine Dienerin: [5]Im Tempel der Anunitum im Stadtinnern [290]) fiel Achatum, eine Tochter des Daganmalik, in Ekstase und sprach folgendermaßen: „Zimrilim, auch wenn Du mich (deinerseits) vernachlässigst [291]), [10]so werde ich Dich (meinerseits weiterhin) lieben [292]), Deine Feinde werde ich in Deine Hand geben [293]). Die [15]Menschen (aber), die mich bestehlen, werde ich

---

[281]) Ellermeier, a.a.O., S.56ff.; Moran, a.a.O., S.29ff.; ANET³, S.630; Römer, a.a.O., S.19f.

[282]) Gemahlin Zimrilims und Tochter des Königs Jarimlim von Aleppo, der dem seinerzeit vor den Assyrern aus Mari geflohenen Prinzen Zimrilim Asyl bot. Schibtu schreibt aus der Residenz Mari (die auch dem Gesamtstaat den Namen gab) an ihren außerhalb befindlichen Mann.

[283]) Erscheinungsform der kriegerischen Ischtar, Hauptgöttin von Mari. Eine weitere, sehr anspruchsvolle Prophetie aus dem Anunitum-Heiligtum bietet ARM X 8 (vgl. den folgenden Text).

[284]) Angehöriger des Kultpersonals, begegnet auch in ARM X 80 (s. unten S.151f.).

[285]) Durch den Mund des Schelebum.

[286]) Von einem solchen Ereignis wissen wir anderweitig nichts.

[287]) Übersetzung ist strittig, vgl. Moran, a.a.O., S.30, Anm.2; von Soden, a.a.O., S.198: „Kinäde".

[288]) Zur Bestätigung der Aussage, für die der Prophet damit verantwortlich ist; vgl. S.147, Anm.273.

[289]) Ellermeier, a.a.O., S.58ff.; Moran, a.a.O., S.31f.; ANET³, S.630,n; Römer, a.a.O., S.20f.

[290]) In Mari.

[291]) Der Klerus der Anunitum in Mari fühlt sich offenbar durch den König zurückgesetzt – ähnlich dem Dagans, vgl. den folgenden Text.

[292]) Begrenzt vergleichbar Hos. 3, 1.

[293]) Weitgehend vergleichbar u. a. 1.Kön. 22, 6.12.15; 2.Kön. 3, 15ff.

packen, in den Bauch der Belet-ekallim [294]) werde ich sie stecken!" [295])
Am folgenden Tage [20]brachte mir der Priester Achum diesen Bericht,
die Locke und den Gewandsaum, und ich schrieb es (daraufhin hier)
meinem Herrn. (Anbei) habe ich Locke und [25]Gewandsaum versiegelt
und an meinen Herrn abgesandt.

d) Heilswort Dagans betreffs der Jaminiten und Mahnung zu stärkerer
Beachtung des Gottes (A 15) [296])

[1]Zu meinem Herrn sprich: So (sagt) Ituraschdu [297]), Dein Diener: [5]An
dem Tage, da ich diesen meinen Brief an meinen Herrn schickte, kam
Malikdagan, ein Mann aus Schakka, zu mir und sagte zu mir folgendermaßen: „In meinem Traum waren ich und der Mann mit mir auf dem
Wege [10]aus dem Gebiet von Sagaratum im oberen Bezirk nach Mari.
Unterwegs (?) trat ich in Terqa ein, und als ich dort eintrat, ging ich in
den Dagan-Tempel hinein und vor Dagan [15]warf ich mich nieder. Als
ich ihm zu Füßen lag, öffnete Dagan seinen Mund und sprach zu mir:
‚Haben die Könige der Jaminiten und ihre Leute mit den Leuten Zimrilims, [20]die heraufgezogen sind, Frieden gemacht?' Ich antwortete:
‚Sie haben nicht Frieden gemacht!' Gerade als ich hinausgehen wollte,
sagte er mir (weiter): ‚Warum befinden sich nicht ständig Boten [25]Zim-
rilims vor mir, und warum hält er mich nicht immer auf dem Laufen-
den? Sonst hätte ich (schon) seit längerem [30]die Könige der Jaminiten
in die Hand Zimrilims gegeben! Jetzt geh, ich habe dich gesandt [298])!
Zu Zimrilim sollst du folgendermaßen sprechen, dies (sollst) du (sagen):
Sende deine Boten zu mir [35]und teile mir alles mit! Und dann werde ich
die Könige der Jaminiten im Korb des Fängers zappeln lassen und sie
vor dich hinstellen [299])!'" [40]Dies schaute jener Mann in seinem Traum

---

[294]) „Herrin des Palastes", eine seit der Ur III-Zeit bekannte Erscheinungsform der
Inanna-Ischtar, die wohl in vielen Residenzstädten ihren Tempel oder ihre Kapelle
hatte und in Mari als Schutzherrin der Dynastie nachgewiesen ist.

[295]) So nach von Soden, a.a.O., z. St.; Bedeutung der Drohung unklar.

[296]) Ellermeier, a.a.O., S. 24ff.; ANET³, S. 623a.

[297]) Palastpräfekt in Mari und Statthalter von Nachur.

[298]) Vgl. ARM III 40 (s. oben S. 147), Z. 14, und XIII 114 (s. unten S. 152) Z. 11 und
dazu beispielshalber Jer. 26,12.15, der Sache nach auch Jes. 6,8f.; Jer. 1,7; Ez. 2,3;
Am. 7,15.

[299]) Der Klerus Dagans, des Hauptgottes von Mari, fühlt sich offenbar durch zu
geringe königliche Zuweisungen vernachlässigt und beklagt sich darüber genauso wie
die Priesterschaft der Anunitum (vgl. den vorhergehenden Text ARM X 8 Z.9 und
Anm.291). Er verspricht dem König kriegerische bzw. politische Erfolge – hier die
Unterwerfung des mächtigen und aggressiven Nomadenstammes der Jaminiten – für
den Fall, daß Abgeordnete Zimrilims ständig im Dagantempel stationiert, die Priester
laufend über die politischen Vorgänge unterrichtet werden und beratende Funktion
erhalten. Daß ein ‚zufälliger' Besucher des Tempels diese Audition empfängt, soll
dabei besonders wirksam sein, dürfte indes den nüchtern denkenden Zimrilim kaum
stark beeindruckt haben. Die Parallele zu den „Lügenpropheten" etwa von Jer. 23,
13.16 ist hier schwer zu übersehen.

und berichtete es mir. Ich habe es hiermit meinem Herrn geschrieben, mein Herr möge über diese Traum-Angelegenheit entscheiden[300])! [45]Ferner: Wenn es meinem Herrn gefällt, möge mein Herr Dagan voll unterrichten, und die Boten meines Herrn mögen dann stets zu Dagan unterwegs sein! [50]Der Mann, der mir diesen Traum berichtete, will vor Dagan ein Tieropfer darbringen, weshalb ich ihn nicht zu Dir sende, und da dieser Mann[301]) zuverlässig ist, brachte er seine[302]) Locke und seinen Gewandsaum nicht mit.

e) Warnung vor kriegerischen Abenteuern (ARM X 50)[303])

[1]Zu meinem Herrn sprich: So (sagt) Adduduri[304]), Deine Dienerin: Seit dem Untergang[305]) Deines Vaterhauses hatte ich diesen Traum nie. [5]Meine früheren Vorzeichen wiesen in dieselbe Richtung ...˙ (?). In meinem Traum trat ich in den Tempel der Belet-ekallim[306]), aber Belet-ekallim [10]war nicht anwesend, und auch die vor ihr stehenden Statuen waren nicht da[307]). Ich erschaute das und begann zu weinen. Diesen meinen Traum hatte ich in der (Zeit der) ersten Nachtwache. Wiederum (träumte ich): Dada, der Priester [15]der Ischtar- ...[308]) hatte im Tor der Belet-ekallim Aufstellung genommen, und ... rief immer wieder: „Komm zurück, Dagan! [20]Komm zurück, Dagan!"[309]) So erklang es

---

[300]) Auch Ituraschdu gibt sich skeptisch, überläßt aber natürlich die Entscheidung dem König.

[301]) Hier muß der Bote gemeint sein, den Ituraschdu mit dem Bericht von dem „Gotteswort" im Dagantempel von Terqa an Zimrilim schickt.

[302]) Des Traumempfängers.

[303]) Ellermeier, a.a.O., S. 64 ff.; Moran, a.a.O., S. 38 ff.; ANET³, S. 631,p; Römer, a.a.O., S. 23. 26 f.

[304]) Hofdame in Mari, also eine Laiin; sie meldet – unter Hinweis auf schon früher empfangene „Zeichen"(?) – zwei eigene Träume prophetischen Charakters sowie den ergänzenden Spruch einer *muchchutum* (Ekstatikerin) der Anunitum und verifiziert ihren Bericht durch Übersendung ihrer eigenen Locke und ihres Gewandsaumes. Sie ist die Absenderin mehrerer Berichte über bekanntgewordene Prophetensprüche an Zimrilim.

[305]) So nach von Soden, a.a.O., z. St. statt „Wiederherstellung"; gemeint ist die Ermordung des Vaters und der Brüder Zimrilims sowie die Eroberung Maris durch Schamschiadad von Assur.

[306]) Siehe oben S. 149, Anm. 294.

[307]) Drohende Vorzeichen: In der Vision fehlen die Statue der Belet-ekallim und die vor ihr aufgestellten Beterstatuetten, d.h. die Göttin, Schutzherrin des Königshauses, hat ihren Sitz verlassen und ist außer Funktion. – Vgl. Ezechiels Schau vom Weggang der göttlichen Herrlichkeit: Ez. 8, 1–11, 25.

[308]) Also der Priester einer anderen, bis jetzt noch nicht identifizierten Göttin vom Ischtar-Typ; der Tempel der Belet-ekallim ist gleichsam herrenlos.

[309]) Auch Dagan, Maris oberster Herr, der einst Jachdunlim zum König gemacht hatte, ist in Adduduris Traum fortgegangen (vgl. Ez. 8–11) und wird um Rückkehr angefleht. Wahrscheinlich handelt es sich bei der vorausgesetzten kritischen Situation

immer wieder. Ferner: Die *muchchutum* im Anunitum-Tempel stand
auf und (sprach) folgendes: „Zimrilim, zieh nicht in den Krieg! [25]Bleib
in Mari, und ich (selbst) werde alles übernehmen[310])!" Mein Herr ver-
säume nicht, sich in acht zu nehmen! Ich selbst versiegele Haarsträhne
und Gewandsaum der Frau und sende sie anbei meinem Herrn.

f) Heilswort betreffs Eschnunnas (ARM X 80)[311])

[1]Zu „meinem Stern"[312]) sprich: So (sagt) Inibschina[313]): (Schon)
früher hat mir der Eunuch (?)[314]) Schelebum [5]ein Orakel gegeben, und
ich habe es Dir mitgeteilt. Jetzt kam die Qabbatum[315]) des Dagan von
Terqa und sagte mir folgendes: [10]Also (sprach) sie: „Die Friedens-
schritte des ‚Mannes von Eschnunna'[316]) sind reiner Betrug. Unterm
trocknen Schilf[317]) fließt das Wasser[318])! Ich aber werde ihn in [15]dein
Netz, das ich knüpfe, einfangen[319]). Ich werde mit seiner Stadt[320]) ein
Ende machen und seinen Besitz, der seit alten Zeiten nicht angetastet
worden ist, werde ich zerstören! [20]Dies sagte er[321]) zu mir!" Nun sei
vorsichtig! Betritt das Innere der Stadt nicht ohne ein (vorher eingehol-

---

um die erste Phase der Schlußauseinandersetzung Zimrilims mit Babylon, die schließlich zur Eroberung Maris durch Hammurabi führte.

[310]) Wörtlich etwa: „Werde die Antwort geben". Ähnlich (worauf Moran, a.a.O.,
S. 40 z. St. hinweist) Ischtar von Arbela zu Assurbanipal, ANET³, S. 451; vgl. im AT
Jes. 7, 3 ff.

[311]) Ellermeier, a.a.O., S. 68 ff.; Moran, a.a.O., S. 52 ff. und ANET³, S. 632; Römer,
a.a.O., S. 21 ff.

[312]) Zärtlich familiäre Anrede, meist von Zimrilims Töchtern gebraucht; Inibschina
ist eine von ihnen (vgl. Moran, a.a.O., S. 33 z. St.).

[313]) Verfasserin auch von ARM X 81–83.

[314]) Vgl. oben S. 148, Anm. 284 und 287.

[315]) „Sprecherin".

[316]) „Mann" oft (herabsetzend) für „Fürst" oder „König". Der König von Eschnunna (am Dijala) namens Ibalpiel, beständiger Parteigänger des benachbarten Elam,
spielte in der Hammurabi-Zeit eine nicht unbedeutende Rolle und war meist sowohl
mit Babylon als auch mit Mari verfeindet. Solange die Föderation dieser beiden Staaten
währte, haben Hilfstruppen aus Mari mehrfach an der Seite der Babylonier gegen
Eschnunna gekämpft. Auf ein solches Unternehmen bezieht sich wahrscheinlich unser
Text, der verständlicherweise (und in den früheren Jahren wohl mit einem gewissen
Recht) Zimrilim die führende Rolle zuweist.

[317]) Wörtlich: „Stroh".

[318]) Offenbar liegt ein Sprichwort vor, etwa des Sinnes: Trau dem äußeren Anschein nicht!

[319]) Wie etwa – rund 800 Jahre früher – der Gott Ningirsu auf den Reliefs der
„Geierstele" die Feinde Eannatums von Lagasch in seinem Netz hält, vgl. A. Parrot,
Sumer, 1960, S. 134, Abb. 163 b; A. Moortgat, Die Kunst des Alten Mesopotamien,
1967, Tf. 118. – Vgl. im AT etwa Ez. 12, 13; 17, 20.

[320]) Eschnunna, heute Tell Asmar.

[321]) Da die Verkünderin des Spruches eine Frau ist, kann mit „er" nur der Gott
gemeint sein.

tes) Omen! [25]Folgendes hörte ich sagen: „Er[322]) ist innerlich in ständiger Unruhe(?)". Du hast keinen Grund, unruhig zu sein[323])!

g) Siegesprophetie (ARM XIII 23)[324])

[1]Zu meinem Herrn sprich: So (sagt) Mukannischum[325]), Dein Diener: Ich brachte Dagan das Opfer [5]für das Leben meines Herrn dar. Da erhob sich der *aplum* („Beantworter") des Dagan von Tuttul und sprach folgendermaßen: „Babylon, was tust du nur immer? Im Netz [10]werde ich dich einfangen[326])! Dein Gott ... ein Wildstier ... Die Häuser der sieben Bundesgenossen[327]) und alle ihre Habe will ich dem Zimrilim [15]überantworten!" Und der *aplum* des D[agan] ...

Restliche 7 Zeilen zerstört[328]).

h) Heilswort betreffs der Bedrohung durch Hammurabi von Babylon (ARM XIII 114)[329])

[1][Zu meinem Herrn s]prich: So (sagt) Kibri[dagan], Dein Diener: [5]An dem Tage, da ich diesen meinen Brief an meinen Herrn abfertigte, kam vor der Dunkelheit des Gebirges[330]) die Frau eines Mannes[331]) zu mir und sagte betreffs einer Nachricht über Babylon [10]folgendermaßen zu mir: „Dagan hat mich gesandt[332]). Schreibe deinem Herrn: Er soll sich nicht sorgen, ... sich nicht sorgen! [15]Hammurabi, [der König v]on Babylon ...[333]).

Rückseite unleserlich

---

[322]) Nämlich Zimrilim.

[323]) Übersetzung nicht ganz sicher. – Die Prophezeiung als solche traf ein; in seinem 30. Regierungsjahr besiegte Hammurabi Eschnunna. Nur war damit kein Heil für Zimrilim verbunden: Ein Jahr später wurde auch er – ein nun überflüssiger und zu eigenwilliger Bundesgenosse – von dem Babylonier besiegt und unterworfen.

[324]) Ellermeier, a.a.O., S. 40ff.; ANET[3], S. 625.

[325]) Palastbeamter in Mari.   [326]) Vgl. auch Ez. 32,3; Hos. 7,12.

[327]) Gemeint sind offenbar die derzeitigen Koalitionspartner Hammurabis; ein zuerst von G. Dossin in Syr. 19, 1938, S. 117f. publizierter Mari-Brief spricht in ähnlichem Zusammenhang sogar von „zehn bis fünfzehn ‚Königen', die mit dem Babylonier gehen".

[328]) Vielleicht folgte hier noch ein weiterer Prophetenspruch.

[329]) Ellermeier, a.a.O., S. 46ff.; ders., Qohelet I/2, 1970², S. 24ff.; ANET[3], S. 624.

[330]) Offenbar eine Zeitangabe, etwa „ehe die Berge dunkel werden". Man kann von Tell Hariri aus nach Sonnenuntergang beobachten, wie sich die Hügel im Südwesten verschleiern (freundliche briefliche Mitteilungen von A. Parrot und M. Lambert, für die sich der Vf. hier herzlich bedankt).

[331]) *awilum* hier im Sinne von „freier Bürger".

[332]) Siehe oben Anm. 298. Vgl. beispielshalber noch einmal Jer. 26,12.15, der Sache nach auch Jes. 6,8f.; Jer. 1,7; Ez. 2,3; Am. 7,15.

[333]) Wiederum eine Laiin als Prophetin mit einem neuen ermutigenden Wort Dagans (vgl. Text g) für die Auseinandersetzung Zimrilims mit Hammurabi. Der Ablauf der Geschichte zeigt, daß die Heilsweissagung fehlging. Zimrilim wurde be-

IV. Flüche in Verträgen, Sündenkataloge

31. Asarhaddons Vasallenvertrag

Text: D. J. Wiseman, Iraq 20, 1958, S. 1 ff., besonders S. 29 ff.; E. Reiner, ANET³, S. 534 ff.

Literatur: R. Borger, ZA 54, 1961, S. 173 ff.; I. J. Gelb, BiOr 19, 1962, S. 159 ff.; R. Frankena, OTS 14, 1965, S. 122 ff.

Seit der Mitte des 2. Jt. v. Chr. und wahrscheinlich unter hethitischem Einfluß beginnen im altorientalischen Staatsleben Verträge eine Rolle zu spielen. Offizielle Dokumente dieser Art wie die Schenkungsurkunden (Kudurru) der Kassitenherrscher sowie der nachfolgenden babylonischen Könige und internationale Abmachungen der Hethiter und Assyrer mit ihren Partnern wurden dabei durch massierte Götterflüche gegen Übertretung gesichert. Neuere Forschungen[334] haben Parallelen in at.lichen (vorwiegend deuteronomisch-deuteronomistischen) Texten, die von Bundesschlüssen Jahwes mit seinem Volk, aber auch etwa mit Abraham und David[335] handeln, zu erkennen gemeint, Parallelen gerade auch zu den Fluchpartien der genannten Keilschriftdokumente[336]. Insbesondere ist auf 5. Mose 28 und 3. Mose 26 zu verweisen. Aber auch die Weherufe und Drohreden der Propheten, insbesondere bei Jesaja und Jeremia, kommen in Betracht[337]. Das neueste, beste und umfangreichste Beispiel einer altorientalischen Vorlage dieser Art[338] bietet der fast 700 Zeilen lange Vasallenvertrag Asarhaddons von Assyrien (680–669), der 1955 in Nimrud, dem alten Kalach, wiederentdeckt wurde und sich aus etwa 350 Fragmenten fast vollständig herstellen ließ. Es ergab sich, daß in ihm den Flüchen mehr als 250 Zeilen eingeräumt sind. Hier die beziehungsvollsten Abschnitte:

Z. 41–61

[41]Vertrag, den Asarhaddon, König von Assyrien, vor den großen Göttern Himmels und der Erden zugunsten des designierten Kronprinzen Assurbanipal, Sohnes eures Herrn Asarhaddon, Königs von Assyrien, den er [45]für die Nachfolge bestimmt und ernannt hat, mit euch abgeschlossen hat. Wenn Asarhaddon, König von Assyrien, aus dem Leben scheidet, werdet ihr den

---

siegt, zunächst noch als Vasall in Mari belassen, nach einem Aufstand aber entfernt; von seinem persönlichen Schicksal hören wir nichts mehr.

[334] G. E. Mendenhall, Recht und Bund in Israel und dem alten vordern Orient, ThSt(B) 64, 1960; F. C. Fensham, ZAW 74, 1962, S. 1 ff; ebd. 75, 1963, S. 155 ff.; ders., ThZ 23, 1967, S. 305 ff.; D. J. McCarthy, Treaty and Covenant, AnBib 21, 1963; K. Baltzer, Das Bundesformular, WMANT 4, 1964²; R. Frankena, OTS 14, 1965, S. 122 ff.; M. Weinfeld, Bib. 46, 1965, S. 417 ff.; ders., JAOS 90, 1970, S. 184 ff.

[335] Zu Abraham vgl. vor allem 1. Mose 15, zu David 2. Sam. 7, 8 ff.

[336] Hierzu vor allem D. R. Hillers, Treaty-Curses and the Old Testament Prophets, BibOr 16, 1964 (die markantesten Belege dort S. 43 ff.); vgl. ferner M. Weinfeld, Bib. 46, 1965, S. 417 f., nicht zuletzt aber auch W. Schottroff, Der altisraelitische Fluchspruch, WMANT 30, 1969.

[337] Vgl. beispielshalber Jes. 34, 11–17.

[338] Zu den assyrischen Verträgen vgl. sonst E. Weidner, AfO 8, 1932/33, S. 17 ff.; R. Borger, Die Inschriften Asarhaddons, Königs von Assyrien, AfO.B 9, 1956, S. 107 ff.; E. Reiner, ANET³, S. 531 ff.

designierten Kronprinzen Assurbanipal auf den Königsthron setzen, (und) er soll Königtum und Oberherrschaft Assyriens über euch ausüben. (Wenn) ihr ihn [50]nicht in Land und Stadt schützt, nicht für ihn kämpft und (sogar) sterbt, nicht immer die ganze Wahrheit zu ihm sprecht, ihn nicht immer in voller Treue unterrichtet, ihm nicht in jeder Weise den Weg ebnet, [55]wenn ihr ihn (etwa) beseitigt und an seine Stelle einen seiner älteren oder jüngeren Brüder auf den Thron Assyriens setzt, wenn ihr ein Wort Asarhaddons, Königs von Assyrien, verfälscht, wenn ihr diesem designierten Kronprinzen Assurbanipal, Sohn Asarhaddons, Königs von Assyrien, eures Herrn, [60]nicht untertan seid, so daß er Königtum und Herrschaft über euch nicht ausüben kann . . .

Z. 385–396

Wenn ihr – wie ihr hier auf dem Boden, (auf dem) der Eid (abgelegt wurde), steht – den Schwur (nur) mit Worten und Lippen leistet und nicht mit eurem ganzen Herzen schwört und (den Schwur) nicht auf eure Söhne, die nach diesem Vertrag[339]) leben werden, übertragt, [390]wenn ihr den Fluch (?) auf euch nehmt und nicht die Absicht habt, den Vertrag Asarhaddons, Königs von Assyrien, zugunsten des designierten Kronprinzen Assurbanipal einzuhalten, dann sollen [395]eure Söhne und Enkel um dessentwillen in Zukunft auf ewig euern Gott Assur und euern Herrn, den designierten Kronprinzen Assurbanipal fürchten müssen.

Z. 414–430

Dann möge[340]) Assur, der König der Götter, der die Geschicke bestimmt, [415](euch) ein schlimmes, unglückliches Los festsetzen und (euch) Vaterschaft, Altwerden, das Erreichen hohen Alters verweigern.

Möge Ninlil[341]), seine geliebte Gemahlin, ihn veranlassen, Unheil für euch zu verkünden, und keine Fürsprache für euch einlegen! Möge Anu, der König der Götter, auf all eure Häuser Krankheit, Erschöpfung, Kopfkrankheit, Schlaflosigkeit, Sorgen, Siechtum regnen lassen! Möge Sin, die Leuchte des Himmels und der Erde, [420]euch mit Aussatz bedecken und so euren Eingang zu Gott und König verbieten; irrt (dann) gleich Wildesel oder Gazelle durch das Feld!

Möge Schamasch, das Licht des Himmels und der Erde, euch billiges und gerechtes Gericht versagen, möge er euch das Augenlicht nehmen; wandelt (dann) in Finsternis!

[425]Möge Ninurta, Anführer der Götter[342]) euch mit seinem grimmen Pfeil niederstrecken, das Feld mit euren Leichen füllen und euer Fleisch den Adlern und Geiern zum Fraß hinwerfen!

---

[339]) D. h. später.

[340]) Die im folgenden zitierten Flüche gemahnen, wie gesagt, in besonderem Maße an 5. Mose 28, speziell an V. 28–34; vgl. Frankena, a.a.O., S. 147 f.

[341]) Mit der Erbschaft Enlils hat Assur auch dessen Gemahlin übernommen.

[342]) Im Kampf.

Möge Venus[343]), die Leuchtendste unter den Sternen, eure Frauen vor euern eigenen Augen euern Feinden in die Arme legen, mögen eure Söhne [430]euer Haus nicht (weiter) zu eigen haben, möge ein fremder Feind euern Besitz unter sich verteilen!

Es folgen weitere Götterflüche.

Z. 528–532

Mögen sie (die Götter) euern Erdboden wie Eisen machen, so daß niemand ihn pflügen[344]) kann! [530]So wie Regen nicht aus einem ehernen Himmel fällt, so mögen Regen und Tau nicht auf eure Felder und Weiden kommen[345]) . . .

32. Die akkadische Beschwörungsserie Schurpu

Text und Kommentar: E. Reiner, Šurpu, AfO.B 11, 1958.

So wie die Bedingungen assyrischer Verträge in den (den Flüchen vorausgehenden) Konditionalsätzen als mögliche Vertragsbrüche dargestellt sind, so begegnen wir auch dem altorientalischen Sittengesetz vorwiegend in der negativen Formulierung der Sündenkataloge, die in den Beschwörungen „zum Gebrauch für jedermann" zusammengestellt wurden. Diese schier endlosen und oft sehr detaillierten Listen möglicher Übertretungen, die der Reinigungspriester vor oder bei dem Ritual in der Annahme deklamierte, die eine oder andere werde schon für den Absolution Suchenden zutreffen, müssen also nur richtig gelesen werden, um bemerkenswerte Parallelen zu den – ja gleichfalls oft in die Negationsform des „Du sollst nicht . . ." gekleideten – ethischen Geboten und Gesetzen des AT zu erbringen. (Exemplarische Hinweise in den Anmerkungen.) Der klassische Keilschrifttext dieser sehr umfangreichen und weit verbreiteten Gattung[346]) ist die 2. Tafel der – aus insgesamt 9 Tafeln bestehenden und vorwiegend in Kopien aus Ninive und Assur erhaltenen – assyrischen Beschwörungsserie Schurpu („Verbrennung", d.i. ein Reinigungsritual). Die Entstehungszeit aller Werke dieser Art ist schwer zu schätzen, dürfte aber wenigstens teilweise ins 2. Jt. v. Chr. zurückgehen. Die nur in Auswahl darbietbare Beschwörung, in deren Text die Mehrzahl der Gebote des Dekalogs (2. Mose 20,2–17; 5. Mose 5,6–21), wenn auch z. T. verklausuliert, aufzufinden ist, faßt unter der gelegentlich wiederholten Grundformel „Möge es gelöst sein . . ." eine Unzahl möglicher Versündigungen und Missetaten aller Art zusammen[347]).

II [1-4][Beschwörung. Möge es gelöst sein], Ihr großen Götter,
[Gott und] Göttin, Herren der Lösung!

---

[343]) Planet der Ischtar.
[344]) Wörtlich: schneiden.
[345]) Vgl. 5. Mose 28,23; 3. Mose 26,19. Der Vergleich ist so gesucht und außergewöhnlich, daß die assyrische Vorlage hier klar durchscheint. Mit R. Borger (a.a.O., S. 190 f. zu Z. 528 ff.) ist anzunehmen, daß Dtn den Fluch aus einem assyrisch-judäischen Vertrag – etwa dem Manasses – kannte.
[346]) B. Meißner, Babylonien und Assyrien II, 1925, S. 212 ff. 229 ff.
[347]) Im Anschluß an E. Reiner, a.a.O., S. 13 f.

[NN, Sohn des] NN[348]), dessen Gott NN, dessen Göttin NN ist,

[der ...] krank, in (Todes)gefahr, elend, in Nöten ist.

[6]Der ‚nein‘ für ‚ja‘, der ‚ja‘ für ‚nein‘ sagte[349]),

[14 f.]Der als Zeuge Falsches aussagte[350]);

der den Richter zu ungerechtem Urteil brachte.

[20]Der Feindschaft stiftete zwischen Sohn und Vater.

[22]Der Feindschaft stiftete zwischen Tochter und Mutter.

[29 f.]Der einen Gefangenen nicht auslöste, einen Gefesselten nicht befreite,

der den Eingekerkerten nicht das Licht (des Tages) sehen ließ.

[32]Der nicht weiß, was ein Vergehen gegen den Gott, der nicht weiß, was eine Sünde wider die Göttin ist.

[44 f.]Er enterbte den erbberechtigten Sohn und setzte ihn nicht (in seine Rechte) ein,

betrog bei der Grenzziehung und legte eine falsche Grenze fest[351]).

[47-49]Er betrat das Haus seines Nachbarn,

hatte Umgang mit der Frau seines Nächsten[352]),

vergoß seines Nachbarn Blut[353]).

[55 f.]Sein Mund ist aufrichtig, (aber) sein Herz ist treulos[354]),

(wenn) sein Mund ‚ja‘ sagt, sagt sein Herz ‚nein‘[355]).

[60-64]Der anklagt, überführt und verleumdet,

Unrecht tut, ausplündert und zum Raub anstiftet,

seine Hand im Bösen hat,

dessen Mund ... lügenhaft ist, dessen Lippen falsch und gewalttätig sind,

der sich auf Unrechtes versteht, von Unziemlichem weiß,

[65]der da seinen Platz beim Bösen hat[356]),

die Grenze des Rechts übertrat,

unrechte Dinge übte,

sich mit Zauberwerk und Hexerei abgab[357]).

Wegen des bösen Gebannten, das er gegessen,

[70]wegen der zahlreichen Sünden, die er beging,

---

[348]) Hier wurde der Name des Absolution bzw. Heilung erbittenden Gläubigen eingesetzt.

[349]) Vgl. dazu Z. 55 f. und E. Kutsch, EvTh 20, 1960, S. 206 ff.

[350]) Vgl. 2. Mose 20, 16 (5. Mose 5, 20); 2. Mose 23, 2.

[351]) Vgl. 5. Mose 19, 14; 27, 17, aber auch Spr. 22, 28 u. ö.

[352]) Vgl. 2. Mose 20, 14.17 (5. Mose 5, 18.21).

[353]) Vgl. 2. Mose 20, 13 (5. Mose 5, 17); 2. Mose 21, 12 ff.

[354]) Vgl. Ps. 15, 2 b.

[355]) Dazu E. Kutsch, a.a.O.; F. Thureau-Dangin, RA 21, 1924, S. 131/33, Z. 22; außerhalb des Dekalogs 3. Mose 19, 12; 4. Mose 30, 3; 5. Mose 23, 24 und Ps. 50, 16 ff. (sowie im NT Mt. 5, 37).

[356]) Vgl. Ps. 26, 4 f.

[357]) Vgl. 2. Mose 22, 17; 5. Mose 18, 10 f.

wegen der Versammlung, die er auseinanderbrachte,
wegen der eng verbundenen Gemeinschaft, die er zerstreute,
wegen all der Verachtung für den Gott und die Göttin,
weil er mit Herz und Hand versprach, es dann aber nicht gab.
[93-98]Er trat ins Blutvergießen,
war dabei, wo Blut floß,
aß, was in seiner Stadt unter Bann stand,
verriet die Angelegenheiten seiner Stadt,
brachte seiner Stadt einen schlechten Ruf,
ließ sich offen mit einem Verfluchten ein.
[129]Möge es gelöst sein, o Schamasch, Du Richter,
[134]Löse es, Du Zauberer unter den Göttern, gnädiger Herr Marduk[358])!

V. Weisheit

33. *Akkadischer Dialog über die Ungerechtigkeit der Welt*[359])

Text: B. Landsberger, ZA 43, 1936, S. 32 ff.; W. G. Lambert, Babylonian Wisdom Literature, 1960, S. 63 ff.; W. von Soden, MDOG 96, 1965, S. 52 ff.; R. H. Pfeiffer, ANET², S. 438 ff.; R. D. Biggs, ANET³, S. 601 ff.
Literatur: R. Labat, RPOA I, S. 320 ff.; J. J. Stamm, JEOL 9, 1944, S. 101 ff.; ders., Das Leiden des Unschuldigen in Babylon und Israel, 1946, S. 19 ff.; W. von Soden, a. a. O., S. 41 ff.

Wie die alttestamentliche so steht auch die sumero-babylonische Weisheitsliteratur[360]) in der Mitte zwischen Theologie und Philosophie. Unter ihren zahlreichen Traktaten, Fabeln, Sprüchen, Dialogen und sonstigen Werken kommen für einen religionsgeschichtlichen Vergleich mit dem AT nur die Klage- und Theodizee-Dichtungen in Frage, die Parallelen zu Hiob, Prediger und den Bußpsalmen (besonders zu Ps. 6; 31; 38; 102 und 142) aufweisen[361]). Der hier zunächst vorgelegte Dialog zwischen einem Dulder und seinem Freund, kunstvoll in 27 Abschnitte zu je 11 Zeilen (mit je 4 Hebungen; die Zeilen gern zu Doppelversen zusammengefaßt) gegliedert und wie Ps. 119 ein Akrostich bietend[362]), beklagt das Leiden des Unschuldigen in einer ungerechten Welt. Die nicht lückenlosen Textbelege[363]) stammen vorwiegend aus

---

[358]) Es folgt die Anrufung zahlreicher anderer Götter um Absolution des Sünders.

[359]) Auch unter dem Titel „Akrostichischer Dialog", „Babylonische Theodizee" und „Babylonischer Kohelet" bekannt.

[360]) Zur sum.-bab. Weisheitsliteratur allgemein vgl. die oben genannte Untersuchung von W. G. Lambert sowie J. J. van Dijk, La sagesse suméro-accadienne, 1953; ferner E. J. Gordon, Sumerian Proverbs, 1960; ders., BiOr 17, 1960, S. 122 ff.; S. N. Kramer, Sumerians, S. 217 ff.

[361]) Auch Anklänge zu den Sprüchen Salomos und zum Hohenlied begegnen.

[362]) Die 27 Anfangssilben der Abschnitte ergeben das akkadische Akrostich: *a-na-ku ša-ag-gi-il-ki-i-na-am ub-bi-ib ma-aš-ma-šu ka-ri-bu ša i-li u šar-ri-ma*, das heißt: „Ich, Schaggil-kinam-ubbib, Beschwörer, bin ein Verehrer von Gott und König" – womit sich gewiß der Autor des Werkes vorstellt.

[363]) Vgl. Lambert, Wisdom Literature, S. 69.

neuassyrischer und spätbabylonischer Zeit; die Entstehung des im einzelnen – gewiß auch als Folge des Akrostichzwanges – oft schwer verständlichen Werkes glaubt W. von Soden[364]) auf die Zeit um 800 v. Chr. datieren zu können.

Z. 1.4–11.27–33 Dulder[365])

¹Ach, du Weiser[366]), [. . .] laß mich zu dir sprechen.
⁴[Dann will ich,] der Leidende, nicht ablassen, dich zu verehren!
⁵(Denn) wo ist ein weiser Mann deinesgleichen,
Wo ein Gelehrter, der es mit dir aufnehmen könnte,
Wo ein Ratgeber, dem ich meine Pein zu eröffnen vermöchte?
Ich bin vernichtet, bin in tiefster Not.
Als ich noch ein Kind war, nahm mir das Schicksal den Vater,
¹⁰Die Mutter, die mich gebar, ging ins „Land ohne Wiederkehr",
Mein Vater und meine Mutter ließen mich unbehütet zurück.
²⁷Mein Körper ist erschöpft, schwach vor Auszehrung,
Mein Glück ist vergangen, meine Sicherheit (?) dahin.
Meine Kraft schwand, mein Reichtum ist zerronnen,
³⁰Leid und Not haben meine Züge verdunkelt,
Das Korn meines Feldes (?) reicht nicht aus, mich zu sättigen,
Würzwein, Lebenswecker der Menschen, ist nicht zur Genüge da.
Wartet meiner (noch) ein glückliches Leben? Ich möchte wissen wie!

Z. 56–66 Freund

O du Palmbaum, Baum der Fülle[367]), mein verehrter Bruder,
Mit aller Weisheit begabt, goldenes (?) Juwel[368]),
Du bist so standfest wie die Erde – doch der Götter Plan ist verborgen[369]).
Sieh den stolzen Wildesel im [Gefild]:
⁶⁰Ihn, der die Felder niedertrat, wird der Pfeil treffen!
Sieh auf den Löwen, den du nanntest, den Feind des Viehs:
Für den Frevel, den der Löwe beging[370]), erwartet ihn die Fallgrube.
Den mit Reichtum Begabten, den Emporkömmling, der die Gewinne aufhäuft,
Wird der König vor der ihm bestimmten Zeit im Feuer verbrennen.
⁶⁵Möchtest du den Pfad wandeln, den jene gingen?
Suche lieber (deines) Gottes bleibende Gnade[371])!

---

³⁶⁴) A.a.O., S. 52.
³⁶⁵) Die Dialogform ist entsprechend in der Hiobdichtung angewandt.
³⁶⁶) Fast übertrieben wirkende höfliche Anreden.
³⁶⁷) Zu diesem Bild vgl. u. a. Jer. 11, 16; 17, 8; Ps. 1, 3; 52, 10.
³⁶⁸) Vgl. Anm. 366.
³⁶⁹) Vgl. etwa Jes. 55, 8–9; Pred. 8, 16f.; 11, 5.
³⁷⁰) Auch im AT wird vom Frevler im Bild des Löwen gesprochen: vgl. besonders Hi. 4, 8–11, beispielshalber auch Ps. 35, 16f.; 58, 7.
³⁷¹) Vgl. mit diesem Abschnitt auch Ps. 37.

Z. 70–77. 133–141 Dulder

Die, die (ihren) Gott nicht suchen, gedeihen wohl,
Jene (aber), die zu (ihrer) Göttin beten, verarmen und verkümmern[372])!
Als ich jung war, forschte ich nach dem Willen (meines) Gottes,
Suchte meine Göttin mit Demut und Andacht,
Und doch mußte ich gewinnlosen Frondienst leisten,
[75]Statt Reichtums bestimmt mir (mein) Gott Armseligkeit.
Der Krüppel ist obenan, der Tölpel gewinnt,
Der Schelm ward erhöht, ich aber erniedrigt.
[133]So will ich denn mein Haus verlassen […],
Mir keinen Besitz (mehr) wünschen […],
[135]Ich will die Gebote (meines) Gottes mißachten und (seine) Ordnun-
gen mit Füßen treten.
Ich will ein Kalb schlachten und Speisen […]
(Dann) mich davonmachen (und) in die Ferne ziehn,
Den Quell öffnen, der Welle freien Lauf lassen,
Will wie ein Dieb eine Meile über das Feld laufen!
[140]Ich will von Haus zu Haus gehen, um meinem Hunger zu wehren,
Hungernd herumsuchen, umherwandern straßauf, straßab.

Z. 237–257 Freund

Den gottlosen Betrüger, der Reichtum gewann,
Verfolgt der Mörder mit seiner Waffe[373]).
Suchst du den Rat des Gottes nicht – wie könntest du dann gedeihen?
[240](Doch) wer das Joch seines Gottes trägt, hat sein Auskommen, sei
es auch knapp.
Suche der Götter gnädigen Hauch,
So wirst du, was in einem Jahr verloren ging, alsbald wiederge-
winnen[374]).

Dulder

Ich schaute mich um unter den Menschen der Welt, aber die Zeichen
waren voller Widerspruch[375]).
Der Gott legt dem bösen Dämon[376]) nichts in den Weg.
[245]Der Vater schleppt das Boot den Kanal entlang,
Während sein erstgeborener Sohn[377]) (faul) im Bett liegt.
Der älteste Bruder stolziert seines Weges wie ein Löwe,
Der zweite Sohn darf glücklich sein, die Maultiere zu treiben.

---

[372]) Vgl. Jer. 12, 1 und vor allem Hi. 21, 6ff.; Ps. 10, 3 ff.; 73, 3 ff.; Pred. 8, 9 ff.
[373]) Vgl. etwa Hi. 18, 5–21.
[374]) Vgl. etwa Hi. 8, 5 f.
[375]) Vgl. Pred. 3, 16.
[376]) Text: *scharrabu*-Dämon, offenbar ein böser Geist.
[377]) Die Vorrechte des Erstgeborenen in der altorientalischen Kultur erscheinen
dem Dulder als besonders ungerecht.

Der Erbsohn schreitet die Straße entlang als ein Tagedieb (?),
²⁵⁰Der Jüngere muß Brot zu den Armen bringen³⁷⁸).
Was kann ich, der ich mich vor dem Vordermann (?) demütigen muß,
    noch gewinnen?
Selbst vor einem Niedrigen muß ich mich beugen,
Und meines, (gleich) eines Kindes, spottet der Reiche und Üppige!

Freund

O Weiser, Wissender, reich an Kenntnissen –
²⁵⁵Dein Herz ist böse, und du schmähst Gott³⁷⁹).
Das Herz des Gottes ist wie die Mitte des Himmels unergründlich³⁸⁰),
Was er vermag, ist schwer zu begreifen, unverständlich den Menschen!
²⁶⁵Gib acht, mein Freund, erfahre meine Meinung,
Höre das erlesene Wort meiner Rede:
Sie preisen laut, was der Berühmte, der zu morden versteht, ausspricht,
Den Niedrigen (aber) drücken sie nieder.
Sie stimmen dem Übeltäter zu, dem [Gerechtigkeit] ein Greuel ist,
²⁷⁰Den Redlichen aber, der auf des Gottes Wort achtet, treiben sie
    davon!

Z. 287–297 Dulder

Du bist gütig, mein Freund, sieh (mein) Leid an.
Hilf mir, schau auf (meine) Not, begreife sie!
Ein furchtsamer, demütig bittender Sklave bin ich,
²⁹⁰Noch keinen Augenblick habe ich Hilfe und Beistand erblicken
    können.
Bescheiden schreite ich über die Plätze meiner Stadt,
(Meine) Stimme wurde nicht laut, meine Rede war leise.
Ich gehe nicht erhobenen Hauptes, sondern blicke zu Boden,
Einem Sklaven gleich preise ich nicht (meinen Gott) in der Versamm-
    lung meiner Genossen.
²⁹⁵Möge der Gott, der mich verließ, mir aufhelfen,
Möge die Göttin, die [mich verriet], mir Gnade bezeigen,
Der Hirt, die Sonne des Menschen³⁸¹), [möge mir] einem Gott gleich
    [gnädig sein]!

34. „Ich will preisen den Herrn der Weisheit"

Text: W. G. Lambert, Babylonian Wisdom Literature, 1960, S. 21 ff.; W. von Soden,
MDOG 96, 1965, S. 49 ff.; E. Leichty, Or. NS 28, 1959, S. 361 ff.; R. Labat, RPOA I,
S. 328 ff.; R. H. Pfeiffer, ANET², S. 434 ff.; R. D. Biggs, ANET³, S. 596 ff.

---

³⁷⁸) D. h. eine untergeordnete Arbeit verrichten.
³⁷⁹) Vgl. etwa Hi. 34, 35–37.
³⁸⁰) Vgl. Hi. 11, 7–9.
³⁸¹) Der König. – Vgl. z. B. 2. Sam. 5, 2 (1. Chr. 11, 2); Jer. 23, 1 f.; Ez. 34, 1–10;
Ps. 78, 71 f.

Beyerlin, Walter, ed.
Religionsgeschichtliches Textbuch zum
Alten Testament. Göttingen: Vandenhoeck &
Ruprecht, 1975

Series: Grundrisse zum Alten Testament,
Ergänzungsreihe, I

Literatur: W. von Soden, ZDMG 89, 1935, S. 155 ff.; besonders S. 164 ff.; Th. Jacobsen, in: Frankfort u. a., Frühlicht des Geistes, UB 9, 1954, S. 234 ff.; R. Borger, JCS 18, 1964, S. 49 ff.

Der auf vier Tafeln [382]) aufgeteilte Text [383]) umfaßte augenscheinlich mehr als 400 vierhebige Zeilen und gibt sich als Monolog eines hochgestellten, literarisch und dichterisch bewanderten Babyloniers, der in der späten Kassitenzeit lebte und wohl sein eigenes Unglück beschreibt. Sein Name lautete wahrscheinlich Schubschi-meschre-Schakan; als frommer Verehrer des höchsten aller Götter, des „Herrn der Weisheit" Marduk, sieht er in ihm sowohl den Urheber seines Leids, seiner Verfolgungen und seiner Krankheit als auch seinen Retter, dessen erlösendes Eingreifen er in drei Träumen vorausschaut. Ihn zu preisen, ist, wie der einleitende (Titel)-Vers unterstreicht, das Anliegen der Dichtung: Das Problem der Theodizee wird dabei (Tf. II 12–38) mit Zurückhaltung behandelt und vom Verfasser wohl als unlösbar betrachtet. Der Aufbau des wahrscheinlich ins 12. Jh. v. Chr. zu datierenden Werkes bietet nach einer lange vermißten, jetzt aber wenigstens teilweise wieder aufgetauchten Einleitung [384]) vier von mancherlei Beiwerk umgebene Hauptthemen: Der Dichter, der sich reichlich pharisäerhaft keiner Missetat bewußt ist, sondern fromm gelebt zu haben glaubt, berichtet, wie der Gott seine Hand von ihm abzog, was er danach erlitt, wie er dann aber in Träumen seine Rettung vorauserlebte und wie diese schließlich dank Marduks Gnade tatsächlich erfolgte. Freilich brechen die Belege noch vor der näheren Schilderung des Umschwungs fast ganz ab; wir erfahren aber durch ein zusätzliches Fragment zum mindesten, daß hierbei die schnelle Gesundung des Dulders im einzelnen berichtet wurde. Die Rehabilitierung am Hof, in der Öffentlichkeit und in der Familie und Marduks erneute Gnade dürften die abschließenden Themen der Dichtung gewesen sein, aus der wir im Hinblick auf die Hiob-Reden [385]) größere Abschnitte zitieren [386]).

Tf. I 43–56

Mein Gott hat mich verlassen und ist entschwunden,
Meine Göttin hat mich aufgegeben und hält sich fern [387]),
[45]Mein Schutzgeist, der mir zur Seite ging, wandte sich ab,
Mein mich behütender Dämon entwich und kümmerte sich um einen
    anderen.
Meine Würde schwand, mein Äußeres wurde düster,
Mein Stolz zerrann, mein Schutz verging.
Schlimme Omina wurden mir zuteil,
[50]Mein Haus ward mir verwehrt, ich irre draußen umher,
Die Organe meiner Opferschau-Tiere sind jeden Tag geschwollen (?),
Ständig muß ich zum Wahrsagepriester und Traumdeuter laufen.

---

[382]) Die Zugehörigkeit der fragmentarischen vierten Tafel zum Text ist jetzt nicht mehr umstritten.

[383]) Nachweis der Texte, nach den Tafeln des Werkes geordnet, bei Lambert, a.a.O., S. 31. 37. 47. 57.

[384]) Die ersten 12 Verse, vgl. Leichty, a.a.O.; sie besingen Macht und Furchtbarkeit Marduks.

[385]) Hi. 9 f.; 12–14; 21; 29–31.   [386]) Verszählung nach Lambert.

[387]) Beachte auch die Anklänge an die Sprache at.licher Klagelieder, hier etwa an Ps. 22, 2.

Auf den Straßen ist mein Ruf schlecht,

Liege ich des nachts (auf meinem Lager), ist mein Traum voller Schrek-
ken.

⁵⁵Das Herz des Königs, des Göttersprosses ³⁸⁸), der Sonne seines Volkes,

Ist erzürnt (gegen mich) und schwer zu besänftigen.

Tf. I 68–92

In ihrem Herzen rasen sie (die Dämonen) wider mich, lodern wie Feuer,

Machen gegen mich wohlgefällig Verleumdungen und Lügen ³⁸⁹).

⁷⁰Meinen edlen Mund knebelten sie wie …

So daß ich, frei zu reden gewohnt, einem Stummen gleiche.

Mein hallender Ruf ist zum Schweigen [gebracht],

Mein (einst) frei erhobenes Haupt ist zur Erde gesenkt,

Die Furcht hat mein starkes Herz geschwächt.

⁷⁵Ein Knabe gar kann meine (einst) breite Brust umwenden.

Meine (früher) kräftigen Arme sind beide gelähmt (?).

Ich, der ich einst vornehm einherschritt, lernte, mich unbemerkt vor-
beizuschleichen.

Aus einem Würdenträger ward ich zum Sklaven.

Obwohl (?) einer großen Familie angehörig (?), ward ich zum Ein-
siedler.

⁸⁰Gehe ich auf die Straße, zeigt man mit dem Finger (?) auf mich,

Trete ich in den Palast ein, lauern (?) die Augen.

Meine (eigene) Stadt sieht mich wie einen Feind an,

(Sogar) mein Land begegnet mir finster und böse,

Der mir (wie ein) Bruder (war), wurde zum Fremden,

⁸⁵Mein Gefährte wandelte sich zum Schurken und Widerpart ³⁹⁰).

In seiner Wut denunziert mich mein Kamerad,

Meine Genossen wetzen (?) stetig ihre Waffen,

Mein guter Freund brachte mein Leben in Gefahr.

Mein Sklave verfluchte mich in aller Öffentlichkeit,

⁹⁰Mein Haus . . . der Pöbel verleumdete mich,

Erblickt mich ein Bekannter, geht er auf die andere Seite (?),

Meine Familie behandelt mich, als gehöre ich nicht zu ihr.

Tf. II 1–5

Ich wartete auf das nächste Jahr, die gesetzte Zeit verging.

Als ich (dann) um mich sah, stand es (weiterhin) sehr schlecht.

Mein Elend wurde (noch) größer, ich fand das Rechte nicht.

---

³⁸⁸) Wörtlich: „des Fleisches der Götter"; vielleicht ist gemeint: „der (für) das
Wohlergehen der Götter (sorgt)".

³⁸⁹) Vgl. z. B. Ps. 35, 11.20f.

³⁹⁰) Vgl. z. B. Ps. 55, 13 ff., zum Zusammenhang nicht zuletzt auch Hi. 19, 13–20.

Ich rief zu (meinem) Gott, doch ließ er mich sein Antlitz nicht
   schauen[391]),
[5]Ich betete zu meiner Göttin, doch hob sie ihr Haupt nicht.

Tf. II 12 f.

Wie einer, der (seinem) Gott kein Trankopfer gebracht hat
Noch (seine) Göttin beim Mahle anrief,

Tf. II 17–27

Der säumig war und der ihre (d. h. der Götter) Riten verachtete,
Der seine Leute weder Ehrfurcht noch Andacht lehrte,
Sondern sein Mahl ohne Anrufung seines Gottes aß
[20]Und seine Göttin mißachtete, indem er ihr kein Mehlopfer brachte,
wie einer, der in Wahn verfiel und seines Herrn vergaß,
Leichtfertig einen heiligen Eid bei seinem Gotte schwor, so stehe ich da.
Dabei war ich voller Eifer bei Bitte und Gebet,
[25]Gebet war mein Wille, Opfer mir die Regel,
Der Tag der Verehrung (meines) Gottes war meinem Herzen eine
   Lust,
Der Prozessionstermin (meiner) Göttin gereichte mir zu Gedeih und
   Gewinn,
Das Gebet für den König[392]) war mir eine Freude.

Tf. II 36–42

Wer aber kennt den Willen der Himmlischen,
Wer begreift die Pläne der Götter in der Unterwelt?
Wo haben Sterbliche (je) das Tun und Lassen des Gottes begriffen[393])?
Der noch gestern lebte – heute (?) ist er tot,
[40]Plötzlich kam die Finsternis über ihn, bald aber lärmte er wieder froh.
Eben noch sang er voller Freude,
Nun jammert er wie ein Klagesänger von Beruf ...

Tf. II 112–118

Mein Gott erschien mir nicht zur Hilfe, ergriff nicht meine Hand,
Noch schaute meine Göttin gnädig auf mich, trat nicht an meine Seite.
Mein Grab wartete schon, und das zur Bestattung Nötige war vor-
   bereitet.
[115]Noch ehe ich gestorben war, klang die Totenklage aus.
Mein ganzes Land sagte: „Wie ist es mit dem zu Ende gegangen!"
Mein Neider hörte es, und sein Gesicht hellte sich auf,
Meiner Neiderin meldete man es, und ihr Herz ward erquickt.

---

[391]) Vgl. etwa Ps. 13,2; 88,15; 102,3; 143,7.
[392]) Vgl. Ps. 28,8 f.; 61,7 f.; 84,9 f., auch 1. Sam. 2,10 b.
[393]) Vgl. Hi. 11,7 ff.; Pred. 8,16 f.; 11,5.

35. ‚Mensch und Gott' – der „Sumerische Hiob"

Text: J. J. van Dijk, La sagesse (vgl. Anm. 360), S. 122 ff.; S. N. Kramer, HThR 49, 1956, S. 9 ff.; ders.; FTS, S. 147 ff. (= GbS, S. 94 ff.); ders., VT.S 3, 1960, S. 172 ff.; ders., Sumerians, S. 126 ff.; ders., ANET³, S. 589 ff.; J. J. van Dijk, in: HRG I, 1971, S. 495 ff.

Literatur: z. T. wie oben, ferner E. J. Gordon, BiOr 17, 1960, S. 149; M. Lambert, RA 56, 1962, S. 82, Nr. 77; W. G. Lambert, Babylonian Wisdom Literature, S. 10.

Erst seit kurzem kennen wir ein wohl noch vom Ende des 3. Jt. stammendes sumerisches Gegenstück zu den vorstehenden akkadischen Theodizee-Dichtungen, das S. N. Kramer aus sechs um 1800 v. Chr. kopierten, aus Nippur stammenden Fragmenten wieder zusammensetzen konnte. Fern von aller theologischen Spekulation, in „sumerischem Pragmatismus", wird hier ein namenloser Mann vorgeführt, der ohne Grund ins Unglück geriet, aber nicht aufbegehrt, sondern in demütiger Klage und Bitte um Errettung fleht – denn kein Mensch sei frei von Schuld. Der fromme Dulder findet schließlich Erhörung, wird gerettet und preist abschließend seinen Gott. Der Kern des schlichten Lehrstückes erinnert stark an die (freilich rund 1500 Jahre jüngere) Prosa-Umrahmung des biblischen Hiob-Buches (Hi. 1, 1–2, 10; 42, 7–9). Text nach Kramer, ANET³, und z. T. nach van Dijk, Religionsgeschichte.

¹⁻⁵Stets preise der Mensch die Erhabenheit seines Gottes,
Der junge Mann [394]) rühme schlicht seines Gottes Worte;
(Doch) möge, was rings im Lande lebt, (auch) klagen!
Laß ihn im Hause des … den Freund und Gefährten trösten,
⁵Laß ihn sein [395]) Herz besänftigen!

²⁶⁻³⁸Ich bin ein (junger) Mann von Einsicht – (doch) wenn ich Einsicht habe, nutzt sie mir nicht,
Mein wahres Wort wird zur Lüge.
Der Betrüger hat den (verderblichen) Südwind über mich gebracht, (und nun) muß ich ihm dienen.
Wenn ich keine Einsicht habe, gehe ich vor Dir zuschanden,
³⁰Du brachtest immer neuen Schmerz über mich;
Trete ich ins Haus, verdunkelt sich mein Sinn,
Gehe ich, ein (angesehener) Mann auf die Straße, ist mein Herz bedrückt.
(Sogar) mein braver Schafhirte wurde über mich (angesehenen) Mann zornig, betrachtet mich böse,
Wider mich, der ich nicht sein Feind bin, erhebt er die Hand.
³⁵Mein Gefährte sagt kein gutes Wort zu mir,
Meine Freunde verwandeln meine wahre Rede in Lüge,
Der Betrüger hat Schlimmes gegen mich angezettelt –
Du (aber), mein Gott, ziehst sie nicht zur Rechenschaft!
⁶³⁻⁷³Ach, laß meine Mutter, die mich geboren hat, der (?) Klage vor Dir kein Ende machen,

---

[394]) Der sumerische Begriff meint den jungen, vollkräftigen (und angesehenen) Mann.
[395]) Des Gottes.

Laß meine Schwester kein frohes Lied, (keinen) frohen Sang anstimmen,
[65]Laß sie (vielmehr) trauervoll mein Unglück vor Dir beklagen!
Laß mein Weib betrübt meine Leiden nennen,
Laß den Klagesänger mein bitteres Los beweinen!
Mein Gott – der Tag leuchtet hell übers Land, für mich (aber) ist der
Tag finster,
Der helle Tag, der gute Tag ...
[70]Tränen, Klagen, Not und Pein wohnen in mir,
Leiden übermannt mich wie einen, dem nur Tränen bestimmt sind,
Der böse Schicksalsgeist hält mich in der Hand, raubt mir den Lebens-
hauch,
Der unheilvolle Krankheitsdämon badet sich in meinem Leib ...

[100-103]Wie lange noch [396]) willst Du mich ungeleitet lassen?
Sie, die großen Weisen, verkünden ein wahres und rechtes Wort:
„(Noch) niemals ward ein sündenloses Kind seiner Mutter geboren,
Einen unschuldigen Knaben hat es von altersher nie gegeben." [397])

[118-129]Des Mannes bittere Tränen und Klagen fanden bei seinem Gott
Gehör,
Als Wehrufe und Weinen, von denen er überströmte, das Herz seines
Gottes für ihn besänftigt hatten.
[120]Die rechte Rede, das schlichte, reine Wort, das er sprach, nahm sein
Gott (huldvoll) an,
Das Bekenntnis [398]), das der Mann inständig ablegte,
Fand Gnade vor ... seinem Gott, sein Gott zog seine Hand vor dem
herzbedrängenden Unheilswort ... weg.
Der Krankheitsdämon, der ihn mit weitgespreizten Flügeln umklam-
mert hatte, rauschte davon,
Das [Leiden?], das ihn niedergeworfen hatte wie ..., vertrieb er.
[125]Den bösen Schicksalsdämon, der sich festgesetzt hatte, hieß er
seinem Urteilsspruch gemäß fortgehen.
Er verwandelte des Mannes Pein in Freude,
Gab ihm den ... gnädigen ... Geist als Hüter und Wächter bei,
(Und) verlieh ihm Schutzgeister freundlichen Angesichts.
Der Mann (aber) ließ nicht ab, seinen Gott zu preisen ...

36. Totenklage für Urnammu von Ur

Text und Kommentar: G.Castellino, ZA 52, 1957, S.1ff.; S.N.Kramer, JCS 21,
1967, S.104ff.; dort S.112 Nachweis der Texte; M.Lambert, RA 55, 1961, S.196,
Nr.74; Cl.Wilcke, Actes de la XVIIe rencontre assyriologique, Comité belge de
recherches en Mésopotamie, 1970, S.81ff.

---

[396]) Auch im AT typische Klageliedfrage: vgl. z.B. Ps. 6,4; 13,1–3.
[397]) Vgl. Spr. 20,9; Hi. 15,14–16; 25,4–6, daneben aber auch 1.Mose 8,21 (J).
[398]) Text: „die Worte".

Der früher nur aus einem Teilstück bekannte und zunächst als episch oder mythisch angesprochene sumerische Text wurde erst unlängst durch S. N. Kramer und Cl. Wilcke aus zahlreichen Fragmenten, die sich in Philadelphia, Istanbul und Jena befanden, wiedergewonnen. Er stellt ein Trauerlied dar, beklagt den anscheinend vorzeitigen und vielleicht gewaltsamen Tod Urnammus, des Begründers der 3. Dynastie von Ur und Schöpfers des letzten Sumererreiches, läßt die Witwe des Königs sprechen und dürfte nicht lange nach dem betreffenden Geschehnis, noch vor 2000 v. Chr., entstanden sein. Die Dichtung sieht in ihm angesichts der großen Taten und der zahlreichen frommen Werke Urnammus eine offenbare Ungerechtigkeit der die Menschenschicksale bestimmenden Herrschergötter An und Enlil und legt diese Anklage dem toten Fürsten selbst in den Mund, der sie aus der Unterwelt erhebt. Die Göttin Inanna, die dem aus Uruk stammenden König als Herrin dieser Stadt besonders geneigt ist, ihm aber vergebens Hilfe zu bringen suchte, fügt gegen Ende des Textes den Vorwurf des Wortbruchs hinzu – wohl im Hinblick auf anders lautende Aussprüche Ans und Enlils an Urnammu, die einst, bei dessen Thronbesteigung, verkündet worden waren. Damit gehört auch diese Dichtung in den Themenkreis der Theodizee [399]). Anders als im „Sumerischen Hiob" gibt es hier keine Rehabilitierung des gerechten Dulders, einzig der Nachruhm ist ihm dank ergänzenden Spruchs der Inanna vergönnt [400]). Der mehr als 230 Verse umfassende Text ist zu Anfang unsicher und am Schluß zerstört, beklagt zunächst das durch Urnammus frühes Ende über Sumer gekommene Unglück, spricht – in leider unklaren Wendungen – vom Tode des Königs und den Bestattungsriten, beschreibt dann den Eintritt des Abgeschiedenen in die Unterwelt, seine Opfer für deren Götter und seine Einordnung in die Hierarchie des Totenreiches, die durch seinen „geliebten Bruder Gilgamesch" vollzogen wird. Als Urnammu dann, von der Oberwelt her, die „Klage Sumers" vernimmt, erhebt er seine bitteren Vorwürfe gegen die schicksalbestimmenden Götter, die ihm, dem Gerechten und Frommen, ein so unverdientes Ende bereiteten. Das Klagelied schließt wohl mit Inannas vergeblichem Versuch, bei Enlil die Wiederbelebung des Königs zu erreichen. Die in unserem Zusammenhang bedeutsamen Abschnitte lauten:

Einleitung

6–11 (JCS 21, S. 116 ff.)

Unheil kam über Sumer, der gerechte Hirte [401]) ward hinweggerafft,
Der gerechte Hirte Urnammu ward hinweggerafft, (ja), der gerechte
    Hirte ward hinweggerafft!
An änderte sein heiliges Wort [402]), das Herz ... war trostlos,
Enlil änderte trügerisch alle Schicksalsbestimmungen.
[10]Da stimmte Ninmach [403]) in ihrem ... eine Klage an.
Enki [404]) schloß das Tor von Eridu ...

---

[399]) Vgl. Kramer, a.a.O., S. 104; Wilcke, a.a.O., S. 86.
[400]) Wilcke, a.a.O., S. 91 f.
[401]) Zu dieser Bezeichnung des Königs vgl. – beispielshalber – noch einmal 2. Sam. 5, 2; Ez. 34, 1–10; Ps. 78, 71 f.
[402]) Vgl. Ps. 89, 35 f. dazuhin Ps. 89, 39 ff.
[403]) Muttergöttin.
[404]) Wie meist in Opposition gegen An und Enlil stehend.

Urnammus Klage in der Unterwelt
144–168 (JCS 21, S. 118 ff.)

Als sieben, als zehn Tage vergangen waren,
[145]Erreichte das Wehgeschrei Sumers meinen[405]) König,
Erreichte das Wehgeschrei Sumers[406]) Urnammu,
[Die Klage ob] der Mauern von Ur, die er nicht hatte vollenden können,
Über seinen neuen Palast, den er erbaut, an dem er (aber noch) keine
    Freude gehabt hatte –

[Er], der Hirte, der nicht länger für sein Haus sorgen (?) konnte –

[150][Über] seine Gattin, die er nicht länger auf seinem Schoß herzen
    konnte,
[Über] seinen Sohn, den er nicht mehr auf seine Knie ziehen konnte …
[Über] seine kleinen Schwestern, die er nicht mehr …
[Da weinte] … mein König,
Der gerechte Hirte brach in herzzerreißendes Klagen aus.

[155]„Was mich anlangt – dies wurde mir angetan:
Ich diente den Göttern wohl, bereitete ihnen das …
Brachte den Anunnaki hohes Wohlgedeihen,
Überschüttete ihre lapislazuligezierten Ruhestätten mit Schätzen[407]).
Dennoch stand kein Gott[408]) mir bei, besänftigte mein Herz.

[160]… mein günstiges Omen entschwand in Himmelsferne[409]),
[Ich], der den Göttern Nacht und Tag diente – was war der Dank mei-
    ner Mühen?
[Ich], der den Göttern Nacht und Tag diente – nun endet mir der Tag
    schlaflos[410])!
Als würde ich durch einen Regensturm (?) vom Himmel herab auf-
    gehalten,
Wehe, kann ich nun nicht zu Urs aufgetürmten Mauern gelangen!
[165]Als wäre mein Weib (darin) ertrunken,
Verbringe ich den Tag in bitteren Tränen und Klagen.
Meine Kraft ist dahingegangen,
Mich, den Krieger, hat die Hand (?) des Schicksals an einem Tage …"

---

[405]) Urnammus Witwe spricht.
[406]) Gemeint ist wohl die Kultklage bei der offiziellen Trauerfeier um den König
in Ur.
[407]) Urnammus außerordentliche Maßnahmen zur Restaurierung der sumerischen
Kulte und Tempel nach dem Niedergang während der Gutäerzeit sind archäologisch
und urkundlich erwiesen.
[408]) Inannas Haltung wird hier übergangen.
[409]) Wörtlich: „wurde so fern wie der Himmel".
[410]) Bildlich: ohne Lohn.

Inannas Hilfeversuch und ihre Anklage[411])

198–210 (Wilcke, a.a.O., S. 86f.)

[Es trat] Inanna demütig in das strahlende Ekur[412]),
Vor Enlils schreckliches Angesicht mit rollenden Augen (?):
[200]„Große Herrin des Eanna[413]), wer gestorben ist, [kommt auch] um
deinetwillen nicht wieder herauf!
Der rechte Hirte hat das Eanna verlassen, [du wirst] ihn nicht wieder-
sehen!"

Z. 202 unklar

Inanna, das schreckliche Licht, die älteste Tochter Sins[414]),
Erschüttert den Himmel, läßt die Erde erbeben[415]),
[205]Inanna zerstört die Hürde, verbrennt (?) den Pferch:
„An, dem König der Götter[416]), will ich es als Beleidigung entgegen-
schleudern,
Enlil hat mich das Haupt mit ihm[417]) erheben lassen – wer hat dieses
Wort geändert?
Das erhabene Wort, das der König An ausgesprochen hat – wer hat
dieses Wort geändert?
Sollen die Regeln, die im Lande gelten, soll das, was aufgestellt wurde,
keinen Bestand haben?
[210]Wird es für den Ort der Götter[418]), an dem die Sonne aufgeht, nicht
(mehr) Überfluß und . . . geben?"[419])

---

[411]) Man beachte die Übersetzungsvarianten zu JCS 21, 1967, Z. 198 ff.
[412]) Haupttempel Enlils (des sumerischen Herrschergottes) in Nippur.
[413]) Inanna, deren Heiligtum in Uruk Eanna heißt, ist angeredet: Enlil beantwortet
ihre stumme Frage.
[414]) Des Mondgottes von Ur.
[415]) Aus Zorn wegen Enlils Absage. – Vgl. etwa Jer. 10,10; Ps. 68,9.
[416]) Vgl. Ps. 95,3; 96,4; 97,9.
[417]) Mit Urnammu; gemeint sind wohl die Riten der Heiligen Hochzeit.
[418]) Der sumerische Olymp ist gemeint.
[419]) Die Änderung der Schicksalsbestimmung Urnammus durch An und Enlil stößt
– so Inannas Vorwurf – die Weltordnung um.

C) HETHITISCHE TEXTE

Einführung

1837 zum ersten Mal als bedeutende Ruinenstätte beschrieben, seit H. Wincklers erstem Besuch im Jahre 1905 nahezu ständig, wenn auch zunächst unsachgemäß, aber schon mit dem größten Anfangserfolg untersucht, haben die Überreste der Hethiterhauptstadt Hattusa bei dem modernen anatolischen Dorf Boghazköy (ca. 150 km Luftlinie östlich von Ankara) entscheidendes Material für unsere Kenntnis des Alten Orients geliefert. Weit über zehntausend mit babylonischer Keilschrift beschriebene Tontafelfragmente (aber nur selten vollständig erhaltene Tontafeln) – Ausgrabung, Publikation, Zusammenfügung und Bearbeitung sind noch lange nicht abgeschlossen – haben uns eine Vielfalt von Texten[1] beschert, aus denen unser Bild vom Hethiterreich und seiner Kultur zusammenwächst.

Neben fremdsprachlichen – beispielhaft für die kulturelle Beeinflussung dastehenden – Texten, Zeugnissen der damals klassischen Gelehrtensprache Sumerisch, der internationalen Verkehrssprache Akkadisch sowie des vor allem im nördlichen Zweistromland gesprochenen Hurritischen und der kleinasiatischen Sprachen Hattisch, Palaisch und Luwisch ist das Gros der Boghazköytexte in hethitischer Sprache verfaßt. Das Hethitische (sein eingebürgerter Name geht auf die frühe Forschung am Beginn unseres Jahrhunderts zurück) wurde von den Alten Nesisch genannt und stellt zusammen mit dem Palaischen und dem Luwischen den ältesten verschrifteten Zweig der indoeuropäischen Sprachenfamilie[2].

Während das früheste hethitische Sprachdokument, das freilich in junger Abschrift vorliegt, hoch ins 18. Jh. v. Chr. hinaufreichen mag und für uns noch vereinzelt dasteht, geht eine Reihe von bedeutenden Inschriften auf das sog. Alte Reich (1. Hälfte 16. / Anfang 15. Jh.) zurück. Auf eine für uns noch weitgehend unklare Übergangszeit, das „Mittlere Reich", folgt die etwa von der Mitte des 14. bis zum Ende des 13. Jh. währende Epoche des Neuen Reiches, der die Masse der Texte entstammt.

---

[1] E. Laroche, Catalogue des textes hittites, EeC 75, 1971, S. 192, rechnet mit einer Gesamtzahl von 550–600 Werken bzw. Einzelstücken.

[2] Zu diesem „anatolischen" Zweig gehört auch das noch immer schwer zugängliche „Hieroglyphenhethitische" kleinasiatischer und syrischer Fels- und Steininschriften, das besser als Hieroglyphen- oder Bildluwisch zu bezeichnen ist, sowie die erst in klassischer Zeit belegten Sprachen Lykisch und Lydisch.

Das gattungsmäßig reich gegliederte hethitische Schrifttum stammt – von verschwindenden Ausnahmen abgesehen – aus den staatlichen Tafelsammlungen, vor allem aus den Archiven des „Großen Tempels" (des hauptstädtischen Mittelpunktes des Staatskults) und daneben etwa auch aus den Archiven der Königsburg. Private Wirtschaftstexte und Urkunden des Privatrechts, Gattungen, die etwa für Mesopotamien im Überfluß belegt sind, fehlen in Boghazköy bislang gänzlich. Zutage gekommen sind hier historische Aufzeichnungen wie Tatenberichte und gattungsgeschichtlich bedeutsame Annalen von Herrschern, interne und auswärtige Staatskorrespondenz, eine (primär vom Entschädigungs- und nicht vom Vergeltungsprinzip ausgehende) Gesetzessammlung, Edikte, gattungsgeschichtlich wiederum bedeutsame Staatsverträge, Belehnungsurkunden, Dienstanweisungen für Staatsfunktionäre, Vorschriften zum Hofzeremoniell, Protokolle von Beamtenverhören, ferner Sachinventare, Liegenschaftsverzeichnisse, Orts-, Funktionärs- und allgemeine Personenlisten, die für die staatliche Verwaltung benötigt wurden, Bibliothekskataloge, Anleitungen zum Training der (taktisch wichtigen) Wagenpferde, lexikalische und literarische Lehrmittel für die Schreiberausbildung, märchen- oder romanartige Erzählungen sowie – zahlen- und umfangmäßig den bedeutendsten Teil des hethitischen Textbestandes stellend [3]) – Schriftzeugnisse religiöser und magischer Natur: minutiöse Kult- und Festbeschreibungen aller Art in Fülle, teils mit fremdsprachigen Formeln und Sprüchen [4]), ferner Opferlisten, „Kultinventare" (Listen mit knappen Beschreibungen von Götterbildern und ihren Kulten), Mythen, Hymnen, Gebete, Gelübde, Orakelanfragen und -befunde, Vorzeichensammlungen und eine große Anzahl magischer Rituale für alle möglichen Fälle und Unfälle des individuellen wie auch des staatlichen Lebens [5]).

Die Texte dieses religiös-magischen Bereichs (aber auch die der anderen Gattungen) gehen von der Erkenntnis aus, daß die – nicht zielgerichtete – Geschichte und das individuelle Leben durch eine Folge von göttlichen und menschlichen Interaktionen bestimmt werden. Die Götter, deren Zahl Legion ist – die Texte sprechen von den „tausend Göttern" allein des Hethiterlandes –, sind (von wenigen tiergestaltigen Gottheiten sowie von einigen als göttlich betrachteten Naturerscheinungen, Abstraktbegriffen, heiligen Gegenständen und Örtlichkeiten abgesehen) gewaltig überhöhte Menschen. Sie sind im Besitz einer „göttlichen Macht", die sie zu allerlei befähigt, das dem Menschen existentiell, physisch und logisch versagt bleibt. Sie scheiden sich

---

[3]) Mehr als die Hälfte der bei E. Laroche, a.a.O., angegebenen Nummern. Mit z. T. mehreren Fortsetzungstafeln und Duplikaten viel häufiger anfallend als Texte der übrigen Gattungen.

[4]) Der Sinn war, die betreffende, einer anderen ethnischen Schicht angehörende Gottheit wirkungsvoll in ihrer Sprache anzureden.

[5]) E. Laroche, der insgesamt 170 erhalten gebliebene Kult- und Festbeschreibungen sowie magische Rituale zählt, hat durch statistischen Vergleich mit den Titeln, die in den überkommenen Bibliothekskatalogen erscheinen, einen einstigen Bestand von ca. 1200 Werken der gen. Arten geschätzt (a.a.O.).

nach ihren Wirkungsbereichen in Ober- und Unterirdische, wobei ein Teil
der letzteren den Menschen unheimlich und unheilvoll gegenübersteht,
während die Götter sonst eher positiv oder doch ambivalent eingestellt
sind.

Die stets und vor allem an einem guten Diesseits interessierten Menschen
sind zum Dienst der Götter da (zumindest bis zum Tod, der sie zu fallweise
gefährlichen, daher notgedrungen beopferten Totengeistern, Manen, wandelt
und in die Unterwelt versetzt). Da die Menschheit aber zum Bösen neigt, ja
geradezu verdorben ist [6]), entstehen Konflikte. Denn kultisches und auch sitt-
liches Fehlverhalten ruft den Zorn der Götter hervor, der Leid, unzeitigen
Tod oder, auf breiter Ebene, Katastrophen bewirkt. Im Erfolg individueller
oder auch staatlicher Existenz erkennt man die (im allgemeinen wohl ver-
diente, aber auch gnadenhafte) Gunst des göttlichen Schutzpatrons oder des
von Staats wegen verehrten Pantheons. Die Götter der Gegner finden sich
damit ab oder müssen sich im Falle einer Auseinandersetzung, eines (auf
menschlicher wie auf göttlicher Ebene geführten) Kriegs schließlich dem
höheren Recht beugen und werden, wenn es sich um einen zwischenstaat-
lichen Konflikt gehandelt hat, ggf. dem Pantheon des Siegers einverleibt; sie
müssen zumindest bei Friedensschluß den zustande gekommenen Vertrag
zusammen mit den Göttern der anderen Nation garantieren.

Die enge Verflechtung von Staat und Kult drückt sich aus in den bei vielen
wichtigen Götterfesten im ganzen Land wahrgenommenen höchstpriester-
lichen Funktionen des Königs und in dessen Letztverantwortlichkeit für
nationale Katastrophen (einschließlich Naturkatastrophen und Epidemien).
Dieser exponierten Stellung des Herrschers entspricht sein besonderes Bestre-
ben, sich abzuschirmen gegen zufällige [7]) oder durch schwarze Magie an-
gehexte rituelle Verunreinigung als von außen herangetragener Ursache göttlichen Zorns oder Unglücks. Hier wird, wie übrigens ebenso im Bereich des
gewöhnlichen Menschen, deutlich, daß nicht nur rituelles Versäumnis und
andere Schuld, sondern auch unfreundliche Mächte („Unreinheit", „Fluch",
„böse Zunge" usw.), von Menschen manipuliert, Unheil und Verderben
bewirken können. Darum stehen u. a. auch magische Mittel im Katalog der
Gegenmaßnahmen, die man bei Schicksalsschlägen (ja schon in Erwartung
derselben) und im Katastrophenfall ergreift: Zum gewohnten frommen
Bemühen um die Gunst der Götter, zu allerlei Methoden, ihre Beweggründe
und ihren Willen zu erforschen, zu Gebet und Gelübde treten die Beein-

---

[6]) Für die Sündhaftigkeit der Menschen vgl. Text Nr. 6 § 8. Auch andere Texte
sprechen davon: die Arzawa-Staatsverträge stellen fest, die Menschheit sei falsch bzw.
verführt (J. Friedrich, MVÄG 31/2, 1926, S. 135, § 21 * usw.). Vom (allgemein) bösen
Verhalten der Menschheit handelt Hattusil III. in KUB I 1 + I 49 (A. Goetze, MVÄG
29/3, 1925, S. 11).

[7]) Z. B. durch ein Haar, das aus Unachtsamkeit in das für den königlichen Haus-
halt bestimmte Wasser gefallen ist. Wie ernst ein solcher Vorfall genommen wird,
ersieht man aus der anschließenden Hinrichtung des fahrlässigen Wasserträgers: KUB
XIII 3 III 21–31 (J. Friedrich, MAOG 4, 1928, S. 50).

flussung und Nötigung der Gottheit durch eine Beschwörung, welche Bitten und magische Riten verbindet und damit mehr oder weniger offen den Zwang der Magie einsetzt, so auch wenn eingetretene oder befürchtete Verzauberung gelöst bzw. abgewehrt werden soll. An dem hier spürbaren Zwiespalt des Verhaltens hat man sich kaum gestoßen, bezeugt uns doch der Mythus, daß die Götter selbst, wenn sie ratlos sind, ihre Zuflucht zur Magie nehmen.

Abb. 8: Ausschnitt aus dem großen Felsrelief des Heiligtums von Yazilikaya bei Boghazköy. 2. Hälfte des 13. Jh. v. Chr. Höhe der linken Figurengruppe 2,52 m. Begegnung der Hauptgötter aus der Mitte der Götterprozession: der hurritische Wettergott Tesub, auf zwei dienenden Berggöttern stehend, mit seinen Stieren Seri und Hurri vor seiner Gemahlin Hebat und ihrer beider Sohn Sarruma, die auf ihren Raubkatzen-Trabanten stehen. Während sich – hier nicht mehr abgebildet – nach rechts ein langer Zug von herannahenden Göttinnen anschließt, führt Tesub den Zug der (Hörnerkronen tragenden) männlichen Gottheiten an. Die wichtigeren Götter (hervorgehoben durch Einreihung in der Nähe der Bildmitte wie auch durch Tracht oder Anzahl der Hörner auf ihren „Kronen") sind durch hieroglyphische Beischriften bezeichnet, die die hurritische Deutung des abgebildeten Pantheons sichern. Diese und gewisse Einzelheiten der bildlichen Darstellung spiegeln den während der Großreichszeit wirksamen hurritischen Einfluß deutlich wider.

Gelegentliche Hilfsbedürftigkeit der sonst so mächtigen Götter steht also auch im Blickfeld der Texte. Ja, mehr noch: es erweist sich, daß diese Götter geradezu abhängig sind von den Menschen, leben sie doch von deren Opfergaben und mancherlei (zuweilen delikaten) Dienstleistungen.

Hier schließt sich der (durch verschiedene ethnische Einflüsse gering-fügigen Brechungen ausgesetzte) religiöse Denkkreis, in dem sich hethitische Texte bewegen.

Bei der im folgenden dargebotenen, aus Raumgründen sehr begrenzten Textauswahl, die durch Vergleich zur Würdigung at.-licher Sachverhalte beitragen mag, wird fallweise vermerkt werden, in welcher ethnischen Schicht das betreffende Zeugnis wurzelt. Dabei sei notiert, daß die hattische Grundschicht als die bodenständige, ortsälteste, zu betrachten ist. Sie scheint durch die Erneuerung des Kults von Nerik um die Mitte des 13. Jh. eine Auf-frischung erfahren zu haben. Mit hurritischem Einfluß ist grundsätzlich seit dem Zusammenstoß des Alten Reiches mit seinen hurritischen Nachbarn im Osten zu rechnen. In größerem Umfang spürbar wird dieser Einfluß spä-testens seit Beginn des Neuen Reiches, bis zu dessen Ende er mit zunehmender Stärke fortwirkt. Hervorzuheben ist hierbei die kulturvermittelnde Rolle der Hurriter, die sumerisch-babylonisches wie vielleicht auch kanaanäisches Gut in ihrer Verarbeitung nach Anatolien weitergegeben haben. Zahlreiche Luwismen, namentlich in der Sprache des Neuen Reiches, bezeugen den starken Einfluß, den die im Süden und Südosten Anatoliens ansässigen Luwier auf das Denken und Leben der ihnen stammesverwandten Hethiter ausgeübt haben. Hier muß der Hinweis genügen, daß z.B. viele hethitische Ritualtexte auf luwische Verfasser zurückgehen.

Es darf betont werden, daß keiner der Texte jünger sein kann als der Unter-gang Hattusas um bzw. in den Jahren bald nach 1200 v.Chr. In vielen Fällen ist jedoch eine klare ältere Datierung eines Werkes gegeben.

Allgemeine Literaturhinweise (beschränkt auf deutschsprachige Arbeiten):
A. Goetze, Kleinasien, Kulturgeschichte des Altertums, HAW, III/1, 1957[2];
H. Otten, Abschnitt: Das Hethiterreich, in: H. Schmökel (Hg.), Kulturgeschichte des Alten Orient, 1961;
E. von Schuler, Kleinasien, in: H. W. Haussig, WM I 1, 1965;
H. Otten, Die Religionen des Alten Kleinasien, in: HO VIII/I/1, 1964;
G. Walser (Hg.), Neuere Hethiterforschung, Hist, Einzelschrift 7, 1964;
G. Steiner, Artikel: „Gott (nach hethit. Texten)", RLA, III, 1971, S. 547–575.

I. Mythen

Die folgenden, mit dem AT kontrastierenden Mythen(ausschnitte) ent-stammen hurritischem und hattischem Milieu, wobei sich die unterschied-liche Herkunft auch in Artverschiedenheit ausdrückt. Die Mythen hurri-tischer Herkunft treten uns in Gestalt epischer Kunstdichtungen entgegen. Ihre Götterwelt läßt deutlich einen babylonischen Einschlag erkennen, der von hohem Alter zeugt und noch an die Wende vom 3. zum 2. Jt. zurück-reichen dürfte. Ebenso sind kanaanäische Einflüsse spürbar, was angesichts der hurritisch-amoritisch-kanaanäischen Symbiose nur zu erwarten ist. Ein

Hauptanliegen hurritischer Mythologie scheint die mit überquellender Phantasie, viel Liebe zum Detail und ohne ethische Hemmungen gestaltete Geschichte vom Werden der derzeitigen Machtordnung unter den Göttern zu sein.

Weniger unterhaltsam gemeint sind die Mythen anatolisch-hattischer Herkunft: Sie wollen zurückführen zum Ursprung und Anlaß bestimmter Riten, so deren Sinn und gegenwärtigen Nutzen erläutern und den Bezug zwischen Göttern und Menschen aufzeigen. Typischerweise wird eine mehr oder weniger ausführliche Beschreibung des betreffenden Ritus beigefügt, was auch formal die dienende Funktion des hattischen Mythus veranschaulicht.

1. Aus dem Ullikummi-Lied, 3. Tafel: Trennung von Himmel und Erde

Text: KUB XXXIII 106 III 23–55. Literatur: H. G. Güterbock, JCS 6, 1952, S. 27 ff.

Hinweise auf die Entstehung der Welt sind in der hethitischen Literatur äußerst rar. Das bislang einzig Nennenswerte unter diesem verschwindend Wenigen liefert der von den Hurritern übernommene Mythenkreis um den Gott Kumarbi. Ein Teil des Zyklus, das Lied von Ullikummi, dem Sohn des gestürzten Götterkönigs, erwähnt kurz den Bau von Himmel und Erde als eines Ganzen, das anscheinend von den „uralten", nur eben noch dem Namen nach bekannten Göttern auf den Schultern des urzeitlichen Weltriesen Upelluri errichtet wurde. Irgendwann in dieser grauen Vorzeit wird dann auch die (bereits der sumerischen und ägyptischen Mythologie bekannte) Trennung von Himmel und Erde angesetzt. Das Ullikummi-Lied nennt diesen Vorgang, weil seine Technik vorbildlich wird für die Art und Weise, in welcher der hurritische Wettergott[8]) Tesub seine Herrschaft über die Götter gegen den übermächtigen Rebellen Ullikummi verteidigen und durchsetzen kann.

Als at.licher Vergleichstext kommt vor allem 1. Mose 1, 4.6.7.14.18 in Betracht.

[23]Als Ea die Wor[te zu reden geendigt], da [brach] er auf zu Upelluri [hub da an], zu E[a die Worte zu reden:] „Du mögest leben, o Ea!". Upelluri [hub da an], zu E[a die Worte zu reden: „Du mögest leben, o Ea!". [Und er erhob sich(?). Da begann Ea,] Upelluri den Gruß zu [erwidern: „Du mögest leben,] o Upelluri, in der dunklen Erde, (du,) auf dem [Himmel und Er]de erbaut sind!" [30]Ea hub [wiederum] an, zu Upelluri zu [spre]chen: „Weißt du nicht? Hat dir, Upelluri, niemand die Kunde gebracht? Kennst du ihn nicht, den schnellen Gott[9]), welchen Kumarbi gegen die Götter erschuf? Und wie Kumarbi, gänzlich auf Tod und Verderben des Wettergottes bedacht, dem einen [35]Widersacher verschafft? Den *kunkunuzzi*-Stein, der im Wasser drinnen erwuchs, den kennest du nicht? Wie ein . . . (Ringmauer? Schirm? Pilz?) ragt(?) er empor und den heiligen Himmel, die Häuser der Götter und auch

---

[8]) „Wettergott" (oder Sturmgott) bezeichnet den Typ des männlichen Fruchtbarkeitsgottes, dessen Wirken vor allem in Gewitter und Sturm und in den lebenspendenden Niederschlägen gesehen wurde. Das hethitische Pantheon kannte zahlreiche, namentlich lokale Erscheinungsformen des Typus.

[9]) So wird Ullikummi seines wundersam raschen Aufwachsens bzw. Aufschießens wegen genannt. In 15 Tagen ist er bis zum Himmel gewachsen. Evtl. liegt die Vorstellung von einem Vulkan zugrunde.

Hebat [10]) hat er umschlossen/bedeckt! Kennst du, Upelluri, da die dunkle Erde (dem Geschehenen) fern ist, fürwahr jenen schnellen Gott nicht?" [40]Upelluri hub an, Ea Antwort zu geben: „Als sie Himmel und Erde auf mir erbauten, da ward ich (dessen) nicht inne. Wie sie kamen und Himmel und Erde mit eherner Schneide trennten, auch da ward ich dessen nicht inne. Jetzt aber macht mir etwas die Schulter, die rechte, schmerzen. Doch jener Gott – ich weiß nicht, wer er ist." [45]Als Ea die Worte vernommen, da wandte er sich zu Upelluris Schulter, der rechten. Und sieh, da stand auf Upelluris rechter Schulter der *kunkunuzzi*-Stein wie ein …! Da antwortete Ea und begann zu den uralten Göttern zu sprechen: „Vernehmt meine Worte, ihr uralten Götter, die ihr die früheren Dinge [50]wißt! Öffnet sie wieder, die mütterlich-väterlich-vorvätrischen Siegelhäuser! Man bringe der uralten Väter Siegel herbei, um damit die (Häuser) hernach erneut zu versiegeln! Und man hole (daraus) das uralte Schneidwerk hervor, mit dem sie Himmel und Erde voneinander geschnitten, und man schneide Ullikummi, den *kunkunuzzi*-Stein, unter seinen Füßen ab, welchen Kumarbi den Göttern zum Widersacher [55]erzog."

2. Vom Königtum im Himmel

Text: KUB XXXIII 120 + 119 + XXXVI 31. Duplikat KUB XXXVI 1. – Bearbeitet v. H. G. Güterbock, Kumarbi, Mythen vom churritischen Kronos, 1946, S. 6 ff.; H. Otten, Mythen vom Gotte Kumarbi, VIOF 3, 1950, S. 5 ff. – Datierung: nicht später als 1. Hälfte 14. Jh. v. Chr.

Im Zusammenhang mit der Trennung von Himmel und Erde, gemäß dem hier zu besprechenden Text wahrscheinlich n a c h jenem Ereignis, hat man den Beginn eines Königtums „im Himmel" angesetzt [11]) und vermutlich damit einen weiteren Schritt kosmischer Organisation andeuten wollen. Zwei Vorstellungen, die eine von der menschlich-allzumenschlichen Wesensart der Götter und die andere, derzufolge die Kraft der Söhne und Töchter zeugenden Götter einem gewissen Alterungsprozeß ausssetzt ist, boten bereits Sumerern, Ägyptern und Babyloniern Gelegenheit, kultgeschichtliche Tatsachen, Veränderungen und Zwänge durch Verwandtschaftsbeziehungen, Generationenfolge und Machtkämpfe zwischen den Göttern mythisch abzubilden. Die Mythen um den hurritischen Gott Kumarbi greifen gelegentlich auf sumerisch-babylonische Mythologeme und Namen zurück, zeugen jedoch von einer eigenen typenprägenden Frische und Kraft, welche sie der Phase (oftmals ermüdender) theologischer Systembildung weit entrückt zeigen. Zugleich informativ und unterhaltend, schildern sie den Gang der Allherrschaft, die Geschichte vom Königtum im Himmel, wobei sie mit erzählerischem Geschick den dritten Himmelskönig als die interessante Leitgestalt in den Mittelpunkt stellen: Je neun Jahre regierten Alalu und Anu über die Götter, bis sie jeweils vom Sohn, Wesir und Nachfolger entthront und vertrieben wurden. Kumarbi, der seinen Vater Anu zusätzlich entmannt, gerät durch diese Tat in besondere Schwierigkeiten. Von Anus „Mannheit" wunderbar ge-

---

[10]) Sonnengöttin, Gemahlin Tesubs, Hauptgöttin des hurritischen Pantheons und als solche „Königin des Himmels".

[11]) Es erscheint nicht ganz logisch, wenn der Mythus in I 18 die Herrschaft im Himmel lokalisiert, dagegen in I 22–24 spricht, als sei dieselbe auf der Erde vorgestellt und der Himmel eine davon unterschiedene Region.

schwängert, muß er neben mehreren anderen feindlichen Göttern dem starken Wetter-gott Tesub das Leben schenken, dem es gelingt, Kumarbi zu stürzen. Davon, daß der listenreiche Kumarbi nicht aufgibt, handelt das Ullikummi-Lied [12]): mit einem weib-lich gedachten Felsen zeugt er den steinharten Ullikummi, und es gelingt ihm, diesen ohne der Himmlischen Wissen auf Upelluris Schulter zum Rächer heranwachsen zu lassen. Von der Bedrohung des ratlosen Götterkreises um Tesub durch den jungen Steinriesen war im soeben gebotenen Textstück die Rede; auch der Umschwung der Handlung deutete sich an: Ullikummi verliert, einmal von Upelluris Schulter ab-geschnitten, seine Macht, und Tesub behält und festigt seine Herrschaft, die – dem Mythus vom Schutzgott zufolge – selbst nach vorübergehend erfolgreicher Anfech-tung durch den Schutzgott LAMA (hurritisch Nubadig?) von den Göttern (einschließ-lich Kumarbis) anerkannt wird.

Züge des Mythus, insbesondere Details der Generationenfolge, gelangten, wohl durch Vermittlung des nordsyrisch-ägäischen Handels, nach dem Westen (vgl. den späteren Niederschlag z.B. in Hesiods Theogonie). At.lich parallel sind Texte, die Jahwes Königtum über die Götter feststellen (so Ps. 95,3, der Sache nach ferner Ps. 29 und 82; Ps. 96,4 und 97,7.9, im Grunde auch Stellen wie 1. Kön. 22,19 ff.). Für Theo-machien und Theogonien hat das von exklusiver Jahweverehrung bestimmte AT naturgemäß keinen Raum. (Entsprechend ist ihm auch mehr an Jahwes Königsherr-schaft über Israel oder einzelne Israeliten gelegen: vgl. z.B. 2.Mose 15,17 f.; 5.Mose 33,5; 1.Sam. 8,7; 12,12; Ps. 44,5; 74,12 bzw. 5,3; 84,4.)

In den bruchstückhaften Zeilen I 1–7 unseres hethitischen Textes werden Paare und Gruppen von Göttern um Gehör gebeten, die sonst wesentlich als Zeugen und Schützer von Eiden angerufen werden. So wenden sich I 1–4 an die „uralten" Götter, die als längst abgetretene Göttervorfahren, „Väter und Mütter", und als Kenner jeg-licher Vergangenheit in der Unterwelt lebend gedacht sind. I 5 f. richten sich u. a. an den Eidgott Ishara und das sumerische Götterpaar Enlil und Ninlil. Darauf beginnt der Mythus:

Einst, in alten Zeiten, war Alalu König. Alalu sitzt auf dem Thron und der gewaltige Anu, unter den Göttern der vornehmste, steht (dienstbar) [10]vor ihm. Zu (seinen) Füßen fällt er nieder, sooft er ihm seine(n) Becher zum Trunk in die Hand reicht. Neun ‚gezählte' Jahre war Alalu König im Himmel. Im neunten Jahr machte Anu mit Alalu Streit. Er besiegte Alalu und (d)er floh vor ihm und ging hinab in die dunkle Erde. [15]Hinab ging er in die dunkle Erde, auf seinem Thron aber saß (jetzt) Anu. Anu sitzt auf seinem Thron und der gewaltige Kumarbi wartet ihm auf mit Speise. Zu seinen Füßen fällt er nieder, sooft er ihm seine(n) Becher zum Trunk in die Hand reicht.

Neun ‚gezählte' Jahre war Anu König im Himmel. Im neunten Jahr machte Anu Streit mit Kumarbi. Kumarbi, des Alalu Sproß, [20]machte mit Anu Streit.

---

[12]) Ein weiterer hierher gehöriger und dem Ullikummi-Lied in seiner Konzeption sehr ähnlicher Mythus ist leider nur verhältnismäßig schlecht erhalten: Er handelt von Kumarbis schlangengestaltigem Sohn Hedammu, der, aus dem Meere kommend, durch Verwüstungen auf der Erde die Herrschaft des Himmelskönigs untergräbt, der aber durch der Göttin Ischtar Verführungskünste überlistet und dann vermutlich vom Wettergott und dessen Helfern zur Strecke gebracht wird (vgl. J. Siegelová, Appu-Märchen und Hedammu-Mythus, StBT 14, 1971).

Kumarbis Blick[13]) hält er nicht stand: Anu entwand sich Kumarbis Hand, und er floh, der Anu, und ging zum Himmel (hinauf). Ihm nach setzte Kumarbi. Bei den Füßen packte er ihn, den Anu, und zog ihn vom Himmel herab. [25]Sein Gemächt biß er (ab). Seine ‚Mannheit‘ glitt (?) wie Erz in Kumarbis Leib. Wie Kumarbi Anus ‚Mannheit‘ hinabgeschluckt, da freute er sich, da lachte er auf. Zu ihm wandte Anu sich um, er hub an, zu Kumarbi zu sprechen: „Für deinen Leib freust du dich, weil du meine ‚Mannheit‘ geschluckt? [30]Freu dich nicht für deinen Leib! In den Leib habe ich dir eine Bürde gelegt: Aufs erste habe ich dich mit dem edlen Wettergott geschwängert. Aufs andere habe ich dich mit dem unbezähmbaren Strom Aranzah[14]) geschwängert. Aufs dritte habe ich dich mit dem edlen Gott Tasmi(su) geschwängert. Drei schreckliche Götter habe ich dir als Bürden in deinen Leib gelegt und (vor Schmerzen) wirst du schließlich kommen, [35]mit deinem Haupt die Felsen des Tassa-Gebirges zu schlagen!"

Als Anu zu reden geendigt, s[tieg] er zum Himmel hinauf und verbarg sich. Aus dem Munde spie da Kumarbi. Der listige König spie aus dem Munde ...

Der von hier ab nur mehr schlecht erhaltene Text läßt erkennen, daß vom ausgespieenen Sperma zwar ein Berg geschwängert (?) wird, daß Kumarbi jedoch die drei angekündigten Götter zu seiner Wut austragen muß. In Nippur, der Stadt des Götterkönigs Enlil, seiner sumerischen Entsprechung, zählt er die Schwangerschaftsmonate. An deren Ende scheint Anu zunächst den noch ungeborenen Wettergott über die zur Verfügung stehenden ungewöhnlichen Geburtswege aufzuklären. Der Wettergott, der verspricht, seinen Erzeuger Anu zu rächen, entscheidet sich für einen Körperausgang, der ihn rituell nicht verunreinigt. Doch der von schrecklichen Wehen geplagte Kumarbi läßt eben diesen Ausgang mit menschlicher Hilfe magisch sichern, und der Wettergott wird auf einem anderen Wege geboren. Kumarbis Absicht, den Wettergott aufzufressen, wird vereitelt. Statt dessen nimmt dieser den Kampf mit dem ersteren auf. Der nicht erhaltene Schlußteil der Tafel dürfte von Kumarbis Sturz und der Thronbesteigung des Wettergottes berichtet haben.

3. Der Wettergott und der Drache Illujanka

Text: KBo III 7 („A"); KUB XVII 5 („B"); KUB XVII 6 („C"); KUB XII 66 („D") und weitere Fragmente. Transkription bei E. Laroche, RHAs 77, 1965, S. 65 ff. Übersetzung: A. Goetze, Kleinasien², a.a.O., S. 139 f. (Mythus; für einige der rituellen Abschnitte s. V. Haas, Der Kult von Nerik, StP 4, 1970, S. 338). Datierung: Text des Mittleren (?) Reiches in jüngeren Abschriften.

Der unvollständig erhaltene Text bietet zwei Drachenkampfmythen als Ätiologien des ursprünglich hattischen *purulli*-Festes[15]), das in der nordanatolischen Stadt Nerik und in ihrer Umgebung beheimatet war. Die an die Mythen anschließenden Ausführungen befassen sich mit Teilaspekten des großen Festes von Nerik, und zwar mit dem Dankopfer für Regen an den anthropomorph vergöttlichten Berg Zali(ja)nu und mit der offensichtlich ungewöhnlichen Rangordnung, welche den Gefährtinnen Zalinus und diesem selbst im Verlauf einer Götterprozession in Nerik in kultdrama-

---

[13]) Eigentlich: Augen.
[14]) Der hurritische Name des Tigris.
[15]) Die noch nicht sicher gedeutete hattische Bezeichnung dürfte mit dem Wort *wur*-(„Erde") zusammenhängen.

tischer Darstellung zugewiesen wird. Lokaler Fruchtbarkeitskult und Götterversammlung im Heiligtum des Wettergottes von Nerik zum Zweck der Begnadung und Versöhnung des Königs und damit zur Ordnung und Segnung des Landes scheinen die
Leitgedanken der alljährlichen Feier des umfangreichen *purulli*-Festes gewesen zu
sein [16]).

Die beiden kosmologisch zu deutenden Drachenkampfmythen, von einem Priester
des Gesalbtenranges (möglicherweise als ältere und jüngere Tradition) in sprödem
Stil überliefert, haben die anfängliche Niederlage und den erst durch menschliche Hilfe
ermöglichten endlichen Sieg des Wettergottes über die Schlange Illujanka („Drache")
gemein. Im ersteren Fall ist es die Göttin Inara, die durch ihre Willfährigkeit dem
Manne Hupasia gegenüber dessen Beihilfe zu heimtückischer Überrumpelung des

Abb. 9: Späthethitisches Mauersockelrelief aus Malatya, 11.–9. Jh. v. Chr.,
47 cm hoch. (Museum Ankara.) Der Wettergott im Kampf mit dem Drachen,
über dem ein Gewitterschauer (mit Hagel?) niedergeht. Die Darstellung
erinnert deutlich an die Typik der hethitischen Großreichszeit.

Drachen gewinnt – der Wettergott hat nur noch den tödlichen Hieb zu führen. Im
anderen Fall zeugt der seines Herzens und seiner Augen beraubte Wettergott mit einem
armen Mädchen seinen Retter. Dieser fordert anläßlich seiner Einheirat in die Familie
des Drachen als Hochzeitsgabe Herz und Augen des Vaters und trägt ihm die Körperteile zu, so daß jener, wiederhergestellt, erneut den Kampf gegen den Drachen aufnehmen und siegen kann.

In beiden Mythen geht der menschliche Helfer durch den Wettergott zugrunde.
Hupasia büßt für seine Hybris, als er der Sehnsucht nach seiner irdischen Frau und
seinen Kindern Ausdruck verleiht. Der Sohn der Armen fällt in heldenhaftem Kampf –
als Mitglied der Sippe auf der Seite seines Schwiegervaters und nachdem er den Vater
aufgefordert hat, auf ihn keine Rücksicht zu nehmen. Diese letztere, heroische Version
verlegt den Kampf (wie anscheinend auch der hurritisch-hethitische Mythus vom
Drachen Hedammu) [17]) ans Meer und macht die Deutung auf den Sieg der weltord-
nenden Mächte über die niederen chaotischen Kräfte noch sinnfälliger. Vermutlich
handelt es sich hier nicht um einen ursprünglich hattischen, sondern um einen aus
Südostanatolien übernommenen oder daher beeinflußten Mythus. Er liegt letztlich

---

[16]) Für Einzelheiten vgl. V. Haas, a.a.O., S. 43 ff. Die eigentliche Festbeschreibung
– eines der überlieferten Exemplare umfaßte eine Serie von 32 Tafeln – deutet auf ein
langes Fest.

[17]) Siehe oben Anm. 12.

der (griechischen) Typhonerzählung der apollodorischen Bibliothek zugrunde und findet Entsprechungen im kanaanäischen Mythus vom Kampf Baals mit Lothan (at.lich: Leviathan) bzw. Jam, der in Anspielungen und umgedeutet auch im AT reflektiert wird: vgl. vor allem Jes. 27,1; 51,9f.; Ps. 74,13f.; 89,10f.; Hi. 26,12f. Beachtung verdienen zugleich die antithetisch gesetzten Akzente: so Ps. 104,26; 148,7, nicht zuletzt 1.Mose 1,21. Fremd ist dem AT freilich, daß Gott – in synergistischem Sinne – menschlicher Hilfe bedürfte, um sich und seine Herrschaft durchzusetzen.

Erste Version

A 1 1So spricht Kella, der ‚Gesalbte‘ des Wettergottes von Nerik, des himmlischen Wettergottes [...] des *purulli*(-Festes) Geschichte erzählt man nicht mehr(?) folgendermaßen: 5„Das Land möge wachsen und gedeihen und das Land möge geschützt sein!" Und wenn es wächst und gedeiht, so feiern sie das *purulli*-Fest.

Als der Wettergott und der Drache Illujanka 10in der Stadt Kiskilussa in Streit geraten waren, da hatte Illujanka den Wettergott besiegt. Der Wettergott flehte alle Götter an: „Kommt mir zu Hilfe!". Da veranstaltete die Göttin Inara ein Fest. 15Alles rüstete sie großzügig zu: Kessel mit Wein, Kessel mit *marnuant*-Bier, Kessel mit *walhi*-Bier. Und sie machte die Kessel hochvoll. Und [Inara] ging in [die Stadt Z]ikaratta 20und fand den Menschen Hupasia. Da sagte Inara zu Hupasia: „Siehe, das und das Ding habe ich vor, und du steh mir bei!". Da sagte Hupasia zu Inara: 25„Wenn ich bei dir schlafen darf, dann will ich kommen und tun, wonach dein Herz steht." So schlief er bei ihr. Da brachte Inara den Hupasia mit B I 4und versteckte ihn. Inara 5schmückte sich und rief Illujanka aus seinem Loch herauf: „Sieh, ein Fest will ich feiern. So komm nun zu essen und zu trinken!". Da kamen Illujanka und [seine Kinder] 10herauf. Und sie aßen und tranken und soffen jedweden Kessel aus und wurden trunken. Da können sie nun nicht mehr in ihr Loch hinab. Hupasia aber kam 15und fesselte Illujanka mit einem Seil. Der Wettergott kam und erschlug Illujanka, und die Götter waren mit ihm.
C I 14Da(nach) erbaute Inara sich ein Haus auf einem Felsen in der Gegend von Tarukka 18). Und sie ließ Hupasia im Hause drinnen wohnen. Und Inara schärft ihm da ein: „Wenn ich über Land gehe, so schau aber du 20ja nicht zum Fenster hinaus! Denn wenn du hinausschaust, wirst du deine Frau und deine Kinder erblicken." Wie nun der 20. Tag kam, da stieß er das Fenster auf und erblickte seine Frau und seine Kinder. 25Als Inara vom Felde heimkam, da hub er zu schreien an: „Laß mich wieder nach Haus!" A II 9Da sagte Ina[ra: „Gebot ich dir nicht: ‚Schau nicht(?)] hinaus!'?"

Der anschließende stark zerstörte Text (A II 10ff.) deutet an, daß Hupasia in der Auseinandersetzung mit Inara, die offenbar vom Wettergott Hilfe erhält, den Tod findet. Inara scheint dem (hethitischen) König darauf ihr Haus übergeben zu haben, was zum Anlaß der Feier des *purulli*-Festes wird. Zum rituellen Geschehen leiten die Zeilen A II 21ff. über:

---

18) Ort (wie Nerik) im Norden Anatoliens.

Dem Berg Zalinu von allen als erstem, wenn er in Nerik Regengüsse spendet, bringt der Herold aus Nerik Dickbrot hin. ²⁵Vom Berg Zalinu hat er Regen erbeten ...

Der Text wird zu lückenhaft und bricht dann ab.

Zweite Version

^{D III 3}... Der Drache Il[lujanka] hatte [den Wettergott] besiegt und ihm [Herz und Augen] genommen. Und der Wettergott [sann darauf, sich an ihm zu rächen(?).] ^{A III 4}Und er nahm die Tochter eines armen Mannes ⁵zur Frau und zeugte einen Sohn ¹⁹). Als (d)er aber herangewachsen war, da nahm (d)er eine Tochter des Illujanka zur Frau. Der Wettergott schärft seinem Sohn ein: ¹⁰„Wenn du ins Haus deiner Frau gehst, dann fordere von ihnen (mein) Herz und (meine) Augen." ²⁰) Als er nun hinging, forderte er das Herz und sie gaben es ihm. ¹⁵Später bat er um die Augen und auch die gaben sie ihm. Da brachte er das (Gewünschte) dem Wettergott, seinem Vater, hin. Und der Wettergott nahm das Herz und seine Augen wieder an sich.

²⁰Als sein Leib nun wieder zum vorigen (vollkommenen) Zustand genesen, da zog er wiederum zum Meer in den Kampf. Wie er ihm nun die Schlacht lieferte, ²⁵begann er, dem Drachen Illujanka zu obsiegen. Und der Sohn des Wettergottes war bei Illujanka, und er schrie zum Himmel zu seinem Vater hinauf: „Rechne auch mich dazu! ³⁰Verschone mich nicht!" Da erschlug der Wettergott den Drachen Illujanka und (mit ihm) seinen (eigenen) Sohn. Und dieser ist jener Wettergott [...

Von den folgenden Ausführungen des ‚Gesalbten' Kella fehlen ca. 15 Zeilen. Der Text setzt wieder ein mit D IV 1 ff., wo es (wie im Anschluß an die erste Version des Mythus) um den Kultbrauch von Nerik geht. Wiederum steht der Berggott Zalinu im Mittelpunkt:

^{D IV 1}...] die [vorder]sten Götter haben sie dem ‚Gesalbten' zum letzten(?) gemacht und die letzten(?) haben sie zu den vordersten Göttern gemacht. ⁵Des Gottes Zalinu Getreide-(Opfer)vorrat ist groß und des Zalinu Gemahlin Zashapuna ist größer als der Wettergott in Nerik. ^{A IV 4 fährt fort:} Folgendermaßen haben die Götter zum ‚Gesalbten' Tahpurili gesagt: „Wenn wir zum Wettergott von Nerik gehen, wohin sollen wir uns da setzen?". So hat der ‚Gesalbte' Tahpurili gesprochen: „Wenn ihr euch auf die steinernen Throne setzen sollt(?), und wenn man dem ‚Gesalbten' das Los(?) wirft(?), so läßt sich der ‚Gesalbte', der Zalinu hält, auf dem Steinthron nieder, der über dem Brunnen steht." Nun kommen die Götter alle hinein (werden hineingebracht) und man wirft(?) das Los(?). Da ist dann Zashapuna von Kastama größer als alle (restlichen) Götter. Und weil sie des Zalinu Gemahlin ist, während Tazzuwasi sein Kebsweib ist, da befinden sich diese drei zu Tanipia. Und

---

¹⁹) Vgl. evtl. den in 1.Mose 6, 1–4 verarbeiteten mythischen Stoff.

²⁰) Ein – zumal unbemittelter – Mann konnte nach altem hethitischen Recht in die Familie seiner Frau eintreten und dafür eine Abfindung fordern, die dem sonst üblichen (vom Mann zu entrichtenden) Brautpreis entsprach.

später ist eben deswegen in Tanipia Feld vonseiten des Königs gestiftet worden: 6 Landmaß Acker, 1 Landmaß Weingarten, Haus und Tenne sowie 3 Gesindehäuser; es gibt eine Urkunde darüber, und mir ist (zudem) das (Eigentum) der Götter heilig und ich habe es so (= wahrheitsgemäß) erzählt.

Es folgt der Kolophon, der teils unserem Buchtitel entsprechende, an das Ende der Tafel gesetzte Schreibervermerk:

Erste Tafel. Vollständig. Von den Worten des ‚Gesalbten‘ Kella. Der [Schreiber] Pihaziti hat sie in Gegenwart des Oberschreibers Walwi(?) kopiert.

4. Der Mythus vom verschwundenen Telipinu

Text: 1. Version: KUB XVII 10 („A"); KUB XXXIII 2 („B"); KUB XXXIII 1 („C"); KUB XXXIII 3 („D"). – Bearbeitet von H. Otten, Die Überlieferungen des Telipinu-Mythus, MVG 46/1, 1942; A. Goetze, Kleinasien², a.a.O., S. 143 f. – Datierung: Der Archetyp des in drei geringfügig voneinander abweichenden Versionen vorliegenden Mythus dürfte im späteren Alten Reich, spätestens Anfang des Mittleren Reiches, verschriftet worden sein. Eine Anzahl Parallelfassungen behandelt an Telepinus Stelle andere verschwundene Gottheiten.

Telipinu, Sohn des Wettergottes Taru und selbst zum Typus „Wettergott" zu rechnen, gehört dem hattischen Pantheon an. Unser Text schildert sein zorniges Verschwinden aus dem aktiven Leben und die dadurch ausgelöste allgemeine Unfruchtbarkeit und Dürre, welche Pflanzen, Tiere, Menschen und Götter an den Rand des Verderbens bringt. Nachdem die von Hunger gequälten Götter die Abwesenheit des Telipinu bemerkt und umsonst nach ihm geforscht haben, wird ein Adler auf die Suche geschickt. Als auch der erfolglos zurückkehrt, sendet die Muttergöttin eine Biene aus, die den schlafenden Telipinu endlich an verborgenem Ort aufspürt und durch Stiche weckt. Telipinus Zorn wird dadurch aber nur um so heftiger und äußert sich in einer verheerenden Überschwemmung. Die erschreckten Götter suchen ihr Heil in der Magie. Der rasende Telipinu soll durch eine Beschwörung besänftigt werden. Die Heilgöttin Kamrusepa führt zunächst die rituelle Anrufung des zürnenden Gottes durch, indem sie ihn durch im Freien ausgelegte Leckerbissen und besänftigende Substanzen anlockt und dabei beschwichtigende Analogiesprüche rezitiert. Nachdem Telipinu im Gewitter herangebraust ist, folgt der Hauptteil der Beschwörung. Kamrusepa behandelt Telipinus Körper, indem sie Körperteile von Widdern verbrennt und schwenkt. Allerlei Materialien und Elemente werden entweder vernichtet oder in ihrer Harmlosigkeit bzw. Vergänglichkeit beschrieben oder vorgeführt und im Sinn des Analogiezaubers mit Telipinus unguten Gemütsregungen gleichgesetzt, um sie entsprechend zu bezwingen. Das Pantheon, das in seiner Bedrohtheit die Beschwörung veranlaßt hat, versammelt sich, um sich aufs neue Heil und langes Leben zusprechen zu lassen. Telipinu wird dabei für rein von allem Unguten erklärt.

Auf eine Textlücke, in der vielleicht die Unwirksamkeit, wahrscheinlich aber nur die Ergänzungsbedürftigkeit des Rituals der Kamrusepa behandelt zu denken ist, folgt der Rest einer Beschwörung, die ein Mensch vornimmt. Diese beschränkt sich nicht auf Telipinus Besänftigung, sondern richtet sich auch auf die Befreiung der ganzen Natur von Telipinus Zorn, der in die Unterwelt verbannt wird. Der von seinem Groll gelöste Telipinu nimmt sein gewohntes segensreiches Wirken wieder auf. Natur, Menschen- und Götterwelt kommen wieder in Ordnung, und das Königspaar wird mit Langlebigkeit und Kraft begabt. Als Zeichen der glücklichen Wende und des Segens wird ein Vlies gehißt.

Zweck des Mythus ist der Nachweis der Wirksamkeit des in die Handlung eingebetteten Rituals gegen Götterzorn. Das Motiv des verschwundenen Gottes, der anders als in den Vegetationsmythen des übrigen Alten Orients nicht ein verstorbener Gott ist (vgl. Dumuzi, Adonis, Osiris usw.), dürfte hattischer Herkunft sein und findet sich auch auf andere hethitische Götter angewendet, so daß selbst in Details meist wortwörtliche Übereinstimmung mit unserem Mythus gewahrt wird. Das Ritual ist denn auch nachweislich in Notzeiten immer wieder benutzt worden. So handeln zwei Fassungen vom Verschwinden der persönlichen Gottheit je einer Königin des Alten und des Mittleren Reiches. Für die entsprechenden Zeitabschnitte sind schwerwiegende Katastrophen bezeugt.

Die Abhängigkeit der Götter von menschlichen oder gar tierischen Helfern, ihre Beeinflußbarkeit durch Magie, ihre Endlichkeit, mangelnde Allwissenheit, ihr Mithineingerissensein in irdische Katastrophen, ihre Machtlosigkeit gegenüber den eigenen zügellosen Leidenschaften haben in der at.lichen Gotteserkenntnis keine Parallelen[21]). Anders jedoch die Überzeugung, daß sich der Gottheit zornige Abkehr in allerlei Katastrophen manifestiert; sie findet sich im AT entsprechend: vgl. Volksklagelieder wie Ps. 44, 10 ff.; 74; 79; erzählende Texte in der Art von 2. Sam. 21; 24; 1. Kön. 17; 18; prophetische Belege wie Hos. 4, 10; 9, 14; Am. 1, 2; Mi. 6, 14 f.; Fluchmotive in 3. Mose 26; 5. Mose 28, nicht zuletzt auch die Darstellung im Richterbuch-Rahmen Ri. 2, 14 f.; 3, 8 u. ö. Vor allem aber kommt auch die Erfahrung der Verborgenheit Gottes im AT zum Ausdruck, in breiter und vertiefter Bezeugung, vergleichbar, und z. T. doch unvergleichlich: siehe nur etwa Jes. 1, 15; 8, 17; 29, 14 ff.; 45, 19; 48, 16 a; 54, 8; Jer. 12, 7; 23, 23 f.; Hos. 5, 6, andererseits 5. Mose 31, 16–18; 32, 20 oder Ps. 44, 25 ff.; 89, 39 ff.; Klgl. 5, 20 ff.

Am Beginn des hethitischen Textes fehlen ca. 12 Zeilen; sie dürften die Ursache für eine schwere Verstimmung Telipinus behandelt haben, um deren Auswirkungen es im folgenden geht (A I 5 ff.):

[5]Rauch erfüllte die Fenster, Qualm erfüllte das Haus. Auf dem Herd aber drohten die Scheite zu ersticken. Auf den Altären drohten die Götter zu ersticken, ebenso die Schafe im Pferch. Im Stall drohten die Rinder zu ersticken. Die Schafmutter verweigerte sich ihrem Lamm und die Kuh verweigerte sich ihrem Kalb.

[10]Telipinu aber zog fort. Getreidesegen, …, Gedeihen, Fruchtbarkeit (?) und Fülle nahm er (mit sich) aufs Feld, in die Wiese, in die Einöde[22]). Und Telipinu ging hin und legte sich[23]) in die Einöde (?). Müdigkeit (?) überkam (?)[24]) ihn. Da hörten Korn und Spelt zu wachsen auf. Rinder, Schafe und Menschen [15]zeugten nicht mehr, und was begattet war, vermochte nicht mehr zu gebären. Die Berge hatten keine Feuchtigkeit mehr, die Bäume verdorrten, daß auch keine Knospen mehr sprießen konnten. Die Triften wurden trocken, die Brunnen versiegten, und im Land begann eine Hungersnot.

---

[21]) Vgl. in diesem Zusammenhang etwa 1. Kön. 18, 27.
[22]) Unklar, ob Dickicht, Sumpf, Steppe o. ä.
[23]) Genauer: „vereinigte sich mit", „schlüpfte hinein".
[24]) Oder: „Kraut (?) überwucherte (?) ihn".

Menschen und Göttern stand es bevor, Hungers zu sterben[25]). Der groß-
mächtige Sonnengott machte ein Fest und lud dazu die tausend Götter: sie
aßen, [20]wurden aber nicht satt, sie tranken, konnten ihren Durst aber nicht
löschen. Da gedachte der Wettergott an seinen Sohn Telipinu: „Telipinu,
mein Sohn, ist nicht hier. Er hat im Zorn alles Gute mit sich davongetragen."
Die großmächtigen Götter und die kleinen Götter begannen da Telipinu zu
suchen. Der Sonnengott sandte den schnellen Adler aus (mit den Worten):
„Auf, suche die [25]hohen Berge ab, suche die tiefen Täler ab, suche die blaue
Woge ab!" Der Adler flog davon, doch fand er ihn (Telipinu) nicht, und
meldete dem Sonnengott zurück: „Ich habe ihn nicht gefunden, Telipinu,
den edlen Gott." Da sprach der Wettergott zu Hannahanna[26]): „Was sollen
wir tun? Wir werden vor [30]Hunger noch umkommen!" Die ‚Erhabene Göttin'
sagte zum Wettergott: „Tu etwas, Wettergott! Geh und such Telipinu selbst!"

Der Wettergott sucht Telipinu vergeblich in dessen Kultstadt und gibt, nachdem
er das verschlossene Stadttor demoliert hat, entmutigt die Suche auf.

Da sandte Hannahanna [35][die Biene] aus: „Auf, such du Telipinu!" [Der
Wettergott sa]gte [zur ‚Erhabenen Göttin']: „Da haben ihn die großmächtigen
Götter und die kleinen Götter gesucht [und nicht gefunden], und nun soll
diese [Biene] ausfliegen und ihn [finden? Ihre Fl]ügel sind winzig und sie
selbst ist winzig. Werden sie (die Götter) das verstehen?"

Die folgende Lücke läßt sich in etwa überbrücken durch Fragmente der sog. 2. und
3. Version des Mythus, KUB XXXIII 5 und 8–10:

Die ‚Erhabene Göttin' sprach zum Wettergott: „Laß nur! Sie wird [aus-
flieg]en und ihn finden." Und zur Biene sprach sie: „Auf, . . .such du Telipinu!
Wenn du ihn findest, so stich ihn in seine Hände und Füße und laß ihn auf-
springen! Nimm Wachs, wische seine Augen und Hände (damit) ab, mach ihn
rein und bring ihn her zu mir!" Die Biene [flog aus]. Sie suchte die hohen
Berge ab, sie suchte [die tiefen Täler] ab, sie [suchte die blaue] Wo[ge ab].
In ihrem [Leib] ging der Honigvorrat zur Neige [und das Wachs(?) ging zur]
Neige, da [fand] sie ihn (Telipinu) auf einer Wiese bei [Lihz]ina im Walde. Sie

---

[25]) Götter können – zumindest theoretisch – umkommen, sterben. Vgl. noch eine
Stelle aus dem Mythus vom verschwundenen Wettergott, KUB XXXIII 24 I 30–36:
„[des (verschwundenen Wettergottes)] Vater kam zu seinem (d. h. zu jenes) Großvater
und räsonierte vor ihm: ‚Wer hat [gegen(?) mi]ch gesündigt, so daß die Saat verdorben
und alles verdorrt ist?' – Sein Großvater sprach: ‚Keiner (sonst) hat sich versündigt!
Du allein hast gesündigt!' – Drauf der Vater des Wettergottes: ‚Nicht habe ich gesündigt!' – Und sein Großvater sprach: ‚Wenn ich es herausfinde, so erschlage ich dich!
Nun geh, such den Wettergott!'" – Es liegt nahe anzunehmen, daß ein verstorbener
Gott sich in entsprechendem Rang unter den Herren der Unterwelt wiedergefunden
hätte. Hier wird wieder einmal deutlich, daß man zwischen Mensch und Gott nur
Unterschiede des Maßstabs kennt.
[26]) Die hethitische Geburts- und Muttergöttin bzw. die vornehmste einer Gruppe
von Göttinnen dieses Typs. Sie wird auch als „Erhabene Göttin" bezeichnet. Ihr Wir-
kungsbereich ist durch die Unfruchtbarkeit besonders betroffen.

stach ihn in seine Hände und Füße und brachte ihn auf [die Beine, wischte ihm Augen und Hände mit Wachs ab und ...]

[Da sprach] Telipinu: „Ich habe (billig) gezürnt [und bin fortgegang]en! [Warum habt] ihr mich aus meinem Schlaf[27]) [aufgestört]? Was habt ihr [mich], der ich (billig) zürne, zum Reden veranlaßt?!" [Telipinu ergri]mmte jäh.

Der verstümmelte Text läßt erkennen, daß Telipinu in seiner Wut eine Überschwemmung verursacht, die Städte und Häuser zerstört, wobei Menschen und Vieh zugrunde gehen. Die erschreckten Götter fragen ratlos, was zu tun sei.

[Da red]ete (einer der Götter): „[Laßt uns] den vergänglichen (Menschen) rufen! [Der soll auf(?)] dem Berg Ammuna das ... [nehmen(?)] und soll ihn (Telipinu) herbringen! Mit des Adlers Schwinge[28]) soll er ihn herbringen! Ja, der verg[ängliche (Mensch)] soll ihn herbringen, mit des Adlers Schwinge soll er ihn herbringen!"

Aus den sehr fragmentarischen Zeilen KUB XXXIII 8 + II 18–24 (gehört zur 2. Version) scheint hervorzugehen, daß die Götter den Menschen einschalten. Telipinus Reaktion ist nicht sicher erfaßbar, da der Text abreißt. Indessen führt uns, nachdem die Lücke in der 1. Version räumlich ungefähr ausgefüllt sein dürfte, die II. Kolumne von Expl. A in ein Besänftigungs- bzw. Reinigungsritual, das nicht vom Menschen, sondern von der Göttin der Magie und Heilkunst, Kamrusepa (etwa „Rauchgeist"), durchgeführt wird. Offen bleibt dabei, ob eine Diskrepanz zur 2. Version besteht, oder ob die Beschwörungen Kamrusepas und des Menschen (letztere in A IV), sei es als Hand in Hand gehend, sei es als miteinander konkurrierend, gedacht sind. Bemerkenswert ist in jedem Fall die Verflochtenheit des Rituals mit der Handlung des Mythus. A II 1–32 gehört zur Anrufung Telipinus:

[9]Sieh, da [steht] „Schlagwasser"[29]). [10][Es möge] deinen Sinn, Telipinu, [zum Guten verändern(?)]! So [wende dich] denn dem König freundlich zu! Sieh, da steht ....[So möge dein Sinn(?)] [13]befriedigt sein! ... [16]... Sieh, da [liegen] Feigen. [Und] wie [Feigen] süß sind, ebenso süß möge auch [dein Sinn,] Telipinu, werden! Wie der Ölbaum sein Öl in sich [hat und wie der Weinstock] [20]den Weinsaft in sich hat, ebenso mögest auch du, Telipinu, Gutes [für den Menschen(?)] in Sinn und Herz haben! Sieh, hier steht Salböl(?). Es möge [deinen Sinn und dein Herz(?)], Telipinu, salben! Wie Malz und ‚Bierbrot'[30]) sich innig miteinander verbinden lassen, ebenso [möge] dein Sinn, [Telipinu], mit der Menschheit Anliegen verbunden sein! [Wie ein Speltkorn] [25]rein ist, ebenso möge des Telipinu Sinn rein werden! [Wie] Honig süß und Butter mild ist, ebenso süß und ebenso mild möge des Telipinu Sinn werden! Sieh, mit feinem Öl habe ich deine Wege, Telipinu, besprengt. So

---

[27]) Vgl. immerhin Ps. 44,24; 78,65.

[28]) Als magisches Requisit und Instrument in der Hand des Beschwörers zu denken. Es dient auch zur Besprengung.

[29]) Sinn unklar. Am ehesten Schreibfehler für „Wendewasser", eine zu ritueller Reinigung benutzte Flüssigkeit.

[30]) Eine Brauzutat.

geh nun auch, Telipinu, die mit Feinöl besprengten ³⁰Wege! … Wie Kahn-
bartgras sich flechten läßt, so mögest du, Telipinu, dich fügen!"

Zornlodernd kam Telipinu herbei. Mit Blitz und Donner³¹) schlägt er auf
die dunkle Erde ein. ³⁵Kamrusepa erblickte ihn und des Adlers Schwinge holte
[ihn herbe]i. Die ᴵᴵᴵ ¹Wut ließ ihn stehen, der Zor[n ließ ihn stehen, das Bös-
sein] ließ ihn stehen, der Groll ließ ihn stehen.

Kamrusepa sagt zu den Göttern: „Ko[mmt], Götter, der Gott Hapantalli
w[eidet(?)] des Sonnengottes Schafe! ⁵So sucht nun zwölf Widder aus! Ich
will Telipinus [...]³²) (magisch) behandeln. Ich habe mir eine Schale(?) mit
‚1000 Augen' genommen und die ...³³) der Widder Kamrusepas(!) hin(ein)
geschüttet. Ich habe (sie?) für Telipinu hierin (räuchernd?) und dorthin
(räuchernd?) verbrannt und Telipinu damit ¹⁰das Böse aus seinem Leib
genommen: sein Böşsein habe ich genommen, seine Wut habe ich genommen,
seinen Zorn habe ich genommen, seinen Grimm habe ich genommen, seinen
Groll habe ich genommen. Telipinu war zornig, es erstickten ihm Sinn und
Eingeweide (wie nasses) Brennholz³⁴). Wie sie nun dieses Brennholz ¹⁵ver-
brannt haben, sollen auch Telipinus Wut, Zorn, Bössein und Groll auf-
brennen! Wie [Malz] dürr ist und man es nicht aufs Feld bri[ngt], daß man
es als Saatgut verwende, wie man es aber auch nicht zu Brot verarbeitet,
sondern es ins versiegelte Vorratshaus legt, ebenso [sollen] Telipinus Wut,
[Zorn], ²⁰Bössein und Groll dürr werden! Telipinu war zornig: sein Sinn und
seine Eingeweide waren loderndes Feuer. Wie nun dieses Feuer erlischt, ebenso sollen (Telipinus) Wut, Zorn und Groll erlöschen! Telipinu, laß die Wut
fahren, laß den Zorn fahren, ²⁵laß den Groll fahren! Wie (Wasser in der)
Traufe nicht [aufwärts] fließt, ebenso sollen Telipinus [Wut, Zorn] und Groll
nicht wiederke[hren]!

Die Götter [setzen sich(?) zur] Vers[ammlung] unter dem *hatalkesna*-Baum
[nieder]. Und unter dem *hatalkesna*-Baum [habe ich(?)/ist(?) das Heil] langer
[Jahre gewirkt]. ³⁰Und alle Götter sind da, (darunter) [Papaia, Isdustaia],
die Guls-Göttinnen, die Muttergöttinnen³⁵), der Gott Halki (‚Getreide'),
Mia[tanzipa] (‚Wachstumsgeist'), Telipinu, der ‚Schutzgott', Hapantall[i...].
Für die Götter habe ich das He[il] langer Jahre gewirkt und ihn (Telipinu)
habe ich gereinigt. ᶜ⁹[...] Telipinu [habe ich] das Böse [aus dem] L[eib
genommen], seine [Wut] habe ich genommen, [seinen] Zo[rn habe ich genom-
men], sein [Bössein] habe ich genommen, den Grol[l habe ich genommen],
die [‚böse] Zunge' habe ich genommen, das bö[se ... habe ich genommen].

---

³¹) Vgl. Ps. 18, 8–15; 2. Sam. 22, 8–15; Ps. 77, 18 ff.
³²) Wahrscheinlich ein Organ, das als Sitz heftiger Gemütsregungen galt.
³³) Evtl. „das Abgeschnittene".
³⁴) Oder: „sein Sinn und seine Eingeweide waren ihm wie Brennholz/Reisig gebunden".
³⁵) Die bis hierher aufgezählten Göttinnen(gruppen) sah man mit Schicksalsbestimmung bzw. mit dem Schutz von Geburtsvorgängen befaßt. Sie gehören, wie zumindest
die beiden folgenden Gottheiten, der Unterwelt an.

Nach einer Lücke von ca. 15 Zeilen wird der Text von A IV 1ff. fortgesetzt. Das Besänftigungsritual „des Menschen" (Vollendung der Beschwörung Kamrusepas oder, allenfalls bei Scheitern derselben, letzter Ausweg aus der kosmischen Krise) hat bereits begonnen:

„[... Du, *ḫatalkesna*-Baum, kleidest dich im Frühling weiß, im Herbst aber kleidest du dich blutrot. Das Rind zieht unter dir dahin[36]) [1]und] du raufest ihm Stirnhaar(?) aus. Das Schaf [zieh]t unter dir dahin und du raufst ihm Wolle aus. Raufe du (nun) auch Telipinu die Wut, den Zorn, das Bössein, den Groll aus! Kommt der Wettergott jäh zürnend daher, so [5]bringt ihn der ‚Mann des Wettergottes'[37]) zum Stehen. Droht der Breitopf überzukochen, bringt der Löffel den (Brei) zum Stehen. Ebenso sollen denn auch meine, des Menschen, Worte Telipinus Wut, Zorn und Groll zum Stehen bringen! Fortgehen sollen Telipinus Wut, Zorn, Bössein und Groll! Das Haus soll sie fahren lassen. Der Mittelpfeiler(?) [10]soll sie fahren lassen! Das Fenster soll sie fahren lassen! dto. die Türangel, der Hof, das Stadttor, das Torgebäude, die Heerstraße. Zum fruchtbaren Acker, zum Garten, zum Wald sollen sie nicht gehen! Den Weg der Sonnengottheit der Erde[38]) sollen sie gehen! Geöffnet hat der Pförtner die 7 Tortüren[39]), zurückgezogen hat er die 7 Riegelbalken. [15]Unten in der dunklen Erde stehen Bronzekessel. Ihre Deckel sind Blei, ihre Ringe(?) Eisen. Was hineingeht, kommt nimmermehr heraus, denn es vergeht drinnen. Und sie sollen Telipinus Wut, Zorn, Bössein und Groll aufnehmen und (diese) sollen nicht wieder (heraus)kommen!"

[20]Telipinu kehrte wieder in sein Haus zurück und gedachte an sein Land. Da verließ der Rauch die Fenster, der Qualm verließ das Haus. Die Altäre ordneten sich den Göttern unter/vertrugen sich mit den Göttern. Der Herd ließ den Scheit los. Im Pferch drinnen gaben die Schafe Ruhe. Im Stall drinnen gaben die Rinder Ruhe. Die Mutter nahm sich ihres Kindes an. Die Schafmutter nahm sich ihres Lammes an. [25]Die Kuh nahm sich ihres Kalbes an und Telipinu nahm sich des Königs und der Königin an und bedachte sie mit Leben, Kraft und vielen Tagen.

Telipinu sorgte für den König. Vor Telipinu ist eine Stange aufgerichtet und an die Stange ist ein Vlies gehängt. Und das bedeutet das Fett des Schafes, das bedeutet Korn, Wild [30]und Wein. Das bedeutet Rinder und Schafe. Das bedeutet lange Jahre und Kindersegen. Das bedeutet des Lammes angenehme Botschaft[40]). Das bedeutet Wohlfahrt und Glück.

Der Text wird lückenhaft und bricht ab.

[36]) Ergänzt nach KUB XXXIII 54 + 47 II 15 ff.

[37]) Ein Priester bestimmten Typs, fungiert im Kult hattischer Prägung (Nerik), und zwar vor allem (wie hier) als Beschwörer der Gottheit.

[38]) Die Vorstellung, daß die Sonne im Verlauf der Nacht die Unterwelt durchwandert, hat zur religiösen Ausformung des Typs einer chthonischen Gottheit der Nachtsonne geführt, welche mit dem astralen Sonnengott dessen richterliche und herrscherliche Aspekte teilt.

[39]) Die der Unterwelt sind gemeint. Ein ursprünglich sumerisches Mythologem (vgl. im AT u. a. Ps. 9, 14; 107, 18; nebenbei auch Mt. 16, 18).

[40]) Bezieht sich wohl auf günstige Befunde bei der Eingeweideschau.

II. Gebete

Das hethitische Gebet, soweit es sich uns als eigene Gattung mit etwas über einem Dutzend Beispielen darzustellen vermag[41]), ist im wesentlichen argumentierendes Bittgebet. Dankgebete sind nicht überliefert, selbständige Hymnen nur insoweit, als es sich um Übersetzungen aus dem Akkadischen bzw. Sumerischen handelt. Als Beter treten genannte oder ungenannte Könige und Königinnen sowie ein königlicher Prinz und ein Anonymus auf. – Gebetsgegenstände sind im wesentlichen göttlicher Beistand, Gesundheit oder Wiederherstellung derselben, langes Leben, Kindersegen, günstige Witterung, Fruchtbarkeit der Felder und Herden, Sieg über Feinde, Beendigung von Epidemien, Aufdeckung der Ursachen für Götterzorn und – zum Zweck des Abbruchs göttlicher Strafgerichte – auch die Vergebung von Schuld. Ein Nebenanliegen des Beters ergibt sich aus der im menschlichen Bereich gewonnenen Erfahrung des Werts guter Beziehungen: Um sicherzugehen bzw. in der begründeten Sorge, nicht selbst und allein durchzudringen, kann die Vermittlung des unparteiischen, im Pantheon unbedingt respektierten Sonnengottes oder die Fürsprache göttlicher Trabanten oder Angehöriger der eigentlich zuständigen oder in Frage kommenden Gottheit erstrebt werden. Es ergibt sich daraus, daß ein Text aus zwei oder mehreren Gebeten bestehen kann. – Mit oder ohne Fürsprecher sucht man sich argumentativ einer wohlwollenden Aufnahme der Bitten zu versichern: Mißliebige Ansinnen sollen überhört werden; man bekundet unbedingtes Vertrauen auf die göttliche Hilfe, unterstreicht seine Abhängigkeit, erinnert an frühere Gunsterweise der Gottheit(en), hebt die eigenen Leistungen, die fromme Sorgfalt im rituellen Bereich, die Verehrung und Pflege der Götter, der Tempel und Kulte hervor und gelobt mitunter für den Fall der Erhörung Weihgaben und Stiftungen, aber auch die Lobpreisung der Gottheit, durch die ihr Ansehen unter Menschen und Göttern gemehrt wird. In besonderen Fällen wird den Göttern zu bedenken gegeben, sie seien im Grunde zur Hilfeleistung genötigt: Eine Schwangere kann ein Sprichwort anführen, wonach die Götter einer Frau in Kindsnöten willfahren; der König, der um die Beendigung einer schrecklichen Epidemie bittet, weist darauf hin, daß die Götter, lassen sie die Plage gewähren, die eigene Existenz aufs Spiel setzen, da es bald niemanden mehr gäbe, der ihnen Opfer darbringen könnte. Bei Strafgerichten plädiert man für die Anerkennung mildernder Umstände und für einen entsprechenden Abbruch der Strafe. Man argumentiert, man habe sich nur aus Versehen verfehlt oder trage – ohne eigene Schuld – die Strafe des Vaters, habe sich jedoch freiwillig zu der ererbten Schuld bekannt; oder man sagt, diese sei längst gesühnt, gar bereits um ein Vielfaches abgebüßt.

Es soll nicht schon hier zu einem Vergleich mit at.lichen Bittgebeten kommen. Wohl aber sei vorab auf zwei Gesichtspunkte hingewiesen, die im AT

---

[41]) Nicht eingerechnet sind die zahlreichen in Rituale eingeflochtenen Bitten bzw. mehr oder weniger kurzen (oder auch abgekürzten) Gebete. Für ein Beispiel vgl. Text Nr. 7.

genauso wie in hethitischen Gebeten, gerade auch in denen, die nachstehend übersetzt werden, im Spiel sind: Es handelt sich zum einen um die rückschließende Anwendung der Grundüberzeugung, ein Vergehen gegen die Gottheit werde durch eine Heimsuchung geahndet; ein Schlag, der eine Gemeinschaft oder einen einzelnen trifft, läßt dann umgekehrt auf einen jüngst oder auch früher begangenen Frevel zurückschließen. At.liche Beispiele für dieses Rückschlußverfahren können — herausgegriffen aus einer Vielzahl möglicher Belege — 2.Sam. 21,1ff.; Jon. 1,2ff.; Ps. 38,2ff., nicht zuletzt auch einzelne Freundesreden der Hiobdichtung sein, vornehmlich Hi. 4,7ff. Soll Unglück abgewendet werden, muß zunächst seine — meist keineswegs offenkundige — Ursache aufgedeckt werden (vgl. z.B. Jon. 1,7). Eben hier aber kommt jener zweite Gesichtspunkt zum Tragen: Zur Aufdeckung unklarer Tatbestände sowie zur Ermittlung des göttlichen Willens muß die Gottheit befragt werden. Dabei treten bedeutsame Differenzen zutage: Bei den Hethitern und Israeliten stimmen die Methoden der Befragung nur teilweise überein. Den Hethitern stehen im einzelnen folgende Wege offen: Traumorakel und Tempelschlaf, die Einschaltung von Gottbegeisterten und von Orakelpriestern, u.a. von Leberbeschauern, die Anwendung wohl einer Art Pendelorakel sowie (nach Text Nr.3) eines vermutlichen Losorakels, das recht beliebt war; daneben sind Vogelschau, Becherwahrsagung und weitere Vorzeichendeutungs- und Wahrsagepraktiken im Schwang. Das AT kennt als Medien göttlicher Willenskundgabe zwar ebenfalls Traum und Gesicht, dazuhin das priesterliche Losorakel sowie die Jahweprophetie (vgl. nur etwa 1.Sam. 28,6.15, im einzelnen auch etwa 5.Mose 33,8; Jos. 7; 1.Sam. 14,41ff., andererseits 1.Sam. 9,9ff., aber auch Jer. 23,16ff.23ff.; Mi. 3). Hingegen lehnt es andere Wahrsagekünste samt allen Formen der Magie als illegitime Praktiken auf das schärfste ab (vgl. u.a. 3.Mose 19,26.31; 5.Mose 18,9ff.; siehe freilich auch 1.Mose 44,5; Ez. 21,26 und noch einmal 1.Sam. 28). — Auch dies, daß at.liche Beter — anders als die Hethiter — die Existenz ihres Gottes (trotz der Argumentationsweise Ps. 30,10) nicht abhängig wissen von menschlicher Opferdarbringung und sonstiger Kultpflege, soll als wichtige Differenz, die ein anders geartetes Gottesverhältnis andeutet, wenigstens angemerkt sein.

5. Aus dem Gebet des Kantuzili

Text: KUB XXX 10. — Übersetzung: A.Goetze, ANET³, S.400f. — Entstehungszeit: 1.Hälfte des 14. Jh. v.Chr.

Der vorliegende Text, dessen Anfang und Schluß fehlen, gehört zu einer Gruppe von Gebeten des gen. Jahrhunderts, die mit Lobpreis beginnen und Bittgebet folgen lassen. Beide Bestandteile, namentlich der hymnische, lehnen sich deutlich an babylonische, an Schamasch, den Sonnengott, gerichtete Hymnen und Gebete an, ohne bloß Übersetzungen zu sein. Sie sind zumeist Königen in den Mund gelegt.

Unser Text, dessen hymnischer Teil nicht mehr vorhanden ist, wird als Parallelfassung zu dem anonymen Gebet KUB XXXI 127 + (und Duplikaten) zu ergänzen sein, dessen Hymnus sich an den hattischen Sonnengott Istanu wendet (bearb. von H.G.Güterbock, JAOS 78, 1958, S.237ff.). Der Sonnengott erscheint auch in unserem Text; seine Mittlerfunktion ist deutlich erkennbar. Der zweite Teil richtet sich an den persönlichen Gott des Beters und bietet das eigentliche Bittgebet. Eine nochmalige Anrede des Sonnengottes erscheint auf der Tafelrückseite. Das Gebet ist aus der Not eines Schwerkranken geboren. Unsere Fassung ist einem Kantuzili in den Mund gelegt worden, wahrscheinlich einem königlichen Prinzen der Zeit Suppiluliumas I., des Begründers des Neuen Reiches.

Im AT entspräche dem (nicht mehr erhaltenen) Hymnen-Vorspann das „heilsvergegenwärtigende" Gotteslob, das beispielsweise in Ps. 9,2ff. und 108,2ff. Klageund Bittgebet einführt. Auch Unschuldsbeteuerungen (Z. 11ff.) und Vertrauensaussagen haben im at.lichen Psalter formale Parallelen: so etwa in Ps. 5,5ff.; 7,4ff.; 17,1ff.; 26,3ff. bzw. in Ps. 27,1ff.; 31,2; 57,2; 71,1–6. Sehr wohl vergleichbar ist auch die Art, in der Not geschildert und Bitten (abgesehen von denen um Aufdeckung noch unbekannter Vergehen) artikuliert werden. – Der hethitische Vergleichstext lautet:

4′Wenn du, Sonnengott, zu ihm in die Erde hinabsteigst, so geh und spri[ch] mit meinem Gott42) [und] übermittle ihm (meine,) Kantuzilis, Worte! Mein Gott! Nachdem meine Mutter mich geboren hatte, hast du, mein Gott, mich aufgezogen. [Meine Zuflucht(?)] und mein Halt43) bist allein du, mein Gott. Du allein, [mein Gott,] hast mich zu (den?) guten Menschen gestellt. An einflußreichem Platz zu stehen, teiltest du mir zu, mein Gott. [Und du,] mein Gott, hast (mich, den) Kantuzili als deinen bevorzugten Diener44) berufen [...]. 10′Von Kindheit an kenne ich nichts sonst als meines Gottes gnädige Zuwendung ... [...].

Und je mehr ich heranwuchs, desto mehr bezeugte(? erfuhr?) ich in allem meines Gottes Gnade und Weisheit. Falsch habe ich bei meinem Gott niemals geschworen. Einen Eid habe ich niemals gebrochen. Was meinem Gott heilig, doch mir zu essen nicht erlaubt ist, habe ich nie gegessen. Meinen Leib habe ich nicht verunreinigt.

15′Nie habe ich (d)einer Hürde ein Rind vorenthalten, nie (d)einem Pferch ein Schaf (abgehen lassen). Fand ich Speise, so habe ich sie nie unbedacht gegessen, fand ich Wasser, so habe ich es nie unbedacht getrunken45). Wenn ich jetzt genäse, genäse ich da nicht auf dein Wort hin, o Gott? Wenn ich (erneut) zu Kräften käme, käme ich da nicht auf dein Wort hin, o Gott, zu Kräften?

20′Das Leben ist mit dem Tod verknüpft und der Tod ist mit dem Leben verknüpft. Der Mensch lebt nicht ewig. Seines Lebens Tage sind gezählt. Auch wenn der Mensch auf ewig lebte – wenn schweres Menschenleiden ihn befiele, erschiene ihm das nicht (schon) als Strafe?

---

42) Gemeint ist der persönliche Schutzgott, der in diesem Fall zum Kreis der Unterweltsgötter gehörte.

43) Wörtlich: „Bindung".

44) Wörtlich: „als Diener deines Leibes und deiner Seele".

45) D.h. ohne zu prüfen, ob es sich um Verunreinigtes oder um Opfer bzw. Trankspenden handelte, die für die Götter bestimmt waren.

[Jetzt] möge mir mein Gott sein Inneres und seine Seele doch ganz aufrichtig[46]) auftun und mir meine Sünden ²⁵´[sag]en, damit ich sie erkenne!
Entweder möge mein Gott im Traume zu mir sprechen – ja, mein Gott möge
mir sein Inneres auftun [und mir] meine [Sün]den sagen, damit ich sie
erkenne! – oder eine Seherin möge zu mir sprechen oder ein Seher des Sonnengottes möge mir (meine Sünden) aus einer Leber(beschau) mitteilen. Ja, mein
Gott möge mir ganz aufrichtig[47]) sein Inneres und seine Seele auftun und mir
meine Sünden sagen, damit ich sie erkenne!

[Und] verleihe du auch, mein Gott, mir aufs neue [Gesundheit] und
[Stär]ke!

Abb. 10: Felsrelief aus dem Heiligtum von Yazilikaya bei Boghazköy.
2. Hälfte des 13. Jh. v. Chr. Höhe der Figuren 1,64 und 1,07 m.
König Tudhalija (IV.) von Hatti im Kultornat,
vom hurritischen Gott Sarruma umarmt (Schutzgestus!).
Namensbeischriften in „hethitischen" Hieroglyphen.

Die mit Rs. 1–13 anschließenden Abschnitte sind stark beschädigt. Klagen über
den Verlust des göttlichen Beistands und über das unverständliche, vielgestaltige
Leiden verbinden sich mit herzbewegenden Bitten um Zuwendung und Wiederherstellung.

───────

[46]) Wörtlich: „mit ganzem Herzen".
[47]) Siehe die vorige Anmerkung.

[14]Mein Haus ist mir vor Krankheit zu einem Haus der Angst geworden, und vor Angst tropft mir die Seele an einen andern Ort[48]). Ich bin geworden wie einer, der zum Jahreswechsel(?) krank ist. Krankheit und Angst sind mir jetzt gar zu viel geworden. So sage ich es dir, mein Gott, nun immerzu.

Des Nachts umfängt kein süßer Schlaf mich mehr auf meinem Lager. Mir kündigt keine Besserung sich an. Ach schirre du mir doch [, mein Gott,] jetzt Kra[f]t [20]und Stärke[49]) an! Ob du mir aber einst im Herzen [die]se Krankheit vorherbestimmt hast – ich habe deine Seherin niemals danach gefragt.

Jetzt rufe ich vor meinem Gott in einem fort nach Gnade. So höre mich, mein Gott, [und] mache mich, mein Gott, im Tor des Königs nicht zum unwillkommnen Mann! Beke[nne] dich zu mir vor den Me[ns]chen! Laß meine [Sac]he nicht verloren sein! Denen ich Wohltat erwi[es], deren [25]keiner erquickt mich. Du, mein Gott, bist mir [mein Vater] und meine Mutter. [...]

Der Text bricht ab.

6. Das sog. 2. Pestgebet Mursilis II.

Der Text ist in 3 jeweils unvollständigen Exemplaren erhalten: in KUB XIV 8; KUB XIV 11; KUB XIV 10 + XXVI 86. Die nachfolgend verwendete Zählung nach Paragraphen folgt der Bearbeitung von A. Goetze (Kleinasiatische Forschungen 1, 1929, S. 204–235) bis auf den Umstand, daß der durch das Zusatzstück KUB XXVI 86 reparierte § 6 nicht, wie von Goetze angenommen, aus zwei Paragraphen besteht. So ist ab § 7 die Zählung um eins niedriger als bei dem Genannten. – Entstehungszeit: 3. Viertel des 14. Jh. v. Chr.

Eine langanhaltende schwere Epidemie, die als göttliche Heimsuchung begriffen wird, veranlaßt König Mursili II. zu verschiedenen Malen Gebete an einzelne bzw. an alle Götter zu richten, um diese zur Beendigung der Plage zu veranlassen. Im Mittelpunkt steht in der Regel das Geständnis eines Vergehens, dessen ursächliche Beziehung zur Seuche zuvor durch Orakelspruch angezeigt oder bestätigt wurde. Es werden Sühnehandlungen angekündigt, und mit dem Flehen um deren Annahme verbindet sich die Bitte, etwaige sonstige Ursachen der Götterstrafe zu offenbaren, so daß auch diese ausgeräumt werden können. Auf uns gekommen sind vier mehr oder weniger gut erhaltene „Pest"gebete[50]), deren erstes die Ursache für die Seuche in einem schweren Eidbruch erkennt, dessen sich Mursilis Vater Suppiluliuma I. (samt Parteigängern und „dem Hattilande") schuldig gemacht hat, als er – kurz oder unmittelbar vor seinem Regierungsantritt – den designierten Thronfolger (oder bereits König) Tudhalija (II.) aus dem Weg räumte. Ein weiteres Gebet sieht zumindest einen zeitlichen Zusammenhang zwischen einem ägyptischen Feldzug Suppiluliumas und dem Ausbruch der Seuche. Von einem kausalen Zusammenhang in dieser Sache ist ein drittes Gebet überzeugt. Als spätestes Gebet scheint das im folgenden wiedergegebene entstanden zu sein (die eingebürgerte Bezeichnung als 2. Pestgebet geht auf die ältere Forschung zurück), das außer einem durch den ägyptischen Feldzug verursachten Vertragsbruch noch eine kultische Unterlassung behandelt. In der Spannung zwischen

---

[48]) Das Totenreich.
[49]) Konjektur.
[50]) Zu ihrer Ordnung vgl. H. G. Güterbock, RHAs 66, 1960, S. 61 f.

ererbter Schuld und der Überzeugung persönlicher Unschuld übernimmt Mursili die Verantwortung für die Vergehen, um Sühne zu leisten. Die Argumentation ist streng logisch.

Die kausale Betrachtungsweise, die historische Ereignisse nach religiös-rechtlichen Grundsätzen zu verknüpfen vermag (Vertragsschluß unter göttlicher Garantie – Vertragsbruch – nationale Katastrophe infolge göttlichen Zorns), wurde von den Hethitern zu hervorragender Leistung in der Geschichtsdarstellung genutzt. Sie findet sich, wie bereits angedeutet, auch im AT. Entsprechendes Beispiel ist 2. Sam. 21, 1–14: Eine dreijährige Hungersnot veranlaßt David (doch wohl bei der Nachforschung nach der Ursache) „das Angesicht Jahwes" zu suchen. Er erhält die Auskunft, daß ein blutiger Verstoß Sauls gegen den zu Josuas Zeiten mit den Gibeoniten abgeschlossenen Vertrag (Jos. 9, 3 ff.) Ursache ist. Die geschädigten Gibeoniten setzen eine Sühne – Hinrichtung 7 männlicher Nachkommen Sauls – fest. Dadurch wird das geschändete Land gereinigt und mit Jahwe versöhnt[51]. – Auf Entsprechungen zu Einzelzügen des nachstehenden Texts in den Überlieferungen des AT wird anmerkungsweise verwiesen.

§ 1 Wettergott von Hatti[52]), mein Herr, [und ihr Götter von Hatti,] meine [Her]ren! [König] Murs[ili], euer Knecht, hat mich gesandt: „Geh, zum [Wettergott] von Hatti, meinem Herrn, und zu den Göttern, meinen Herren, sprich:

‚Was ist dieses, was ihr getan habt? Ins Hattiland habt ihr eine Seuche hereingelassen, und das Hattiland ist von der Seuche über die Maßen heftig bedrückt worden[53]). Es werden nun 20 Jahre, daß das Sterben zur Zeit meines Vaters und zur Zeit meines Bruders angehalten[54]) hat und daß das Sterben, seit ich Priester der Götter[55]) geworden bin, nun auch vor mir anhält. Seitdem das Sterben im Hattiland anhält, wird die Seuche dennoch nicht aus dem Hattiland entfernt. Ich aber kann im Herzen die Unruhe nicht unterdrücken, im Leib kann ich die Angst nicht länger unterdrücken.'

§ 2 (stark beschädigt) Mursili verweist kurz auf seine vorbildliche Verehrung aller Götter und Pflege der Heiligtümer[56]) und berichtet dann von der (um so unverständlicheren) Vergeblichkeit seiner bisherigen frommen Bemühung, durch Entschuldigungsgebet und Opfer die Befreiung von der Plage zu erwirken oder auch nur – vermittels Orakel, Traum oder Prophetenspruch – den Grund für die Zulassung der Seuche zu erfahren.

---

[51]) Zu letzterem vgl. 4. Mose 35, 33 f.; 1. Mose 9, 5 f., zur Parallelität im ganzen A. Malamat, VT 5, 1955, S. 1–12.

[52]) Der oberste Reichsgott (neben der Sonnengöttin von Arinna).

[53]) Frage und Notschilderung in vergleichbarer Kombination in Ps. 74, 1.4 ff.; 80, 5 ff. u. ö.

[54]) Hier und durchweg steht der unpersönliche Ausdruck „es wurde/wird ständig gestorben".

[55]) Ausdruck für die religiöse Funktion des hethitischen Königs. Vgl. der Sache nach etwa Ps. 110, 4; 1. Mose 14, 18; 2. Sam. 6, 14.18, andererseits 2. Chr. 26, 16–18; 4. Mose 3, 10.38.

[56]) Fehllosigkeit in der Erfüllung religiöser Pflichten als Beweggrund zum Eingreifen Gottes: Ps. 17, 2–5; 26 u. ö.

§ 3[,Und] auch die [wenigen] Opferer von Dickbrot [und Wein][57]), die [noch übriggeblieb]en waren, starb[en] wei[ter dahin. Und wieder legte sich mir (?) die Sac]he [mit ...] drückend auf(s Gewissen), und [(erneut) befragte ich Orakel nach dem (Anlaß für den) Zorn] der Göt[ter]. [Da stieß ich] auf zwei alte Tafeln. Eine Tafel behandelt [den Ritus für den Fluß Mala[58]).] Die alten Könige [hatten] dem Fluß Mala [für alle Zeit]en ein Opfer zubestimmt. [Jetzt,] (d.h.) solange seit meines Vaters Tagen das S[terben] im Hattilande [angehalten hat], haben wir aber den Malafluß-Ritus nie mehr durchgeführt[59]).

§ 4Die zweite Tafel aber betrifft Kurustama: Wie der Wettergott von Hatti die Leute der Stadt Kurustama nach Ägyptenland verbracht hat und wie der Wettergott von Hatti ihrethalben den Leuten von Hatti einen Vertrag gestiftet hat und die dann vom Wettergott von Hatti vereidigt worden sind. Als nun die Leute von Hatti und die Ägypter vom Wettergott von Hatti in Eid genommen waren, da haben sich die Leute von Hatti vergangen. Die Leute von Hatti haben den Eid plötzlich (alsbald?) gebrochen. Mein Vater nämlich entsandte Infanterie und Wagentruppen. Die fielen ins Land Amqa[60]), in ägyptisches Hoheitsgebiet, ein. Und er entsandte noch einmal (Truppen), da machten sie noch einen Einfall. Als die Ägypter aber Angst bekommen hatten, da erbaten sie sich von meinem Vater unbedingt einen seiner Söhne zur Königsherrschaft[61]). Wie ihnen nun mein Vater einen seiner Söhne gegeben hatte und sie den hingeleiteten, da haben sie den erschlagen[62]). Mein Vater aber ward voll Grimm und zog aus nach Ägypten und fiel in Ägypten ein und schlug die Infanterie und die Wagenkämpfer Ägyptens. Damals hat also auch der Wettergott von Hatti, mein Herr, meinen Vater im Rechtsstreit gewinnen lassen, so daß er die Infanterie und die Wagenkämpfer Ägyptens besiegen und sie schlagen konnte[63]). Wie man nun die Gefan[genen], die man gemacht hatte, ins Hattiland mitbrachte, da brach unter den Gefangenen eine Seuche aus und sie be[gannen] dahinzusterben.

§ 5Indem man aber die Gefangenen ins Hattiland verbrachte, schleppten nun die Gefangenen die Seuche ins Hattiland ein, und seit dem Tage herrscht im Hattiland das Sterben. Nachdem ich nun auf die besagte Ägypten betref-

---

[57]) Gemeint sind die Einwohner des Hattilandes in ihrer religiösen Funktion.

[58]) Hethitischer Name für den Euphrat.

[59]) Vgl. den Bericht von der josianischen Reform 2. Kön. 22–23, besonders 2. Kön. 22, 13 und 23, 21–23. Freilich geht es dort um ganz andere Dimensionen!

[60]) Die Senke zwischen Libanon und Antilibanon.

[61]) Der Wunsch ging von der Witwe entweder Tutenchamuns oder seines Vorgängers Amenophis' IV. aus. Vgl. H. G. Güterbock, JCS 10, 1956, S. 94 ff. Vgl. aber jetzt noch D. B. Redford, BASOR 211, 1973, 36 ff.

[62]) Das Geschehen dürfte auf einen politischen Umschwung zurückzuführen sein, der entweder mit dem Regierungsantritt Pharao Ejes oder mit dem Tutenchamuns zu verknüpfen ist. Anders Redford, a.a.O.

[63]) Hier liegt die Vorstellung vom Gottesurteil zugrunde. Entsprechend spricht beispielsweise Ri. 11, 27 von einer richterlichen Gottesentscheidung im Krieg.

fende Tafel gestoßen war, habe ich dieserhalb eine Orakelanfrage bei dem
Gott eingebracht[64]): „Die erwähnte Abmachung, die ja durch den Wettergott
von Hatti zustande gekommen ist, indem die Ägypter und die Leute von Hatti
vom Wettergott von Hatti vereidigt worden sind und indem die Damnassara-
Gottheiten[65]) im Tempel des Wettergottes von Hatti, meines Herrn, zugegen
waren, (worauf) die Leute von Hatti diese Abmachung aber plötzlich gebrochen haben – ist die(se Abmachung Ausgangspunkt für den) Zorn des
Wettergottes von Hatti, meines Herrn, geworden?"[66]) Und (eben) das wurde
(durch das Orakel) bestätigt.

§ 6 Auch über das Opfer für den [Mala]fluß habe ich der Seuche wegen das
Orakel befragt. Und auch da ergab es sich, daß ich (dafür) vor dem Wettergott
von Hatti, meinem Herrn, geradezustehen[67]) habe. Sie[he,] nun habe ich
[das Verg]ehen vor [dem Wettergott von Hatti] bekannt: Es ist so; wir haben
[es] getan. Es ist [aber nicht] zu meiner Zeit geschehen; zur Zeit meines
Vaters [ist es geschehen[68]) ...] ... weiß ich genau! [...] die Angelegenheit,
und der Wettergott [von Hatti, mein Herr, ist] wegen [dieser Angelegenheit]
erzürn[t ...]. im Hattiland das Sterben anhält, s[iehe(?) (eben) desh]alb
halte ich an [am Gebet zu]m Wettergott von Hatti, meinem Herrn! Vor dir
liege ich auf den Knien und sc[hreie] um Gnade! So erhöre mich, Wettergott
von Hatti, mein Herr, und die Seuche [werde] aus dem Hattiland fortgenommen!

§ 7 Die Ursachen der Seuche, die festgestellt wurden, als ich in der Angelegenheit Orakel befragen ließ, die beseitige ich jeweils, indem ich sie jede für
sich [sü]hne. Hinsichtlich des Ei[d(bruch)s], der als Ursache der Seuche festgestellt worden ist, habe ich das Opfer für Eid(brüchigkeit) vor dem Wettergott von Hatti[, meinem Herrn, ...] dargebracht. [Auch vor den (anderen)
Göttern] habe ich geopfert. [...] dir, dem Wettergott von Hatti hat man(?)
[den Ritus vollzogen(?)] und ihnen [hat man] den Ritus [vollzogen]. (Was
nun) das (unterlassene) Opfer für den Malafluß (betrifft), das mir [(als Mit-
ursache) fü]r die Se[uche] festgestellt worden ist, – siehe, weil ich nun [zum
Ma]lafluß aufbreche, vergebt mir doch, Wettergott von H[atti], mein Herr,
und ihr Götter, meine Herren, das (versäumte) Opfer für den Malafluß! Den
Ritus für den [Mala]fluß will ich nun vollziehen und ihn (vorschriftsmäßig)
durchführen! In der Sache, um deretwillen ich ihn vollziehe, nämlich der
Seuche wegen, da seid mir huldvoll gesinnt, daß im Hattiland die Seuche
geheilt werde!

§ 8 Wettergott von Hatti, mein Herr, und ihr Götter, meine Herren! Es ist
(leider) so: (die Menschen) sind sündhaft[69]). So hat auch mein Vater gesün-

---

64) Eben dazu vgl. noch einmal 2. Kön. 22, 13.

65) Eine uns hinsichtlich ihrer Stellung noch schwer faßbare Gruppe von Gottheiten.

66) Vergleichbar vor allem Ez. 17, 11–21.

67) Wörtlich: „vor den Wettergott hinzutreten".   68) S. u. Anm. 70.

69) Wörtlich: „sie/man sündigen/t immer wieder". Im AT vgl. 1. Mose 6, 5; 8, 21;
Hi. 4, 17; 15, 14; Spr. 20, 9.

digt, indem er das Wort des Wettergottes von Hatti, meines Herrn, übertrat.
Ich aber habe in nichts gesündigt. Nun ist es (freilich) so: des Vaters Sünde
kommt auf den Sohn[70]). So ist auch auf mich die Sünde meines Vaters gekommen. Siehe, nun habe ich sie dem Wettergott von Hatti, meinem Herrn, und
den Göttern, meinen Herren, bekannt: es ist so, wir haben es getan. Weil ich
nun meines Vaters Sünde bekannt habe[71]), möge sich der Sinn des Wettergottes, meines Herrn, und der Götter, meiner Herren, wieder beruhigen! So
seid mir wieder huldvoll gesinnt und treibt die Seuche wieder aus dem Hattiland hinaus! Und die wenigen Opferer von Dickbrot und Wein, die übrig-
geblieben sind, mögen mir nicht mehr dahinsterben!

§ 9 Siehe, ich halte an am Gebet zum Wettergott, meinem Herrn, um der
Seuche willen. So erhöre mich, Wettergott von Hatti, mein Herr, und rette
mich! [Ich möchte(?)] dich an di[eses erinnern(?):] der Vogel nimmt Zuflucht
zum Nest(?), und das Nest(?) re[ttet] ihn. Oder: wenn einem Knecht etwas
zu schwer wird, so richtet er eine Bitte an seinen Herrn, und sein Herr hört
ihn an und [ist] ihm fr[eundlich gesinnt,] und was ihm zu schwer war, richtet
er ihm[72]). Oder: wenn ein Knecht sich vergangen hat, er aber sein Vergehen
seinem Herrn bekennt, was sein Herr da mit ihm tun will, das kann er zwar
mit ihm tun, doch weil er sein Vergehen seinem Herrn bekannt hat, beruhigt
sich der Sinn seines Herrn, [und der Herr] wird jenen Knecht nicht bestrafen.
Ich aber [habe] meines Vaters Sünde bek[annt]. Es ist so; ich habe es getan.
[Wen]n (es um) eine Sühnung (geht), so steht schon fest, (daß,) weil infolge
jen[er Seuc]he auch früher reichlich [Sühne geleistet worden ist(?) – ...],
für die [Ge]fangenen, die man aus Ägypten mitgebracht hat, und für die
Kolonen, die man [hergebracht hat] – für all das, wofür Hattusa mit der
Seuche gebüßt hat, es bereits 20-fach [Sühne geleistet hat]. Doch des Wettergottes von Hatti, meines Herrn, und meiner Herren Götter Sinn hat sich
trotzdem nicht beruhigt. Wenn ihr mir dagegen irgendeine Sühne besonders
auferlegen wollt, so sagt mir die im Traum, und ich werde sie euch leisten.

§ 10 Siehe, zu [dir], Wettergott von Hatti, mein Herr, richte ich meine Gebete;
errette mich doch! [Und we]nn vielleicht aus diesem Grund das Sterben
herrscht, so mögen, (schon) während ich (di)e S(ache) [wied]er in Ordnung
bringe, die Opferer von Dickbrot und Wein, die noch [übriggeblieb]en sind,
nicht weiter dahinsterben! Doch wenn das Sterben aus irgendeinem anderen
Grunde weiter anhält, so möge ich d(ies)en entweder im Traume erschauen
oder er werde durch ein Orakel [fest]ge[stell]t oder ein Gottbegeisterter
möge ihn ansagen[73]) oder, was ich allen Priestern aufgetragen habe, das
mögen sie an reiner Stätte erschlafen. Wettergott von Hatti, mein Herr, errette

---

70) Zur „korporativen" Haftung der Söhne für die Verfehlungen der Väter vgl.
neben 2. Sam. 21,5 ff. vor allem 2. Mose 20,5; 34,7; 4. Mose 14,18; Klgl. 5,7; Ez.
18,2. Zur Verneinung dieser Haftung siehe andererseits Ez. 18; Jer. 31,29 f.; 5. Mose
24,16.

71) Vgl. hiermit z. B. Ps. 32, insbesondere v. 5.

72) Vgl. Ps. 123,2 f.

73) Vgl. 1. Sam. 28,6.

mich! Und die Götter, meine Herren, mögen ihre göttliche Macht erzeigen!
Das möge dann jemand im Traume erschauen. Und aus welchem Grunde das
Sterben herrscht, das möge sich herausstellen! Wir werden die Bronze-
spange (?) vom *sarpa*-Holz herabhängen lassen [74]. So rette mich nun, Wettergott von Hatti, mein Herr! Und die Seuche möge vom Hattiland wieder fort-
ge[nom]men werden!'"

III. Aus königlichen Ersatzritualen

Um das Eintreffen unglückverheißender Vorzeichen und angekündigter
Götterstrafen abzuwenden, bedient sich die magische Praxis des „prophylak-
tischen Rituals". Dieses sieht den Ersatz des von Strafgericht und Unheil
bedrohten Menschen durch ein Substitut vor, das, an seiner Stelle stehend,
das Befürchtete – in der Regel den Tod – mit der für die Magie typischen
Zwangsläufigkeit zu übernehmen hat.

Das Substitut, meist ein lebendes Tier oder eine Menschendarstellung (das
„Ersatzbild"), wird durch die Rezitation von Gleichsetzungsformeln, die von
entsprechenden symbolischen Handlungen begleitet sein können, mit der
gefährdeten Person in magisch gültiger Weise identifiziert, danach der Unheil
planenden oder erzürnten Gottheit angeboten und im allgemeinen im Verlauf
des Rituals vernichtet. Die Gottheit ist genötigt, den Ersatz anzunehmen und
den Ersetzten unbeschadet zu lassen.

Eine Sonderform des Ersatzrituals ist das Ersatzkönigsritual, das die sonst
sehr seltene Einsetzung eines lebenden Menschen kennt, und zwar wird dieser
als Substitut für den von tödlichem Unheil bedrohten Herrscher verwendet,
nachdem ihm der in bitter ernst gemeintem rituellen Theater die Königswürde
und ggf. die Herrschaft zeitweilig überlassen hat. Solche Praxis war in Mesopotamien schon zu Beginn des 2. Jt. v. Chr. bekannt, ist danach sicher für das
neuassyrische Reich bezeugt (7. Jh. v. Chr.) und wurde in Babylon in einem
Fall wahrscheinlich noch im 4. Jh. v. Chr. geübt.

Die beiden folgenden Textstücke gehören zu einer Reihe von hethitischen
Ersatzkönigsritualen des 14.–13. Jh. v. Chr., für die eine Kenntnis babylonischer Vorbilder vorausgesetzt werden darf. Während der erste Text zu
einem Ritual gehört, das wenigstens 9 Tage in Anspruch nahm und nach
mehrtägiger Regierung des „Ersatzkönigs" dessen Tod offenbar am 7. Ritual-
tag vorsah, findet sich im zweiten Textbeispiel ein andersartiger Gedanke:
der Ersatzkönig, wie im ersten Text ein Kriegsgefangener, wird nicht rituell
getötet, sondern in seine Heimat entlassen, in der Absicht, das befürchtete
Unheil überhaupt aus dem Hattiland hinauszuschaffen.

Beide Motive, die stellvertretende Übernahme von Schuld und Unheil
sowie der (in Mescpotamien unbekannte) eliminatorische Ritus, der das
Böse – über einen damit belasteten Träger – aus einer bestimmten mensch-

---

[74] Eine unklare Praktik (ein Pendelorakel?).

lichen Umgebung entfernt, finden sich auch im AT; dort freilich sind Sühne und Sündenvergebung die bestimmenden Aspekte, und nie handelt es sich um Möglichkeiten autonomer Magie. Vergleichbar sind 3. Mose 16,20–28 (Sündenbockritus); 14,7.53; 4–5 in Verbindung mit dem Grundsatz 3. Mose 17,11. In neuer Form sind die Motive im Gottesknechtslied Jes. 53 aufgenommen: Der „Knecht" trägt unter Verachtung, mit Krankheit und Tod die Schuld der „Vielen" davon. Vgl. besonders Jes. 53,4–7.12; andererseits etwa auch 2. Mose 28,38; 4. Mose 18,22f.

Eine umfassende Bearbeitung und religionsgeschichtliche Einordnung der hethitischen Ersatzkönigsrituale wurde von H. M. Kümmel besorgt: Ersatzrituale für den hethitischen König, StBT 3, 1967.

7. Aus dem mehrtägigen Ersatzkönigsritual

Text: Von 11 bekannten Textbruchstücken, die sich auf mindestens 5 Exemplare verteilen, sind hier benutzt: KBo XV 9 („A"); KBo XV 2 („B"); KUB XVII 14 + KUB XV 2 („C"). Erstbearbeitung: H. M. Kümmel, StBT 3, S. 50 ff.

Anlaß für das Ritual ist ein dem König geltendes Todesvorzeichen, in dem man die Heimsuchung für „etwas Böses" angekündigt sieht. Welcher Art dieses Böse ist, weiß der König dem Text zufolge allerdings nicht. Von Reue etwa ist keine Rede, und das Interesse richtet sich ganz auf die Abwendung der Strafe. Zu diesem Zweck sieht das Ritual zwiefachen Ersatz des Königs vor: Den in besonderer Weise für die Lebenden zuständigen „oberen" Göttern wird ein Kriegsgefangener zur Heimsuchung angeboten, dem Zorn der Unterweltsgötter wird ein hölzernes Ersatzbild ausgeliefert, vielleicht vorzustellen in der Art der Metallbilder der als hervorragende Manen göttlich verehrten verstorbenen Könige. Nach Übertragung seiner Identität auf die Substitute wird der König aus seinem Palast ausgewiesen und zieht sich, offiziell vergessen und unbeachtet, an einen unbekannten(?) Ort zurück. Indem er sich als Totengeist unter Totengeistern bezeichnet, beklagt er vor dem Sonnengott sein unverständliches Los, das ihn aus der göttlicherseits vorgezeichneten Lebensbahn gerissen, und bittet um die Wiedereinsetzung in eben dieses sein eigentliches Schicksal, das eine lange, glückliche Regierung unter den Augen der Himmelsgötter und erst danach den Tod vorsah. Die Erfüllung dieser Bitte wird angedeutet und verbürgt durch den leider nur sehr fragmentarisch bezeugten weiteren Verlauf des Rituals: Nach einigen Regierungstagen stirbt der Ersatzkönig (selbstverständlich eines unnatürlichen Todes) und räumt den damit erfüllten, störend zwischeneingetretenen Schicksalsspruch ablenkungsweise aus dem Weg. Der König wird rituell gereinigt und kann sein gutes eigentliches Schicksal weiterleben.

B Vs. 5'–11', fortgeführt durch C „Rs." 5'–13', handeln von einem hölzernen Ersatzbild des Königs, seiner Ausstattung mit Kleidern und Bettzeug, sowie von seiner Versorgung mit Speisen.

C Rs. 14–23 ergänzt nach A I 12'ff. : An dem Tage, da der Gefangene den König hinausschickt [75], an eben dem Tage sagt der König dazu: „Dieser (der Gefangene) ist der lebende ober(irdisch)e Ersatz für mich. Dieses Ersatzbild aber ist der

---

[75] Gemeint ist die Ausweisung des Königs durch den Ersatzkönig, der damit seine Autorität zu demonstrieren (und wohl gleichzeitig die Übernahme der Stellvertretung seinerseits zu bestätigen) hat, s. A Vs. 24'.

unter(irdisch)e Ersatz für mich. Wenn ihr oberen Götter mich für etwas Böses heimgesucht habt und mir Tage, Monate und Jahre verkürzt habt, so [soll] dieser lebende Ersatz an meine Stelle tre[ten], ²⁰'und ihr oberen Götter merkt euch diesen! Wenn (du, o) Sonnengöttin der Erde [76]) und ihr unter(irdisch)en Götter mich für etwas Böses heimgesu[cht habt], so [soll] dieses Ersatzbild an meine Stelle treten, [und (du, o) Sonnengöttin der Erde] und ihr unter-(irdisch)en Götter, [merkt euch] dieses!

Daran schließt sich A I 22–36 an, ein recht zerstörter Abschnitt, dem zufolge der Gefangene den König aus dem Palast verweist und sich auf den Thron setzt. Beim Fortgehen scheint der König die Götter zu fragen, was er verbrochen habe, daß sie ihm nun die Herrschaft entrissen [77]). Das Gebet wird im Sinne des Zwecks der Handlung fortgeführt mit C „Vs." 2'ff.:

„Dem Thron [. . .], dem Land [. . .], dem Haus, dem Heer, [den Wagen-truppen und dem Gesi]nde(?) mög[en sie(?)] all jenes Böse [78]) ganz fort-nehmen! ⁵'Mich aber, meine Seele, die Städte Hattusa, Katapa, [Nerik?], Arinna, Zippalanda, Frauen und Kinder [. . .], Rinder(?), Land, Haus, Heer, Wagentruppen mögen . . .

Es folgt Z. 7'–17' eine Liste „oberer" und „unterer" Götter, angeführt vom himm-lischen Sonnengott und vom himmlischen Wettergott sowie anderen Wettergöttern.

. . . mit langen Jahren, mit (langer) Zukunft, mit Leben, [Ge]sundheit und Kraft ²⁰'[güt]ig bedenken!" [Nachd]em er diese Worte vor dem Sonnengott zu reden geendigt hat, zieht er [. . . aus] dem Palast hinunter [. . .] ²⁴'[. . . bei seinem Nam]en (?) nennt ihn keiner mehr. [. . .

B Rs. 1'–7' spricht vom zurückgezogenen Leben des wirklichen Königs (Z. 3' „nie-mand nennt ihn mehr ‚König'".). Z. 5'–7' lassen für ihn eine strikte Art Ausgehverbot erkennen.

⁸'Ferner: wenn jemand zur Stadt hereinkommt, so sagt man zu ihm nicht: „In welcher Stadt der (wirkliche) König (ist, usw.)", nein (vielmehr:) ¹⁰'„In welcher Stadt der neue König (ist)", so pflegt man zu sagen, „dor[t ist der König(?)]". Ferner kniet der König Tag für Tag frühmorgens [. . .] vor dem Sonnengott des Himmels nieder und s[agt] vor dem Sonnengott des Himmels: „Sonnengott des Himmels, mein Herr, was habe ich getan, daß ihr mir den T[hron ¹⁵'w]eggenommen und ihn einem anderen gegeben habt und [. . .?] Mi]ch aber habt ihr zu den Totengeistern gerufen! S[iehe], nun bin ich bei den Totengeistern. Ich habe mich (dir), dem Sonnengott des Himmels, meinem Herrn, gezeigt. So laß mich doch wieder zu meinem göttlichen Geschick [79]) zu den Göttern des Himmels und [laß] mich aus der Mitte der Totengeister [frei]!"

---

[76]) S. o. Anm. 38.

[77]) Ergänzt nach B Rs. 14 f.

[78]) Es steht der Plural.

[79]) Das „Geschick" des Königs ist nur in einem Textexemplar nicht mit dem Deute-zeichen für „Gott" geschrieben. Die Schreibung scheint auf eine Vergöttlichung der

²⁰′Danach [nimmt man] am neuen König die Riten des Königtums⁸⁰)
[vor. 2 Mann] von je einem (Hof)amt, (nämlich) 2 [...]-Herren, 2 Verwalter,
2 Köche, 2 ‚Tischleute‘, [2 ...,] 2 Bäcker sind [...] und geben ihm zu essen
und zu trinken. Sein Lager aber ist im Schlafgemach ausgebreitet worden.
²⁵′Die Herren, die ihm zugeteilt sind, halten nachts über ihm Wache, und
wenn der Mundschenk ihm zu trinken gibt, halten sie das *sertappila*⁸¹) über
den Becher. An welche Plätze sich der König auch immer zu setzen pflegt,
[da se]tzt [auch] jen[er] ²⁹′sich [hin]. Am 7. Tag st[irbt(?)] er.

Der folgende, z.T. sehr lückenhafte Text spricht von der Wiederholung des königlichen Gebets und vor allem von ausgedehnten Reinigungsriten, die auf babylonische
Herkunft schließen lassen. Das Exemplar KUB XV 2, ergänzt nach weiteren Duplikat-
fragmenten, bietet Rs. 5'–9' folgenden Kolophon:

1. Tafel, nicht beendet. Beschwörung [...]: Wenn dem König Sterben
beschieden(?) ist, sei es daß er es im Traume erschaut, sei es daß es ihm durch
Fleischorakel [ode]r durch Vogelorakel angezeigt wird [oder daß ihm] (sonst)
irgend ein böses Todes[vorzei]chen be[gegn]et, [so] ist dieses das Ritual
da[für].

8. Aus dem Ersatzkönigsritual KUB XXIV 5 + IX 13

Das Ritual geht von einem Todesomen des zunächst im babylonischen Raum u.a.
als Orakelgeber verehrten Mondgottes aus. Der König bringt verschiedene Substitute
dar: dem Mondgott einen Stier als Brandopfer, und zwar in Gegenwart der Kultsta-
tuen verstorbener Könige, wodurch der feierliche Leichenbrand des bedrohten Herrschers simuliert wird. Dann ist von einem Ersatzbild die Rede. Das drohende Verhäng-
nis „Böses Vorzeichen", „Kurze Jahre", „Kurze (Lebens)tage" wird aufgefordert, den
durch Salbung, Anlegen des Ornats formell eingesetzten Ersatzkönig in dessen aus-
ländische Heimat zu verfolgen. Weitere Substitute in Gestalt je eines Schafes werden
dem Sonnengott sowie der für den bisherigen Todeskandidaten eigentlich künftig
zuständigen Unterweltskönigin Lelwani und dem Mondgott dargebracht.
    Letzte Bearbeitung des Textes: H. M. Kümmel, StBT 3, S. 7 ff.

Vs. ⁶′[Wenn es aber] Nacht wi[rd], nimmt er (der König) die Bilder der [frü-
her]en Labarnas⁸²) und geht zum *harpa*⁸³) des Mondgottes [...] und sagt so:
„Siehe, um welcher Angelegenheit [willen] ich [zu] bet[en] gekommen bin,

---

von den Göttern gewirkten Schicksalsbestimmung (C Vs. 5'–20'!) hinzuweisen. Die
bisherige Deutung der Textstelle als Beweis für eine Versetzung des Königs nach
seinem Tode unter die Himmelsgötter geht von einem zwar gut belegten, aber ein-
seitigen Gebrauch des Wortes „Geschick/Schicksal" für das Todesschicksal aus, wird
aber m.E. weder der vollen, zunächst auf das Diesseits gerichteten Wortbedeutung
noch dem ganz auf das irdische Leben eingestellten Sinn des Textes gerecht. Die Rückkehr ins Leben bedeutet für den Toten den Wechsel aus der Herrschaft der Unter-
weltgötter unter die Herrschaft der Himmlischen.
⁸⁰) D.h. die Einsetzungszeremonien: vgl. dazu den folgenden Text, Vs. 19' ff.
⁸¹) Nicht sicher deutbarer Gegenstand.
⁸²) Titel der hethitischen Könige (etwa entsprechend Caesar).
⁸³) Etwa eine erhöhte Opferstätte.

da höre du mich, Mondgott, mein Herr! [Was das anlangt, daß du, Mondgott, mein Herr,] Vorzeichen gegeben hast, wenn du damit Unheil für mich angezeigt hast, [10']siehe, so habe ich [... Stellvertre]ter an (meiner) Statt gegeben. Nimm nun diese, [mich aber laß los!"] Nun treibt man einen lebenden Stier hinauf auf den *harpa* und [opf]ert [ihn a]uf dem *harpa*. Der König aber geht auf den *harpa* hinauf [und] sagt: [„Siehe,] was das anlangt, daß du, o Mondgott, Vorzeichen gegeben hast, wenn du (damit) Unheil für mich [angez]eigt hast, [... meinen] (Leichenbrand?)-Rauch [84] mit eigenen Augen zu sehen trachtete[st, ...] [15'][...] Siehe, ich bin selbst heraufgekommen und habe dir diese [Stellvert]reter [dargebracht. So] sieh [nun den Rauch(?) d]avon an! Diese sollen sterben, ich aber möge [nic]ht sterben!"

Zeilen 17'–18' lückenhaft. Es scheint u. a. von einem Ersatzbild die Rede zu sein.

[19']... Man salbt nun den Gefangenen mit dem königlichen Salböl, [20']und er (der König) sagt: „Siehe, dieser ist jetzt König! [Ich habe] diesem den königlichen Namen [85] [beigelegt, das kö]nigliche [Gewand] habe ich ihm angezogen und ihm das Stirnband angelegt! Böses Vorzeichen, Kurze Jahre, Kurze Tage, merkt euch [diesen]! Geht diesem Ersatzmann nach!" Und er [ge]ht zur [St]adt fort. 1 Sekel [Silber], 1 Sekel Gold, 1 Mine Kupfer, [25']1 Mine Zinn, 1 Mine Eisen, 1 Mine Blei [...t er/man]. Dem Gefangenen teilt man [einen] Offizier zu und der führt ihn wieder in sein Land zurück. Der König [aber] verrichtet das Gebet [86]. Danach begibt sich der König sogleich zum Waschen.

Sobald es aber hell wird, verrichtet der König das Gebet. [Dara]uf führt der König das ,Hausritual', das ,reine Ritual', durch. Wenn es Tag ist, führt der König die ,[rein]en' Riten durch.

Der König opfert darauf dem Sonnengott, der Lelwani und dem Mondgott je ein Lamm, mit der Bitte, statt seiner die Substitute anzunehmen und ihn freizulassen, damit er weiterhin die Sonne schauen darf. Dann bricht der Text ab.

IV. Eine Dienstanweisung

Instruktionen oder Dienstanweisungen, vom König oder auch von der Königin erlassen, stellen eine bedeutungsmäßig wichtige Gattung hethitischen Schrifttums dar. Von den Hethitern in eine Kategorie mit den Staatsverträgen gestellt – wie diese werden sie eidlich beschworen –, wenden sich die Instruktionen mit der Forderung nach gewissenhafter Befolgung und loyaler Einstellung an Amtsträger und bestimmte Berufsgruppen, die in hervorgehobener Weise im öffentlichen Interesse tätig waren: an Verwaltungs- und

---

[84]) Die Hethiter übten die Leichenverbrennung.
[85]) „Name des Königtums" meint wohl den offiziellen Titel.
[86]) Wörtlich: „die Erhebung der Hand" (Gebetsgestus).

Militärbeamte, an Heeresangehörige, an Bürgermeister, aber auch an Palast-
angestellte und – wie im Fall des folgenden Textes – an Kultfunktionäre in
weitem Sinn.

9. Instruktion für Kultdiener und Tempelpersonal

Text: KUB XIII 4 („A"), mit Duplikaten KUB XIII 5 + XXXI 95 („B"), KUB XIII
6 + 19 („C") und KUB XXXI 94 („H"). – Entstehungsdatum: spätestens Mitte
des 13. Jh. v. Chr. – Bearbeitungen: E. Sturtevant, JAOS 54, 1934, S. 363 ff.; ders.,
A Hittite Chrestomathy, 1935, S. 127 ff.; A. Goetze, in: ANET[3], S. 207 ff.

Um Amtsmißbrauch, Veruntreuung und Nachlässigkeit zu wehren, nimmt der (hier
abgekürzt wiedergegebene) Text zu Art und Wahrnehmung der jeweiligen Pflichten
Stellung, indem er spezielle Verhaltensvorschriften mit prinzipiellen Aussagen zur Ver-
antwortlichkeit vor den Göttern sowie zur erforderten kultischen Reinheit verbindet.
Im Ansatz Vergleichbares findet sich, vor allem was die Thematik „rein"/„unrein"
angeht, in at.lichen Vorschriften und Aussagen zu Priesterdienst und Kult, auch wenn
dort der Gesichtspunkt der Heiligkeit[87] übergeordnet ist und weiterreichende ethische
Konsequenzen fordert. Vergleichsweise kommen z. B. die Priesterbestimmungen in
3. Mose 10; 21–22 oder Ez. 44, 16 ff. in Betracht, aber auch die Maßstäbe der Kritik
in 1. Sam. 2, 12–17.22.29–30 und Mal. 1, 6 ff. – Im einzelnen hat auch das Prinzip
der bedingten Sippenhaftung (A I 28–38) eine Entsprechung: vgl. z. B. 2. Mose 20, 5;
34, 7; 4. Mose 14, 18; Jos. 7, 24 f.; 1. Sam. 2, 29 ff.; 2. Sam. 21, 5 ff.; Klgl. 5, 7 und
Ez. 18, 2[88]). Schließlich erinnert die Umschreibung der Skepsis in B II 27–31 („Weil
er ein Gott ist, wird er nichts sagen und uns nichts tun.") an die at.lichen Stellen
Zeph. 1, 12; Ps. 10, 1–4.11; 14; 64, 6; 73, 3 ff.11; 94, 7. Die Überzeugung von der
zuwartenden, aber umso gründlicheren göttlichen Heimsuchung, die dem entgegen-
gestellt wird, ist vergleichbar in Ps. 37, 7.9 f.13 und 73, 17 f. ausgesprochen.
   Im hethitischen Text fehlt der Beginn der I. Kolumne.

A I 14 ff.: Ferner sollen die, welche die täglichen (Opfer)brote zubereiten,
rein sein. [15]Gebadet und rasiert sollen sie sein, ihr (Körper?)haar und ihre
Näg[el] sollen abgeschnitten sein. Reine Kleider sollen sie anhaben. [In
unreinem Zustand (?)] sollen sie nicht zubereiten. (Nur) die, welche der Götter
Sinn und Körper [wohlgefällig] sind, sollen diese (Brote) zubereiten! Die
Backstuben, in denen sie sie zubereiten, sollen gefegt und besprengt [20]sein.
Ferner sollen weder Schwein noch Hund zur Tür des Raumes kommen, wo
die Brote gebrochen werden! Ist das Empfinden von Menschen und von
Göttern etwa verschieden geartet? Nicht in der Hinsicht(?), keineswegs! (Ihr)
Empfinden ist dasselbe. Wenn ein Diener vor seinen Herrn hintritt, ist er

---

[87]) Der Begriff der Heiligkeit selbst ist den Hethitern nicht unbekannt. Er wird etwa
verwendet, wenn etwas als ausschließlich einer Gottheit gehörig gekennzeichnet werden soll, so zunächst ihr göttliches Wesen, dann aber etwa auch das ihr gewidmete
Gelände einer zerstörten feindlichen Stadt, die (wie Jericho) nicht wieder aufgebaut
werden soll, ferner Tempel, Kultgeräte, Priester, Opfer, Feste (unser Text bietet das
Wort im Zusammenhang der Bezeichnung „Feste des Heiligen Priesters" in A I 42).

[88]) Neben fallweise gehandhabter Kollektivhaftung steht wie in Israel (5. Mose
24, 16) die gewiß häufiger bzw. normalerweise angewendete Individualhaftung. Sie
war den Hethitern zumindest seit dem 15. Jh. geläufig.

gebadet und hat sich sauber gekleidet und gibt ihm (so) zu essen oder zu trinken. ²⁵Und indem sein Herr ißt und trinkt, wird er in (seinem) Gemüt gelöst und er [st]ellt sich auf den (Diener) ein. Wenn es sich aber nun um einen Gott handelt, sollte (d)er nicht (auch) Ekel empfinden(?)⁸⁹) (können)? Sollte (d)er ein anderes Empfinden haben? Wenn ein Diener seinen Herrn irgend erzürnt, so wird man ihn entweder hinrichten oder seine Nase, seine Augen, ³⁰seine Ohren verderben oder [man wird] ihn, seine Frau, seine Kinder, seinen Bruder, seine Schwester, seine angeheirateten Verwandten, seine Sippe, es sei Sklave oder Sklavin, [ergreifen] und ,hinüberrufen'⁹⁰) oder man wird ihm überhaupt nichts tun. Wenn er stirbt, stirbt er nicht allein, sondern seine Sippe geh[t] mit ihm. Wenn [jemand] aber das Gemüt eines Gottes erzürnt, ³⁵s[uch]t der Gott das etwa an jenem [all]ein heim? [Su]cht er es nicht auch an seiner Frau, [seinen Kindern], seiner [Nachko]mmenschaft, seiner Sippe, seinen Sklaven und Mägden, seinem Vieh, seinen Schafen und an seinen Feldfrüchten he[im], um ihn auf diese Weise gänzlich zugrunde zu richten? So seid nun in Sachen eines Gottes zu eurem eigenen Guten sehr sorgfältig!

Ferner: das Monatsfest, das Jahresfest, das Hirschfest, das Herbstfest, ⁴⁰das Frühlingsfest, das Fest des Donners, ...

Aufgezählt werden 12 weitere, z. T. bekannte, aber nicht deutbare Namen von Festen.

⁴⁵und welches Fest sonst in Hattusa (gefeiert wird): wenn ihr sie nicht mit allen (vorgeschriebenen Mengen an) Rindern, Schafen, Brot, Bier und Wein beschickt abhaltet, sondern wenn ihr Tempelfunktionäre euch mit denen, die (all) das zu liefern haben, in ein Geschäft einlaßt, so schmälert ihr die Götter⁹¹).

⁵⁰Oder wenn ihr etwas, das zur (Opfer)zurüstung gehört, wohl in Empfang nehmt, es aber den Göttern nicht vorsetzt, sondern es ihnen entwendet und in eure Häuser leitet und eure Frauen, eure Kinder, euer Gesinde es verzehren oder wenn ein angeheirateter Verwandter oder ein Freund oder ein Schutzbürger⁹²) zu euch kommt und ihr es dem ⁵⁵gebt, dem Gott aber (fort)nehmt, und es ihm eben nicht vorsetzt, selbst wenn es nur ein Teil ist und ihr nur einen Teil fortgebt, so sollt ihr für diese Schmälerung verantwortlich gemacht werden. Ihr sollt das (Opfer) nicht schmälern. Wer es schmälert, der soll sterben! Eine Revision soll es für ihn nicht geben!

⁶⁰Von Brot, Bier und Wein sollt ihr alles im Tempel darbringen. Keiner gestatte sich Gottesbrot (oder) Flachbrot! Keiner soll Bier (oder) Wein aus

---

⁸⁹) Anderer Übersetzungsvorschlag: „tadeln".

⁹⁰) Idiomatischer Ausdruck; entweder entsprechend unserem „ins Jenseits befördern" oder allenfalls Rechtsterminus für die Vorladung vor die Blutgerichtsbarkeit.

⁹¹) Vgl. neben 1. Sam. 2, 12–17.29 ff. die Bestimmungen 3. Mose 2, 10; 3, 16 b–17; 5, 13 u. ö.

⁹²) Privilegierter Ausländer, der Asylrecht genießt, zur Teilnahme am Kult und zum Erscheinen bei Hofe berechtigt ist (s. B II 11–13). Entspricht dem hebr. *ger* (z. B. 4. Mose 15, 15 f.).

dem Becher abgießen! Alles sollt ihr dem (jeweiligen) Gott zukommen lassen. Dazu sollt ihr vor dem Gott diese Worte sagen: „Wer von deinem Gottesbrot [65]und Wein genommen hat, den möge der Gott, mein Herr, [strafen] und an dessen Haus möge er sich halten!"

B II 6-33 ergänzt nach C II und A II [Ferner:] Wenn ihr an jenem Tage essen und trink[en wollt(?), da(?)] eßt und trinkt![93]) Wenn ihr es aber nicht schafft, [so] eßt [bis] zum 3. Tag. [Aber . . .] eure Frauen, eure Kinder, euer Gesinde [10][... dürfen] auf keinen Fall die Schwelle der Götter [überschreiten]. Wenn aber ein Schutzbürger zu einem (von euch) kommen will, [der darf] zum Tempel hinaufgehen. Denn er darf der Götter und des Königs Schwelle überschreiten. [Man soll] ihn herauf[begleiten(?)] und er soll essen und trinken. Wenn es aber [15][ein Auslä]nder ist, wenn es kein Bürger von Hattusa ist, [der darf zu] den Göttern [nicht eintreten(?). Wer ihn] aber (dennoch) hinbringt, der ist der Todesstrafe verfallen!

Der folgende Abschnitt verbietet die Vertauschung guter Opfertiere bzw. ihres Fleisches gegen minderwertige Tiere bzw. deren Fleisch oder überhaupt den Entzug von Opfertieren und -fleisch zu Verkaufszwecken oder zum eigenen oder sonstigen Gebrauch. Es folgt eine Stellungnahme zum bezeichnend skeptischen Argument der Veruntreuer:

[27]... „Weil er ein Gott ist, wird er nichts sagen und uns nichts tun." – Seht euch einen Menschen an, dem jemand die Nahrung vor den Augen entreißt, [30]wie er sich daraufhin verhält! Der Wille der Götter aber ist stark. Er beeilt sich nicht zuzugreifen, wenn er aber zupackt, dann läßt er nicht mehr los. So seid nun dem Willen der Götter gegenüber sehr achtsam!

A II [25]Ferner: der Götter Silber und Gold, Kleider und Kupfergerät, mit dem ihr umgeht (oder: das ihr habt), dessen Pfleger seid ihr (nur). (Einen Besitzanspruch eurerseits) auf der Götter Silber, Gold, Kleider und Bronzegerät (gibt es) nicht, auch nicht auf das, was (sonst) im Hause der Götter ist: was es auch sei, es gehört allein dem (betreffenden) Gott. Seid also sehr sorgsam! Einem Tempelfunktionär soll überhaupt kein Silber und Gold [30]gehören. Er soll es auch nicht auf seinem Leibe tragen und soll seiner Frau und seinem Kind daraus keinen Schmuck machen. Wenn man ihm aber als Geschenk vom Palast Silber, Gold, Kleider oder Bronzegerät gibt, so soll es bezeichnet sein: „(Besitzer:) Soundso; der König hat es ihm gegeben." Auch wieviel sein Gewicht beträgt, soll niedergelegt sein. Ferner soll niedergelegt sein: „Zu dem und dem Fest hat man es ihm gegeben.", und die Zeugennamen sollen dahintergesetzt sein: „Als man es ihm überreichte, waren Soundso und Soundso anwesend." Ferner soll er es nicht in sein Haus kommen lassen. Vielmehr soll er es verkaufen. [40]Wenn er es aber verkauft, soll er es nicht heimlich verkaufen. Die Herren von Hatti sollen zugegen sein und zuschauen, und was er verkauft, soll man auf einer Tafel niederlegen und siegeln. Sobald

---

[93]) Der Passus bezieht sich eindeutig auf ein Kultmahl vor den Göttern. Kultmahlzeiten gehören auch bei den Hethitern zur normalen religiösen Festfeier. Vgl. 5. Mose 16, 11. 14; 26, 11; 1. Sam. 1, 3 ff., wo das Kultmahl für die Familie im weitesten Sinn zugänglich ist.

aber der König nach Hattusa heraufkommt, soll (jen)er sie (die Tafel) im Palast vorlegen und man soll sie ihm siegeln. Wenn er es aber auf eigene Faust verkauft, so verfällt er der Todesstrafe. Derjenige, der das Königsgeschenk, das mit des Königs Namen gezeichnet ist, nicht verkauft – und zwar Silber, Gold, Kleider, Bronzegerät (nicht) in der angegebenen Weise verkauft –, und derjenige, der es übernimmt und verbirgt und es nicht zum Tor des Königs[94]) bringt, die sind beide [50]der Todesstrafe verfallen. Ja, beide sollen sie sterben! Den Göttern sind sie ... Für sie soll es keinesfalls eine Revision geben.

In den folgenden Paragraphen geht es um die pünktliche Abhaltung von Festen (§ 9'), um die Wachpflichten der für den Nachtdienst eingeteilten Tempelbeamten und der Nachtwächter (§ 10'), um sonstige Vorschriften für die Tempelbewachung (§ 11'), für den Fall von Kultstörungen (§ 12'), für das abendliche Feuerlöschen im Tempel (§ 13').

A III [55]Ferner: ihr, die ihr insgesamt das Küchenpersonal der Götter stellt, ihr Mundschenken, Tischleute, Köche, Bäcker, Küfer, seid dem Empfinden der Götter gegenüber sehr sorgsam! Verwendet ehrfürchtig viel Sorgfalt auf der Götter Brot und Wein! Der Raum, wo das Brot gebrochen wird, [60]soll gefegt und gesprengt sein. Hund und Schwein sollen nicht über die Schwelle kommen! Ihr sollt gebadet sein und reine Kleider anhaben. Euer (Körper?-) haar und eure Nägel sollen abgeschnitten sein, und der Sinn der Götter soll nicht Ekel(?) vor euch empfinden(?) (müssen)! Wenn ein Schwein oder ein Hund hölzerne oder irdene Gefäße, [65]mit denen ihr umgeht, irgend berührt, und der Küchenbeamte die(se) nicht wegtut, sondern wenn er den Göttern vom Verunreinigten zu essen gibt, dem werden die Götter Kot und Urin zu essen und zu trinken geben[95]). Und wenn jemand beim Weibe schlafen will, so soll er, (genau)so wie er den Dienst der Götter versieht und dem Gott zu essen [70]und zu trinken gibt, auch zum Weibe gehen. Ferner: [...] wenn die Sonne herauf(geht?), [soll er sich baden], und wenn es hell ist, zur Zeit, da die Götter speisen, soll er sich eilends einstellen. Wenn er es aber unterläßt, so wird es ihm zur Verfehlung. Wenn jemand beim Weibe schläft [75]und sein Vorgesetzter oder Oberer drängt ihn (danach zur kultischen Handlung), so soll er es sagen. Wenn er sich schämt[96]), es (ihm) zu sagen, soll er es seinem Kollegen sagen und soll sich baden. Wenn er es aber willentlich verschweigt, und sich noch nicht gebadet hat und er sich der Götter Brot und [80]Wein unrein nähert, oder wenn sein Kollege es weiß oder sieht [und es] verheimlicht, es aber später herauskommt, [so sind beide der] Todesstrafe verfallen. Beide müssen sterben.

Die folgenden Paragraphen (§§ 15'–19') behandeln Pflichten der landwirtschaftlichen Tempelfunktionäre, wobei es vor allem um die vorschriftsmäßige Abgabe der für den Kult verwendeten Opfertiere und Feldfrüchte sowie um das Verbot der Unterschlagung geht.

[94]) Richtplatz des Königs. Zugleich Sitz der Behörde des obersten Reichsgerichts und der Blutgerichtsbarkeit.

[95]) Als Jenseitsstrafe zu verstehen.   [96]) Wörtlich: „wenn er es nicht wagt".

D) UGARITISCHE TEXTE

Einführung

Aus der unmittelbaren kanaanäischen Umwelt des Alten Testaments sind bisher keine Originaltexte größeren Umfangs bekannt geworden. Unsere Kenntnis von Kultur und Religion des südlichen Kanaan in der Zeit vor der israelitischen Staatengründung beruht ausschließlich auf den Angaben des Alten Testaments und auf den „stummen" Zeugen der archäologischen Ausgrabungen. Eine gewisse Ergänzung boten seit jeher die Nachrichten antiker Autoren und der Kirchenväter über die phönikische Religion, die mit den im benachbarten Süd-Kanaan, dem späteren Palästina, gepflegten Kulten eng verwandt gewesen ist. Hinzu trat seit dem vorigen Jh. eine Reihe von inschriftlichen phönikischen Originaltexten, die aber sämtlich nicht bis in die frühisraelitische Zeit zurückreichen. Einige Angaben verdanken wir auch ägyptischen Quellen.

Diese ungünstige Quellenlage hat sich grundlegend gewandelt durch die umfangreichen Textfunde auf dem nordsyrischen Tell von Ras esch-Schamra, dem alten Ugarit. Die aus den Archiven und Bibliotheken dieser alten Handelsstadt an der nordphönikischen Küste seit 1929 geborgenen Texte sind überwiegend in akkadischer Sprache und Schrift verfaßt und betreffen alle Lebensbereiche. Für das AT und seine Welt von besonderer Bedeutung ist eine zweite, ebenfalls umfangreiche Gruppe von Texten. Es handelt sich um Tontafeltexte in einer eigentümlichen alphabetischen Keilschrift, die außerhalb von Ugarit bisher nur in ganz vereinzelten Funden bezeugt ist. Die Sprache dieser Texte ist ein nordkanaanäischer Dialekt, für den sich die Bezeichnung „ugaritisch" eingebürgert hat. Er ist in vieler Hinsicht dem Hebräischen eng verwandt. Die gleiche alphabetische Keilschrift hat man in Ugarit übrigens auch zur Niederschrift hurritischer Texte gebraucht.

Ihrem Inhalt nach sind die nordkanaanäischen Ras Schamra-Tafeln teils Archivmaterial, teils mythische oder epische Texte. Die zweite Gruppe von Texten, deren umfangreichste und wichtigste Dokumente bereits während der ersten Ausgrabungs-Kampagnen entdeckt wurden, ist religionsgeschichtlich von außerordentlicher Bedeutung. Sie vermittelt uns einen originalen und recht umfassenden Einblick in die religiösen Vorstellungen und Kulte im alten nördlichen Kanaan. Dabei ist es wichtig, daß die mythischen Texte ergänzt werden durch kultisches Verwaltungsmaterial, insbesondere durch Götter- und Opferlisten, sowie durch mancherlei archäologische Funde an Tempelresten, Götterdarstellungen und Kultgerät. Dank dieser verschiedenartigen und reichen Quellen ist unsere Kenntnis vom Kultwesen des alten Ugarit genauer und umfassender als vom Kultwesen irgendeiner anderen Stadt im syrisch-phönikischen Altertum vorrömischer Zeit.

Die archäologische Stratigraphie gestattet im Verein mit den historischen Bezügen in den Texten selbst eine ziemlich exakte Datierung der alphabetischen Keilschrifttexte aus Ras Schamra. Sie entstammen im wesentlichen dem 13. Jh. v. Chr., also der letzten Epoche der Geschichte des alten Ugarit, das um 1200 im Zusammenhang mit der sogenannten „Seevölker-Invasion" zerstört worden ist. Selbstverständlich ist damit nur die zeitliche Ansetzung der Niederschrift der Texte umrissen. Die Mythen selbst sind sicher in ihrem Grundbestand uralt. Jedenfalls aber geben sie religiöse Vorstellungen wieder, die im 13. Jh. v. Chr. in Kanaan lebendig waren. Damit sind diese Texte Zeugen einer Zeit, die gerade für die Geschichte und Religionsgeschichte Israels von großer und vielleicht grundlegender Bedeutung gewesen ist. Nach allem, was wir wissen, setzt am Ende des 13. Jh. die Phase der Konsolidierung der Israelstämme im südlichen Kanaan ein. Das AT bezeugt, daß dabei die Auseinandersetzung mit im kanaanäischen Kulturland geübten Kulten wie überhaupt mit den Lebensformen der Ackerbaukultur eine große Rolle gespielt hat. Bei der antikanaanäischen Richtung der at.lichen Überlieferung ist in ihr über die Religion im alten Kanaan, wie die Israelgruppen sie vorfanden, nur wenig, und dies in polemischer Akzentuierung zu erfahren. Die Ras Schamra-Texte aber geben gerade für diesen Zeitraum ein objektives Bild der kanaanäischen Religion. Was den seßhaft werdenden Israeliten an Göttern, Kulten und mythischen Vorstellungen im Kulturland begegnete, das dürfte ungefähr dem entsprochen haben, was wir den ugaritischen Texten in dieser Hinsicht entnehmen können.

Auf diese Weise erfahren wir nicht nur Näheres über die im AT erwähnten kanaanäischen Gottheiten, über ihre Bedeutung und die Formen ihrer Verehrung, sondern auch über den Einfluß der kanaanäischen Kulte auf die Religion Israels. Dabei ist im Zuge der fortschreitenden Auswertung des Materials immer deutlicher geworden, daß die Jahwereligion viel mehr an kanaanäischen Elementen aufgenommen hat, als man früher im allgemeinen annahm. So begegnen uns die verschiedenen at.lichen Opferformen und -bezeichnungen bereits im alten Ugarit. Derartige Einflüsse beschränken sich nicht auf Kultbräuche; sie machen sich auch in der Gottesvorstellung bemerkbar. Insbesondere gilt dies von der Übernahme der Funktionen des kanaanäischen Gewitter- und Fruchtbarkeitsgottes Baal/Hadad durch Jahwe. Freilich können solche Beobachtungen im Grunde nicht überraschen. Sie bestätigen nur die Berechtigung der prophetischen Polemik gegen die Kanaanisierung der Jahwereligion. Wie weit diese Einflüsse im einzelnen gehen, zeigt sich vor allem in der at.lichen Kultdichtung. Hier trifft man auf eine Fülle von Wendungen und poetischen Bildern, die bereits den ugaritischen Mythen – z. T. in wörtlicher Übereinstimmung – eigentümlich sind. Der sehr altertümliche Psalm 29 z. B. kann auf Grund solcher Übereinstimmung als nur wenig tiefgreifend auf Jahwe umgedeutetes altes kanaanäisches Kultlied identifiziert werden. Auch die at.liche Poesieform des „parallelismus membrorum", d.h. inhaltlich und formal gleichartiger Satzpaare, ist schon in den ugaritischen Mythen und Epen das charakteristische Element des poetischen Ausdrucks.

Die ugaritischen Texte unterrichten uns also nicht nur über die Religion des alten vorisraelitischen Kanaan, sie bieten uns auch eine Fülle von Material zur Erklärung und zum besseren Verständnis der at.lichen Überlieferungen selbst. Allerdings darf nun nicht übersehen werden, daß die ugaritischen Texte nur aus der weiteren kanaanäischen Umwelt des AT stammen. Allein schon die räumliche Entfernung zwischen dem nordsyrischen Ugarit und dem israelitischen Palästina ist beträchtlich. Es kommt hinzu, daß keinerlei staatlich-territoriale Beziehungen zwischen beiden Gebieten bestanden haben. Ugarit hat in der Zeit seiner größten Machtentfaltung nur den Küstenstreifen bis Beirut unter Kontrolle gehabt. Es gab also keine kultpolitischen Voraussetzungen für die Verehrung speziell ugaritischer Götter im südlichen Kanaan. Ebensowenig kann man von einer überall identischen Religion des westsemitisch-kanaanäischen Vorderasien sprechen, obgleich weitgehende Gemeinsamkeiten in Kultus und Mythus bestanden haben. Wenn die wichtigsten Gottheiten und Göttertypen in der westasiatischen Küstenregion insgesamt verbreitet waren, so hatten sie doch im Pantheon der einzelnen Stadtstaaten eine unterschiedliche Position inne. Dementsprechend müssen auch Unterschiede in den Mythen bestanden haben, die man von diesen Göttern und ihrem Verhältnis zueinander erzählte.

Es zeigt sich, daß demgemäß die Mythen in Ugarit neben vielen Zügen, die uns auch an anderer Stelle begegnen, ein unverkennbares Lokalkolorit tragen. Aus der topographischen Situation der Küstenstadt erklärt sich die bedeutende Stellung der Göttin Aschirat, der „Herrin des Meeres", und ihres Anhangs. Das im Norden von Ugarit gelegene und weithin die Landschaft beherrschende Massiv des „Nordberges" (heute Dschebel el-Aqra) wurde als Sitz des Hauptgottes Baal verehrt und spielt im Mythus eine entsprechende Rolle. Als Göttergeschichten spiegeln die Mythen auch die kultischen Verhältnisse der Stadt wider. So hat Baal allem Anschein nach erst spät seine dominierende Stellung im Pantheon und im Kultleben von Ugarit als der Stadtgott von Ugarit *(bʿl ugrt)* errungen. Das zeigt sich u. a. darin, daß er mit Unterstützung der Göttin Anat erst um den Bau eines Palastes (= Tempel) bemüht sein muß. Diesem Anliegen entspricht der oberste Gott El nur zögernd und nach sehr energischen Drohreden der Göttin Anat. Überhaupt ist eine Rivalität zwischen El und Baal nicht zu verkennen. Bezeichnenderweise gilt Baal nicht wie die anderen ugaritischen Götter als Sohn des Göttervaters El und der Muttergöttin Aschirat. Als Nachfolger des älteren Vegetationsgottes Dagan wird er „Sohn Dagans" genannt. Er ist also auch „genealogisch" ein Fremdling im ugaritischen Pantheon.

Zu den lokalen Besonderheiten in der Götterwelt und in den Mythen Ugarits gehören auch die Merkmale von Einflüssen benachbarter Kulturen und Religionen. Als bedeutende Handels- und Hafenstadt mit weitreichenden

Verbindungen und gemischter Bevölkerung war Ugarit derartigen Einwirkungen besonders ausgesetzt. So treten im ugaritischen Mythus neben hurritischen Elementen vor allem ägäische Einflüsse hervor. Eine der beliebtesten Göttergestalten, der kunstfertige Kuscharu-Chasisu, wird ausdrücklich in Kreta beheimatet. An die homerische Götterwelt erinnert u. a. die auffallend oft in den mythischen Texten begegnende Schilderung von Göttergelagen und überhaupt die starke Vermenschlichung der Götter.

Schon aus diesen wenigen Andeutungen wird deutlich, daß man nicht ohne wesentliche Einschränkungen die religionsgeschichtlichen Aussagen der ugaritischen Texte auf südkanaanäische Verhältnisse des 13. Jh. v. Chr. übertragen darf. Tatsächlich bestehen auch im Hinblick auf die Götter und ihre Funktionen erhebliche Unterschiede. So ist in Ugarit die in Kult und Mythus nur eine bescheidene Rolle spielende Sonnengottheit weiblich und heißt Schapasch bzw. Schapschu, während in Palästina der männliche Sonnengott Schamasch verehrt wurde. Die Göttin Aschirat von Ugarit ist eine Meeresgöttin. Dagegen trägt die im AT erwähnte Aschera den Charakter einer Baumgöttin. Überhaupt kann man sich die Götterwelt des alten Kanaan nicht mannigfaltig genug vorstellen. Bei dieser Entwicklung dürften vor allem zwei Momente zusammengewirkt haben: Einmal die allgemeine Neigung, in den Kultreligionen zwischen den lokalen Ausprägungen der hauptsächlich verehrten Göttergestalten zu differenzieren; zum anderen die Aufteilung des syrisch-palästinischen Raumes in eine große Zahl von Klein- und Stadtstaaten, die selbstverständlich auch jeweils ihr eigenes Kultwesen und ihr eigenes Pantheon hatten. Dennoch ist die Verwandtschaft zwischen den Kulten und Mythen dieses Raumes so eng, daß man mit Sicherheit auch im südlichen Kanaan die Erzählung von Mythen voraussetzen kann, die in ihren Motiven, den Hauptelementen ihres Inhalts und in ihrer poetischen Sprache den ugaritischen sehr ähnlich gewesen sind.

Ein Wort ist noch zu sagen zur Überlieferung der mythischen Texte aus Ugarit, die ja die Hauptquelle für die Kenntnis seiner Religion bilden. Die Texte haben überwiegend literarischen Charakter. Für den gottesdienstlichen Gebrauch sind sie in der uns zugänglichen Form – abgesehen von dem Mythus über die Geburt der Götter Schachar und Schalim – allem Anschein nach nicht bestimmt gewesen. Das besagt aber keineswegs, daß sie nicht letztlich doch ihre Heimat im Kult gehabt haben. Weniger wahrscheinlich ist dies allerdings bei der besonderen Gruppe der halbmythischen oder epischen Texte (Daniil- und Krt-Text), die überwiegend von irdischen Vorgängen erzählen. Vielleicht handelt es sich bei diesen Epen um mit mythischen Elementen ausgestaltete dichterische Darstellungen bestimmter Abschnitte der frühen Geschichte der Dynastie von Ugarit. Hauptthema der beiden großen epischen Texte ist jedenfalls die Erhaltung der Dynastie trotz mancherlei Bedrohung ihres Fortbestandes.

Literaturauswahl

Zur Einführung:

W. Baumgartner, Ras Schamra und das Alte Testament, ThR 12, 1940, S. 163–188; 13, 1941, S. 1–20. 85–102. 157–183; ders., Ugaritische Probleme und ihre Tragweite für das Alte Testament, ThZ 3, 1947, S. 81–100; G. Fohrer, Die wiederentdeckte kanaanäische Religion, ThLZ 78, 1953, Sp. 193–200; E. Jacob, Ras Shamra-Ugarit et l'Ancien Testament, 1960; C. F. Pfeifer, Ras Shamra and the Bible, 1962; A. S. Kapelrud, The Ras Shamra Discoveries and the Old Testament, 1965.

Zur Sprache:

A. Aistleitner, Untersuchungen zur Grammatik des Ugaritischen, BSAW, phil.-hist. Kl. 100, 6, 1954; G. D. Young, Concordance of Ugaritic, AnOr 36, 1956; C. H. Gordon, Ugaritic Textbook, AnOr 38, 1965; A. Aistleitner, Wörterbuch der ugaritischen Sprache, BSAW, phil.-hist. Kl. 106, 3, 1967[3].

Textausgaben:

A. Herdner, Corpus des tablettes en cunéiformes alphabétique, Bd. I–II, 1963; C. H. Gordon, Ugaritic Textbook, AnOr 38, 1965. Nach Erscheinen dieser Sammeleditionen gefundene Texte sind veröffentlicht in Ugaritica V/VI, 1968/69.

Übersetzungen:

C. H. Gordon, Ugaritic Literature, 1949; H. L. Ginsberg, Ugaritic Myths and Epics, in: I. Mendelsohn, Religions of the Ancient Near East, 1955, S. 221–279; ders., in: ANET[2], 1955, S. 129–155; G. R. Driver, Canaanite Myths and Legends, OTSt 3, 1956; A. Jirku, Kanaanäische Mythen und Epen aus Ras Schamra-Ugarit, 1962; J. Aistleitner, Die mythologischen und kultischen Texte aus Ras Schamra, 1964[2].

Zu Mythologie und Kult:

J. Obermann, Ugaritic Mythology, 1948; M. H. Pope/W. Röllig, in: H. W. Haussig, WM, 1965, S. 219–312; J. Gray, The Legacy of Canaan, VT.S 5, 1965[2]; A. Jirku, Der Mythus der Kanaanäer, 1966. – Zu einzelnen Göttern: O. Eißfeldt, El im ugaritischen Pantheon, BSAW, phil.-hist. Kl. 98, 4, 1951; A. S. Kapelrud, Baal in the Ras Shamra Texts, 1952; M. H. Pope, El in the Ugaritic Texts, VT.S 2, 1955.

Zum kulturgeschichtlichen Hintergrund:

A. van Selms, Marriage and Family Life in Ugaritic Literature, 1954; A. F. Rainey, The Social Structure of Ugarit, 1967; ders., The Scribe at Ugarit, 1968.

Über spezielle Beziehungen zum AT:

J. H. Patton, Canaanite Parallels in the Book of Psalms, 1944; W. H. Schmidt, Königtum Gottes in Ugarit und Israel, BZAW 80, 1966[2]; O. Kaiser, Die mythische Bedeutung des Meeres in Ägypten, Ugarit und Israel, BZAW 78, 1962; M. Dahood, Ugaritic-Hebrew Philology, BibOr 17, 1965; W. F. Albright, Yahweh and the Gods of Canaan, 1968; L. R. Fisher (Hg.), Ras Shamra Parallels, Bd. I, AnOr 49, 1972.

Abkürzungen der Textzählungen:

CTA   = A. Herdner, Corpus des tablettes en cunéiformes …
I AB usw. = Bezeichnungen von Ch. Virolleaud in den Erstveröffentlichungen
Gordon   = C. H. Gordon, Ugaritic Textbook.

I. Mythen

Der weitaus größte Teil der mythischen Texte aus Ugarit handelt vornehmlich vom Gott Baal und seiner Gefährtin Anat. Das entspricht der dominierenden Position Baals im Kult der Stadt. Es mag aber auch der äußere Umstand dabei eine Rolle spielen, daß die mythischen Tafeln und Fragmente mit wenigen Ausnahmen in der Bibliothek des Baaltempels aufgefunden worden sind. Die Baaltexte tragen den Charakter eines mehr oder weniger eng zusammenhängenden Mythen-Zyklus, der die „Geschichte" des Gottes erzählt[1]). Da uns die Reihe der Baaltexte nicht vollständig vorliegt und die erhalten gebliebenen Tafeln außerdem z.T. nur Bruchstücke sind, kann die Folge der Teile des Zyklus nur mit Vorbehalt rekonstruiert werden[2]). Überhaupt einem anderen Mythenkreis scheint der Baal-Hadad-Text (CTA 12, Gordon 75) zu entstammen. Hier tritt El als der eigentliche Widersacher Baals auf. Außerdem sind auch hinsichtlich Sprache und Überlieferung Besonderheiten zu erkennen.

Die Baalmythen stehen in einer mehr oder weniger deutlichen Verbindung zu Vorgängen in der Natur. In Erkenntnis dieses Zusammenhangs hat zuerst F.F.Hvidberg die Auffassung vertreten, daß sowohl das zentrale Thema wie der kultische Haftpunkt aller ugaritischen Mythen in dem herbstlichen Vegetationsfest, dem Neujahrsfest, zu suchen sei[3]). Ausgebaut wurde Hvidbergs Ansatz vor allem durch I. Engnell, der den Ursprung der mythischen und auch der epischen Ras Schamra-Texte in einem in Vorderasien allgemein verbreiteten Kultschema wahrscheinlich zu machen versuchte und dem König die Hauptrolle als Darsteller des Vegetationsgottes in der kultdramatischen

---

[1]) Die Zusammengehörigkeit der sechs großen Tafeln (CTA 1–6) wird deutlich an mannigfachen inhaltlichen Beziehungen sowie an der Einheitlichkeit von Stil und Schrift. Außerdem weisen die Unterschriften in CTA 4, VIII und CTA 6, VI den gleichen „Schreiber Ilimilku" als Textbearbeiter aus. Dieser Ilimilku erscheint auch in entsprechenden Unterschriften (Kolophonen) des Daniil- und Krt-Textes. Vermutlich ist er mit dem Manne gleichen Namens identisch, dem ein gewisser Belubur in einem akkadisch verfaßten Brief (Syr. 16, 1935, S.188ff.) die Übersendung einiger Tafeln ankündigt, die der Königin vorgetragen werden sollen. Es liegt nahe, bei diesen Tafeln an mythologische oder epische Texte zu denken. Ist dies richtig, dann dürfte Ilimilku ein „international" angesehener „Literat" des alten Ugarit gewesen sein. Jedenfalls ist er nicht nur als Kopist von Texten anzusehen, die bereits in festgeprägter Form vorlagen. Vgl. O.Eißfeldt, Sanchunjaton von Berut und Ilumilku von Ugarit, BRGA 5, 1952, S.77ff.; M.Dietrich/O.Loretz, UF 4, 1972, S.31f.

[2]) Zuletzt hat J.C.de Moor, The Seasonal Pattern in the Ugaritic Myth of Ba'lu According to the Version of Ilimilku, AOAT 16, 1971, die Reihenfolge CTA 3, 1, 2, 4–6 vorgeschlagen. J.Aistleitner z.B. sieht dagegen wegen verschiedener inhaltlicher Überschneidungen von einer genaueren Festlegung ab. Die folgende auszugsweise Übersetzung schließt sich der von J.C.de Moor vorgeschlagenen Anordnung an.

[3]) Graad og Latter i det Gamle Testamente, 1938; engl. Ausgabe, bearbeitet von A.S.Kapelrud: Weeping and Laughter in the Old Testament, 1962.

Vergegenwärtigung der Mythen am Neujahrsfest zuschrieb[4]). Diese Auffassung hat sich allerdings nicht durchsetzen können. Allein schon die thematische Mannigfaltigkeit der Baalmythen widersetzt sich der Beziehung auf ein einziges Jahresfest, ganz abgesehen von den Schwierigkeiten, die eine Deutung der Texte als kultdramatisches Ritual mit sich bringt. Auch der Versuch, den Kreis der Baalmythen als Widerspiegelung des natürlichen Jahresablaufs zu verstehen, wobei die Götter jeweils eine bestimmte Jahreszeit verkörpern, wird dem Inhalt der Texte nicht gerecht[5]). Die jüngste Variante dieser Hypothese erkennt in den Baaltexten Beziehungen zu klimatologischen, landwirtschaftlichen und kultischen Vorgängen, die den Verlauf des im Herbst beginnenden ugaritischen Kalenderjahres begleiten[6]). Mit der Thematik des Neujahrsfestes können danach nur die ersten beiden Kolumnen von CTA 3 verbunden werden[7]). Die Baalmythen mögen aber insgesamt an diesem Fest in der vorliegenden Fassung feierlich rezitiert worden sein, um den reibungslosen und gedeihlichen Ablauf der Jahreszeiten in der durch die Göttergeschichte des Mythus begründeten Reihenfolge auch für das jeweils neue Jahr gewährleisten zu helfen. Überhaupt von einer jahreszeitlichen Beziehung sieht G.R.Driver ab[8]). Nach seiner Auffassung geht es um die Einführung des jungen Gottes Baal als Fruchtbarkeitsgott in das ugaritische Pantheon und um die Herstellung seiner Herrschaft über alle anderen Götter unter des obersten Gottes El Patronat. Auch für diese Deutung gibt es gewichtige Argumente. Eine Entscheidung ausschließlich für die eine oder die andere Auffassung ist jedenfalls nicht möglich. Wahrscheinlich liegt das an der Konzeption des Mythus selbst, der die „Geschichte" Baals, d.h. seinen Aufstieg im ugaritischen Pantheon, in seiner Funktion während des ugaritischen Kultjahres ihre Widerspiegelung finden läßt.

1. Ein Festmahl für Baal

Text: CTA 3, I = V AB-A = ʿnt I.

Über den Anlaß der Festlichkeit ist dem Text selbst nichts zu entnehmen. Der Veranstalter des Banketts scheint der oberste Gott El zu sein. Es ist wenig wahrscheinlich, daß mit dieser Festszene der Zyklus der Baalmythen begonnen hat. Unter den bisher aufgefundenen Tafeln ist jedoch keine mit einiger Sicherheit vorzuordnen.

Die Szene erinnert sehr an Schilderungen von Göttergelagen und Opferhandlungen bei Homer (vgl. insbesondere Ilias I, 458–474.595–604; II, 421–431). Das AT kennt das Bild von dem großen Mahl, das Gott den Völkern bereitet (Jes. 25,6ff.). Es gibt aber auch die Vorstellung vom Zornesbecher, den Gott den Königen naher und ferner Nationen zu trinken gibt (Jer. 25,15ff.). Mythische Bilder von einem Göttermahl fehlen in der monotheistischen Jahwereligion. In der at.lichen Opferkritik wird die Auffassung, daß dem Opfer der Charakter einer Mahlzeit für Gott eignet, abgelehnt

---

[4]) Studies in Divine Kingship in the Ancient Near East, 1943.

[5]) Diese Deutung wurde entwickelt von T.H.Gaster, Thespis, 1950; 1961².

[6]) Vgl. J.C.de Moor, a.a.O.

[7]) Allerdings ist auch das keineswegs sicher auszumachen. Vgl. unten die einführenden Bemerkungen zu Kol. II „Der Krieg der Anat".

[8]) Canaanite Myths and Legends, OTSt 3, 1956.

(Ps. 50,8 ff.). Doch wird gelegentlich das Opfer als Speise für Gott bezeichnet (3. Mose 3,1.16; 4. Mose 28,24). An alte kanaanäische Vorstellungen erinnert das Bild vom Wein, der „Götter und Menschen fröhlich macht" (Ri. 9,3).

²... Er[9]) dient Baal, dem mächtigen,
Ehrt den Fürsten, den Herrn der Erde.
Er erhob sich, legte vor ⁵und speiste ihn.
Er zerteilte eine Brust vor ihm,
Mit scharfem Messer das Vorderstück des Masttieres.
Er trat herzu, kredenzte und reichte ihm zu trinken.

¹⁰Er gibt den Becher in seine Hand,
Den Pokal in seine beiden Hände –
Einen großen Humpen von gewaltigem Maß,
Einen heiligen Becher, nicht darf ihn schauen eine Frau,
Einen Pokal, ¹⁵nicht darf ihn erblicken eine Göttin[10]).
Tausend Krüge faßt er des Weins,
Zehntausend vermag man in ihm zu mischen.

Es hub an zu spielen und zu singen,
Die Zymbel in der Hand, ein Anmutiger.
²⁰Es sang ein Jüngling mit schöner Stimme
Über Baal, der auf den Gipfeln des Nordberges wohnt[11]):
„Es blickt Baal auf seine Töchter;
Er schaut auf Pidraja, die Tochter des Nebels,
Und auf Talaja, ²⁵die Tochter des Regens ..."[12])

2. Der Krieg der Anat

Text: CTA 3, Kol. II = V AB-B = ʿnt II.
Zwischen der ersten und der zweiten Kolumne des Textes klafft eine Lücke von ungefähr 25 Zeilen. In diesem uns unbekannten Stück des Mythus muß die Veranlas-

[9]) El scheint gemeint zu sein.
[10]) Im Text steht der Name der Aschirat, der hier aber wohl als Bezeichnung für Göttin schlechthin gebraucht ist.
[11]) Der Berg des Baal Zaphon ist bis in die Gegenwart Kultstätte (vgl. O. Eißfeldt, Baal Zaphon, Zeus Kasios und der Durchzug der Israeliten durchs Meer, BRGA 1, 1932, S. 30ff.). Vermutlich hat es in seiner Gipfelregion einen Tempel gegeben, vielleicht auch nur eine offene Opferstätte (u. U. mit einem aus dem Fels gehauenen „Götterthron", vgl. K.-H. Bernhardt, Gott und Bild, 1956, S. 146). Solche Anlagen sind auf Götterbergen öfters zu finden. Ein sehr gut erhaltenes Beispiel aus hellenistisch-römischer Zeit ist die Kultstätte oberhalb von Sfire im nördlichen Libanon. Sie besteht aus einem großen Tempel mit Nebengebäuden am Fuß des Berges, einem kleinen „Stationsheiligtum" in halber Höhe und der Opferstätte auf dem Gipfel. – Von seinem Berg-Thron aus blickt Baal auf die Regenwolken, die unterhalb des Gipfels das Massiv des Berges umgeben. Dieses eindrucksvolle Naturerlebnis ist den Pilgern zum Zaphon-Berg in alter wie in neuer Zeit vertraut.
[12]) Talaja und Pidraja sind sprechende Namen (ṭl = Tau, pdr = Donnerkeule (?), vgl. J. Aistleitner, Wörterbuch, S. 254).

sung zu dem Blutbad mitgeteilt worden sein, das Anat nunmehr veranstaltet. Ein Zusammenhang mit jahreszeitlichen Vorgängen ist nicht zu erkennen. Dennoch meint man z.B. in dem Textstück die mythische Begründung eines Fruchtbarkeitsritus zur Überwindung der Trockenheitsperiode durch Blutvergießen sehen zu können[13]). Auch gibt es keinen Anhaltspunkt für eine Verbindung mit dem Mythus vom Chaoskampf[14]). Da Anat, die Schwester Baals, in den Texten des Baalzyklus stets im Interesse ihres Bruders als Kriegsgöttin eingreift, mag hier ein entsprechender Anlaß, also eine Bedrohung der Rechte Baals, vorliegen.

Abb. 11: Anat als Kriegsgöttin

Wichtig ist der Text durch seine drastische Schilderung des blutigen Schreckens, den die Kriegsgöttin verbreitet. Im AT wird Anat nicht erwähnt. Sie begegnet aber in alten Ortsnamen (Beth Anat, Anathoth). Von den Juden in Elephantine wurde sie

[13]) Vgl. J. Gray, The Legacy of Canaan, VT.S 5, 1965², S. 45.
[14]) In Betracht käme sowieso nur eine Umsetzung des Chaoskampfes in die historische Dimension.

neben Jahwe verehrt. An das Wüten der Anat erinnern einige at.liche Schilderungen von Jahwes Auftreten als Kriegs- oder Gerichtsgott (z.B. 5.Mose 32,40ff.; Jes. 34, 5ff.).

[3]...

Nachdem Anat die Tore des Palastes verschlossen hatte,
Stieß sie mit den Jungmannen [5]am Fuße des Berges zusammen(?).
Und dann kämpfte Anat in der Ebene,
Sie metzelt nieder die Städter,
Sie zerschmettert die Bewohner der Küste,
Sie vernichtet die Menschen des Sonnenaufgangs.
Unter ihr liegen wie Bälle die Köpfe;
[10]Über sie (fliegen) wie Heuschrecken die Hände,
wie zerhackte Halme die Hände der Knappen [15]).

Bald türmten sich die Köpfe bis an ihren Rücken,
Ragten die Hände bis an ihren Schoß!

Sie taucht ihre Knie in das Blut der Soldaten,
Ihre Knöchelringe in den Lebenssaft [15]der Knappen.
Mit dem Stecken vertreibt sie die Alten;
Auf die Schenkel zielt sie mit ihrem Bogen.

Und dann wendet sich Anat zu ihrem Haus;
Die Göttin kommt zu ihrem Palast.
Und nicht ist sie satt geworden vom Kampf in der Ebene,
[20]Vom Niedermetzeln der Stadtbewohner.

Sie schleudert Schemel gegen die Knappen,
Wirft Tische gegen die Krieger,
Fußschemel gegen die Helden.

Viele streckt sie nieder und sieht es (wohlgefällig);
Es metzelt und freut sich Anat.
[25]Ihr Inneres weitet sich vor Jauchzen;
Es füllt sich ihr Herz mit Freude.
Das Innere Anats jubelt,
Als sie ihre Knie eintaucht in das Blut der Soldaten,
Ihre Knöchelringe in den Lebenssaft der Knappen.
Bis sie satt ist, mordet sie im Hause,
[30]Metzelt sie zwischen den Tischen.

Es ward weggewischt im Hause das Blut der Soldaten;
Das Öl des Friedens (?) wurde ausgegossen.
In einer Schale wusch die Jungfrau Anat ihre Hand,
Ihre Finger die Jabamat Limim [16]).

---

[15]) Das Bild stammt wohl von der Behandlung des Getreides mit dem Dreschschlitten auf der Tenne.

[16]) Ein Beiname der Anat. Die Bedeutung ist unsicher.

Sie wäscht ihre Hände vom Blut der Soldaten,
35Ihre Finger vom Lebenssaft der Knappen.
[Schemel] an Schemel,
Tisch an Tisch,
Fußschemel an Fußschemel reiht sie.
Sie schöpft Wasser und wäscht sich –
Tau des Himmels, Fett der Erde,
Sprühregen 40des Wolkenreiters 17),
Tau des Himmels, den die Wolken ausgießen,
Dessen Spender die Sterne sind.

42Sie parfümierte sich ...

3. Baals Plan vom Tempelbau

Text: CTA 3, Kol. III/IV = V AB-C/D = ʿnt III/IV. Die Kolumne III (letzte der Tafel-Vs.) und IV (erste der Rs.) schließen sich lückenlos aneinander.

Die Verbindung mit den beiden vorausgegangenen Szenen ist leicht zu erkennen. Zunächst wird Baal in seine Funktion als Fruchtbarkeitsgott eingeführt und von El durch ein festliches Mahl geehrt. Damit ist aber noch nichts über die Errichtung einer Wohnstätte für Baal auf dem Berg Zaphon und ihrer Entsprechung in der Stadt Ugarit entschieden. Baal hegt den begreiflichen Wunsch, in dieser Hinsicht den anderen Göttern gleichgestellt zu werden. Er wird aber deshalb nicht selbst „an höchster Stelle" aktiv, sondern bedient sich der Hilfe seiner energischen und erfahrenen Schwester, der Kriegsgöttin Anat. Damit ist der Mythus bei seinem eigentlichen Thema angelangt. Die zweite Szene hat in diesem großen Zusammenhang wohl nur den Zweck, Anat in ihrem Wirken als Kriegsgöttin zu schildern und als geeignete Gehilfin für Baals Plan auszuweisen. – Am Anfang der dritten Szene (Kol. III/IV) fehlen etwa 15 Zeilen, die wahrscheinlich nur von der Vorbereitung zur Einladung der Anat berichteten. An dieser Vorbereitung sind offenbar auch die Töchter Baals in irgendeiner Weise beteiligt. In den ersten der erhalten gebliebenen Zeilen ist jedenfalls von ihnen die Rede. Es folgt dann der genau umschriebene Auftrag an die beiden Boten Baals:

5Sodann, ihr Jünglinge, tretet ein!
Vor Anat verbeugt euch
Und fallt nieder, indem ihr euch neigt, sie ehrend!
Und redet zu der Jungfrau Anat,
Tragt vor der Jabamat Limim:
10 „Botschaft des mächtigen Baal,
Ein Wort des Erhabenen unter den Helden!
Komm zu mir vom Lande der Schlacht!
Bring Liebe in die Erdschollen,
Gieße Frieden in das Innere der Erde,
Viel Liebe in das Innere der Felder! 18)

---

17) Vgl. die at.liche Vorstellung von Jahwe als dem Wolkenreiter: Jes. 19, 1; Ps. 68, 5; ferner 5. Mose 33, 26; 2. Sam. 22, 11; Ps. 18, 11; 68, 34.
18) Auf die Doppelfunktion Anats als Kriegs- und Liebesgöttin wird hier angespielt.

[15]...[19])

Zu mir sollen deine Füße eilen,
Zu mir sollen deine Beine laufen!
Siehe, einen Spruch gibt es bei mir, und ich will ihn dir sagen,
Ein Wort, und ich will es dir mitteilen!
Ein Wort [20]des Baumes ist's und eine Beschwörung des Steins[20]).

Raunen werden die Himmel mit der Erde,
Die Ozeane mit den Sternen:
Ich will bauen einen Götterpalast, wie ihn die Himmel nicht kennen,
Etwas, das die Menschen nicht kennen,
Und nicht versteht [25]das Gewimmel der Erde.

Komm rasch, denn ich, fürwahr, will ihn begründen(?)
Inmitten meines Berges, (ich,) der Gott des Zaphon[21]),
Im heiligen Bezirk, auf dem Berg meines Besitzes[22]),
In angenehmer Gegend, am Hügel der Machtentfaltung."

Und siehe, als Anat die beiden Götter erblickte,
[30]Da zitterten ihr die Beine,
In den Hüften brach sie zusammen,
Ihr Angesicht bedeckte Schweiß,
Es zuckten die Flächen ihrer Lenden,
Das Fleisch(?) ihres Rückens.

Und sie erhob ihre Stimme und rief:
„Weshalb sind Gapan und Ugar gekommen?[23])
Hat sich irgendein Feind gezeigt gegen Baal,
Eine Feindschaft [35]gegen den Wolkenreiter?

Habe ich nicht zerschmettert den Liebling Els, Jam?[24])

---

[19]) Die Übersetzung dieser Zeile ist unsicher. Vielleicht nennt sie drei Attribute der Anat zur Unterstützung der Aufforderung, etwa „(Bei) deinem ..., deinem Stab(?), deiner Waffe(?)."

[20]) Vielleicht ist gemeint, daß sich der zum befehlenden Wort gewordene Entschluß des Baal speziell an Baum und Stein als die wichtigsten Baustoffe für den geplanten Palastbau richten.

[21]) Vgl. im AT Jes. 14,13; Ps. 48,3; evtl. Ps. 89,13.

[22]) Vgl. hiermit auch 2. Mose 15,17–18.

[23]) *Gpn* (Weinstock) und *'ugr* (Flur) sind sprechende Namen, der Funktion von Boten des Fruchtbarkeitsgottes angemessen. Möglich ist es auch, in ihnen Repräsentanten von Byblos (ägypt. *kpn*) und Ugarit zu sehen, also des äußersten Südens des ugaritischen Einflußbereichs und der Hauptstadt selbst. Vgl. J.A.Montgomery, JAOS 53, 1933, S. 110.

[24]) Der Gott Jam (Meer) ist einer der Hauptwidersacher des Fruchtbarkeitsgottes Baal. Hierin spiegelt sich eine Naturerfahrung der Bewohner der syrischen Küste wider. Während der Winterstürme überfluten die Wogen des Meeres oft jene Teile des Kulturlandes, die sich nur wenig über den Meeresspiegel erheben. Landverluste, vor allem auch durch Unterspülen der felsigen Steilküste, sind immer wieder zu beob-

Habe ich nicht Nahar, dem großen Gott, ein Ende bereitet? [25])
Habe ich nicht Tannin geknebelt? Ja, ich knebelte ihn! [26])
Ich habe die gewundene Schlange zerschmettert,
[39]Die mächtige (?) mit den sieben Köpfen ..." [27])

Es schließt sich an eine Aufzählung von weiteren durch Anat besiegten Gegnern Baals, deren Titel nicht genauer zu bestimmen sind. Sicher zu erkennen ist, daß sie zum Kreise der Erdgötter, insbesondere des Unterweltgottes Mut gehören, dessen Name – wahrscheinlich – auch genannt wird. Unter seinem Gefolge befinden sich die „Götterhündin Feuer" und die „Tochter Els Flamme".

[43]...

„Ich werde kämpfen und werde mich bemächtigen der Waffe (?) dessen,
Der Baal vertreiben will [45]von den Höhen des Zaphon [28]),
Der packen will wie ein Vogel seine Ohren,
Der ihn verdrängen will vom Thron seines Königtums,
Vom Hochsitz, vom Sessel seiner Herrschaft!

Hat sich irgendein Feind gezeigt gegen Baal,
Eine Feindschaft gegen den Wolkenreiter?"

---

achten und zeugen vom Wüten des Gottes Jam. – Auffällig ist, daß sich Anat des Sieges über die Feinde Baals rühmt. Sie wirkt hier selbständig und nicht nur als Gehilfin Baals im Kampf mit den Mächten des Chaos (vgl. unten S. 222 ff.). Das entspricht der Grundtendenz dieses Teiles des Mythenzyklus, der ganz überwiegend Anat die Aktivität zuschreibt.

[25]) Nahar meint die gleiche Gottheit wie Jam (vgl. unten S. 222 ff.). Es ist aber wohl an eine andere Erscheinungsform zu denken. Man kann zwar *nhr* mit „Wasserschwall" oder „Woge" übersetzen, die übliche Bedeutung „Fluß" scheint jedoch treffender zu sein. Auch hinter dieser Bezeichnung des Herrschers der Chaosgewässer stehen natürliche, alljährlich wiederkehrende Erscheinungen. Starke Regengüsse oder plötzlich einsetzende Schneeschmelze verwandelt oft die vom Gebirge kommenden Wasserläufe in reißende Ströme, die erheblichen Schaden anrichten können. Jam/Nahar ist also für alle Gewässer zuständig, die den Landbau und die menschliche Existenz überhaupt bedrohen. Vgl. O. Kaiser, Die mythische Bedeutung des Meeres, S. 44 ff. – Jam ist auch der at.lichen Überlieferung als Chaosmacht bekannt (Jes. 51, 10; Hi. 26, 12 f.).

[26]) Hier und in den folgenden Versen werden nun die Jam/Nahar zur Seite stehenden Gehilfen erwähnt. Tannin (meist übersetzt mit „Drache") begegnet auch im AT gelegentlich als schöpfungsfeindliches Chaosungeheuer, das Jahwe in Urzeiten besiegt hat (Jes. 51, 9; Ps. 74, 13). Sonst bezeichnet es große Meerestiere (1. Mose 1, 21; Ps. 148, 7), Schlangen (2. Mose 7, 9 f. u. ö.) oder wird bildlich gebraucht (Jes. 27, 1; Ez. 29, 3; 32, 2).

[27]) Die „gewundene Schlange" wird in bildlicher Verwendung Jes. 27, 1 als Chaosbzw. Meeresungeheuer erwähnt. Sie trägt dort den Namen Leviathan wie auch im Ugaritischen (*ltn*, CTA 5, I, 1 = I* AB I, 1 = Gordon 67, I, 1).

[28]) Auch das AT handelt sehr häufig von „Gottesbergen" (vgl. z. B. 2. Mose 3, 1; 24, 13; 1. Kön. 19, 8; Ps. 68, 9.18; 87, 1 f.), gerade auch im Zusammenhang mit dem königlichen Thronen Gottes (vgl. etwa 2. Mose 15, 17 f.; Ps. 9, 12; 74, 2.12).

Es antworteten die Jünglinge, sie erwiderten:
„Kein Feind hat sich ⁵⁰gegen Baal gezeigt,
Keine Feindschaft gegen den Wolkenreiter!
Eine Botschaft des mächtigen Baal,
Ein Wort des Erhabenen ⁵²unter den Helden:
‚Komm zu mir vom Lande der Schlacht …‘"

Die aus dem Auftrag Baals an seine beiden Boten schon bekannte Botschaft wird nun noch einmal vorgetragen, bis auf einige geringfügige Auslassungen wörtlich übereinstimmend. Solche Wiederholungen sind charakteristisch für die ugaritischen Mythen und Epen. Sie gehören zum Stil des mündlichen Vortrags durch einen Sänger oder Erzähler. Auch die Antwort der Anat beginnt mit den Versen „Ich will kommen vom Lande der Schlacht …" und setzt nach einer nur fragmentarisch erhalten gebliebenen Aufforderung an Baal noch ein zweites Mal mit ihnen ein. Auf diese Weise wird der „Verkündigungsgehalt" der Friedensbotschaft Baals besonders eindringlich gemacht. – Nachdem die Boten zurückgeschickt worden sind, macht sich Anat selbst auf den Weg:

⁸¹Dann, fürwahr, wandte sie sich zu Baal
Auf die Höhen des Zaphon,
Über tausend Gefilde und zehntausend Felder.
Das Kommen seiner Schwester sieht Baal,
Das Nahen der Tochter (?) seines Vaters.
Er sandte ihr Frauen entgegen,
⁸⁵Ein Rind legte er ihr vor,
Ein Masttier vor ihr Angesicht.
Man schöpfte Wasser, und sie wusch sich –
Tau des Himmels, Fett der Erde,
Tau des Himmels, den die Wolken ausgießen,
Dessen Spender die Sterne sind.
⁸⁹Sie parfümierte sich …

4. Anats Audienz bei El

Text: CTA 3, V = V AB, E = ʿnt V.

Der Anfang der vierten Szene ist zerstört. Durch Parallelen ist teilweise eine Ergänzung möglich. Es ist anzunehmen, daß inzwischen Anat von Baal mit seinem Anliegen im einzelnen vertraut gemacht worden ist, nachdem sie sich von den Anstrengungen der Reise erholt hatte. Der Schluß der Ausführungen Baals gipfelt in der Klage, daß er keine Wohnung habe wie die anderen Götter, einschließlich seiner Töchter. Anat reagiert auch hier sogleich mit äußerster Heftigkeit:

⁷Und es erwiderte [die Jungfrau] Anat:
„Willfahren soll mir Stier El²⁹), [mein Vater]³⁰),

---

²⁹) Beiname Els, der seine Stärke, aber auch seine Funktion als Schöpfer- und Fruchtbarkeitsgott charakterisiert. – Nach 2. Mose 32,4; 1. Kön. 12,28 f. haben Stierbilder bisweilen auch im Jahwekult eine Rolle gespielt. Vgl. andererseits auch Hos. 8, 5; 13,2.

³⁰) Die Bezeichnung Els als Vater der Anat kompliziert ihr Verwandtschaftsverhältnis zu Baal als dessen Schwester; denn Baal gehört nicht zu den Söhnen Els.

Willfahren soll er mir und ...
[10]... (oder) ich werde ihn wie ein Lamm zu Boden schmettern,
Ich werde wandeln sein Grauhaar in Blut,
Das Grau seines Bartes in [Blutgerinnsel],
Wenn er nicht dem Baal ein Haus gibt wie den (anderen) Göttern,
[Ein Heiligtum] wie den Söhnen der Aschirat[31])!"
[Sie stampfte mit dem] Fuß,
[Und es erbebte] die Erde[32]).

Und siehe, sie [wandte ihr Ant]litz [15][zu El,]
[Dann begab sie sich zu El] am Ursprung der Fluten,
[In]mitten [der Quelle] der beiden [Meere][33]).
Sie stieg den Berg Els hinan[34])
[...] und gelangte [in die Be]hausung des Königs, des Vaters der Erhabenen(?).

...
Es [hörte] sie kommen Stier [El], ihr Vater,
[20]In den sieben Zimmern, in den acht Gemächern[35]).
...

Zur Begrüßung Anats ergreift El das Wort und bemerkt: „Die Leuchte der Götter
Schapschu sengt, / dürftig geworden sind die Himmel durch den Göttersohn Mut."
Offenbar macht El diese Anspielung auf die Herrschaft des Unterweltgottes Mut
über die Erde nicht ohne Wohlgefallen. Anat beginnt jedenfalls ihre Erwiderung
– soweit erhalten – mit den Worten „Freue dich nicht ...". Sicher steht der trostlose
Zustand der Erde in der Periode der Trockenheit damit in Zusammenhang, daß Baal
noch keine Behausung hat. An dieser Stelle zeigt sich deutlich die Verquickung von
Kultbegründungslegende und jahreszeitlichem Rhythmus, der die „Geschichte" des
Gottes vergegenwärtigt. – Anat droht dann, El den Schädel einzuschlagen, und
gebraucht im übrigen die gleichen Worte, die sie in ihrer ersten Reaktion auf Baals
Klage bereits geäußert hatte: „Ich wandle dein Grauhaar in Blut ...".

[34]Es antwortete El in den sieben Zimmern, ja, in den acht Gemächern:
„Ich habe (schon immer) gewußt von dir, o Tochter, daß du einem Manne
    gleichst;
Denn keine unter den Göttinnen ist so anmaßend(?). –
Was ist dein Begehr, o Jungfrau Anat?"

[31]) „Söhne der Aschirat" meint die Gesamtheit der Götter in Els Pantheon, da
Aschirat als Els Gemahlin schlechthin die Mutter der Götter ist.
[32]) Vgl. Hab. 3,6.
[33]) Die beiden Meere sind die Urgewässer, von denen sich das eine über dem fest-
gewölbten Himmel, das andere unter der Erdscheibe erstreckt. Diese kosmische Vorstellung setzt auch der priesterschriftliche Schöpfungsbericht 1. Mose 1,7 voraus
(vgl. ferner die at.lichen Parallelen zum Wortlaut der beiden Verse in Hi. 38,11.16f.;
Ps. 18,16). Ausgangspunkt der Urgewässer ist der „Urberg", auf dem El seinen Wohnsitz hat. Zur Lokalisierung der Behausung Els vgl. unten Anm. 37.
[34]) Siehe oben Anm. 28.
[35]) Auf diese Weise wird eine unbestimmte, aber große Anzahl von Räumen gekennzeichnet. Vgl. den entsprechenden Gebrauch im AT: Mi. 5,4; Pred. 11,2.

Da antwortete die Jungfrau Anat:
„Dein Beschluß, o El, ist weise.
Deine Weisheit [40]währe ewiglich!
Glückliches Leben ist dein Beschluß. –
Unser König [36]) sei der mächtige Baal, unser Richter!
Niemand soll über ihm sein.
Uns beiden soll es obliegen, ihm den Pokal zu reichen;
Reichen werden wir beide ihm den Becher!"

Laut, fürwahr, rief Stier El, ihr Vater,
El, [45]der König, der sie erschuf;
Es riefen Aschirat und ihre Söhne,
Die Göttin und die Schar ihrer Verwandten:

„Ach, nicht hat Baal ein Haus wie die Götter,
Eine Behausung wie die Söhne der Aschirat,
Eine Wohnung (wie) El,
Eine Heimstätte (wie) [seine Söhne],
Eine Wohnung (wie) die Herrin Aschirat [50]des Meeres,
Eine Wohnung (wie) [Pidra]ja, die Tochter des Nebels,
[Eine Heimstätte] (wie) Talaja, [die Tochter] des Regens,
[Eine Wohnung [52]wie Arsija, die Tochter Jaabdars] ..."

Was Anat durch plumpe Drohung nicht erreichen konnte, das gelingt ihr also durch schmeichelnden Lobpreis von Els Weisheit. Es fällt auf, daß Anat das Anliegen Baals nicht vorträgt, sondern gleich die weitergehende Forderung erhebt, Baal zum König über die Götter zu machen, eine Forderung, die Konfliktstoff in sich birgt. El und die Götterversammlung reagieren jedoch darauf nicht. Sie stimmen vielmehr dieselbe Klage an, die Baal am Anfang der Szene zu Anat äußerte. Folge dieser Übereinstimmung ist allem Anschein nach zunächst der Beschluß zum Bau einer Wohnung für Baal.

5. Die Botschaft an Kuscharu-Chasisu, den Baumeister der Götter

Text: CTA 3, VI = V AB, F = ʿnt VI.

Am Anfang des Textes fehlen nur ca. zehn Zeilen. El setzt demnach den Beschluß, Baal zu einer Wohnung zu verhelfen, unmittelbar in die Tat um. Eine Weiterführung der Erzählung durch neue Handlungselemente ist jedenfalls in diesem kurzen Zwischenraum nicht zu erwarten. – El sendet nun eine entsprechende Botschaft an den Götterbaumeister Kuscharu-Chasisu (d.h. etwa „Geschickt-Gescheit"). Da dieser in Kaptor (Kreta) seinen Sitz hat, werden zwei im Seeverkehr erfahrene Boten der Göttin Aschirat des Meeres ausgeschickt:

[7]...

„Zieht durch Gabal, zieht durch Qaal,
Zieht durch Ihat-Nop Schamim [37])!

---

[36]) Nach Ps. 95,3; 96,4; 97,9; (136,2) ist Jahwe König über die Götter.

[37]) Von den drei Ortschaften kann Gabal eindeutig identifiziert werden. Es handelt sich um Byblos (akkad. *gubla*, phönik. *gbl*, hebr. *gᵉbal*, vgl. Ez. 27,9). Von diesem

Beeilt euch, [10]ihr beiden Fischer der Aschirat,
Geht, o Qadesch-Amurru[38])!
Siehe, ihr sollt fürwahr wenden das Antlitz in die Mitte von Chikupta –
Des Gottes ist Kaptor in seiner Gesamtheit, [15]Thron seiner Residenz,
Chikupta das Land seines Besitzes. –
Über tausend Gefilde und zehntausend Felder.
Vor Kuscharu verbeugt euch und fallt nieder,
Indem ihr [20]euch neigt, ihn ehrend!
Und sagt zu Kuscharu-Chasisu,
Tragt vor Hajin[39]), dem Kunstfertigen:
Eine Botschaft des mäch[tigen Baal],
[25]Ein Wort des Erhabenen unter den Helden![40])

---

topographischen Fixpunkt aus läßt sich auch die Wohnung Els mit einiger Zuverlässigkeit bestimmen. Sie dürfte zu suchen sein in dem Quellheiligtum von Afqa am Oberlauf des Nahr Ibrahim. Der arabische Name Afqa entspricht dem ugaritischen *apq* („Quelle") in der hier und an anderen Stellen zur Kennzeichnung des Wohnsitzes Els gebrauchten Wendung *apq thmtm* („Quelle der beiden Meere"). Als geographische Repräsentanten können bei dieser Identifizierung das Mittelmeer und der östlich des Libanonkamms gelegene See von Jammune gelten, über dessen geheimnisvolle unterirdische Verbindung mit der Afqa-Quelle mancherlei volkstümliche Überlieferungen seit alter Zeit in Umlauf sind (vgl. im einzelnen M. H. Pope, El in the Ugaritic Texts, S. 75 ff.). Auch der Prozessionsweg, der von Byblos nach Afqa und von dort über den hier flachen Gebirgskamm nach Jammune führt, scheint alt zu sein. Die geographische Lokalisierung widerspricht nicht der Vorstellung vom kosmischen Sitz des Gottes El, der den Menschen unzugänglich ist. Beides, der kosmische Sitz und seine irdische Entsprechung, gehören stets zusammen. So hat auch Jahwe in Israels religiöser Vorstellung seinen Thron über den Himmeln. Er residiert aber zugleich auch auf dem fernen Gottesberg Horeb (1. Kön. 19) und auf seinem nahen heiligen Berge in Jerusalem. Entsprechend verbindet sich in der mythischen Erzählung vom Tempelbau für Baal die Errichtung einer kosmischen Wohnstätte mit dem Bau einer irdischen Tempelresidenz. Gleichermaßen kann *thm* mythische Urgewässer sowie konkrete irdische Wasseransammlungen bezeichnen.

[38]) Es handelt sich um eine mehr oder weniger konsequent zu einer Gestalt verschmolzene Doppelgottheit. Hinter ihr stehen größere Gottheiten, die aber im Kult und Mythus von Ugarit keine bedeutendere Rolle gespielt haben. Bei Amurru wäre zu denken an den Nationalgott der Amurru, als dessen Gattin in akkadischen Texten des 2. Jt. v. Chr. Aschratum (= Aschirat?) erscheint. Die weibliche Gottheit Qadesch begegnet in den ugaritischen Texten auch öfters als selbständige Größe. So wird der Held des Krt-Textes als Sohn des El und der Qadesch bezeichnet (II K, I–II, 11.22). Möglicherweise ist diese Qadesch mit Aschirat identisch.

[39]) Hajin ist ein Beiname der Doppelgottheit Kuscharu-Chasisu. Er tritt aber auch gelegentlich als besondere Gestalt auf, vgl. unten S. 224 f.

[40]) Merkwürdigerweise ist hier von einer Botschaft Baals die Rede, während man eine Botschaft Els erwarten sollte. Vielleicht ist die Erklärung möglich, daß El das Anliegen Baals ohne eigenen Einsatz nur weitervermittelt. Das würde der Distanz, die El allgemein gegenüber Baal zeigt, entsprechen.

6. Der Streit um die Baugenehmigung

Die weiteren Ereignisse sind nur zu erraten. Der höchstwahrscheinlich die Fortsetzung bildende Text CTA 1 (= VI AB = 'nt, pl. IX) ist in sehr schlechtem Zustand erhalten. Nicht ausgeschlossen ist, daß noch eine weitere, uns unbekannte Tafel CTA 1 vorgeordnet war. Immerhin wird deutlich, daß es vorerst noch nicht zum Palastbau für Baal kommt. Es erweist sich noch eine weitere Botschaft an Kuscharu-Chasisu als notwendig, mit der El die Göttin Anat beauftragt[41]. Der göttliche Baumeister folgt nunmehr, so scheint es, der Einladung und vernimmt den Befehl Els zum Baubeginn. Die Ausführung läßt aber auch jetzt noch auf sich warten; denn nun greift die Herrin Aschirat des Meeres zugunsten ihres Sohnes Jam ein, der ebenso wie Baal ohne Wohnung ist[42]. CTA 1 schließt mit einer Szene, bei der es sich wohl um die Vorankündigung eines Zweikampfes handelt, an dem Baal beteiligt sein wird.

Die folgende Textgruppe des Baal-Zyklus (CTA 2 = III AB) befindet sich in wesentlich besserem Zustande. Der wohl an die erste Stelle zu setzenden Tafel dieser Gruppe (CTA 2, III = III AB–C = Gordon 129) ist zu entnehmen, daß dem Palastbau für Jam ein Gegner in dem Unterweltsgott Aschtar erwächst, der ebenfalls ohne Wohnung ist. Doch dieser Aschtar hat keine Aussicht, zumal er unverheiratet ist. El erklärt: „Gewalthaber Nahar, du bist König!"

7. Der Kampf zwischen Baal und Jam

Text: CTA 2, I/II, IV = III AB–B,A = Gordon 137; 68.

Nachdem Jam sein Ziel erreicht hat, kann er zur Vernichtung seines Rivalen Baal schreiten. Ein solches Vorhaben rechtfertigen einige düstere Drohungen, die Baal am fragmentarischen Anfang der zweiten Tafel der Gruppe CTA 2 ausgestoßen hat. Jam sendet zwei Boten aus, nachdem er sie vorher sorgfältig mit ihrem Auftrag vertraut gemacht hat:

B [19]Es gingen die Jünglinge,
Nicht kehrten sie (sich) um.
[Siehe, das Antlitz] [20]wandten sie zur Mitte des Berges Ils[43],
Zur Versammlung.
Die Götter waren beim [Speisen],
Es saßen die Heiligen[44] beim Mahle.
Baal befand sich neben El.
Nun, als die Götter sie bemerkten,
Als sie bemerkten die Boten Jams,

---

[41] Charakteristischerweise wird auch Els Mitteilung seiner Entscheidung an Anat mit dem „Friedenswort": „Komm zu mir vom Lande der Schlacht ...", eingeleitet. Dieser Spruch ist also allgemein im Verkehr mit Anat üblich. Offenbar soll dadurch Anats ständige Neigung zu kriegerischem Wüten besänftigt werden, so daß sie bereit ist, die Boten wenigstens anzuhören.

[42] An dieser Stelle wird wieder der Zusammenhang mit dem Zyklus der Jahreszeiten deutlich. Während des Winterhalbjahres ist Jam, der Meeresgott, Baals Rivale im Hinblick auf die Königsherrschaft über die Erde.

[43] Im Text steht *ll* statt *il* (Schreibfehler?).

[44] *bn qds* kann auch mit „Söhne der Qadesch" übersetzt werden. Zur Identifizierung von Aschirat und Qadesch vgl. oben Anm. 38.

Die Gesandten des Gewalthabers Nahar,
Da ließen hängen die Götter ihre Köpfe auf ihr Knie
Und auf den Sessel ihrer Fürstlichkeit.
Doch Baal schalt sie:
„Warum laßt ihr hängen, ihr Götter,
[25]Eure Häupter auf eure Knie
Und auf den Sessel eurer Fürstlichkeit?
Ich merke, die Götter sind bedrückt angesichts der Macht der Boten des Jam,
Der Gesandten des Gewalthabers Nahar.
Erhebt, o Götter, eure Häupter von euren Knien,
Vom Sessel eurer Fürstlichkeit!
Ich will antworten den Boten des Jam,
Den Gesandten des Gewalthabers Nahar!"
Es erhoben die Götter ihre Häupter von ihren Knien,
Vom Sessel [ihrer] Fürstlichkeit.
[30]Danach traten herzu die Boten Jams,
Die Gesandten des Gewalthabers Nahar.
Nicht fielen sie zu Füßen Els nieder,
Nicht verneigten sie sich vor der Versammlung.
Stehend [...]
[Und sie trugen vor] ihre Botschaft.
Ein Feuer, zwei Feuer lodern;
Ein geschliffenes Schwert sind [ihre Augen].
Sie sagen zum Stier, seinem Vater El[45]):
„Botschaft Jams, eures Meisters,
Eures Herrn, des Gewalthabers Nahar!
Gib heraus, o El, den du schützest,
Den schützt [35]das [Gewimmel (der Menschen)]!
Gib heraus Baal und seine Diener,
Den Sohn des Dagan, daß ich in Besitz nehmen kann seine Streitaxt[46])!"
[Und es antwortete] der Stier, sein Vater El:
„Dein Sklave, o Jam, dein Sklave sei Baal [37][für immer],
Der Sohn Dagans sei dein Gefangener fürwahr ..."

Es folgen noch einige weitere Zusicherungen Els. – Von Baals Reaktion berichtet
erst die Tafel CTA 2, IV; aber da geht es bereits in den Endkampf. Es gibt also eine
größere Lücke im Gang der Handlung, die wohl den Umfang einer Tafel ausmacht.
– Als sehr nützlicher Gehilfe Baals erweist sich der kunstfertige und listenreiche
Kuscharu-Chasisu:

A [7]Und es hub an Kuscharu-Chasisu:
„Fürwahr, ich habe es dir gesagt, Fürst Baal,

---

[45]) D. h. Jams Vater.
[46]) Das so übersetzte ugaritische Wort kann auch „Feingold" bedeuten. Es geht
aber nicht um Gold, sondern um die Entmachtung Baals. Die Streitaxt ist das Symbol
von Baals Macht in seiner Eigenschaft als Gewittergott.

Ich habe es dir vorgetragen, Wolkenreiter.
Siehe, deinen Feind, o Baal,
Deinen Feind sollst du schlagen;
Siehe, du sollst vernichten deinen Widersacher!
[10]Du sollst in Besitz nehmen dein ewiges Königtum,
Deine immerwährende Herrschaft[47])!"

Kuscharu brachte eine Doppelaxt,
Und benannte ihren Namen:
„Dein Name, du, sei Jagrusch[48]!
Jagrusch, vertreibe Jam,
Vertreibe Jam von seinem Thron,
Nahar vom Stuhl seiner Herrschaft!
Du sollst herabstoßen aus Baals Hand,
Wie ein Adler aus seinen Fingern.
Schlage die Schulter des Fürsten Jam,
Zwischen die Hände[49]) [15]den Gewalthaber Nahar!"

Es stößt herab die Streitaxt aus Baals Hand,
Wie ein Adler aus seinen Fingern.
Sie schlägt die Schulter des Fürsten Jam,
Zwischen die Hände den Gewalthaber Nahar.

Stark ist Jam, nicht sinkt er nieder,
Nicht beugen sich seine Gelenke,
Nicht sinkt zusammen [18]seine Gestalt ...

Kuscharu-Chasisu schafft rasch eine andere stärkere Doppelaxt herbei. Sie trifft den Schädel des Jam. Damit ist der Kampf zugunsten Baals entschieden. – Überraschend tritt die durch ihre Schönheit berühmte Göttin Aschtarat auf[50]), die von Jam in Gefangenschaft gehalten worden war. Sie beglückwünscht Baal zu seinem Sieg und fordert ihn auf, Jam „aufzulösen", d.h. ihn zu dem Element werden zu lassen, das er als Meeresgott verkörpert. „Jam, fürwahr, ist tot, Baal soll König sein!"

8. Aschirat und Baal

Text: CTA 4, I–III = II AB, I–III = Gordon 51, I–III.

Dem Bauvorhaben Baals scheint nichts mehr im Wege zu stehen. Noch einmal wird die Klage laut „Nicht hat Baal ein Haus wie die (anderen) Götter ...". Dann widmet sich Kuscharu seinem Werk und stellt die kostbaren Gegenstände der Inneneinrichtung des Baalspalastes her. Dabei zeigt sich, wie nützlich es ist, daß sich in ihm drei Göttergestalten vereinen. Sie trennen sich in der Schmiedewerkstatt. So kann Hajin

---

[47]) Vgl. im at.lichen „Meerlied" 2. Mose 15,18 in Verbindung mit 2. Mose 15,8. 10.11. Vgl. überdies Ps. 29 (bes. v.10); Ps. 93 (v.2.5), zum Kontext überhaupt auch Hab. 3,8.15; Ps. 77,17 ff.; 89,10 f.; 104,7 sowie die Anm. 25–27.

[48]) Ein sprechender Name: „Er wird vertreiben".

[49]) Gemeint ist wohl die Vorderseite des Oberkörpers.

[50]) Aschtarat ist als spezielle Fruchtbarkeitsgöttin im westsemitischen Bereich allgemein verbreitet. Im AT wird der Kult der „Astarte" bekämpft, die öfters als phönikische Göttin Erwähnung findet (1. Kön. 11,5.33; 2. Kön. 23,13).

den Blasebalg bedienen und Chasisu die Zange halten. Mit Vorbedacht übt Kuscharu seine Kunstfertigkeit zunächst in der Herstellung des Mobiliars; denn noch steht die Baugenehmigung Els aus. Vor allem ist mit der Opposition der Aschirat zu rechnen, die sich wegen Jams Tod, wegen des Verlustes seiner Herrschaft, im Zustande von Zorn und Trauer befindet. Auf einen entsprechenden Hinweis des klugen Kuscharu suchen Baal und Anat gemeinsam die Göttermutter Aschirat auf, die sich gerade – soweit dem fragmentarischen Text zu entnehmen ist – der Klage um Jam widmet.

II [12]Beim Erheben ihrer Augen
Erblickt das Kommen Baals Aschirat.
Da auch sieht sie das Nahen der Jungfrau [15]Anat,
Das Heranziehen der Jabamat [Limim].

Da [zittern] ihr die Beine,
In den Hüften [bricht sie zusammen],
Ihr [Angesicht bedeckt Schweiß].
Es zucken die [Flächen] ihrer [Len]den,
[20]Das Fleisch (?) ihres Rückens [51]).

Sie erhob ihre Stimme und rief:
„Weshalb ist gekommen der mächtige Baal?
Weshalb ist gekommen die Jungfrau Anat?
Sie beide, die ermordet haben (?) ihn, [25]meinen Sohn …“

Baal und Anat suchen die Aufregung der Aschirat zu stillen und überreichen ihr Silber und Gold als Geschenk, eine Gabe, die Aschirat dann auch erfreut. Nach einer nur teilweise erhaltenen und deshalb unverständlichen Beschwerde Baals über eine ihm widerfahrene Beschimpfung in der Versammlung der Göttersöhne tragen die Besucher ihr Anliegen vor:

III [23]Nachdem angekommen war der mächtige Baal,
Angekommen war die Jungfrau Anat,
[25]Da baten sie die Herrin Aschirat des Meeres,
Flehten an die Schöpferin der Götter.
Und es antwortete die Herrin Aschirat des Meeres:
„Weshalb bittet ihr die Herrin Aschirat des Meeres,
Fleht ihr an [30]die Schöpferin der Götter?
Habt ihr denn gebeten Stier El, den Gütigen,
Habt ihr denn gefleht [32]zu dem Schöpfer der Geschöpfe?“

Dies beschließen nun die beiden Göttinnen gemeinsam zu tun. Vor dem Aufbruch stärken sich die drei Gottheiten erst noch durch eine kräftige Mahlzeit.

9. Ein Tempel für Baal!

Text: CTA 4, IV/V = II AB, IV/V = Gordon 51, IV/V.

Noch vor Tagesanbruch treten Aschirat, Anat und Baal ihre Reise an. Als Ranghöchste bedient sich die Göttermutter eines Reittieres. Die Doppelgottheit Qadesch-

---

[51]) Die Erregung Aschirats wird mit den gleichen Worten geschildert wie oben in Szene 3 die der Anat.

Amurru zeigt in dieser Szene ihre Vielseitigkeit bei Vorbereitung und Durchführung der Reise:

IV ⁹Er sattelte den Esel,
Schirrte an den Eselshengst.
¹⁰Er legte an Zaumzeug aus Silber,
Trensen aus Gold;
Er machte zurecht den Zaum ihrer Eselin⁵²).
Es umschlang (sie) Qadesch-Amurru;
Er setzte Aschirat auf den Rücken des Esels,
¹⁵Auf den prächtigen Rücken des Eselshengstes.
Qadesch begann anzutreiben;
Amurru war wie ein Stern voraus⁵³),
Hinterher die Jungfrau Anat.
¹⁹Aber Baal zog(?) zu den Höhen des Zaphon⁵⁴).

Auf diese Weise erreichen die beiden Göttinnen den Palast Els an der Quelle der beiden Meere. El freut sich sichtlich, seine Frau zu sehen. Er lacht und stampft mit den Füßen auf das Podest seines Thrones. Ein „kaltes Bufett" ist offenbar in seinem Thronsaal stets zur Hand:

IV ³⁵ „Iß nur! Trink!
Iß von den Tischen Brot,
Trink aus den Krügen Wein,
Aus goldenem Becher das Blut der Bäume!
Siehe, die Minne Els wird dich erregen,
Die Liebe des Stieres dich reizen!"

⁴⁰Es antwortete die Herrin Aschirat des Meeres:
„Dein Beschluß, o El, ist weise!
Deine Weisheit währe ewiglich!
Glückliches Leben ist ⁴³dein Beschluß. –
Unser König sei der mächtige Baal! ⁴⁴..."

Der Dichter legt Aschirat die gleichen Worte in den Mund wie bereits in der vierten Szene der Anat. Auch hier schließt sich der Chor der versammelten Götter mit der „Klage Baals" an: „Nicht hat Baal ein Haus ...". Sobald der Chor verstummt ist, gibt El seine Entscheidung kund. Das geschieht in sehr diplomatischer Weise, da er ja die Baugenehmigung schon einmal erteilt hatte:

---

⁵²) Es ist selbstverständlich nur ein Tier, und zwar stets dasselbe, gemeint.
⁵³) Man sieht, daß auch Qadesch-Amurru getrennt gleichzeitig verschiedene Tätigkeiten ausüben kann. Der eine treibt den Esel an, während der andere vorausläuft und den Weg erleuchtet.
⁵⁴) Die Übersetzung entspricht nicht ganz dem Text (lies *jb'a* statt *tb'a*?). Der Zusammenhang fordert aber eindeutig, daß Baal während der Verhandlung der beiden Göttinnen mit El auf dem Zaphon weilt. Sein Erscheinen vor El, mit dem er stets in gespanntem Verhältnis steht, wäre ja auch kaum dem Zweck der Reise förderlich.

IV ⁵⁸Und es sprach der Freundliche, El, der Gütige:
„Bin ich denn ein Sklave, ein Diener der Aschirat?
Bin ich denn ein Sklave, der zur Schaufel greift?
Möge doch eine Magd der Aschirat Ziegel formen,
damit erbaut werde ein Haus für Baal
⁶³Gleich dem der Götter
Und ein Heiligtum gleich dem der Söhne Aschirats!"

Und es antwortete die Herrin Aschirat des Meeres:
⁵„Groß bist du, o El, und weise fürwahr,
Das Grau deines Bartes belehrt dich!
.
und nun wird Baal die Zeit seines Regens festsetzen⁵⁵).
..⁵⁶)
⁷⁰Und er wird erschallen lassen seine Stimme in den Wolken,
Indem er abschießt zur Erde die Blitze⁵⁷).
Das Haus aus Zedern, er soll es vollenden⁵⁸),
Ja, das Haus aus Ziegeln, er soll es errichten⁵⁹)!
Wohlan, man melde dem mächtigen Baal:

⁷⁵Rufe Erdarbeiter in deinen Palast,
Bauleute(?) in die Mitte deines Tempels!
Es werden dir bringen die Berge viel Silber,
Die Hügel begehrenswertes Gold.
Bringen werden dir Kamele Edelsteine.
⁸⁰Und baue einen Palast aus Silber und Gold,
Einen Palast aus reinem Lapislazuli."
Es freut sich die Jungfrau Anat.
Sie stampft mit den Füßen,
Daß die Erde erbebt.
Dann wendet sie ihr Antlitz ⁸⁵zu Baal
Auf die Höhen des Zaphon,

---

⁵⁵) Beschädigt, Übersetzung unsicher. – Die Überzeugung, daß Baal den Regen spendet, die Zeit seines Regens festsetzt, wird im AT bekämpft: vgl. besonders die Eliatradition 1.Kön. 17–19, speziell 17,1; 18,1.21–46, aber auch Hos. 2,4–15. Der Regen ist als Jahwes Gabe verstanden: vgl. u.a. 5.Mose 11, 11–17; 28,12.24; Ri. 5,4; 1.Sam. 12,16–18; 1.Kön. 8,35–36; Jer. 10,13; Am. 4,7–8; Hab. 3,10; Sach. 10,1; Ps. 68,9–10; 77,18.

⁵⁶) Übersetzung unsicher, vielleicht „Die Zeit, da die Schiffe in Sturm geraten werden" (vgl. E. Lipiński, UF 3, 1971, S. 86).

⁵⁷) Auch Jahwe redet nach at.licher Vorstellung durch den Donner (Ps. 18,14; 29,3ff.; Hi. 37,2ff. u.ö.). Seine Blitze schießt er wie Pfeile ab (Ps. 18,15; Hab. 3,9f. u.ö.).

⁵⁸) Als Zedernhaus wird auch der Tempel Jahwes in Jerusalem bezeichnet: 2.Sam. 7,7; 1.Chr. 17,6.

⁵⁹) Die Verwendung von Ziegeln für Repräsentations- und Kultbauten war im spätbronzezeitlichen Ugarit nicht üblich.

Über tausend Gefilde, zehntausend Felder.
Es lacht die Jungfrau Anat,
Sie erhebt ihre Stimme und ruft;
Sie beglückwünscht Baal:
„Eine Freudenbotschaft für dich hab ich zu bringen!
Es wird gebaut ⁹⁰ein Haus für dich
Gleich dem deiner Brüder ..."

Sie wiederholt noch einmal die Worte der Aschirat, um sie Baal zu übermitteln.

10. Das Tempelfenster

Text: CTA 4, V, 106–27; VI/VII = II AB V, 106–27; VI/VII = Gordon 51, V, 106–27; VI/VII.

Der Gang der Handlung führt nun auf den Berg Zaphon, wo inzwischen Kuscharu-Chasisu eingetroffen ist. Nachdem der Kunstfertige ein Mastrind verspeist hat, trägt ihm Baal seine Baupläne im einzelnen vor. Vor allem muß alles schnell gehen, damit er seine Herrschaft bald antreten kann. Eine Meinungsverschiedenheit zwischen Bauherrn und Bauausführendem ergibt sich in der Frage der Anbringung eines Fensters:

V ¹²¹ „Höre, o mächtiger Baal,
Merk auf, o Wolkenreiter ⁶⁰)!
Ich darf doch eine Luke anbringen am Pal[ast],
Ein Fenster am Tempel?"
¹²⁵Es antwortete jedoch der mächtige Baal:
„Nicht sollst du anbringen eine Luke am Pa[last],
¹²⁷[Ein Fenster] am Tempel!" ⁶¹)

Kuscharu-Chasisu wiederholt noch einmal seinen Vorschlag, der abermals abgelehnt wird. Baal fügt jedoch eine Begründung hinzu, deren Sinn trotz Beschädigung der Tafel verständlich ist. Er befürchtet, daß seine Töchter Pidraja, die Tochter des Nebels, und Talaja, die Tochter des Regens, durch die Öffnung eindringen könnten. Insbesondere aber hätte dann Jam eine Möglichkeit, ihn „anzuspeien". In irdische Gegebenheiten übertragen, fürchtet Baal das Eindringen von Nebel und Regen sowie der Wogenkämme des ihm feindlichen Meeres in seinen schönen Palast. – Der Tempelbau geht inzwischen rasch voran:

VI ²⁰Man [brachte(?)] vom Libanon und seinem Wald,
Vom Schirjon, die begehrenswerten seiner Zedern ⁶²).

---

⁶⁰) Als Epitheton Jahwes Jes. 19,1; Ps. 68,5; vgl. überdies 5.Mose 33,26; 2.Sam. 22,11; Ps. 18,11; 68,34.

⁶¹) Diese Auseinandersetzung erinnert an 1.Kön. 8,12, wo es heißt, daß Jahwe „im Dunkel wohnen" wolle. Gemeint ist allerdings das Wohnen im Wolkendunkel. Immerhin ist Fensterlosigkeit eine Eigentümlichkeit altkanaanäischer Tempelgebäude im Unterschied zu entsprechenden hethitischen Bauwerken. Vgl. unten Anm. 64.

⁶²) Mit Schirjon ist wohl der Antilibanon gemeint, der allerdings nicht zum Biotop der Zeder (d.h. zum Lebensraum dieser Pflanzenart) gehört. Vermutlich soll angedeutet werden, daß man die besten Zedern aus den berühmtesten Wäldern herbeiholte (vgl. 1.Kön. 5,20ff.; 2.Chr. 2,2ff.; Esr. 3,7). Vielleicht waren auch die Zedernwälder im Massiv des Zaphon zur Zeit der Abfassung des Mythus erschöpft, so daß man auch

Man legte Feuer an den Palast,
Brand an den Tempel.

Siehe, einen Tag und einen zweiten
Fraß [25]das Feuer am Palast,
Die Flamme am Tempel,
Einen dritten, vierten Tag.
...
Siehe, [32]am siebenten [Tage] erlischt das Feuer am Palast,
Die Flamme am Tempel:
Silber hat sich gewandelt zu Blöcken,
Gold [35]hat sich gewandelt zu Ziegeln ..." [63])

Nachdem der Tempel fertig ist, wird er durch ein großes Festmahl eingeweiht, zu dem alle Götter, die „siebzig Söhne der Aschirat", eingeladen sind. Stiere, Kälber, Widder, Lämmer und Zicklein werden gereicht, dazu acht verschiedene Sorten „Götterwein" (vgl. nebenbei Ri. 9,13). Darauf visitiert Baal sein Reich, seinen Besitz an Städten. Zurückgekehrt, muß er jedoch feststellen, daß an dem prächtigen Tempelbau noch Nacharbeiten notwendig sind.

VII [14]Und es hub an der mächtige [15]Baal:
„Ich bestimme, Kuscharu, baue (noch) heute,
Kuscharu, baue sofort!
Es werde geöffnet ein Fenster im Palast,
Eine L[uke] inmitten des Tempels,
Und es werde geöffnet ein Spalt in den Wolken!"
[20]... [...] Kuscharu-Chasisu lachte.
Kuscharu-Chasisu erhob [seine Stimme] und rief:
„Fürwahr, ich habe dir gesagt, o mächtiger Baal,
Du wirst zustimmen, Baal, [25]meinem Wort!"

Er öffnete ein Fenster im Palast,
Eine Luke im Tempel.
Es öffnete Baal einen Spalt in den [Wolken].
[29]Seine heilige Stimme ließ Ba[al erschallen] ... [64])

---

in der ökonomischen Realität auf Importe aus den südlichen Gebirgen angewiesen war. Restbestände an Zedern trägt der Dschebel Aqra heute noch, ebenso der nördliche Dschebel el-Ansarije bei Slenfe (ca. 30 km südöstlich von Ugarit).

[63]) Dieser merkwürdigen Baumethode dürfte die Vorstellung eines gewaltigen Schmelzofens zugrunde liegen. Das würde auch die Verwendung von Ziegeln als Baumaterial, d.h. als Form für die zwischen den Ziegelmauern zu schmelzenden Erze, erklären.

[64]) Die Parallele zwischen dem Tempelfenster und dem Spalt in den Wolken, durch den Baal als Wettergott Donner und Blitz sendet, liefert den Schlüssel zum Verständnis der Tempelbau-Vorgänge. Nach mythischer Vorstellung liegt das Heiligtum Baals in den Wolken um den Gipfel des Zaphon, ja, es sind die mächtigen Wetterwolken selbst, aus denen der Blitz des Gottes herabfährt. Wenn nach dem Regen die Sonne auf die hochgetürmten Wolken scheint, dann glitzern die Mauern dieses wunderbaren

11. Wer ist König?

Text: CTA 4, VII, 35 ff. = II AB, VII, 35 ff. = Gordon 51, VII, 35 ff.

Baal ist nun auf dem Gipfel seiner Macht angelangt:

[35]Der Feind Baals hat eingenommen die Wälder,
Der Gegner Hadads die Höhlen des Gebirges [65]).
Und es hub an der mächtige Baal:
„O Feind Hadads, warum fürchtest du dich?
Warum fürchtest du die Waffe Damarun?" [66])
[40]Die Augen Baals sind gerichtet auf seine Hand,
Wenn sie (zum Schlag) erhebt (?) die Zeder in
seiner Rechten [67]).
So (?) thront Baal in seinem Palast:
„Ein König oder ein Gemeiner,
Der die Erde zu seinem Herrschersitz machen
will (?), –
[45]Den will ich senden zu Mut, dem Sohne Els…"

Abb. 12: Baal, die Zeder in seiner Linken. Stele aus Ras esch-Schamra

Götterpalastes aus Silber, Gold und Edelgestein. – Selbstverständlich liegt auch in dieser Szene zugleich die irdische Entsprechung des himmlischen Wohnsitzes, das solide „Zedernhaus" Baals, im Blickfeld des Mythus.

[65]) Die Feinde Baals haben sich in unwirtliche Gegenden zurückziehen müssen. – Der westsemitische Fruchtbarkeitsgott Hadad wird oft mit Baal identifiziert.

[66]) Übersetzung unsicher. – Der Ausruf Baals ist selbstverständlich ironisch gemeint.

[67]) Sinn der Wendung ist es, auszudrücken, daß Baal seine Waffe zielsicher handhabt. Man kann auch übersetzen: „Die Augen Baals sind vor seiner Hand", d. h. er sucht erst sorgfältig sein Ziel, bevor er losschlägt. – Zur Vorstellung von der Zeder in der Hand Baals vgl. die Reliefdarstellung des Gottes aus Ugarit (Syr. 14, 1933, Tf. XVI; s. o. Abb. 12). Auf dieser Stele trägt Baal in der einen Hand eine Streitaxt, in der anderen einen Baum. Verwiesen sei auch auf die magische Formel in einem ägyp-

Baal steigert sich schließlich zu dem Anspruch: „Ich allein bin es, der über die Götter regieren wird!" Unmittelbar nach diesem selbstbewußten Wort (Z. 49 f.), dem im AT vor allem Ps. 95,3; 96,4; 97,9; 136,2 entsprechen, zeigen sich die Grenzen seiner Macht, die ersten Anzeichen der nahenden trockenen Jahreszeit. Die Auseinandersetzung mit Mut, dem Herrn des Todes und der Unterwelt, dem Herrscher über die Erde in der regenlosen Jahreszeit, kündet sich an[68]).

12. Baals Botschaft an Mut

Text: zunächst CTA 4, VIII = II AB, VIII = Gordon 51, VIII; dann CTA 5 = I* AB, II = Gordon 67, II.

Baal sendet seine Boten Gapan und Ugar[69]) zu Mut in die – auch im AT häufig erwähnte – Unterwelt. Die Gefahren dieser Reise werden drastisch beschrieben:

...

[7]„Und steigt hinab in die ‚Unterwelt'[70]) der Erde!
Ihr werdet gezählt werden unter diejenigen,
Die in die Erde hinabgestiegen sind[71]).
[10]Dann, fürwahr, wendet euer Antlitz zu seiner Stadt Hmry[72])!
Zerfall (?) ist der Thron, auf dem er sitzt;
Ekelhaft (?) ist das Land seines Besitzes.
Aber seid wachsam, [15]ihr Diener der Götter,
Nähert euch nicht dem Sohne des El, Mut,
Daß er euch nicht wie ein Schaf in seinem Munde verschlingt,
Wie ein Lamm in seinem Rachen [20]wegschnappt[73]).
Die Leuchte der Götter Schapschu[74]) sengt,
Die Himmel sind dürftig durch die Macht des Liebling des El, Mut.
Über [25]tausend Gefilde, zehntausend Felder
Zu Füßen des Mut [27]werft euch nieder! ..."

Vom Inhalt der Botschaft des Baal ist nur der Anfang erhalten, in dem Baal stolz von der Fertigstellung seines Palastes berichtet. Dies deutet darauf hin, daß er nach dem Siege über Jam nunmehr auch Mut zur Unterwerfung auffordert. Konkreter Anlaß dieser Forderung sind die geschilderten Zeichen der Macht Muts, die das Fruchtbarkeit und Vegetation fördernde Wirken Baals beeinträchtigen. – Der Text

---

tischen Beschwörungstext: „Baal möge dich niederschmettern mit dem Zedernbaum, der in seiner Hand ist!" (ANET², S. 249).

[68]) Mut („Tod") erscheint gelegentlich auch in at.lichen Texten noch als personhafte Größe, vgl. Jes. 28, 15; Hi. 18, 13.

[69]) Siehe oben Anm. 23.

[70]) Im Text steht *bt ḫptt* („Haus der Verfemung" o. ä.). Die gleiche Bezeichnung wird 2. Kön. 15,5 für den Aufenthaltsort des aussätzigen Königs Asarja gebraucht. (Ob der hebr. Text von Ps. 88,6 a mit jener Bezeichnung in Zusammenhang gebracht werden darf, ist fraglich. Vgl. N. J. Tromp, BibOr 21, 1969, S. 157 ff.)

[71]) D. h. sie werden zu den Toten gerechnet. Entsprechend wird formuliert Ps. 88,5.

[72]) Ein sprechender Name, etwa „Schlund".

[73]) Zur Vorstellung vom gierigen Schlund der Unterwelt (Scheol) vgl. Jes. 5,14; Hab. 2,5; Spr. 1,12; 30,16.

[74]) Siehe hierzu oben die Einführung, S. 208.

mit der Antwort Muts ist stark beschädigt. An der außerdem schwer verständlichen Rede Muts ist nur zu erkennen, daß er seinerseits Baal auffordert, sich für unterlegen zu erklären und zu ihm ins Totenreich hinabzusteigen. Mut ist bereit, ihn aufzunehmen:

²[Eine Lippe zur Er]de, eine Lippe zum Himmel
[Und die Zunge] zu den Sternen,
Daß eintreten kann [Baa]l in sein Inneres,
In sein Maul hinabgleiten
⁵Wie reife Oliven, was die Erde trägt⁷⁵),
Und Früchte der Bäume.

Da fürchtete sich der mächtige Baal,
Da erschrak vor ihm der Wolkenreiter:
„Geht los, sagt zum Sohn des El, Mut,
Tragt vor dem Liebling des El, dem Fürsten:
¹⁰Botschaft des mächtigen Baal,
Ein Wort des Erhabenen unter den Helden.
Gruß sei dir, o Sohn des El, Mut!
¹²Dein Sklave bin ich, dein Untergebener!"⁷⁶)

Die beiden Götterboten unternehmen abermals die Reise in die Unterwelt und richten Baals Botschaft aus. „Da freute sich der Sohn des El, Mut." (Z. 20)

13. Baals Einzug in die Unterwelt

Text: CTA 4, V = I* AB, V = Gordon 67, V.

Nach dem Entschluß Baals, sich Mut zu unterwerfen, geschieht vermutlich noch allerhand, um die Ausführung dieses Entschlusses vorzubereiten. Genaueres ist dem zwischen Kol. II Ende und Kol. IV Anfang fast gänzlich zerstörten Text nicht zu entnehmen. Die Reste von Kol. IV verraten, daß in der Götterversammlung bereits nach Baals Verbleib gefragt wird. Auf einen unversehrten Textabschnitt treffen wir erst wieder in der Mitte von Kol. V. Hier gibt jemand (Mut oder ein Bote, den er schickt?) Baal Anweisung über die Art und Weise, in der sich sein Einzug in die Unterwelt zu vollziehen hat:

⁶„Und du, nimm deine Wolken,
Deinen Wind, deinen Eimer(?)⁷⁷), deinen Regen!
Mit dir seien deine sieben Burschen,
Deine acht Eber⁷⁸);

---

⁷⁵) D. h. Früchte, die auf der Erde wachsen (Beeren o. ä.).

⁷⁶) Allein schon der Schrecken, den die Antwort des Mut erregt, genügt, um Baal zur Unterwerfung bereit zu machen. Diese so überraschende fatalistische Demut Baals, des eben noch so aktiven und herrschaftsbewußten Götterkönigs, läßt die Macht des Totengottes besonders unheimlich erscheinen.

⁷⁷) Ist diese Übersetzung richtig, dann wäre an die Gefäße zu denken, aus denen Baal den Regen auf die Erde schüttet. Vgl. unten S. 239.

⁷⁸) Über die Funktion dieser tiergestaltigen Diener Baals ist nichts bekannt. – In dem Einzug Baals in die Unterwelt mit dem gesamten „Personal" und „Inventar" des

[10]Mit dir sei Pidraja, die Tochter des Nebels,
Mit dir sei Talaja, die Tochter des Regens.
Wende fürwahr dein Antlitz zum Berge Knknj,
Nimm den Berg auf beide Hände,
Den Hügel auf beide Handflächen[79])
Und steige hinab [15]in die Unterwelt.
Du wirst gezählt werden zu denjenigen, die hinabgestiegen sind in die Erde[80]),
Und du wirst kennenlernen die Nichtigkeiten, [17]als wärest du gestorben!"
Es gehorchte der mächtige Baal.

Unmittelbar bevor Baal in die Unterwelt hinabsteigt, erfaßt ihn noch die Liebe zu einer Kuh, die ihm einen „Sohn" gebiert[81]). Diese letzte Handlung des Fruchtbarkeitsgottes hat zweifache Bedeutung. Einmal läßt sie erkennen, daß Baals Wirken auch die Periode seines Aufenthalts in der Unterwelt überdauern wird. Zum anderen ist damit eine jahreszeitliche Beziehung verbunden. Die Periode unmittelbar vor dem Nachlassen der Niederschläge und dem Welken der Vegetation ist die Zeit der Paarung bei den Rinderbeständen der syrischen Hirten[82]).

14. Trauer um Baal

Text: CTA 5, VI = I* AB, VI = Gordon 67, VI und CTA 6, I = I AB, I* = Gordon 62.

Zwei Trauerzeremonien werden geschildert. Zunächst unterzieht sich El als oberster Gott den üblichen Bräuchen, nachdem ihm zwei Boten – wahrscheinlich Gapan und Ugar – von Baals Tod berichtet haben:

[11]Darauf der Freundliche, El, der Gütige,
Steigt hernieder von seinem Thron.
Er setzt sich auf den Fußschemel
Und vom Fußschemel setzt er sich auf die Erde.
Er streut Asche [15]der Trauer auf sein Haupt,
Staub, in dem er sich wälzte, auf seinen Schädel.
Das Gewand bedeckt er mit einem Trauerkleid;
Die Haut mit einem Stein zerkratzt er;
Die Schläfenlocken (?) mit einem Messer schneidet er ab;
Wangen und Kinnbacken zerfurcht er;
[20]Die Länge seines Armes pflügt er,
Wie einen Garten seine Brust,

Regengottes spiegelt sich speziell die Naturbeobachtung wider, daß die Trockenheit im Lande durch Versickern des Wassers in den Erdboden verursacht wird.

[79]) Es handelt sich hier um eine übliche Formalität des Abstiegs in die Unterwelt, die auch bereits die Boten Baals erfüllten. Gemeint ist wohl, daß ein Berg das Einstiegloch zur Unterwelt verdeckt. Man muß ihn anheben, um hinabsteigen zu können.

[80]) Vgl. die Wendung Ps. 88,5 a.

[81]) Vgl. unten S. 239 f.

[82]) Vgl. J. Gray, The Legacy of Canaan, S. 60.

Wie ein Tal pflügt er den Rücken[83]).
Er erhebt seine Stimme und ruft: „Baal ist tot!
Was wird aus dem Volk des Sohnes Dagans?
Was wird aus den Vielen?
Hinter [25]Baal will (auch) ich hinabsteigen in die Erde!"

Auch Anat unterzieht sich diesen Trauerzeremonien, die mit den gleichen Worten geschildert werden. Während El aber nur den traditionellen Formen genügt, macht sie sich auf die Suche nach Baal und durchstreift die Lande bis ins Innere der Erde. Endlich findet sie Baals Körper. Dann erst stimmt sie ihre Klage an[84]).

[8]Zu ihr stieg herab die Leuchte der Götter Schapschu.
Bis sie satt war des Weinens,
[10]Trank sie wie Wein die Tränen.
Laut rief sie zur Leuchte der Götter Schapschu:
„Lade mir doch auf den mächtigen Baal!"
Es hörte die Leuchte der Götter Schapschu.
Sie hebt auf den mächtigen Baal,
Auf der Schulter [15]der Anat legt sie ihn nieder.
Sie bringt ihn auf den Gipfel des Zaphon,
Sie beweint ihn und begräbt ihn,
Legt ihn in die Höhle [18]der Götter der Erde[85]).

Ein gewaltiges Opfer von je 70 Wildstieren, Rindern, Schafen, Hirschen[86]), Steinböcken und Eseln[87]) bringt Anat dem toten Baal dar.

15. Aschtars mißlungene Thronbesteigung

Text: CTA 6, I, 30 ff. = I AB, I = Gordon 49, I.
Bei der Göttin Aschirat und ihren Söhnen erregt die Nachricht vom Tod des mächtigen Baal Jubel. Ihr Eintreten für den Tempelbau Baals war offensichtlich nur unter „dem Zwang der Umstände" erfolgt. Sie eilt zu El, um einen ihrer Söhne als Nach-

---

[83]) Die gleichen Trauergebräuche werden im AT oft erwähnt. Vgl. insbesondere 2. Sam. 1,2; Jes. 15,2; Jer. 16,6; 41,5; 47,5; 48,37; Ez. 24,17; Am. 8,10; Hi. 2,8. – 5. Mose 14,1; 3. Mose 19,27 f.; 21,5 verbieten das Ritzen der Haut und das Scheren des Haares.

[84]) Die Totenklage ist allgemein vornehmlich Angelegenheit der Frauen („Klageweiber", Jer. 9,16 ff.). Im Kult der sterbenden und auferstehenden Vegetationsgötter (Baal, Hadad, Tammuz, Adonis) spielt das Weinen und Klagen der Frauen um den toten Gott eine hervorragende Rolle. Auch bei den Frauen in Israel hat der Kult solcher Fruchtbarkeitsgötter Eingang gefunden (Ez. 8,14; Sach. 12,11).

[85]) Es sind wohl die Totengeister der Verstorbenen gemeint. – Vgl. im AT 1. Sam. 28,8; Jes. 8,19; 29,4 und dazu 3. Mose 19,31; 5. Mose 18,11.

[86]) Nach den at.lichen Opferbestimmungen gehören Hirsche nicht zu den Opfertieren (5. Mose 12,15; 14,5).

[87]) Totenopfer von Eseln und überhaupt von Equiden sind archäologisch aus der Hethiterhauptstadt Hattusa bezeugt. Vgl. K. Bittel u. a., Die hethitischen Grabfunde von Osmankayasi, WVDOG 71, 1958. – Vgl. im AT immerhin auch die Sonderbewertung des Esels 2. Mose 34,19 f.

folger Baals einsetzen zu lassen. El ist schon auf die erste Andeutung hin mit diesem Vorhaben einverstanden und fordert Aschirat auf, einen Kandidaten zu benennen:

[25]Und es antwortete die Herrin Aschirat des Meeres:
„Sollten wir nicht Aschtar, den Schrecklichen, zum König machen[88])?
Es möge Aschtar, der Schreckliche, König sein!"

Alsdann Aschtar, der Schreckliche, stieg hinauf zu den Gipfeln des Zaphon.
[30]Er setzte sich auf den Thron des mächtigen Baal.
(Doch) seine Füße erreichten nicht den Fußschemel,
Sein Kopf erreichte nicht sein Ende[89]).

Und Aschtar, der Schreckliche, sprach:
„Ich kann nicht König sein auf den Gipfeln des Zaphon!"
[35]Es stieg herab Aschtar, der Schreckliche,
Er stieg herab vom Thron des mächtigen Baal.
[37]Und er herrschte auf der Erde als ihr Gott insgesamt[90]).

16. Anats Auseinandersetzung mit Mut

Text: CTA 6, II = I AB, II = Gordon 49, II.

Anat gibt die Suche nach Baal nicht auf; denn die Bestattung seines Körpers bedeutet nur, daß eine jahreszeitliche Periode beendet ist. Der Gott selbst ist unsterblich; aber Anat muß ihn finden, um ihn aus der Macht des Totengottes zu befreien und ihm damit wieder zu einer neuen Aktivitätsperiode zu verhelfen.

[28]Wie das Herz einer Kuh nach ihrem Kalb,
Wie das Herz eines Mutterschafs nach seinem Lamm,
So (sehnt sich) das Herz [30]Anats nach Baal.
[9]Sie faßt Mut [10]beim Zipfel des Gewandes,
Sie packt ihn am Rande des Kleides.

---

[88]) Vgl. oben Szene 6, wo Aschtar als Mitbewerber um eine Tempelbaugenehmigung auftritt.

[89]) D.h. das Ende der Rückenlehne des Thronstuhles.

[90]) Die Funktion Aschtars innerhalb des jahreszeitlichen Rhythmus ist schwer zu bestimmen. Am einleuchtendsten ist noch die Annahme von T.H. Gaster, Thespis[2], S. 126f., in ihm den Gott der künstlichen Bewässerung zu sehen. In dieser Eigenschaft vermag er zwar den Regengott Baal nicht vollauf zu ersetzen; aber er ist doch zeitweilig König auf Erden. Sein Beiname „der Schreckliche" mag mit seiner Zugehörigkeit zu den Unterweltgöttern zusammenhängen, die nicht selten auch als Fruchtbarkeitsgötter angesehen werden, weil nicht nur der Regen, sondern auch der Erdboden Grundlage der Vegetation ist (Astraler Charakter ist für den ugaritischen Aschtar nicht sicher nachzuweisen. Zur „internationalen Geschichte" der Aschtar-Gestalt vgl. F. Stolz, Strukturen und Figuren im Kult von Jerusalem, BZAW 118, 1970, S. 191ff. 201ff.). – In den folgenden beiden Zeilen, die z.T. erhalten geblieben sind, ist vom „Schöpfen in Krügen" die Rede. Wenn es auch nicht mehr regnet, so sind doch die Quellen noch nicht versiegt und die oberirdischen Wasseransammlungen noch nicht ausgetrocknet. Vielleicht ist Aschtar gerade der für diese Gewässer zuständige Gott. Vgl. G.R.Driver, a.a.O., S. 12f. 71ff.

Sie erhebt ihre Stimme und ruft:
„Du, o Mut, gib mir meinen Bruder!"

Und es antwortete der Sohn Els, Mut:
„Was begehrst du, o Anat?
[15]Ich, fürwahr, ich durchwandere und durchstreife
Jeden Berg bis zum Inneren der Erde,
Jeden Hügel bis zum Inneren der Felder.
(Mein) Schlund(?) hat Mangel an Menschensöhnen,
(Mein) Schlund an Gewimmel auf Erden!

Ich kam zu dem ‚angenehmen‘ Lande [20]des Pestgottes(?).
Zum ‚lieblichen‘ Feld des Löwen Mamit(?),
Ich traf den mächtigen Baal.
Ich steckte ihn rasch wie ein Lamm in mein Maul,
Wie ein Zicklein in meinen zuschnappenden Rachen –
Verschlungen war er!
Die Leuchte der Götter, Schapschu, sengt,
[25]Dürftig geworden sind die Himmel durch die Macht des Sohnes Els, Mut!"

Ein Tag, zwei Tage vergehen,
Tage werden [27]zu Monaten.
Das Mädchen Anat näherte sich ihm.

...

[30]Sie ergreift [31]den Sohn Els, Mut,
Mit dem Messer zerschneidet sie ihn,
Mit der Schaufel worfelt sie ihn,
Mit Feuer verbrennt sie ihn,
Mit Mahlsteinen mahlt sie ihn,
Auf das Feld [35]wirft sie ihn;
Seine Überreste fressen fürwahr die Vögel,
Seinen Überbleibseln bereiten ein Ende [37]die Gefiederten[91]).

17. Baals Sieg über Mut

Text: CTA 6, III–VI = I AB, III–VI = Gordon 49, III–VI.
Die Wiederbelebung Baals kündet sich an. Der oberste Gott El erfährt es zuerst im Traum:

III [10]In einem Traum des Freundlichen, El, des Gütigen,
In einem Gesicht des Schöpfers der Geschöpfe

---

[91]) Mut wird von Anat behandelt wie das Getreide auf der Dreschtenne. An sich ist das ein allgemein gebrauchtes Bild für die Vernichtung eines Feindes (auch im AT, vgl. Jes. 21,10; Hos. 10,11; Am. 1,3; Mi. 4,13 u.ö.). Im Zusammenhang des Baals-Mythus liegt aber zweifellos eine Anspielung auf den Zyklus der Jahreszeiten vor. Mut hat im Hinblick auf die jahreszeitliche Entwicklung der Vegetation durchaus auch eine positive Funktion. Unter seiner Herrschaft vermögen die sengenden Strahlen der Schapschu das Getreide, das Baal wachsen ließ, zur Reife zu bringen.

Regnen die Himmel Öl,
Die Wadis führen Honig[92]).
Es freut sich der Freundliche, El, der Gütige.
[15]Seine Füße stemmt er fest auf seinen Fußschemel;
Er öffnet weit seinen Mund (?) und lacht;
Er erhebt seine Stimme und ruft:

„Ich will mich setzen und will mich ausruhen[93]),
Und es soll ruhen in meiner Brust die Seele;
[20]Denn es lebt der mächtige Baal,
[21]Es existiert der Fürst, der Herr der Erde!"

Aber noch ist von der Wiederkehr Baals nichts zu verspüren. El schickt Anat zu Schapschu, die ja als Sonnengöttin den besten Überblick über die Erde hat: „Wo ist der mächtige Baal, wo der Fürst, der Herr der Erde?" Schapschu ist bereit, Baal zu suchen. Vorher ordnet sie aber als spezielles Opfer zur Wiederbelebung Baals das Ausgießen von Wein aus Anats Pokal an. Die Szene wendet sich dann rasch – nur wenige Zeilen sind nicht erhalten – dem Endkampf zwischen Baal und Mut zu. Wenn beide Götter in dieser Szene wieder „lebendig" sind, so entspricht dies der ihnen eignenden Unsterblichkeit. Ihr „Tod" kennzeichnet lediglich die Periode ihrer Machtlosigkeit. Das entspricht überhaupt der Auffassung von Tod und Leben in Altvorderasien. Der Tod ist nicht das Ende der Existenz schlechthin, sondern das Ende einer bestimmten Form der Existenz. Ist für den Menschen der Übergang in das Schattenreich des Todes endgültig, so gilt das nicht für die Götter, zumal wenn sie regelmäßig schwindende und wiederkehrende Vorgänge in der Natur repräsentieren.

Die beiden letzten Kolumnen von CTA 6 befinden sich ungünstigerweise in einem sehr fragmentarischen Zustande, so daß der Zusammenhang nur mit großen Unsicherheiten zu rekonstruieren ist. Zunächst scheint Baal gegen Mut zu kämpfen und ihn vom Thron seiner Herrschaft zu stürzen. Damit wäre eigentlich schon der Jahreskreis geschlossen und man könnte wieder bei dem Festmahl für Baal in Szene 1 beginnen. Die Handlung verliert nun aber die Bindung an den Ablauf eines Vegetationsjahres:

V [7]Monate werden zu Monaten,
Zu Jahren [...], im siebenten Jahre aber[94]),
Da ... der Sohn Els, Mut,
[10]Gegen den mächtigen Baal.

Seine Stimme erhob er und rief:
„Wegen dir, o Baal, (?) habe ich Erniedrigung erfahren,
Wegen dir erfuhr ich Geworfeltwerden mit dem Messer (!),
Wegen dir erfuhr ich verbrennen mit Feuer ..."

---

[92]) Vgl. hiermit das Wortpaar, mit dem im AT das Kulturland gerühmt wird: 2. Mose 3, 8.17; 13, 5; 33, 3 u. ö.

[93]) Kommen 1. Mose 2, 2 f.; 2. Mose 20, 11; 31, 17 als Gegenstück zu diesem Ruhen des „Schöpfers der Geschöpfe" (Z. 11) in Betracht?

[94]) Auch im AT spielt das je siebte Jahr eine besondere Rolle: vgl. u. a. 2. Mose 23, 10 f.; 3. Mose 25, 3 ff.; 5. Mose 15, 1 ff.; 31, 10 f.

Mut spielt also auf seine Vernichtung durch Anat in der vorausgegangenen Szene an, wenn auch nicht ganz im gleichen Wortlaut. Nach einer größeren Lücke ist die Schilderung des Zweikampfes zwischen Baal und Mut wenigstens z. T. erhalten:

VI 17Mut ist stark, Baal ist stark!
Sie stoßen einander wie Wildstiere.
Mut ist stark, Baal ist stark!
Sie beißen einander wie Schlangen.
20Mut ist stark, Baal ist stark!
Sie schlagen aus wie Hengste (?).
Mut stürzt nieder, Baal stürzt nieder, auf ihn drauf!

Schapschu ruft zu Mut:
„Höre doch, Sohn des El, Mut!
Wie kannst du kämpfen 25mit dem mächtigen Baal?
Wie soll es nicht hören Stier El, dein Vater?
Fürwahr, er wird herausreißen die Stützen deines Sitzes,
Fürwahr, er wird umstoßen den Thron deines Königtums,
Fürwahr, er wird zerbrechen das Szepter deiner Gewalt.“

30Es fürchtet sich der Sohn des El, Mut,
Es erschrickt 31der Liebling Els, der Held …

Offensichtlich schließt der Text mit dem erneuten Sturz Muts. Undurchsichtig bleibt, warum dieser zusätzliche Kampf zwischen Baal und Mut im siebenten Jahre bzw. in jedem siebenten Jahre stattfindet. Immerhin liegt die Annahme nahe, daß hier ein siebenjähriger landwirtschaftlicher Zyklus zum Tragen kommt, wobei das siebente Jahr jeweils als Brachjahr gilt. Die Überwindung der Folgen dieses Ruhejahres mag das Motiv für die zweite heftige Auseinandersetzung Baals mit Mut am Ende des siebenten Jahres abgegeben haben 95).

18. Baal als Gewittergott

Eine ganze Reihe von Textfragmenten mehr oder weniger großen Umfangs zeugt von weiteren Szenen des Baalsmythus. Sie sind in dem großen Zyklus nicht unterzubringen, obgleich ihm einige von ihnen in Sprache und Inhalt sehr nahe stehen 96). Das gilt auch von dem folgenden Text, der im Jahre 1968 veröffentlicht wurde: Ugaritica 5, S. 557 = Gordon 603. – Übersetzung und Kommentar: E. Lipiński, UF 3, 1971, S. 81–92.

Wahrscheinlich handelt es sich überhaupt nicht um ein Bruchstück aus größerem Zusammenhang, sondern um ein in sich geschlossenes Kultlied zur Verherrlichung des Gewittergottes; die Deutung als „Thronbesteigungsritual“ ist zumindest sehr gewagt 97). – Im AT laden zu einem Vergleich vor allem Ps. 18, 14 f. und 29, 1–10 ein.

---

95) Vgl. J. Gray, a.a.O., S. 73 f., mit Hinweis auf 2. Mose 23, 10 f. und 3. Mose 25, 3–7.
96) Vgl. oben S. 210 f.
97) Zu dieser Auffassung vgl. L. R. Fisher / F. B. Knutson, JNES 28, 1969, S. 155 bis 169.

...
Vs.1Baal hat sich niedergelassen,
Wie ein Thron ist der Berg.
Hadad hat [sich auf dem Berg gelagert],
Wie ein Gewitter (?) inmitten seines Berges,
Der Gott des Zaphon auf [angenehmer Stätte (?)],
Auf dem Berg seiner Machtentfaltung.
Sieben Blitze sendet er aus,
Acht Gebündel des Schreckens,
Der „Baum" des Blitzes [geht hernieder (?)] [98].

[5][Auf] seinem Haupt (ist) die edle (?) Talaja,
Zwischen [seinen] Augen [die Tochter des Regens],
Die jüngste (?) bedeckt seine Füße [99].
[Seine] Hörner [glän]zen über ihm,
Sein Haupt ist in ..., in den Himmeln.

[8][Seine Stimme läßt] erschallen (?) der Stier,
Sein Mund gleicht zwei Wolken.
... [100]

Das Gefäß [des Himmels neigt er (?)],
[Rs.] [4]Er gießt Fett des Heils in die Schale.
[Es wäscht] [5]ihre Hände die Jungfrau Anat,
[Ihre] Finger [die Jabamat] Limim.
Sie ergreift ihre Leier mit [ihrer] Hand,
[Sie legt] den Schmuck (?) an ihre Brust.
Sie besingt die Liebe des mächtigen [8]Baal,
Den sie liebt [101].

II. Gebet

19. Bittgesang an El und die Versammlung der Götter

Der Text CTA 30 = Gordon 107 ist aufschlußreich für die Position Els im ugaritischen Pantheon. In einer konkreten Notlage ruft man zwar mit El alle anderen Angehörigen der Götterfamilie an, um sich ihres Beistands zu versichern. Die Bitte richtet

[98]) Vgl. oben Anm. 67.

[99]) Die drei Töchter repräsentieren hier drei verschiedene Wolkenschichten.

[100]) Die letzten beiden Zeilen der Vorderseite sind zerstört, desgleichen die ersten beiden Zeilen der Tafelrückseite.

[101]) Hier klingt das Thema der Liebe zwischen Baal und Anat an, ein Thema, das im großen Zyklus ganz im Hintergrund bleibt, in anderen Texten aber im Zentrum steht. Zu verweisen ist auf CTA 10 (= IV AB = Gordon 76), wo Baal (in Gestalt eines Stieres) mit Anat (in Gestalt einer Kuh) der Minne huldigt und die Göttin ein Kalb zur Welt bringt. Eine ähnliche Thematik spielt auch in CTA 12 (= BH = Gor-

sich dann aber doch allein an El als den mächtigsten unter den Göttern, dem auch das Opfer dargebracht wird, von dem am Schluß des Textes die Rede ist. – Verschiedentlich berührt sich das Bittgebet mit at.lichen Texten; im einzelnen siehe die Fußnoten.

[1]O El! O Söhne Els![102]
O Versammlung der Söhne Els!
O Zusammenkunft der Söhne Els![103]
O Tkmn und Schnm![104]
O El und Aschirat!

Sei gnädig, o El![105]
Sei Stütze, o El!
Sei Heil, o El!
El, eile! El, komm schnell![106]
[10]Zur Hilfe Zaphons,
Zur Hilfe Ugarits.[107]
Mit der Lanze, o El,
Mit der erhobenen(?), o El.
Mit der Streitaxt, o El,
Mit der zerschmetternden, o El.
Wegen des Brandopfers, o El,
Wegen des festgesetzten Opfers(?), o El,
Wegen des Morgenopfers, o El.[108]

III. Epen

20. Keret[109]

Text: CTA 14 = I K = Gordon krt und CTA 16, VI = II K, VI = Gordon 127. Neuere kritische Ausgaben in Umschrift, mit Übersetzung und Kommentar: J. Gray,

---

don 75) eine wichtige Rolle. Hier benutzt allem Anschein nach El die sexuelle Aktivität Baals, um ihn zu beseitigen. Am drastischsten ist in dieser Hinsicht der Mythus von der Geburt der Götter Schachar und Schalim (CTA 23 = SS = Gordon 53) im Unterschiede zu dem Götterhochzeitslied „Jarich und Nikal" (CTA 24 = NK = Gordon 73).

[102] Vgl. u. a. Ps. 29, 1; 82, 1.6; 89, 7.
[103] Vgl. insbesondere Ps. 82, 1; 89, 8, daneben Hi. 1–2.
[104] Wahrscheinlich Namen oder kosmographische Bezeichnungen für die Versammlungsstätte der Götter.
[105] Vgl. z. B. Ps. 51, 3.
[106] Vgl. z. B. Ps. 70, 2.6.
[107] Ugarit wird hier mit seinem heiligen Berge, dem Wohnsitz Baals, gleichgesetzt.
[108] Zur Opferung in Notsituationen vgl. im AT z. B. 1. Sam. 7, 9; Jer. 14, 12 oder Ps. 5, 4, andererseits auch Ps. 4, 7; 51, 18 f.
[109] Die Vokalisierung des Namens ist willkürlich, wie bei der Mehrzahl jener ugaritischen Eigennamen, die nur in ugaritischer Keilschrift überliefert sind.

Eine Tontafel aus Ras esch-Schamra
mit der Sage von Aqhat, dem Sohn Daniils

The Krt Text in the Literature of Ras Shamra, 1964[2]; H. Sauren/G. Kestemont, UF 3, 1971, S. 181–221.

Im Krt-Text geht es um den Bestand einer Dynastie, aller Wahrscheinlichkeit nach der Dynastie von Ugarit[110]). Doch führt das Epos weit zurück in sagenhafte Zeiten. Die Handlung ist ganz einfach aufgebaut. Ähnlich dem biblischen Hiob verliert Keret seine gesamte Familie, Frau und Kinder durch Krankheiten und Unfälle oder auch durch Kriegsereignisse. Er heiratet wieder und seine Frau schenkt ihm eine große Zahl von Söhnen und Töchtern. Da erkrankt Keret. Durch Els Hilfe wieder genesen, erfährt er die Empörung seines ältesten Sohnes, der selbst König werden will. Damit bricht der uns – weithin nur fragmentarisch – erhaltene Teil des Epos ab.

Der Krt-Text gewährt Einblick in den sakralen Charakter eines altkanaanäischen Kleinkönigtums, zugleich aber auch in die soziale Position seiner Herrscher. Insbesondere deshalb ist das Epos für das Verständnis der frühstaatlichen Geschichte Israels und der at.lichen Auffassung vom Königtum von Bedeutung. Die Bindung Kerets an die Götterwelt ist eng. Er ist selbst göttlicher Herkunft und steht in engem Verkehr mit den Göttern. Eine sehr bedeutende Funktion kommt der Mitteilung göttlicher Weisungen durch Träume zu. Alle wesentlichen Vorgänge werden zunächst bis in die Einzelheiten hinein als Traumanweisung in wörtlicher Übereinstimmung mit der jeweils folgenden Schilderung ihrer irdischen Verwirklichung mitgeteilt. Die Träume sind dabei nicht nur Weisung oder Unterrichtung über Zukünftiges; vielmehr wird auch der königliche Inkubant selbst aktiv und trägt der Gottheit sein Anliegen vor. Im AT entspricht dem die Erzählung von der König Salomo widerfahrenen Traumoffenbarung 1. Kön. 3, 4–15.

Nachdem Keret den Verlust seiner Nachkommenschaft beklagt hat, überwältigt ihn der Schlaf (CTA 14 = I K = Gordon krt):

[35]Da, in seinem Traum [36]stieg El herab[111]),
In seiner Vision der Vater der Erhabenen.
Und er näherte sich, indem er Keret befragte:
„Was ist mit Keret, daß er weint,
[40]Daß Tränen vergießt der angenehme Diener Els?
Begehrt er die Königsherrschaft des [St]iers, seines Vaters,
Mach[t], [43]gleich der des Vaters der Menschen?"

Keret trägt seinen Wunsch nach zahlreicher Nachkommenschaft vor. Darauf folgt Els Anweisung:

[62]„Du sollst dich waschen und schminken[112]) (?),
Wasche deine Hand (bis zum) Ellbogen,
[Deine] Fin[ger] bis zur Schulter!
[65]Tritt ein [in den Schatten des ...],
Nimm ein Lam[m in deine Hand],
Ein [Op]ferlamm [in] deine Rechte,
Ein Zicklein aus [der Viehhürde]!

---

[110]) Ugarit wird im Krt-Text nicht erwähnt; doch deutet alles darauf hin, daß die Handlung im Bereich von Ugarit spielt.

[111]) Vgl. immerhin auch die Traumvision des Erzvaters Jakob 1. Mose 28, 10–22.

[112]) Eigentlich „sich rot machen". Gemeint sein kann der Gebrauch von Henna als kosmetisches Mittel oder auch allgemein „sich frisch machen".

Alles von [der Speise] für Gäste!
[70]Nimm ein ..., einen Opfervogel,
Gi[eß in den Po]kal aus Silber Wein,
In den Pokal aus [Go]ld Met!
Steige auf die Plattform des [Tur]mes,
Ja, auf die Plattform des [Tur]mes!
Setz dich rittlings(?) [75]auf die Zinne der Mauer!
Erhebe deine Hand zum Himmel,
Opfere dem Stier, deinem Vater El,
Diene Baal durch dein Opfer,
Dem Sohn Dagans [79]durch deine Speise!
Dann möge herabsteigen [80]Keret vom Dach ..." [113])

Es folgt die Anweisung zur Vorbereitung eines großen Kriegszuges, um eine Braut für Keret zu gewinnen. – Bemerkenswerterweise handelt am Ende des Krt-Textes der aufrührerische Thronfolger nicht auf Anweisung eines Gottes. Seine Pläne stammen aus ihm selbst: „Und es wies ihm sein Inneres ...". Im einzelnen erhebt er gegen seinen Vater den Vorwurf, daß er während seiner Krankheit seinen sozialen Königspflichten nicht habe nachkommen können, also zur Ausübung des Herrscheramtes nicht mehr fähig sei (CTA 16, VI = II K, VI = Gordon 127):

[45]„Nicht verschaffst du Recht der Witwe,
Nicht richtest du die Rechtssache des in seinem Leben Bedrohten,
Nicht wirfst du nieder diejenigen, die den Armen bedrücken!
Vor dir läßt du nicht speisen die Waisen
Und hinter deinem [50]Rücken die Witwen [114]);
Denn die Schwester (deines) Bettes ist der Schmerz,
(Und) die Frau (deines) Bettes ist die Krankheit.
Steige herab vom Königsthron! [53]Ich will König sein! ..."

21. Daniil

Text: CTA 17, I = II D, I = Gordon 2 Aqht, I. – Kritische Ausgabe in Umschrift, mit Übersetzung und Kommentar: P. Fronzaroli, Leggenda di Aqhat, 1955.

Das Daniil-Epos ist in dem gleichen Themenkreis beheimatet wie der Krt-Text. Die Grenze zwischen Götter- und Menschenwelt ist hier jedoch weniger klar gezogen. Zwar spielt sich der Verkehr mit der Gottheit auch im Daniil-Text einerseits in Gestalt

---

[113]) Beim Ort dieser eigentümlichen Opferszene ist wohl nicht an die Plattform eines turmähnlichen Gebäudes (*mgdl*, „Turm"), sondern an das Dach (*gg*) des Tempels gedacht. Den syrischen Tempelbauten – auch z.B. dem Baaltempel in Ugarit – ist eine auf das Dach führende massive Treppe eigentümlich (vgl. den interessanten Gebrauch von *migdal* Ri. 9,46ff.). Sinn des Dachopfers ist die größere Nähe zur Gottheit, die ein an dieser Stelle dargebrachtes Opfer nicht leicht übersehen kann.

[114]) Die Zusammenstellung entspricht der in Altvorderasien üblichen Vorstellung von den sozialen Pflichten eines Herrschers. Vgl. 2. Sam. 14,7f.; 1. Kön. 2,2ff.; Ps. 72,1ff. 12ff. und Ps. 101 sowie aus Prophetenmund Jes. 1,23; Jer. 22,2f.; Ez. 22, 6f., nebenbei auch – nicht auf Könige oder Fürsten, sondern auf alle Israeliten bezogen – 2.Mose 22,21ff.; 23,3.6; 5.Mose 10,17; Jes. 1,17; Jer. 7,5f.; Sach. 7,10; Spr. 22,22f. und viele andere Stellen.

von Träumen und Visionen ab, andererseits betreten aber die Götter in Person gemeinsam mit den Menschen die Szene.

Die Handlung beginnt, ganz ähnlich dem Keret-Epos, mit der Verheißung eines Sohnes an Daniil. Das erschließt Vergleichsmöglichkeiten im Hinblick auf at.liche Verheißungstexte: auf die Bezeugung der Nachkommenschaftsverheißung in Erzvätertraditionen, aber auch im Königsorakel (vgl. z.B. 1.Mose 12,1ff.; 18,10ff.; 22,25ff. bzw. 2.Sam. 7, insbesondere v. 11f.). Die Pflichten des verheißenen Königssohnes betreffen die persönliche Betreuung des Herrschers, sind vor allem aber kultisch-ritueller Art[115]) und gelten nicht zuletzt der Kontinuität der Verehrung des Gottes des Ahnherrn, was an den Beurteilungsmaßstab denken läßt, der an Könige der Davidsdynastie angelegt wird (vgl. 1.Kön. 15,3.11; 2.Kön. 16,2; 18,3; 22,2; 2.Chr. 28,1; 29,2; 34,2f.). Daneben stellt sich die Frage, ob die Erwähnung des Vatergottes (Z.27) in einen Zusammenhang zu bringen sein könnte mit der für die (noch vorpalästinischen) Erzvätergruppen angenommenen Vätergottverehrung (vgl. etwa 1.Mose 26,24; 28,13; 31,53; 49,25; 2.Mose 3,6.15). Die Aufzählung der Thronfolgerpflichten (in einer Zwölferreihe übrigens, welcher at.liche Dodekaloge der Form nach entsprechen: 3.Mose 18,7ff.; 5.Mose 27,15ff.) schildert einen Aufgabenbereich, von dem wir sonst nichts erfahren:

[26]„Und es sei sein Sohn im Hause,
Ein Nachkomme inmitten seines Palastes,
Der aufrichtet eine Stele seinem Vatergott,
Im Heiligtum einen Denkstein(?) seinem Verwandten,
Von der Erde ausgehen läßt seinen Weihrauch,
Vom Staube aufsteigen läßt(?) sein Rauchopfer(?).
Der die Bedrohung derer abwehrt, [30]die ihn mißachten(?),
Der niederwirft diejenigen, die in Aufruhr gegen ihn sind.
Der hält seine Hand in seiner Trunkenheit,
Der ihn trägt, wenn er gesättigt ist von Wein.
Der ißt seinen Anteil im Hause Baals,
Seine Portion im Hause Els.
Der glattwalzt sein Dach am Tage [34]des Schlammes[116]),
Der wäscht sein Gewand am Tage des Schmutzes.“

Dem Sohn Daniils, der den Namen Aqhat erhält, schenkt der kunstfertige Kuscharu-Chasisu einen kostbaren Jagdbogen, um den ihn die Kriegsgöttin Anat beneidet. Da er ihn der Göttin nicht überlassen will, selbst nicht gegen göttergleiches ewiges Leben, läßt sie Aqhat durch einen ihrer Kämpfer, den sie in einen Adler verwandelt, töten.

Besonders bemerkenswert sind die Auswirkungen von Aqhats Tod auf die Vegetation. Alles vertrocknet; sieben, ja acht Jahre regnet es nicht. Darin zeigt sich der auch im AT nicht unbekannte Zusammenhang zwischen dem Gedeihen der Herrscherdynastie und dem Gedeihen der Feldfrüchte (vgl. Ps. 72,16f., andererseits auch 2.Sam. 21,1.9.10).

Der Ausgang des Epos ist unbekannt. Der Text bricht ab mit der Schilderung der Vorbereitungen, die Pgt, die Schwester Aqhats trifft, um den Mörder ihres Bruders zu suchen und zu töten.

---

[115]) Ausschließlich an kultisch-rituelle Verpflichtungen denkt K.Koch, ZA 58, 1967, S.211–221.

[116]) Vorausgesetzt ist ein Flachdach mit abdichtender Lehmschicht.

E) NORDSEMITISCHE TEXTE

aus dem 1. Jt. v. Chr.

Einführung

So gut wie alle nordsemitischen Texte aus dem 1. Jt. v. Chr. tragen auf die eine oder andere Weise zum besseren Verständnis des Alten Testaments bei, entstammen sie doch demselben syrisch-palästinischen Kulturraum, auch ungefähr demselben Zeitraum, was sich in sprachlicher Verwandtschaft auswirkt. Jede Auswahl aus der Vielzahl nordsemitischer Texte ist darum bis zu einem gewissen Grad subjektiv. Nicht subjektiv ist einerseits der Gesichtspunkt, nur religionsgeschichtlich Relevantes zusammenzustellen. Nicht subjektiv ist andererseits das Auswahlprinzip, auf Texte, auch wenn sie religionsgeschichtlich interessant sind, zu verzichten, wenn sie bereits in K. Gallings „Textbuch zur Geschichte Israels" zugänglich sind. Darum blieben beiseite die Sarkophaginschrift des Achiram von Byblos (10. Jh.), das Gesuch der Juden von Elephantine an Bagoas (407 v. Chr.), das „Votum betreffend den Wiederaufbau des Tempels in Elephantine" (407/6 v. Chr.), die Tafel vom Vorhof des herodianischen Tempels sowie die Bauinschrift einer Jerusalemer Synagoge (1. Jh. n. Chr.). Daß die Mescha-Inschrift, obwohl sie in TGI zugänglich ist, in die vorliegende Auswahl Aufnahme fand, trägt ihrer herausragenden Bedeutung – gerade auch in religionsgeschichtlicher Hinsicht – Rechnung und ist die Ausnahme, die die Regel bestätigt.

Die Zeugnisse, die im folgenden zusammengestellt sind, stammen aus dem Gebiet des heutigen Israel, aus Transjordanien, Syrien, dem Libanon, aus Ägypten, der südöstlichen Türkei sowie aus den phönizisch-punischen Kolonien des Mittelmeerraums. Abgefaßt sind sie in sprachlicher Hinsicht phönizisch (bzw. punisch), aramäisch, hebräisch oder in einer verwandten transjordanischen Sprache. Der Gattung nach handelt es sich vor allem um Bau-, Grab- und Weihinschriften; aber auch Briefe und Siegelzylinder fehlen nicht. Neben Beschwörungen wurden Staatsvertragstexte berücksichtigt. Eigentlich mythologische Texte, Hymnen und Gebete sind im definierten Bereich bislang nicht gefunden worden. Stattdessen werden immerhin Zitate mythographischer Art aus der Phönizischen Geschichte des Philo von Byblos dargeboten.

Bisweilen ist es unsicher, wie Eigennamen ausgesprochen worden sind. Personen- oder geographische Namen werden gleichwohl, auch wenn ihre Vokale nicht, nur ungenügend oder widersprüchlich bezeugt sind, vokalisiert wiedergegeben. In derlei Fällen ist stets die Ausspracheform gewählt worden, die am wahrscheinlichsten oder die allgemein akzeptiert ist.

I. Weihinschriften

1. Die Melqartstele des Bar-Hadad

Abb. 13: Melqart, der „Baal von Tyrus", im 9. Jh. v. Chr. auch in Aram und Israel verehrt. Die Figur trägt die Götterkappe und einen Lendenschurz. Die Linke hält eine Streitaxt, die Rechte das ägyptische Lebenssymbol.

Der Text steht auf einer zu Bredsch (etwa 7 km nördlich von Aleppo in Syrien) gefundenen Basaltstele (1,15 m hoch, 0,43 m breit). Er besteht aus fünf Zeilen unter einer Reliefdarstellung des Gottes Melqart (siehe Abb. 13, daneben ANEP², Abb. 499). Jetzt im Museum zu Aleppo verwahrt. – Erstveröffentlichung: M. Dunand, BMB 3, 1939, S. 65 ff., Tf. XIII.

Es handelt sich um eine altaramäische Votivinschrift für Melqart, den Hauptgott von Tyrus, auch „Baal von Tyrus" genannt (vgl. CIS I, 122 = KAI, Nr. 47). Sein Verehrer, Bar-Hadad, war ein Bruder des Königs des Aramäerstaates von Damaskus, dessen Fürsten die Vorherrschaft über schwächere Aramäerstaaten ausübten. Diese Hegemonie erstreckte sich auch auf Nordsyrien (vgl. dazu unseren Text Nr. 2); ebendort wurde die Stele gefunden. Der auf ihr erwähnte Bar-Hadad war ein Sohn des Idri-Schamsch, der wahrscheinlich der Vater des Königs Hazael bzw. der Großvater des Königs Bar-Hadad II. (des Ben-Hadad der Bibel) war. Die Inschrift datiert also aus den letzten Jahrzehnten des 9. Jh. v. Chr. und ist das bisher älteste Zeugnis der Verehrung des Gottes Melqart, dessen Name eigentlich Epipheton ist und „König der Stadt" bedeutet. Im 7. Jh. v. Chr. erscheint Melqart im Vertrag Asarhaddons mit Baal von Tyrus unter den Schwurgöttern (R. Borger, AfO.B 9, S. 104, Kol. IV, 14). Später ist sein Kult im ganzen Mittelmeerraum bezeugt – oft unter dem Namen des Herakles, mit dem er schon im 6. Jh. v. Chr. bei den Griechen, dann aber auch bei den Römern gleichgesetzt wurde. Unter diesem Namen ist er 2. Makk. 4, 18–20 sowie bei Josephus erwähnt (Ant. Jud. VIII, 5, 13, § 146; C. App. I, 18, § 19).

Die Melqartstele bezeugt den Kult dieses eigentlich tyrischen Gottes im aramäischen Gebiet. Über eine entsprechende Kultverpflanzung ins israelitische Nordreich berichtet 1. Kön. 16,31f. (vgl. 1. Kön. 18,16–40; 2. Kön. 10,18–27); denn der Baal der Isebel, der Tochter des Königs von Tyrus, kann nur der Baal von Tyrus gewesen sein. – Gelübde und Gelübdeerfüllung, um die es in der Inschrift geht, sind im AT vergleichbar belegt: vgl. etwa Ps. 22,26; 116,14–19; Jes. 38,20; Jon. 2,10. Vielleicht ist auch der Brauch der Denkstein-Errichtung von den Israeliten ähnlich geübt worden: vgl. 1. Sam. 15,12, wo ein Siegesdenkmal gemeint sein muß.

Literatur: KAI, Nr. 201; WM I, S. 297f.; ANET[3], S. 655; F. M. Cross, BASOR 205, 1972, S. 36ff. (dort auch eine neue Photographie); E. Lipiński, Studies in Aramaic Inscriptions and Onomastics I, 1975, S. 15ff.

[1]Die Stele, die gesetzt hat Bar-Ha[2]dad, der Sohn des Idri-Schamsch, der der Vater des [3]Königs von Aram (war), für seinen Herrn, für Melqart, [4]weil er[1]) ein Gelübde getan und er[2]) auf [5]seine [4]Stimme gehört hatte.

2. Die Zakkur-Inschrift

Der Text steht auf einer bruchstückhaft erhaltenen, kaum mehr als 2 m hohen und 27–30 cm breiten Basaltstele, die in Afis (ca. 45 km südwestlich von Aleppo) gefunden worden ist. 17 Zeilen der altaramäischen Inschrift stehen auf dem unteren Teil der Vorderseite (A), 28 Zeilen auf der linken Seite (B) und 2 Zeilen auf der rechten (C). Auf der Vorderseite ist oben die Reliefdarstellung einer menschenähnlichen Figur im Profil, wahrscheinlich des Gottes Ilu-Wer, zu sehen. Wirklich erhalten sind nur Gewandsaum und Füße. Die Fragmente befinden sich jetzt im Louvre zu Paris. – Erstveröffentlichung des Textes: H. Pognon, Inscriptions sémitiques de la Syrie, de la Mésopotamie et de la région de Mossoul, 1907–1908, S. 156ff., Tf. IX–X, XXXV und XXXVI.

Aus paläographischen und inhaltlichen Gründen werden Stele und Inschrift um 785 v. Chr. angesetzt. Es handelt sich um eine Votivinschrift des Königs Zakkur für Ilu-Wer („Gott Wer"), der seit dem 3. Jt. v. Chr. am mittleren Euphrat verehrt worden ist. Zakkur wurde – vielleicht mit assyrischer Hilfe – um etwa 800 v. Chr. König des Doppelreichs von Hamath und Luasch in Nordsyrien mit Hazrak als Hauptstadt. Wahrscheinlich war er Usurpator, behauptete aber im Duktus der altorientalischen Königsideologie, der Baalschamajin („Himmelsherr"), der im ganzen syrisch-palästinischen Raum verbreitete Wettergott des Himmels, habe ihm in Hazrak die Königswürde verliehen. Die göttliche Erwählung galt als bestätigt durch die Befreiung der Hauptstadt, die Bar-Hadad II., König von Damaskus, mit seinen nordsyrischen Vasallen belagert hatte. Vermutlich war die Befreiung der Stadt durch das Eingreifen des assyrischen Königs Adad-nirari III. (810–783) bewirkt worden. Wahrscheinlich ist dies 796 v. Chr. geschehen; denn gerade in diesem Jahr hat ein assyrischer Feldzug „bis nach Mansuate" in Nordsyrien stattgefunden (RLA II, S. 429, Z. 21). Andererseits hat während der vorausgehenden Feldzüge Adad-niraris III., wie es scheint, noch Hazael über Damaskus geherrscht.

Religionsgeschichtlich gesehen, ist die Zakkur-Inschrift vor allem für die Geschichte des Prophetentums, die Gattungsgeschichte des prophetischen Heilsorakels sowie für die Erforschung nordwestsemitischer Thronbesteigungsterminologie interessant. Nebenbei ist zu sagen, daß die in der Inschrift behandelte Belagerung der Hauptstadt

---

[1]) Bar-Hadad   [2]) Melqart

Hazrak (Sach. 9,1 „Hadrach") an den parallelen Vorgang der Belagerung Samarias durch denselben Bar-Hadad II. erinnert (vgl. 1.Kön. 20,1ff.; 2.Kön. 6,24ff.).

Literatur: M.Noth, ZDPV 52, 1929, S.124ff. = Aufsätze zur biblischen Landes- und Altertumskunde II, 1971, S.135ff.; DOTT, S.242ff.; KAI, Nr.202; G.Buccellati, FS A.L.Oppenheim, 1964, S.54ff.; ANET[3], S.655f.; J.F.Ross, HThR 63, 1970, S.1ff.; H.-J.Zobel, VT 21, 1971, S.91ff.; E.Lipiński, AION 31, 1971, S.393ff.; ders., Studies in Aramaic Inscriptions and Onomastics I, 1975, S.19ff.; J.C.Green- field, The Zakir Inscription and the Danklied, Proceedings of the Fifth World Con- gress of Jewish Studies I, 1972, S.174ff.

A [1]Die [St]ele, die gesetzt hat Zakkur, der König von [Ha]math[3]) und Luasch[4]) für Ilu-Wer[5]), [seinen Gott[6]). [2]I]ch bin Zakkur, der König von Hamath und Luasch. Ein niedergedrückter Mensch war ich, aber es [erret- tete[7])] [3]mich der Himmelsherr und erhob sich mit mir, und der Himme[l]s- herr machte mich zum König [in [4]Ha]zrak[8]). Da brachte Bar-Hadad, der Sohn Hazaels, der König von Aram, gegen mich s[ie[5]b]zehn Könige zusam- men: Bar-Hadad und sein Heer, der Bar-Gusch[9]) und sein Heer, der [Kö[6]nig] von Quwe[10]) und sein Heer, der König von Umq[11]) und sein Heer, der König

---

[3]) Hamath, das heutige Chama, ist eine große, in der Bibel viel erwähnte Stadt Zentralsyriens, am Orontes gelegen.

[4]) Altaramäische Schreibung *l'sch*.

[5]) Ilu-Wer ist dem Gott Itur-Mer von Mari und Terqa verwandt. Wer und Mer sind lautliche Varianten desselben Namens. Falls der Name semitisch ist, scheint W/Mer ursprünglich Getreidegott gewesen zu sein: Mer<*majr*; vgl. arab. *mara (mjr)*: „Getreide einführen".

[6]) Wahrscheinlich ist weder „seinen Herrn" (als Apposition zu Ilu-Wer) noch „in Hazrak" zu ergänzen: „Herr" steht in allen altaramäischen Belegen vor dem Eigennahmen. Andererseits kennt das Formular der Weihinschriften eine Ortsangabe an dieser Stelle nicht. Sehr wohl aber kann „Gott" nach dem Namen der Gottheit stehen.

[7]) Die Ergänzung basiert auf der Erkenntnis des Chiasmus in der Verbfolge. Vgl. Z.13f. mit Z.2f.

[8]) Der Vergleich der altaramäischen Schreibung *chzrk* mit der etwas späteren Schreibung *chdrk* (Sach. 9,1) und der vokalisierten assyrischen Wiedergabe *chatarika* erweist, daß der Name eigentlich Chadarik lautete. – Zur Formel „in der Hauptstadt zum König machen" oder „– König werden" vgl. at.liche Thronbesteigungsnotizen, beispielsweise 2.Sam. 15,10; 1.Kön. 22,52; 2.Kön. 13,1; 14,23; 15,8; Jes. 24,23; Mi. 4,7.

[9]) Bar-Gusch („Sohn des Gusch") ist der dynastische Name des Herrschers eines nordsyrischen Staates, dessen Zentrum die im AT öfter erwähnte Stadt Arpad war (Tell Refad, etwa 30km nordöstlich von Aleppo; vgl. z.B. 2.Kön. 18,34; 19,13; Jes. 10,9; Jer. 49,23). Gusch war wahrscheinlich der Eigenname des Begründers der Dynastie.

[10]) Staat und Landschaft im südöstlichen Kleinasien (Kilikien), in 1.Kön. 10,28 erwähnt.

[11]) Nordsyrischer Kleinstaat, assyrisch Unqi, in der Ebene el-Amq, nordöstlich von Antiochia (heute Antakje).

von Gurgu[m [12]) [7]und] sein [H]eer, der König von Sam'al [13]) und sein H[eer],
der König von Milid [14]) [und sein H]ee[r, der Kön[8]ig von . . . [15])]; sie[bzehn
[9]waren s]ie und ihre Heere. Und alle diese Könige errichteten einen Belagerungsdamm gegen Hazra[k] [10]und richteten einen Wall auf, höher als der
Wall von Hazrak, und hoben einen Graben aus, tiefer als [sein] Grab[en].
[11]Aber ich erhob meine Hände zum Hi[mme]lsherrn, und der Himme[ls]-
herr antwortete mir. [Und] [12]der Himmelsherr [sprach] zu mir [durch] Vermittlung von Sehern und durch Vermittlung von Boten. [Und es sprach]
[13]der Himmelsherr [zu mir]: „Fürchte dich nicht [16]), denn ich habe [dich]
zum Köni[g gemacht, und ich [14]werde mich] mit dir [erhe]ben, und ich werde
dich erretten vor allen [diesen Königen, die] [15]einen Belagerungsdamm gegen
dich festgetreten haben!" So sprach [der Himmelsherr] zu [mir, und er trieb
in die Flucht (?)] [16]alle diese Könige, die [einen Belagerungsdamm] fest-
getret[en haben gegen ... [17]...] und diesen Wall, wel[chen sie ...].

[B] [1][...] Hazrak [... [2]...] mit Kriegswagen [und] mit Gespannen [3][...]
sein König in seiner Mitte [17]).

Ic[4][h habe] Hazrak [ausgebau]t und habe hinzugefüg[5][t zu ihr] den ganzen
Umkreis von [6][...]a, und ich habe sie zur König[in] [7]ihrer [Tochterstäd]te
[6]errichtet. [18]) [7][Ich habe] [8]diese Festungswerke in dem ganzen Gebie[te [7]ge-
baut]. [9]Ich habe Göttertempel [ge]baut in [10]meinem gan[zen Lande]. Und
ich habe gebaut [... [11]...] Apisch [19]) und [... [12]...] Haus [... [13]...]. Ich habe
gesetzt vor [den Ilu-[14]Wer] diese Stele und habe gesch[rieben [15]auf] sie das
Geschöpf meiner Hände [... [16]... W]er beseitigen wird das Geschö[pf [17]der
Hände des] Zakkur, des Königs von Hama[th und Lu][18]asch, von dieser Stele
und we[r] [19]diese Stele beseitigen [wird] [20][vo]r dem Ilu-Wer her und sie
fortschleppen wird vo[n] [21]ihrem [Plat]ze oder wer auf s[ie seine Hand]
legen wird, [22][um ..., [23]... aufgehen lassen] der Himmelsh[err] und der
Ilu-[24][Wer und ...] und Schamsch und Sehr [20]) [25][und ...] und die Götter
des Himme[ls [26]und die Götte]r der Erde und der Baal von [27][... aus seinem

---

[12]) Kleinstaat im nördlichen Amanusgebirge auf der Grenze zwischen Kilikien,
Kappadokien und Nordsyrien.

[13]) Sam'al, heute Zincirli, am Ostrand des Amanusgebirges gelegen, war die Hauptstadt des Kleinstaates Ja'di, der in neuassyrischen Inschriften nach der Königsresidenz
stets Sam'al genannt wird.

[14]) Milid (aram. Mlz, assyr. Milid), ein Kleinstaat am oberen Euphrat; entspricht
dem Territorium der späteren Stadt Melitene, heute Malatya.

[15]) In der Lücke haben zwei vollständige Herrschaftsbezeichnungen Platz. Kleinere
Könige wurden nicht namentlich genannt.

[16]) Vgl. im AT etwa Jes. 41, 13 ff.; 43, 1 ff.; 44, 2 ff.; 54, 4 ff.; Jer. 30, 10 f.

[17]) Wahrscheinlich der König des assyrischen Heeres, Adad-nirari III. Hier endet
der Bericht über die Belagerung und Befreiung der Hauptstadt Hazrak.

[18]) Zu den Tochterstädten vgl. 4. Mose 21, 25.32; 32, 42 u.ö. Auf phönizischen
Münzen heißt die Hauptstadt „Mutter" der Städte, die zu ihrem Gebiet gehören.

[19]) Wahrscheinlich das heutige Afis, der Fundort der Stele.

[20]) Die Sonnen- und die Mondgottheit.

Leichnam den Ge]stank[21] und den [28][... und rotten sie] seine Wu[rz]el[22]) und [seine ... aus].

[C][1][... [2]Möge] der Name des Zakkur und der Name des [... in Ewigkeit bestehen].

3. Votivinschrift eines Melqartverehrers aus Zypern

Text: Phönizische Inschrift auf einem halbrunden Sockel, 1893 in Lapethos (Lambousa) gefunden. Zwei auf der Oberfläche angebrachte Löcher sind wohl als Vorrichtungen zur Befestigung des in der Inschrift erwähnten Votivbilds zu deuten. – Erstveröffentlichung: Ph. Berger, RA 3, 1894–95, S. 69 ff., Tf. IV.

Die Votivinschrift datiert aus dem 11. Jahre eines Ptolemaios; wahrscheinlich ist Ptolemaios II. Philadelphos gemeint. Das würde ins Jahr 273/2 v. Chr. führen.

Die Sorge um den Fortbestand von „Namen" und „Samen", die aus dieser Inschrift spricht, kommt im AT entsprechend zum Ausdruck: vgl. z. B. 1. Mose 12, 2 f.; 5. Mose 25, 5 f.; Jos. 7, 9; Rt. 4, 5. 10; 1. Sam. 24, 22; 2. Sam. 14, 7; 18, 18; Jes. 66, 22. Dazuhin berühren sich einzelne Ausdrücke, gerade auch solche kultischer Art, mit at.-lichem Sprachgut (vgl. die Fußnoten).

Literatur: RES 1211; A. M. Honeyman, JEA 26, 1940, S. 57 ff., Tf. XI; KAI, Nr. 43; H. L. Ginsberg, „Roots below and Fruit above" ..., FS G. R. Driver, 1963, S. 72 ff.; A. van den Branden, OrAnt 3, 1964, S. 245 ff.; J. Swetnam, Some Observations on the Background of ṣdjq in Jeremias 23, 5 a, Bib. 46, 1965, S. 29 ff.

[1]Votivbild zum Glücke! [2]Diese Statue ist ein Votivbild. Ich bin Jaton-Baal, Landvogt, Sohn des Ger-Aschtart, des Landvogts, des Sohnes des Abd-[Aschtart, des Landvogts, des Sohnes des Abd-O]siris, [3]des Sohnes des Ger-Aschtart, des Sohnes des Schillem, Frucht des Karmel[23]). Dies habe ich mir im Heiligtum des Melqart gestiftet als ein [glückbringendes] De[nkmal bei den Lebendi]gen für meinen Namen [4]im Neumond des „Opfers für den (Gott) Sasm"[24]) des 11. Jahres des Herrn der Könige Ptolemaios, des Sohnes des Herrn der Könige Ptolemaios, [5]welches für das Volk von Lapethos das

---

[21]) Unsichere Ergänzung. Vgl. immerhin Jes. 34, 3; Jo. 2, 20; Am. 4, 10.

[22]) Falls die Ergänzung richtig ist, handelt es sich wohl um den Wurzelstock der Familie des Übeltäters. Vgl. die Formulierung von Jes. 11, 1.

[23]) Der mit „Frucht des Karmel" wiedergegebene Ausdruck hier und in Z. 6 ist im Zusammenhang mit der bildlichen Umschreibung der Familie mit „Wurzel", „Baumstumpf" (Z. 16) zu sehen. Man findet dieselbe Ausdrucksweise 2. Kön. 19, 30; Jes. 14, 29; 37, 31; Hos. 9, 16; Am. 2, 9 (vgl. dazuhin Jes. 11, 10; 53, 2; Ez. 17, 9; Ps. 21, 11). Die nähere Bestimmung „Frucht des Karmel" ist ein feststehender Ausdruck, der im Licht der bildlichen Rede vom „Karmel" (Jes. 19, 23; 35, 2; Jer. 46, 18; HL 7, 6 u. ö.) verstanden werden muß. Der ca. 20 km lange bis 552 m hohe Bergrücken zwischen dem Mittelmeer und der Jesreelebene war sprichwörtlich wegen seiner machtvollen Schönheit, seiner dichtbelaubten Wälder und Heiligkeit. Der Ausdruck „Frucht des Karmel" ist von einer ins Kolossal-Heroische gehenden Hyperbolik geprägt, die die Majestät des Ahnherrn der Familie betont.

[24]) Ein Monatsname, dessen Stellung im Kalender noch unklar ist. Zu Sasm siehe auch Text Nr. 14 und speziell Anm. 86.

33. Jahr ist; Priester des Herrn der Könige [25]) war aber (gerade) Abd-Aschtart, Sohn des Ger-Aschtart, [6]des Landvogts, Frucht des Karmel[26]). Und im Monat Mepa[27]) des 4. Jahres des Herrn der Könige [7]Ptolemaios, zu Lebzeiten meines Vaters, ließ ich das Votivbild des Gesichts meines Vaters in Bronze im Heiligtum des Melqart aufstellen. Und im Monat [8]Peullot[28]) des 5. Jahres des Herrn der Könige Ptolemaios, des Sohnes des Herrn der Könige Ptolemaios, zu Lebzeiten [9]meines Vaters, brachte ich dar und weihte ich in den Grenzen der Flur von Narnaka[29]) viele Tiere meinem Herrn Melqart. [10][Und] ich kehrte zurück, ich kam mit [fe]tten Tieren zu dem Zufluchtsort des Volkes[30]) und den Altären meines Herrn Melqart, [11]wegen meines Lebens und wegen des Lebens meines Samens, Tag für Tag, und für den legitimen Sproß[31]) [und] für [seine] Vä[te]r und für seine Menschen, [12][an den Neumo]nden und an den Vollmonden, Monat für Monat auf ewig wie vorher, gemäß der bronzenen Tafel, [13][die ich [sch]rieb und an der Mauer, die dort ist, als meine freundliche Gabe feststeckte[32]). Und ich machte Brandopfer[33]) von [14][Tieren bis auf] diesen Tag(?) und auch ein Tempelchen in Si[l]ber[34]), 102 Kar[35]) schwer, und ich heiligte es [meinem] Herrn [15][Melqa]rt. Amtsgewalt[36]) und Glück mögen mir und meinem Samen versichert sein! Und Melqart möge sich meiner erinnern [16][und] das Glück des Stammes[37]) [befestigen]!

4. Punische Votivinschriften

Texte: Aus den mehreren tausend bekannter Votivinschriften auf Stelen des punischen Reiches Karthago sind nachstehend Zeugnisse des Molkopfers ausgewählt. Die ersten beiden Inschriften wurden 1945 und 1950 in Karthago auf dem sog. Tophet Salambo gefunden, einem Felde von Stelen und Urnen mit Opferüberbleibseln, meist

---

[25]) D. h. des deifizierten Ptolemaios I. Soter (305–283).

[26]) Dieser Abd-Aschtart war wahrscheinlich ein Bruder des Jaton-Baal. Vgl. dazuhin Anm. 23.

[27]) Monatsname; Stellung im Kalender ebenfalls noch unklar.

[28]) Name eines Monats, der vielleicht der Monat der „Ergebnisse" der Feldarbeit war.

[29]) Der heutige Larnax, unweit Lapethos, auf der nordwestlichen Seite der Insel.

[30]) Wir lesen: [w]schbt b't b(!)chjt [sch]mn 'l tqmt 'm. Das Wort tqmt, „Zufluchtsort", kommt auch in 3.Mose 26,37 vor (hapax legomenon im AT).

[31]) Derselbe Ausdruck wie in Jer. 23,5 und 33,15. Er bezeichnet hier den legitimen König der ptolemäischen Dynastie. Vgl. auch Sach. 3,8; 6,12.

[32]) Das mit „Gabe" übersetzte Wort bezeichnet im AT entsprechend ein der Gottheit gemachtes Geschenk.

[33]) Zum Ausdruck „ein Brandopfer machen" vgl. u. a. 4.Mose 29,2; Ri. 13,16; 1.Kön. 8,64; Ez. 45,23. Zur Verknüpfung der Begriffe für „Gabe" und „Brandopfer" vgl. etwa Ps. 20,4.

[34]) Wir lesen: wp'lt 'nk 'lt [14][chjt 'd] hjm z 'p bt bk[s]p.

[35]) Ein unbekanntes Gewicht. Sollte kr Abkürzung für das persische und aramäische karscha sein, so ergäbe sich etwas mehr als 8,5 kg.

[36]) Zu pqt, „Amtsgewalt", vgl. akkadisch piqittu.

[37]) Wörtlich „der Wurzel"; s. o. Anm. 23.

von Kindern. Sie wurden durch J.-G. Février in CIS I, 5684 und 5685, Tf. XCVIII und XCIX, veröffentlicht und gehören zu den ältesten bisher bekannten punischen Inschriften (um 600 v. Chr.). Die dritte Inschrift stammt vom selben Fundort und wurde 1922 von R. Dussaud veröffentlicht (BAr 1922, S. 246, Nr. 2 = CIS I, 3785 = KAI, Nr. 79). Die anderen hier übersetzten Steleninschriften wurden 1950 zu El-Hofra, in Constantine, entdeckt und durch A. Berthier und R. Charlier (Le sanctuaire punique d'El-Hofra à Constantine, 1955) veröffentlicht: Nr. 28, 35, 47, 55; Tf. IIA, IVA, VA, VIIA (= KAI, Nr. 106–109). Sie gehören ins 3.–2. Jh. v. Chr.

Das Wort *mlk* ist ein Begriff der punischen Opferterminologie und bedeutet etymologisch „Zuführung" (Verbalnomen zum Kausativ von *hlk*, „gehen"). Vier spätere (um 200 n. Chr. gefertigte) Inschriften aus Ngaus (seinerzeit Nicivibus) in Algerien, in denen in sonst lateinischem Kontext der Begriff *mlk* (in *molchomor*) erscheint, lassen keinen Zweifel daran, was mit dem Molkopfer gemeint gewesen ist: es war ein Nachtopfer, das einer chthonischen Gottheit freiwillig dargebracht wurde. Die Stele mit der Inschrift sollte für alle Zukunft das Opfer in Gottes Gedächtnis halten. Der Ausdruck *molchomor*, der in punischen Inschriften in der Form *mlk 'mr* vorkommt, wird gewöhnlich mit „Lammopfer" übersetzt. Indes verweist die Aussprache *-omor* auf das Partizip des Verbums *'mr*, zu deutsch „sprechen" oder „versprechen". Jener Ausdruck meint also „das Votivopfer des Versprechenden". Die parallelen Formulierungen *mlk b'l* und *mlk 'dm bśrm btm* sind analog mit „Votivopfer des Spenders" bzw. mit „Votivopfer der in Vollkommenheit freigiebigen Menschen" zu übersetzen[38]. Kaum zweifelhaft, alles in allem, was mit diesen Ausdrücken beabsichtigt war: sie sollten das Votivopfer als ausschließliche Gabe dessen bezeichnen, der es gelobt und gespendet hatte und Gott auf eigene Kosten freigiebig verehren und befriedigen wollte. Daß Molk oft ein Kinderopfer war, kann jedenfalls nicht aus den Inschriften, sondern nur aus den entsprechenden archäologischen Befunden und at.-lichen Nachrichten gefolgert werden.

Aus verschiedenen at.-lichen Texten (3. Mose 18,21; 20,2–5; 2. Kön 23,10; Jes. 30, 33; Jer. 32,35) glaubte man lange auf die Verehrung eines Gottes Moloch in Israel schließen zu müssen, für den Kinderopfer charakteristisch gewesen sein sollen (vgl. 1. Mose 22; Ri. 11, 30–40; 2. Kön. 3,27; 16,3; 21,6; 2. Chr. 28,3; 33,6; Jer. 7,31ff.; 19,4ff.; Ez. 16,20f.). Indes darf das Wort *mlk* nicht anders als das gleichzeitige punische *mlk* verstanden werden, dessen Gebrauch in Karthago dem des phönizischen Mutterlandes entsprochen haben wird. Der Gott Baal-Chammon, „Herr der Feuergrube(?)" oder „des Feueraltars(?)", dem das Molkopfer in Afrika dargebracht wurde, hatte ebenfalls seinen Ursprung in Phönizien. Es scheint, daß man auch in Israel von einem Molkopfer für Baal gewußt hat; Jer. 19,5 und 32,35 lassen dies annehmen (vgl. jedoch Jer. 7,31). Daß dieses Opfer für eine Gottheit der Totenwelt bestimmt war, scheint in Jer. 7,32 und 19,6.11 vorausgesetzt zu sein (vgl. Jer. 32,35 sowie 2. Kön. 23,10; 2. Chr. 28,3; 33,6).

Literatur: O. Eißfeldt, Molk als Opferbegriff im Punischen und Hebräischen und das Ende des Gottes Moloch, 1935; A. Alt, ZAW 52, 1934, S. 303ff. = Kl. Schr. I, S. 341ff.; ders., WO 1, 1947–52, S. 282f.; W. Kornfeld, WZKM 51, 1952, S. 287ff.; R. Charlier, Karthago 6, 1953, S. 3ff.; J.-G. Février, JA 243, 1955, S. 49ff. und 248,

---

[38]) *b'l* ist in punischen Inschriften der Spender des Schlachtopfers. *'dm* hat Kollektivbedeutung. Das vielerörterte *bśrm* ist anscheinend Plural des Verbaladj. von *bśr*, „(sich) erfreuen". *btm*, „in Vollkommenheit", hat in Bilinguen „de sua pecunia" zur Parallele und heißt entsprechend „ohne Unterstützung durch andere".

1960, S.167ff.; sowie 250, 1962, S.1ff.; REJ 124, 1964, S.7ff.; J.Hoftijzer, VT 8, 1958, S.288ff.; R.deVaux, Das Alte Testament und seine Lebensordnungen II, 1966³, Kap. XII, 5b; KAI, Nr.61ff.; A.M.Bisi, Le stele puniche, 1967; ANET³, S.658.

1. Stele der Votivopfer des Spenders[39]), die aufstellte Bodisi, Sohn des Melqart-gad, dem Herrn Baal-Chammon.

2. Stele des Votivopfers des Spenders, die gab Magon, Sohn des Channo, dem Baal-Chammon.

3. Der Herrin, der Tinnit-angesichts-Baals[40]), und dem Herrn, dem Baal-Chammon.

Was gelobte Kenemi, Diener des Eschmun-amos, Sohnes des Baal-jaton, seines Wohltäters[41]). Sie möge ihn segnen. Und jeder, der diesen Stein entfernt ohne meine Zustimmung und ohne die Zustimmung eines in meinem Namen (handelnden) Menschen, Tinnit-angesichts-Baals wird diesem Menschen den Atem nehmen.

4. Dem Herrn, dem Baal-Chammon. Ein Votivopfer der in Vollkommenheit freigiebigen Menschen[42]), das Apischschichar gelobte, denn er[43]) hörte seine Stimme, segnete ihn.

5. Dem Herrn, dem Baal-Chammon. Ein Gelübde, das Adoni-Baal gelobte, Sohn des Abd-Eschmun. Votivopfer der in Vollkommenheit freigiebigen Menschen[44]). Er[45]) hörte seine Stimme, segnete ihn.

6. Dem Herrn, dem Baal-Chammon. Ein Gelübde, das Schapot gelobte, Sohn des Apollonios, der in Vollkommenheit Freigiebige. Mögest du seine Stimme hören, segne ihn!

7. Dem Herrn, dem Baal-Chammon. Ein Votivopfer des Versprechenden. Ein Gelübde, das Akborat gelobte, Tochter des [...][46]).

II. Bauinschriften

5. Die Mescha-Inschrift

Text: Auf einer Stele aus schwarzem Basalt, 1,10m hoch, sich nach oben verjüngend 68/60cm breit, noch vollständig erhalten 1868 entdeckt nahe des ostjordanischen

---

[39]) Hier *mlkt b'l*, wobei *mlkt* wahrscheinlich Plural ist. (Viele Masculina enden im Plural auf *-ot*.)

[40]) Gemahlin des Baal-Chammon; vielleicht libyschen Ursprungs.

[41]) Vielleicht „seines Freilassers".

[42]) Siehe oben Anm. 38.   [43]) D.h. Baal-Chammon.

[44]) Hier *mlk 'dm bśrm bn'tm*, wobei *bn'* die verstärkte Präposition *bn* mit der punischen mater lectionis für *e* oder *i* ist.

[45]) D.h. Baal-Chammon.

[46]) Obwohl die Weihung hier durch eine Frau erfolgt, sind alle grammatischen Formen männlich. Das zeigt, daß die Weihinschriften – geradezu sklavisch – einem festen Schema folgen.

Abb. 14: Mescha-Inschrift

Ortes Diban (vormals Dibon). Ein Abklatsch von ihr wurde 1869, gerade noch vor ihrer Zerstückelung, hergestellt. Die wiederzusammengefügte Stele und ihr Abklatsch befinden sich heute im Louvre zu Paris (siehe Abb. 14). – Veröffentlichung und erste eingehende Bearbeitung der 34 Zeilen der Inschrift von Ch. Clermont-Ganneau: La stèle de Dhiban ou stèle de Mesa, roi de Moab, 1870.

Es handelt sich um eine Bauinschrift in Moabitisch, einer dem at.lichen Hebräisch nahe verwandten Sprache. Sie stammt von dem auch aus dem AT bekannten Moabiterkönig Mescha (vgl. 2. Kön. 3, 4 ff.). Nachdem es diesem gelungen war, Moab vom israelitischen Nordreich wieder unabhängig zu machen und überdies einen Teil des Gebietes von Gad zu annektieren, hatte er – um 830 v. Chr. – die Stele mit der Inschrift in Qarchoh, der Akropolis von Dibon, aufgestellt, um so an die Errichtung eines Dankheiligtums für Kamosch, den Hauptgott von Moab, zu erinnern [47]).

Die für Israels Geschichte im 9. Jh. v. Chr. belangreiche Inschrift ist auch in religionsgeschichtlicher Hinsicht relevant. Nicht so sehr deshalb, weil sie Jahwe, den Gott des AT, nennt (Z. 18), bedauerlicherweise in unvollständigem Kontext. Vielmehr insofern, als eine religiöse Geschichtsdeutung anklingt, die entsprechend im AT bezeugt ist: In der Bedrängnis durch Feinde manifestiert sich Gottes Zorn (Z. 5, vgl. Ri. 2, 14; 3, 8; 10, 7 f.; Ps. 106, 40–42 u. ö.). In der Wende zum Besseren wirkt sich die Wiederzuwendung der nicht mehr zürnenden Gottheit aus (Z. 6 ff., vgl. Ri. 2, 16; 3, 9 ff.; 10, 10 ff.; Ps. 106, 43 u. ö.). Militärische Aktion erfolgt auf Gottes Wort hin (Z. 32, vgl. Ri. 20, 23.28; 1. Sam. 14, 37, vor allem 1. Sam. 23, 2.4). Nicht zuletzt kennt der moabitische Text genauso wie das AT den „Bann", d. h. die Übereignung der Beute an Gott (Z. 16 f. 11 f.; 5. Mose 7, 2; 20, 17; Jos. 7; 8, 2 u. ö.). Auch der totale Bann ist at.lich belegt (vgl. z. B. Jos. 6, 18–24; 1. Sam 15, auch 5. Mose 13, 13–18). Beachtung verdient überdies, daß die Inschrift so wie auch at.liche Texte mit Kulthöhen rechnet (Z. 3, vgl. u. a. 1. Sam. 9, 13.14.19.25; 2. Kön. 16, 4; 17, 9 f.; Ez. 20, 28 f.). Von einer speziellen Entsprechung handelt 1. Kön. 11, 7.

Literatur: R. Smend und A. Socin, Die Inschrift des Königs Mesa von Moab, 1886; M. Lidzbarski, Handbuch der nordsemitischen Epigraphik II, 1898, Tf. I, und Ephemeris für semitische Epigraphik I, 1902, S. 1 ff.; R. Dussaud, Les monuments palestiniens et judaïques, 1912, S. 4 ff.; AOT², S. 440 ff.; S. Segert, Die Sprache der moabitischen Königsinschrift, ArOr 29, 1961, S. 197 ff.; KAI, Nr. 181; F. I. Andersen, Or. 35, 1966, S. 81 ff.; ANET³, S. 320 f.; J. C. L. Gibson, Textbook of Syrian Semitic Inscriptions I, Hebrew and Moabite Inscriptions, 1971, S. 71 ff.; E. Lipiński, Or. 40, 1971, S. 325 ff.

[1]Ich bin Mescha, Sohn des Kamosch[jatt], König von Moab, der D[2]ibonite. Mein Vater herrschte über Moab dreißig Jahre, und ich wurde König [3]nach meinem Vater. Und ich machte diese Kulthöhe für Kamosch in Qarchoh. [Ich] baute sie [sie][4]greich[48]), denn er errettete mich vor allen Königen und ließ mich auf alle meine Feinde herabsehen[49]). Omr[5]i war König von

---

[47]) Eine zweite Mescha-Inschrift ist bruchstückhaft in Kerak aufgefunden worden. Vgl. dazu W. L. Reed – F. V. Winnett, BASOR 172, 1963, S. 1 ff.; D. N. Freedman, BASOR 175, 1964, S. 50 f.

[48]) Zu lesen: bn[t]h[. n]⁴sch'.

[49]) Wahrscheinlich eine Anspielung auf den Angriff der Koalition Israel–Juda–Edom (2. Kön. 3, 4–27). – Zum „Herabsehen-lassen auf die Feinde" vgl. Ps. 59, 11; 118, 7.

Israel[50]), und er bedrängte Moab lange Zeit, denn Kamosch zürnte seinem Lande. [6]Und es folgte ihm sein Sohn[51]), und er sprach auch: „Ich will Moab bedrängen". In meinen Tagen sprach Ka[mosch] [7], und ich sah auf ihn und auf sein Haus herab[52]). Und es ist Israel, das für immer zu Grunde ging, obwohl sich Omri des ganzen Lan[8]des von Madeba [7]bemächtigt hatte. [8]Und er wohnte darin während seiner Tage und der Hälfte der Tage seines Sohnes, vierzig Jahre[53]), aber es wohn[te] [9]Kamosch darin in meinen Tagen. Und ich baute Baal-Meon und machte die Zisterne darin, und ich bau[te] [10]Kirjathan. Und die Leute von Gad wohnten seit jeher im Lande von Ataroth, und der König von I[11]srael hatte Ataroth [10]für sich gebaut. [11]Ich aber kämpfte gegen die Stadt und eroberte sie. Und ich tötete alles Volk [außerhalb] [12]der Stadt als Sühnopfer für Kamosch und für Moab. Und ich brachte von dort Uriel, ihren David, und ich sch[13]leppte ihn vor Kamosch in Karjoth[54]). Und ich ließ dort wohnen die Leute von Saron und die Leute von [14]Macharot. Und Kamosch sprach zu mir: „Geh, erobere Nebo gegen Israel!" Und ich [15]ging bei Nacht und kämpfte gegen es von Tagesanbruch bis Mittag. Und ich erobe[16]rte es und tötete [sie] alle: siebentausend K[rie]ger und [G]reise – auch die Frauen und die [Greisin][17]nen und die Mädchen –, denn ich hatte es für Aschtar-Kamosch[55]) gebannt. Und ich nahm von dort die [Wi][18]dder Jahwes und schleppte sie vor Kamosch[56]). Und der König von Israel hatte [19]Jahaz [18]gebaut [19]und blieb darin während seines Kampfes gegen mich. Aber Kamosch vertrieb ihn vor mir[57]), [als] [20]ich aus Moab zweihundert Mann nahm, alle seine Tapferen. Und ich führte sie gegen Jahaz und eroberte es, [21]um es Diban anzugliedern.

Ich baute Qarchoh: die Mauer des Waldgebiets und die Mauer [22]der Akropolis. Und ich baute seine Tore, und ich baute seine Türme. Und i[23]ch baute das Königsschloß, und ich machte den doppelten Zugangsschach[t zu der Qu]elle inmitte[n] [24]der Stadt. Und eine Zisterne gab es nicht inmitten der

---

50) Vgl. 1.Kön. 16,16ff.

51) Vgl. 1.Kön. 16,28ff.; 22,52ff.; 2.Kön. 1,1; 3,1ff.

52) Anspielung auf den Sturz der Dynastie Omris 841 v.Chr.

53) Die Zeit eines Menschenlebens währt siebzig Jahre (vgl. Ps. 90,10; Jes.23,15). „Die Hälfte der Tage" eines Menschen (vgl. Jer.17,11; Ps. 102,25) sind also fünfunddreißig Jahre. Die letzten Jahre der Regierungszeit Omris (etwa 5 Jahre) und „die Hälfte der Tage" von dessen Nachkommen (etwa 35 Jahre) ergeben deshalb zusammen vierzig Jahre, d.i. etwa 881–841 v.Chr. Zur Dauer der Fremdherrschaft vgl. immerhin auch Ri. 13,1.

54) Um ihn zu töten. Vgl. 1.Sam. 15,8.33.

55) Wohl eine Kombination zweier Götter. Zum Kult des gen. Gottes haben Menschenopfer gehört.

56) „Widder" Jahwes: Konjektur des Vfs. Nach seiner Auffassung gehörten sie wahrscheinlich dem königlichen Heiligtum von Bethel. (Zu den Widdern als Opfertieren im Jahwekult vgl. etwa Jes. 1,11 oder Mi. 6,6–7a.) Mescha würde diese Widder dem Kamosch geopfert haben.

57) Genau entsprechend etwa 5.Mose 4,38; Jos. 23,9; Ri. 6,9; Ps. 78,55. Vgl. vor allem auch Ri. 11,23–24.

Stadt, in Qarchoh, und ich sprach zu allem Volk: „Macht [25]euch jeder eine Zisterne in seinem Hause!" Und ich schloß für Qarchoh einen Bund, indem ich [26]Israel [25]band.

[26]Ich baute Aroer, und ich machte die Straße am Arnon. [27]Ich baute Beth-Bamoth, denn es war eine Ruine. Ich baute Bezer, denn [28][es war] [27]ein Trümmerhaufen. [28][Und die Leu]te von Dibon waren kampfgerüstet, denn ganz Dibon war eine Mannschaft. Und ich ließ [29][die Befehlshaber] der Hundertschaften in den Städten [28]regieren[58]), [29]die ich dem Lande angegliedert habe. Und ich baute [30][Beth-Made]ba und Beth-Diblathan – auch Beth-Baal-Meon, wohin ich [meine] Schafhi[rte]n brachte, [31][um] das Kleinvieh des Landes [zu hüten][59]). Und was Hauronan anbetrifft, darin wohnte das Haus von Wa[... [32]... Und es] sprach Kamosch zu mir: „Steige hinab, kämpfe gegen Hauronan!" Und ich stieg hinab, [und ich [33]kämpfte gegen es, und ich eroberte es. Und es wohnte] Kamosch darin in meinen Tagen, und das Unrecht [ent]fernte die Motte von dort[60]). [... [34]...] Jahre von überströmendem Regen. Und ic[h ...].

6. Die Karatepe-Inschriften

Text: Die bisher längste phönizische Inschrift in drei Versionen, einer Bilingue entnommen, in der hieroglyphen-luwische Textfassungen gegenübergestellt sind; 1946/47 in den Ruinen auf dem Karatepe gefunden (östlich von Adana in der Türkei). – Die im folgenden (ähnlich wie in KAI C genannte Textfassung umfaßt vier Kolumnen; sie ist auf einer großen Baalstatue eingemeißelt, zum kleineren Teil auf dem Stierpostament, auf dem jene Statue aufgestellt war. Veröffentlicht bei H.Th.Bossert – U.B.Alkim, Karatepe II, 1947, Tf. XXIX–XXXI, XL–XLIV, verbessert bei H.Th.Bossert, BTTK 17, 1953, S.143ff.; Abb. 7–11. – Die zweite Version (B) steht größtenteils auf dem Körper eines Torlaibungslöwen. Veröffentlicht ist sie bei H.Th.Bossert, a.a.O., Abb. 12–13.– Die beste, im folgenden A genannte Textfassung besteht aus drei Kolumnen, die auf Orthostatenplatten und Sockelsteinen sowie (mit einem Schlußstück) wieder auf dem Körper eines Torlaibungslöwen angebracht sind. Publikation: H.Çambel, Oriens 1, 1948, S.162, Tf. I; H.Th.Bossert u.a., Die Ausgrabungen auf dem Karatepe, 1950, Tf. XIV, 70; ders., BTTK 17, 1953, Abb. 1–6. Der letztgenannte Text, also A, ist als Haupttext gewertet. (Alle bisherigen Veröffentlichungen sind lediglich Vorberichte.)[61]

Die Versionen der Bauinschrift geben einen autobiographischen Bericht des Wesirs Azitawada wieder. Sie wurden zur Weihe der im Karatepe entdeckten Zitadelle und Stadt verfaßt. Azitawada war offenbar höchster Beamter des Königs Awarik von Quwe und Adana in Kilikien, der unter dem Namen Urik(ki) als Tributär Tiglatpilesers III. von Assyrien im Jahre 738 v.Chr. bekannt ist. Nach seiner Inschrift hat Azitawada sich um das Reich von Adana verdient gemacht und die Nachkommen-

---

[58]) *Mlktj*, Intensivstamm wie im Altaramäischen von Zincirli („Jaudischen").

[59]) Mögliche Ergänzung: *'t. nq[d[31]j. lschmr. 't.] ṣ'n. ḥ'rṣ.*

[60]) Vgl. Jes. 50,9; 51,8; Hos. 5,12.

[61]) Die hieroglyphen-luwischen Teile der Bilingue sind – nach Bosserts Veröffentlichungen und Photographien – bei P.Meriggi zu finden: Manuale di eteo geroglifico II/1, 1967, Nr.24.

schaft des Awarik inthronisiert. Darum muß die Inschrift nach dem Tod des Awarik, wahrscheinlich um 730 v. Chr., angesetzt werden.

Sie berührt sich mit dem AT in vielen Details: nicht nur in ihrer Diktion („vom Aufgang der Sonne bis zu ihrem Untergang": Jes. 45,6; Mal. 1,11; Ps. 50,1; 113,3; „ein Mensch mit Namen": 1.Mose 6,4; 4.Mose 16,2 u. a. m.), sondern gerade auch in ihren Bezugnahmen auf Götter (El + Epitheton: 1.Mose 14,19.22; „Göttersöhne": 1.Mose 6,2.4; Ps. 29,1; 89,7; Hi. 1,6; 2,1; 38,7; Raschap/Rescheph: Hab. 3,5; Hi. 5,7) oder auf kultische Dinge und Termini („Gußbilder": 4.Mose 33,52; 5.Mose 9,12; Jes. 30,22 u.ö.). Auch Momente wie Segen und Fluch kommen vergleichsweise in Frage (vgl. z.B. 5.Mose 28, speziell Ps. 61,7). Nicht zuletzt erinnert der phönizische Text an Züge der Josephsnovelle (1.Mose 37–50): so, wenn er die Vorratswirtschaft Azitawadas hervorhebt (1.Mose 41,34ff. 47ff.) oder dessen Weisheit (1.Mose 41,39) oder wenn er ihn mit einem Worte bezeichnet, das in 1.Mose 41,43 offensichtlich vergleichbar gebraucht ist. Schließlich führt die Inschrift, wenn sie die Beseitigung der „Bösewichter" und „Gewalttätigen" bzw. die Gewährleistung von Ruhe und Sicherheit rühmt, in die Nähe at.licher Königslieder, die ebendies Israels Herrschern zur Pflicht machen (vgl. besonders Ps. 101,8 und 72,7).

Literatur: KAI, Nr. 26; ANET³, S. 653f.; überdies A. Alt, WO 1, 1947–52, S. 272ff. und ebd. 2, 1954–59, S. 172ff.; M. Weippert, XVII. Deutscher Orientalistentag, Vorträge I, 1969, S. 191ff.; E. Lipiński, RSF 2, 1974, S. 45ff.

Text A, B, C:

¹ ¹Ich bin Azitawada, Wesir[62]) des Baal, Diener des ²Baal, den Awarik, König der Adanaer[63]), groß gemacht hat. ³Baal machte mich den Adanaern zum Vater und zur Mutter. Ich ließ aufleben ⁴die Adanaer. Ich breitete das Land der Ebene von Adana aus vom Aufgang der So⁵nne bis zu ihrem Untergang. Und in meinen Tagen hatten die Adanaer alles Gute ⁶und Vorratsfülle und Wohlstand. Und ich füllte die Tempel von Paʿr[64]). Und ⁷ich fügte Pferd zu Pferd und Schild zu Schild und Heer zu ⁸Heer nach des Baal und der Götter Willen. Und ich zerbrach die Gewalttätigen ⁹und trieb jeden Bösewicht aus, der im Lande war. Und ich richtete ¹⁰das Haus meiner Herrn mit Güte wieder auf und machte Güte zum Stamm meiner Herrn. ¹¹Und ich ließ sie auf dem Thron ihres Vaters sitzen, und ich schloß Frieden mit ¹²jedem König. Sogar unter die Väter[65]) rechnete mich jeder König wegen meiner Gerechtigkeit

---

[62]) „Wesir", *hbrk*; dasselbe Wort kommt in der Form *ʾbrk* in 1.Mose 41,43 vor. Vgl. akkadisch *abarakku*, „Hausverwalter". In der hieroglyphen-luwischen Parallelstelle ist „Mann meiner Sonne", d.h. Mann des Königs, zu lesen. Das Epitheton verweist also auf einen hohen königlichen Beamten. In der gen. Parallele fehlt ein dem ersten „des Baal" entsprechendes Wort, so daß der Text lautet: „Ich bin Azitawada, der Mann meiner Sonne, der Diener des Wettergottes".

[63]) Im hier.-luw. Text heißt er „König von Adana". Die *Dnnjm*, „Adanaer", sind demnach die Einwohner von Adana. Da die herrschende Dynastie von Adana „Haus des Mopsos" hieß, werden die *Dnnjm* und Adana kaum zu trennen sein von den „Danaern" der Griechen.

[64]) Paʿr war die Residenz der Könige von Quwe und Adana. Zu ʿ*equrrot*, „Tempel", vgl. akkadisch *ekurru* (sum. Lw.) und aramäisch *ʾgwr*.

[65]) D. h. unter „die Weisen", „die Ratgeber". Vgl. 1.Mose 45,8; Jes. 22,21.

und [13]wegen meiner Weisheit und wegen der Güte meines Herzens. Und ich baute starke Befestigungen [14]an allen Enden auf den Grenzen an den Orten, an denen [15]böse Menschen [14]waren, [15]Bandenführer, von denen nicht ein Mann untertan [16]gewesen war dem Hause des Mopsos. Ich aber, Azitawada, legte sie unter meine Füße. [17]Und ich baute an jenen Orten Befestigungen, damit die Adanaer sie bewohnen [18]in der Ruhe ihres Herzens. Und ich unterwarf starke Länder im Untergang [19]der Sonne, die alle die Könige, die vor mir thronten, nicht unterworfen hatten. Ich aber, [20]Azitawada, unterwarf sie. Ich ließ sie herabsteigen. Ich ließ sie wohnen [21]an meinen äußersten Grenzen im Aufgang der Sonne. Die Adanaer aber [II] [1]ließ ich dort wohnen, und sie waren in meinen Tagen an allen [2]Grenzen der Ebene von Adana, vom Aufgang der Sonne [3]bis zu ihrem Untergang. Und an den Orten, welche [4]vorher gefürchtet [3]waren, [4]wo ein Mann sich fürchtete [5]auf einem Weg [4]zu gehen, [5]konnte eine Frau in meinen Tagen fröhlich [6]Spindeln aufrollen[66]) nach des Baal und der Götter Willen. [7]Und es war in allen meinen Tagen Vorratsfülle und Wohlstand und [8]gutes [7]Wohnen [8]und Ruhe des Herzens für die Adanaer und für die ganze Ebe[9]ne von Adana. Und ich baute diese Stadt, und [10]ich [9]gab ihr [10]den Namen „Azitawadja", denn der Baal und der Raschap der [11]Böcke[67]) sandten mich, sie zu bauen. Und ich baute sie nach [12]des Baal Willen und nach des Raschap der Böcke Willen mit [13]Vorratsfülle und mit Wohlstand und mit gutem Wohnen und mit Ruhe des [14]Herzens, damit sie eine Wache sei für die Ebene von Adana und für das Ha[15]us des Mopsos. Denn in meinen Tagen war es für das Land der Ebene von A[16]dana Vorratsfülle und Wohlstand, und es war kein Unzufriedener[68]) unter den Adanaer[17]n in meinen Tagen. Und ich baute diese Stadt. Ihr gab [18]ich den Namen „Azitawadja". Ich ließ in ihr wohnen [19]den Baal-*Krntrjsch*[69]) und brachte Schlachtopfer dar für alle [III] [1]Gußbilder[70]): als tägliches Opfer[71]) ein Rind und zur [Zeit des Pf]lügens [2]ein Schaf und zur Zeit der Ernte ein Schaf. Und es segne der Baal-*Kr[n]*[3]*trjsch* den Azitawada mit Leben und Heil [4]und mächtiger Stärke über jeden König hinaus, damit

---

[66]) Hier.-luw.: „auch Frauen gingen mit der Spindel". Zum Kausativstamm *jdl*, vgl. aram.-syr. *dul*, „sich bewegen", akkad. *dalu*, „umhergehen", arab. *dala*, „hin und zurückgehen". Der Kausativstamm ist mit der Bedeutung „aufrollen", „spinnen" im Talmud bezeugt.

[67]) Diese Übersetzung hat den Vorzug vor „Raschap der Vögel", denn ein göttlicher „Hirschbock" entspricht diesem Gott in den hier.-luw. Texten. Raschap war ein nordsemitischer Gott der Unterwelt und der todbringenden Krankheit.

[68]) Wir folgen hier den Texten B und C. Zu *mtmll* vgl. arabisch *malla* in der V. Form, „unruhig sein".

[69]) In der Statuteninschrift C III 16: „diesen Gott, den Baal-*Krntrjsch*". C plaziert A II 19b – III 2a zwischen A III 6 und 7. Der Baal-*Krntrjsch* entzieht sich weiterhin näherer Bestimmung. Problematisch ist das gewiß nicht semitische Epitheton *Krntrjsch*.

[70]) „Gußbilder", *massekot*, wie im AT (vgl. die Vorbemerkung).

[71]) Derselbe Ausdruck wird in 1. Sam. 1, 21; 2, 19 und 20, 6 im allgemeinen durch „Jahropfer" übersetzt. Vgl. M. Haran, VT 19, 1969, S. 11 ff. und 372 f.

der Baal-*Krntrjsch* ⁵und alle Götter der Stadt ihm, dem Azitawada, Länge der
Tage und Menge ⁶von Jahren und gute Gewalt und mächtige Stärke über
jeden König hinaus ⁴geben. ⁷Und es sei diese Stadt eine Besitzerin von Vorratsfülle und von Wein⁷²), und ⁸dieses ⁷Volk, ⁸das in ihr wohnt, sei ein Besitzer
von Rindern und ein Besi⁹tzer von Kleinvieh und ein Besitzer⁷³) von Vorratsfülle und von Wein. Und in Menge möge es erzeugen ¹⁰und kraft der Menge
möge es mächtig sein, und in Menge möge es dienen dem Azi¹¹tawada und
dem Hause des Mopsos nach des Baal und der Götter Willen.

Text A:

¹²Wenn aber ein König unter den Königen oder ein Fürst unter den Fürsten,
wenn ein M¹³ensch, der ein Mensch mit Namen ist, den Namen des Azitawada auslöscht ¹⁴auf diesem Tore und seinen Namen (darauf) setzt, wenn er
sogar ¹⁵diese Stadt ¹⁴hochschätzt, ¹⁵aber dieses Tor herausreißt, das A¹⁶zita-
wada ¹⁵gemacht hat, ¹⁶oder (es) zu einem anderen Tor umarbeitet und
seinen Namen darauf setzt, ¹⁷ob er aus Hochschätzung herausreißt (oder)
ob er aus Haß und aus Bosheit herausreißt ¹⁸dieses Tor, so möge der Himmelsherr und El, der Inhaber der Erde, ¹⁹und der Sonnengott der Ewig-
keit⁷⁴) und der ganze Kreis der Göttersöhne⁷⁵) jenes Königtum ¹⁸auslöschen
¹⁹und jenen König und ᴵⱽ ¹jenen Menschen, der ein Mensch mit Namen
ist. Nur ²der Name des Azitawada möge bestehn in Ewigkeit wie der Name
³der Sonne und des Mondes⁷⁶).

Text C: Statueninschrift

ᴵⱽ ¹³We[nn] aber ein König unter den Königen oder ein Fürst unter den
Fürsten, ¹⁴we[nn] ein Mensch, der ein Mensch mit Namen ist, be¹⁵fie[hlt],
den Namen des Azitawada auf ¹⁶dieser Go[tt]es¹⁵statue auszulöschen,
¹⁶und seinen Namen (darauf) setzt, wenn er sogar ¹⁷diese Stadt ¹⁶hoch-
schätzt, ¹⁷aber sagt: „Ich will ¹⁸eine andere Statue ¹⁷machen", ¹⁸und er
setzt seinen Namen darauf, und ¹⁹die Gottesstatue, die Azitawada ²⁰de[m]
Baal-*Krntrjsch* ¹⁹gemacht hat, ²⁰die beim Eingang des Königs in ²¹... [...
ⱽ ¹⁻⁵... Nur der Name des] ⁶Azitawada möge bestehn in Ewigkeit wie der
Name ⁷der Sonne und des Mondes⁷⁷).

7. Die Inschrift aus Pyrgi

Text: Ein Goldblech, 9,2 × 18,7/19,3 cm groß, 1964 (zusammen mit zwei
etruskisch beschriebenen Goldblechen) in Pyrgi (S. Severa), etwa 38 km nordwestlich

---

⁷²) Derselbe Ausdruck wie in Spr. 3, 10.

⁷³) Text B bricht hier ab.

⁷⁴) Vgl. immerhin auch 1. Mose 21, 33.

⁷⁵) Im hier.-luw. Text entsprechen dieser Aufzählung „der Tarhuis (Wettergott)
des Himmels, die Sonnengottheit des Himmels, Aa (Ea, der babylonische Gott des
unter der Erde gedachten Süßwasserozeans) und alle Götter". Demnach ist Aa wohl
mit „El, dem Inhaber der Erde" zu identifizieren.

⁷⁶) Ganz ähnlich Ps. 72, 17.

⁷⁷) Vgl. noch einmal Ps. 72, 17.

von Rom, gefunden. Es weist neun Zeilen eines phönizischen Textes auf. Erstveröffentlichung: G. Garbini, ArCl 16, 1964, S. 64 ff., Tf. XXXVII.

Es handelt sich um eine Bau- und Weihinschrift des etruskischen Herrschers von Caere (Cerveteri) zu Ehren der Göttin Astarte, die der etruskische Text mit Juno identifiziert. Die Datierung ist strittig; in Frage kommt spätestens das 4. Jh. v. Chr.

Der Tag des Begrabens der Gottheit (im Monat Kirar, wahrscheinlich zu Beginn des Frühjahrs) war der zweite Tag im Ablauf der Feier des Sterbens und Wiederauflebens des Gottes Melqart. Am dritten Tag wurde er wieder lebendig durch die Vermittlung des „Erweckers der Gottheit, des zu Astarte haltenden Mäzens", Träger eines kultischen Amtes (s. KAI, Nr. 44,2; 70,3; 90,3; 93,4 u. ö.), das dem König oder dem höchsten Staatsbeamten zukam. Eine heilige Hochzeit mit einer Priesterin der Astarte gehörte wahrscheinlich zu den Amtsobliegenheiten dieses „Erweckers der Gottheit". Auf eine solche Melqartsfeier scheint Hos. 6,2 anzuspielen, vielleicht auch Ez. 28,1–19, da ja gerade Melqart der „König der Stadt" Tyrus war.

Literatur: G. Garbini, AION 28, 1968, S. 229 ff.; W. Fischer – H. Rix, GGA 220, 1968, S. 64 ff.; KAI², Nr. 277; W. Röllig, WO 5, 1969–70, S. 108 ff.; E. Lipiński, in: Actes de la XVIIe Rencontre Assyriologique Internationale, 1970, S. 30 ff.; E. Lipiński, RSF 2, 1974, S. 59 ff.

[1]An die Herrin, an Astarte. [2]Dieser (ist) [1]der heilige Ort, [2]welchen machte und welchen gab [3]Tiberie Welianasch, der über [4]Caere [3]herrscht, [4]im Monat des „Opfers [5]für den Sonnengott", als Gabe im Tempel. Und er baute [6]die Nische, denn Astarte begehrte (es) von ihm[78]), [7]in seinem Regierungsjahre III, im Mo[8]nat Kirar, am Tage des Begrabens [9]der Gottheit. Und die Prunkstücke[79]) an der Votivgabe für die Gottheit [10]in ihrem Tempel seien glänzend wie [11]jene [10]Sterne.

8. *Inschrift eines Kamoschverehrers*

Text: Eine im Stadtzentrum von Kerak gefundene aramäische Bauinschrift aus dem Lande Moab. Die vier Zeilen, aus denen sie besteht, stehen auf einem Altarstein. Erstveröffentlichung des Textes durch J. T. Milik, SBFLA 9, 1958–59, S. 331 ff.

Die Inschrift stammt aus der hellenistischen Epoche; sie wird aus paläographischen Gründen in die 1. Hälfte des 3. Jh. v. Chr. angesetzt. Sie bezeugt, daß die Verehrung des alten moabitischen Gottes Kamosch bis in diese Spätzeit hinein fortbestand und gibt als den Namen seiner Gemahlin *Sr'* an, was wahrscheinlich nichts anderes ist als das arabische Hauptwort für „Glück". Jedenfalls sind auch die sonst in der Inschrift genannten Eigennamen sowie das Wort für „Obdach" (in Z. 1) arabisch. Nicht auszuschließen ist, daß der Name der Gemahlin des Kamosch eine Übersetzung des griechischen Gottesnamens Tyche ist.

Die Inschrift ist schon allein darum, weil sie den im AT verschiedentlich genannten Moabitergott Kamosch erwähnt, von Belang (vgl. u. a. 4. Mose 21,29; Ri. 11,24;

---

[78]) Oder: „denn Astarte werde durch seine Vermittlung geheiratet", dann eine Anspielung auf den hieros gamos, die heilige Hochzeit.

[79]) Wörtlich „glänzende (Gegenstände)" (Z. 9) und „glänzend" (Z. 10); vgl. zu *schnt* arabisch *sana*, „glänzen" und D. W. Thomas, ZAW 52, 1934, S. 236 ff. und ebd. 55, 1937, S. 174 ff.; E. Lipiński, Syr. 42, 1965, S. 47 f. und ebd. 44, 1967, S. 285. Nägel mit vergoldetem Kopf wurden bei den Goldblechen gefunden; vielleicht waren sie clavi annales.

1.Kön. 11,7.33; 2.Kön. 23,13). Sie ist im Blick auf die gegen Moab und Kamosch gerichtete Weissagung Jer. 48 von besonderem Reiz, läßt sie doch deutlich erkennen, daß der Kamosch-Kult trotz der dem Gott und seiner Priesterschaft angedrohten Deportation (vgl. Jer. 48,7) im Lande Moab fortgedauert hat, getragen freilich von einer an die Stelle der Moabiter getretenen arabischen Bevölkerung (vgl. Jer.48,13.46).

Literatur: J.A.Fitzmyer, JBL 78, 1959, S.60ff.

[1]Obdach[80]) der Sarra, der Königin. Gemacht hat [2]der Diener des Kamosch, Hilal, der Sohn des Amma, [3]diesen Altar und seinen Raum[81]) [4]für dasselbe Haus im Jahre XV.

III. Grabinschriften

9. Grabinschrift des Königs Tabnit von Sidon

Text: Eine 8 Zeilen umfassende phönizische Inschrift am Fußende eines ägyptischen anthropoiden (menschenähnlich gestalteten) Sargs, 1887 in einer Nekropole bei Sidon gefunden. Jetzt im Museum von Istanbul aufbewahrt. Erstveröffentlichung: E.Renan, Comptes Rendus de l'Académie des Inscriptions et Belles-Lettres 1887, S.182f.

Nach der ägyptischen Inschrift auf dem Deckel und im Inneren des Sargs zu urteilen, hat dieser ursprünglich dem ägyptischen General Penptah gehört; danach, am Ende des 6.Jh. v.Chr., ist er zur Bestattung des sidonischen Königs wiederverwendet worden.

Beachtenswert ist der Text vor allem wegen der priesterlich-königlichen Titulatur der Fürsten von Sidon. (Nebenbei gesagt war auch der tyrische König Ittobaal, 9.Jh. v.Chr., Priester der Astarte: Jos. Fl., C.App. I 18, § 123. Abbaros, König von Tyrus im 6.Jh., war Hoherpriester: Jos. Fl., a.a.O. I 21, § 157.) Im AT ist damit der gleichzeitige Text Sach. 6,11–13 zu vergleichen, aber auch 1.Mose 14,18 und Ps. 110. Nicht zuletzt verdient auch Erwähnung, daß die Inschrift für „Tabu" den Ausdruck t'bt gebraucht, der in to'eba at.lich belegt ist; vgl. z.B. 3.Mose 18,27.29; Jer. 6,15.

Der Text ist auch übersetzt in KAI, Nr.13 und ANET³, S.662. Vgl. neuerdings auch E.Lipiński, RSF 2, 1974, S.55f.

[1]Ich, Tabnit, Priester der Astarte, König der Sidonier, Sohn [2]des Eschmunazor, Priester der Astarte, Königs der Sidonier, liege in [3]diesem [2]Sarge. [3]Wer du auch seist, jedweder Mensch, der du auf diesen Sarg stößt, du sollst ja nicht [4]öffnen über mir und mich nicht stören. Denn sie haben zu mir kein Silber gesammelt, sie haben zu mir kein [5]Gold [4]gesammelt [5]noch irgendwelche Kostbarkeit. Nur ich liege in diesem Sarge. Du sollst ja nicht öffn[6]en über mir und mich nicht stören, denn diese Tat ist der Astarte ein Tabu. Wenn du aber dennoch [7]über mir öffnest und mich dennoch störest, möge kein Sproß (dir) bei den Lebendigen unter der Sonne gegeben werden [8]noch eine Ruhestätte bei den Totengeistern[82])!

[80]) Die genaue Bedeutung des Wortes *wagr* ist in diesem Zusammenhang unsicher.

[81]) Das aramäische Wort ist *nischka*, das auch in Neh. 3,30; 12,44; 13,7 erscheint.

[82]) Auch das hier zugrundeliegende Wort kommt im AT vor: vgl. z.B. Jes. 14,9; 26,14; Ps. 88,11.

10. Altjüdische Grabinschrift

Text: Zweizeilige aramäische Inschrift auf dem Deckel eines Ossuars (d.h. eines Gebeinkastens) aus dem Grab vom Dschebel Challet et-Turi, südöstlich von Jerusalem. Erstveröffentlichung: J.T.Milik, SBFLA 7, 1956–57, S.232ff.

Entstehungszeit: Ende des 1. Jh. v.Chr.

In dieser Grabschänder verwünschenden Inschrift klingt der 4.Mose 9,13 und 31,50 gebrauchte at.liche Ausdruck „Qorban Jahwe" wieder an, zu deutsch „Darbringung für Jahwe" oder besser „geweihtes Gut Jahwes". Dabei ist freilich der Gottesname Jahwe bereits durch das aramäische Wort für „Gott" ersetzt. Vgl. 3.Mose 23,14. (In der Folge wird *qorban* allein gebraucht. Vgl. Mk. 7,11; Mt. 15,5.)

[1]Irgendein Mensch, der sich dieses Ossuar[83]) zu eigen macht, [2]sei geweihtes Gut[84]) Gottes von seiten desjenigen, der darin ist.

IV. Siegel

11. Siegel eines Edomiterkönigs

Text: Abdruck eines Königssiegels auf einer Tonbulle, 1,9 × 1,6 cm groß mit einer Inschrift und dem Bild einer schreitenden Sphinx. Wurde 1965 in der hochgelegenen edomitischen Siedlung von Umm el-Bijara in unmittelbarer Nähe der späteren nabatäischen Stadt Reqem-Petra, gefunden. Erstveröffentlichung: C.M.Bennett, RB 73, 1966, S.372ff. (vgl. S.399ff., Tf. XXIIb).

Der genannte König ist sehr wahrscheinlich mit jenem Qausch-gabri identisch, der zur Zeit Asarhaddons (680–669 v.Chr.) und noch im ersten Jahr Assurbanipals (668 v.Chr.) in assyrischen Inschriften neben Manasse, dem König von Juda, erwähnt worden ist (vgl. R.Borger, AfO.B9, S.60, Z.56; M.Streck, Assurbanipal, S.139, Z.24f.).

Qaus war der Hauptgott der Edomiter; er wurde später in Nordarabien verehrt. Der Name Qaus-gabr, „Qaus-ist-ein-Held" oder „Qaus-ist-tapfer", entspricht weitgehend dem Thronnamen El-gibbor in Jes. 9,5 b.

[1]An Qaus-ga[br], [2]den König von E[dom].

12. Siegel eines Melqartpropheten

Dieses altphönizische Siegel war im Besitz des englischen Konsuls Moore in Beirut, als es durch Comte R.de Vogüé veröffentlicht wurde: Mélanges d'archéologie orientale, 1868, S.81.

---

[83]) Das zugrundeliegende Wort bezeichnet in der Eschmunazor-Inschrift den Sarkophag (vgl. KAI, Nr.14,3.5.7.11.21).

[84]) *qorban*, „geweihtes Gut", ist hier fast bedeutungsgleich mit „Bann", einem Ausdruck, der sowohl die geweihte Gabe als auch das gebannte Gut bezeichnen kann (siehe oben die Vorbemerkung zu Text Nr.5; vgl. z.B. 3.Mose 27,21.28; 4.Mose 18,14 bzw. Jos. 7,12).

In der Siegelinschrift wird nach dem Namen des Besitzers sein Ehrenamt genannt und seine Frömmigkeit hervorgehoben, wie es auch in anderen Inschriften dieses Typs der Fall ist. – Zu Melqart siehe oben Nr. 1.

Mit „Gottesmann" ist eine Bezeichnung gebraucht, die im AT nicht selten auf Propheten angewandt ist. Propheten des tyrischen Baal, des Melqart also, werden in 1.Kön. 18,19ff.; 19,1 und 2.Kön. 10,19 erwähnt.

Literatur: M.A.Levy, Siegel und Gemmen, 1869, phön. Inschr., Nr.18, S.31, Tf.II, 17; E.Lipiński, RSF 2, 1974, S.54f.

An Baal-jaton, den Gottesmann, der dem Melqart anhängt[85]).

13. Siegel eines Priesters des Mondgottes

Dieses altsyrische Bildsiegel wurde gleichfalls durch Comte R.de Vogüé veröffentlicht: a.a.O., Nr.14. – Die Inschrift besteht nur aus dem Eigennamen des Besitzers und dem seines Vaters.

Abb. 15

Abgebildet ist ein Priester neben einem Räucheraltar, über dem Altar eine Mondsichel als Symbol des Mondgottes

Der Eigenname 'b'd des Siegelbesitzers entspricht genau dem dritten Thronnamen in Jes. 9,5b und bedeutet wahrscheinlich „Mein-Vater-ist-Zeuge". Dabei ist „Mein-Vater" ohne Zweifel theophores Element.

Literatur: M.A.Levy, Siegel und Gemmen, 1869, phön. Inschr., Nr.13, S.28, Tf.II, 12; E.Lipiński, Sem. 20, 1970, S.52.

An 'Abi-'ed, den Sohn des Zakir.

V. Beschwörungen

14. Erstes Amulett aus Arslan Tasch

Kalkstein-Täfelchen im Format 8,2 × 6,7 cm mit einer Beschwörung, abgefaßt in einem aramäisch-phönizischen Mischdialekt, 1933 in Arslan Tasch erworben, dem alten Chadattu (zwischen Karkemisch und Charran gelegen); dieses war im 8.Jh. v.Chr. Sitz eines assyrischen Statthalters. Die Vs. des Täfelchens zeigt eine geflügelte Sphinx („Fliegerin") mit spitzem Helm, darunter eine liegende Löwin mit Skorpionenschwanz, die einen Menschen verschlingt (vgl. ANEP², Nr.662). Auf der Rs. ist ein schreitender Gott – vielleicht Sasm[86] – dargestellt, der mit kurzer assyrischer Tunika und langem Mantel bekleidet ist und eine Doppelaxt schwingt. Das Stück ist im Stil provinzieller assyrischer Kunst des 7.Jh. gearbeitet. – Erstveröffentlichung: Comte du Mesnil du Buisson, Mélanges syriens 1, 1939, S.421ff.

---

[85]) Das zugrundeliegende Wort scheint im Lichte des arabischen raṣufa, „anhänglich sein", verstanden werden zu müssen.

[86]) Zu diesem Gott vgl. A.Caquot – O.Masson, Syr. 45, 1968, S.317ff.

Das Täfelchen hat als Amulett fungiert, welches das Haus gegen Nachtdämonen beschirmen sollte. Es datiert aus dem 7. Jh. v. Chr. Die Beschwörungen sind gegen die beiden abgebildeten weiblichen Dämonen gerichtet. „Zwei würgende Göttinnen" sind auch in Ugarit erwähnt (CTA, Nr. 34, Z. 18; Ugaritica 5, S. 594 f., A, Z. 13).

Im Hinblick auf das AT ist jener Fund interessant, spielen doch auch dort Amulett und Beschwörung – so oder so – eine Rolle. Zu ersterem vgl. Sach. 14,20; HL 4,9 sowie die Stellungnahmen in 1. Mose 35,4; 2. Mose 32,3; Ri. 8,21.26; Jes. 3,18.20. Zur Beschwörung siehe Jes. 19,3; 47,9.12; Jer. 8,17; Dan. 1,20; 2,2 sowie das ausdrückliche Verbot 5. Mose 18,11 (und dazu 2. Kön. 23,24). Zu allem hin berührt sich das wiedergegebene Exemplar syro-phönizischer Beschwörung auch in Einzelformulierungen mit der Sprache des AT.

Literatur: KAI, Nr. 27 (mit früherer Lit.); ANET³, S. 658; F. M. Cross – R. J. Saley, BASOR 197, 1970, S. 42 ff.; A. Caquot, FS Gaster, 1973, S. 45 ff. (neue Entzifferung); W. Röllig, NESE 2, 1974, S. 17 ff.

[1]Beschwörung für den rechten Augenblick [87]). Vertrag des [2]Sasm, des Sohnes der Pidri. [3]Sprich das Folgende aus, [4]und zu den Würgerinnen sa[5]ge: „In das Haus, in das ich komme, [6]sollt ihr nicht kommen, [7]und den Vorhof, den ich betrete, [8]sollt ihr nicht betreten! Ausgefer[9]tigt hat er (Sasm) mit uns [88]) einen Vertrag [10]auf ewig [89]). Eine Urkunde hat er ausgefertigt [11]für uns, (er) und alle Göttersöhne [90]) [12]und der Oberste des Kreises aller Heiligen [91]), (eine Urkunde) [13]mit dem Vertrag des Himmels und der Erde, [14]der ewigen Zeugen [92]), mit dem Vertrag des Baal, [15][des Herrn der ganz]en Erde [93]), mit [seinem (des Sasm)] Vertra[g]."

Ränder seitlich und oben:

[1][Beschw]örung des Chawron [94]), der ihr (der Würgerin) Maul zugebunden hat, [2]und seiner sieben Nebenfrauen und der ac[3]ht Frauen [95]) des heiligen Baal.

Auf der geflügelten Sphinx:

[1]An die Fliegerin: „Dem dunklen Zimmer entlang [2]sind die Nachtwesen Schritt für Schritt vorübergegangen!"

---

[87]) Die Lesung *l't'* ist sicher.

[88]) D. h. „zu unseren Gunsten" *(ln)*. Gemeint ist die ganze im Hause lebende Familie. Zum Ausdruck *krt 'lt* vgl. 5. Mose 29,1. Der Vertrag sichert der Familie Beistand der Götter zu und schreckt die Nachtdämonen ab.

[89]) Vgl. immerhin auch die entsprechende Formulierung in 1. Mose 9,12.16 u. a. Stellen.

[90]) Derselbe Ausdruck wie in Ps. 29,1; 89,7.   [91]) Vgl. Ps. 89,6.8.

[92]) Zur Anrufung des Himmels und der Erde als Vertragsgaranten siehe 5. Mose 4,26; 30,19; 31,28; 32,1; Jes. 1,2; Ps. 50,4 (Jer. 2,12; Mi. 6,2) sowie die Inschrift von Sfire I A 11. Vgl. M. Delcor, VT 16, 1966, S. 8 ff.

[93]) Derselbe Ausdruck wie in Jos. 3,11.13; Mi. 4,13; Sach. 4,14; 6,5; Ps. 97,5.

[94]) Der kanaanäische Gott Chawron, der auch in einer ugaritischen Beschwörung angerufen wird (Ugaritica 5, S. 564 ff.), hatte wahrscheinlich ein Heiligtum in den beiden Orten Beth-Horon in Ephraim (Jos. 16,3.5; 18,13). Vgl. WM I, S. 288 f.

[95]) Zu dem alten kanaanäischen Parallelismus 7//8, vgl. Mi. 5,4; Pred. 11,2.

Auf der Löwin mit Skorpionenschwanz:

„Aus dem H[au]se sind sie heraus gekommen."

Auf der männlichen Gestalt und daneben:

[1]„Gelangt ist er zu [2]meiner Tür, [3]und be[4]leuchtet hat er die [5]Türpfosten, aufgegangen ist die Sonne! [6]Sie [96]) ächzten, [7]sie gingen weg, und für immer [8]flogen sie davon."

15. Zweites Amulett aus Arslan Tasch

Text: Ein Kalkstein-Täfelchen im Format 5,3 × 3,3 cm mit zwei Beschwörungen in Phönizisch. Es wurde wie das erste Amulett 1933 in Arslan Tasch gekauft. Die eine Seite des Täfelchens zeigt ein menschenähnliches Wesen mit großem Auge und Skorpionenfüßen. Es verschlingt einen Menschen und stellt so wahrscheinlich das Wesen mit dem bösen Blick dar. – Erstveröffentlichung: A. Caquot und R. du Mesnil du Buisson, Syr. 48, 1971, S. 391 ff.

Es handelt sich wieder um ein Amulett, dessen eine Beschwörung das Haus gegen den bösen Blick schützen sollte. Die andere Seite gibt den Text einer Regenbeschwörung wieder. Der Beschwörer sollte das Feld besprengen und dabei eine sympathetische Zauberformel rezitieren. Wahrscheinlich sind beide Beschwörungen einer Rolle mit einer phönizischen Beschwörungssammlung entnommen. Das Amulett entstammt dem 7. Jh. v. Chr.; die Beschwörungen selbst sind wahrscheinlich älter.

Auch dieser Fund ist im Hinblick auf at.liche Texte bedeutsam, die Amulett und Beschwörung voraussetzen (vgl. zum einen 1. Mose 35,4; 2. Mose 32,3; Ri. 8,21.26; Jes. 3,18.20; Sach. 14,20; HL 4,9, zum andern 5.Mose 18,11; 2.Kön. 23,24; Jes. 19, 3; 47,9.12; Jer. 8,17; Dan. 1,20 und 2,2). Überdies veranschaulicht er die Furcht vor dem bösen Blick, die auch im AT Spuren hinterließ (vgl. den hebr. Text von 5.Mose 28, 54.56; Spr. 6,13; 10,10 und 16,30). Insofern ein Ritus des Besprengens bezeugt ist, der Regen hervorrufen sollte, könnte u.U. 1.Sam. 7,6.10b als Parallele in Betracht kommen. Auf jeden Fall ist der Kontrast interessant zur at.lichen Überzeugung, Jahwe segne nur dann mit der Gabe des Regens, wenn seine Gebote erfüllt würden (so 3.Mose 26,4; 5.Mose 11,11ff.; 28,1f. 12). Daß die phönizische Beschwörung Regen vom „Zyprischen" her erwartet und also wie 1.Kön. 18,41–46 vom Meer her, ist eine geographisch-klimatisch bedingte Entsprechung.

Literatur: Th. H. Gaster, BASOR 209, 1973, S. 18 ff.; W. Röllig, NESE 2, 1974, S. 28 ff.; M. Liverani, RSF 2, 1974, S. 35 ff.; E. Lipiński, RSF 2, 1974, S. 50 ff.

A [1]Beschwörung für den Besprenger [97]).

„Baal [2]hat seinen Wagen angespannt [98]),
und eine überströmende Quelle [3]ist mit ihm.

---

[96]) Die weiblichen Nachtdämonen. – Genau wie bei Wünschen und Verwünschungen im Arabischen wird das Perfekt in den auf der Sphinx, der Löwin und dem schreitenden Gott geschriebenen Zaubersprüchen gebraucht. Dieser Perfekt-Gebrauch hat religionsgeschichtliche Bedeutung, insofern die Austreibung böser Geister durch die Verwendung der Zauberformel als abgemacht und so gut wie vollzogen hingestellt wird.

[97]) Dasselbe Wort ist in 4. Mose 19,21 auf den angewandt, der das „Wasser gegen Unreinheit" sprengt.

[98]) Vgl. u. a. Ps. 68,18; 104,3.

Der Zyprische hat [4]auf das Feld sein Feuer [3]gesandt,
[4]und die Welle der Quelle [5]auf das Feld.
Wo ist der Zyp[6]rische? Es ist verhärtet!"

[B 1]„Ich habe [2]dein Auge [1]mit Riegeln verriegelt! [3]Er hat die Flucht ergriffen,
derjenige, der den bösen Blick wirft [4]auf den Mutterleib, auf den Kopf desjenigen, der [5]die Weisheit [4]ganz umfaßt, [5]auf den Kopf des Träumers, denn
[6]ich habe das Auge, sein Auge, vollkommen geschlagen!"
[7]Meine Beschwörung(en) ist (sind) wie in der Rolle.

VI. Kultische Inschrift

16. Der Räucheraltar aus Lachisch

Ein im Querschnitt rechteckiges Steinaltärchen, 15 cm hoch, 10 cm breit, außerhalb
des heiligen Bezirks von Lachisch gefunden; auf der Vs. drei Zeilen. – Erstveröffentlichung: A. Dupont-Sommer bei O. Tufnell, Lachish III. The Iron Age, 1953, I, S. 358 f.;
II, Tf. 49 und 68. – Jetzt: im Rockefeller Museum zu Jerusalem.

Die aramäische Inschrift scheint eine kultische Anordnung oder eine fromme Ermah-
nung zu sein. Nach dem Fundort des Räucheraltärchens zu schließen, könnte es pri-
vatem Räuchern gedient haben. Indes wurden vier ähnliche Räucheraltäre 1968 in
vorexilischen Schichten des heiligen Bezirkes selbst gefunden. Der beschriftete Räucheraltar mag deshalb durchaus auch einmal zu den **Kultutensilien des Heiligtums**
von Lachisch gehört haben. Die meisten Forscher datieren ihn um 450 v. Chr.; epigra-
phisch gesehen kann er aber auch in die exilische Zeit gehören.

Zur öffentlichen und privaten Kultübung scheint seit alters das Abbrennen von
Räucherwerk – nicht zuletzt in apotropäischer Funktion – gehört zu haben. Im AT
bezeugt 3. Mose 16, 12–13 eine zur Feier des großen Versöhnungstages gehörende
Räucherpraxis, die verhüllende Funktion gehabt hat (v. 13 b). Der Räucheraltar ist
in 2. Mose 30, 1.27 (vielleicht auch in 1. Kön. 7, 48) bezeugt. Das Räucheropfer hat eine
entsprechende Rolle gespielt (3. Mose 2, 1.15; 24, 7; 5. Mose 33, 10; 1. Sam. 2, 28;
Jer. 6, 20, vgl. auch Ps. 141, 2). Durch Nehemia ist es nach dem Exil in den Tempelkult wiedereingeführt worden (Neh. 13, 9).

Literatur: R. Degen, NESE 1, 1972, S. 39 ff.; A. Lemaire, RB 81, 1974, S. 63 ff. und
Tf. I; E. Lipiński, Studies in Aramaic Inscriptions and Onomastics I, 1975, S. 143 ff.

[2]Der einschläft, der setze [1]Rauchwerk wieder [auf], [2]an[3]genehm des
Feu[ers] wegen.

VII. Graffiti

17. Hebräische Graffiti aus einem Kammergrab

Hebräische Graffiti, 1961 in einem Kammergrab von Chirbet Bejt Lej (ca. 8 km
östlich von Lachisch) gefunden. Erstveröffentlichung: J. Naveh, IEJ 13, 1963, S. 74 ff.,
Tf. 9–13.

Der Grabtyp gehört der Eisenzeit II C an (800–587 v. Chr.); die wenigen Gefäße
in der Grabanlage lassen das 5. Jh. v. Chr. als terminus ad quem annehmen. Aus

orthographischen und paläographischen Gründen werden die drei größeren Inschriften am besten um 500 v. Chr. angesetzt.

Zeugnisse privaten jüdischen Glaubens aus der Zeit der Propheten Haggai und Sacharja oder auch aus der unmittelbar nachfolgenden Periode. Die Inschrift B identifiziert offenbar den Ort Moria (vgl. 1. Mose 22, 2) mit dem Tempelberg; ähnlich 2. Chr. 3, 1.

Literatur: J. C. L. Gibson, Textbook of Syrian Semitic Inscriptions I, Hebrew and Moabite Inscriptions, 1971, S. 57 f.

A) ¹Jahwe ist der Gott der ganzen Erde. Die ²Berge von Juda gehören ihm [99]), dem Gott von Jerusalem.

B) Den Moria hast du selbst begnadet, den Wohnort Jahs, O Jahwe!

C) Rette, O [Ja]hwe!

VIII. Verwaltungstexte

18. Das Ofel-Ostrakon

Text: Eine Scherbe mit acht Zeilen, ungefähr 10 × 8 cm groß, 1924 am Ofel im Westen Jerusalems gefunden. Der linke Ostrakonteil sowie Z. 4–7 sind nicht mehr lesbar. – Erstveröffentlichung: S. A. Cooke, PEF 56, 1924, S. 180 ff., Tf. VI.

Nach dem Schriftcharakter, der dem der Lachisch- und Arad-Ostraka ähnelt, läßt sich dieses Ostrakonfragment aus dem Anfang des 6. Jh. v. Chr. herleiten. Seine Aufschrift ist Teil einer Liste von Bürgern und, wie es scheint, ihrer Arbeitsorte.

Der Text nennt zweimal die „Talmulde der Stelen" (wörtlich „der Hände"), die auch aus dem bab. Talmud, Gittin 57, bekannt ist [100]). Diese wahrscheinlich im SW Jerusalems (zwischen Wadi Sikke und Wadi Rababe) gelegene Talmulde war allem nach eine Nekropole; sie wird in Jer. 31, 40 gemeint sein.

Literatur: J. T. Milik, RB 66, 1959, S. 550 ff., Tf. XIII (mit neuer Entzifferung) und KAI, Nr. 190.

¹Hizqijahu [101]), Sohn des Qor'eh, im Felde der Wollkämmer; Jeho[...]; ²Achijahu, Sohn des Wollkämmers, in der Talmulde der Stelen; [...]; ³Zephanjahu, Sohn des Qari, in der Talmulde der Stelen; [... ⁴⁻⁷...]; ⁸Hodijahu, der [...].

19. Urkunde aus Elephantine

Text: Ein breiter Papyrus aus dem Fund, der 1906/07 auf der Nilinsel Elephantine in Oberägypten, gegenüber von Assuan, gemacht worden ist. – Erstveröffentlichung: E. Sachau, Aramäische Papyrus und Ostraka aus einer jüdischen Militärkolonie zu Elephantine, 1911, Tf. 17–19.

---

[99]) Vgl. in diesem Zusammenhang etwa Ps. 2,6; 24,3; 48,2.3.12; 121,1. – Hier freilich handelt es sich um das Gebirge Juda (vgl. Jos. 11,21; 20,7; 21,11).

[100]) Die hierbei vorausgesetzte Lesung des Texts in Z. 2 f. ist gesichert.

[101]) At.lich belegt in 2. Kön. 20, 10 u. ö.

Der Text stammt entweder aus dem Jahre 419 (dem 5. Jahr des Darius II.) oder aus dem Jahr 400 v. Chr. (dem 5. Jahr des Königs Amyrtaios). Er enthält die Namen der 123 Kolonisten, die die Tempelsteuer bezahlt haben.

Die Steuerliste läßt für Elephantine auf einen Kult schließen, der Jahwe (Jahu), Aschim-Bethel und Anat-Bethel galt. (Zu „Aschim-Bethel" vgl. 2. Kön. 17, 30.)

Literatur: A. Ungnad, Aramäische Papyrus aus Elephantine, 1911, Nr. 19; A. Cowley, Aramaic Papyri of the Fifth Century B. C., 1923, Nr. 22; E. G. Kraeling, The Brooklyn Museum Aramaic Papyri, 1953, S. 62 f. 87 ff.; ANET[3], S. 491; B. Porten, Archives from Elephantine, 1968, S. 160 ff. 319 ff.

[1]Am 3. Phamenoth [102]), Jahr 5. Dies sind die Namen der jüdischen Garnison, die dem Gott Jahu Silber gab, ein jeder [2 Sekel] Silber. [2-119. 126-135]: Es werden 123 Namen aufgeführt. [120-121]Das Silber, das an diesem Tag des Monats Phamenoth in der Hand des Jedonja, des Sohnes des Gemarja, gesammelt wurde: [122]31 Karscha 8 Sekel Silber. [123]Und zwar: für Jahu 12 Karscha 6 Sekel; [124]für den Aschim-Bethel 7 Karscha; [125]für die Anat-Bethel 12 Karscha Silber.

IX. Korrespondenz

20. Ein Arad-Ostrakon

Eines der beschrifteten judäischen Ostraka, die 1964 in Schicht VI von Tell Arad unter einer dicken Brand- und Schuttschicht gefunden wurden. Die Scherbe ist 6,5 × 4,4 cm groß, enthält neun Zeilen hebräischen Textes auf der Vs. und eine Zeile auf der Rs. Die Schrift gleicht der der Lachisch-Ostraka. Der Text enthält zwei bislang nicht deutbare Sigla für Maßeinheiten oder Waren. – Erstveröffentlichung: Y. Aharoni, Yediot 30, 1966, S. 32 ff. = IEJ 16, 1966, S. 1 ff., Tf. I.

Das Ostrakon ist nach der Fundlage sowie nach inneren und paläographischen Indizien vor 587 v. Chr. anzusetzen, wahrscheinlich kurz vor dem ersten Feldzug Nebukadnezars II. gegen Juda 598/7 v. Chr. Empfänger des Briefs ist ein gewisser Eljaschib, der, wie es scheint, königlicher Verwalter von Arad war.

Der Briefschluß bezieht sich auf den Jerusalemer Tempel; der judäische Tempel von Arad bestand nämlich damals bereits nicht mehr; er wurde offenbar unter Josia (640–609 v. Chr.) niedergerissen. Der Absender des Briefs, ein Untergebener des Eljaschib, befand sich demnach mit großer Wahrscheinlichkeit in der Hauptstadt, aus der er diesen Brief nach Arad geschickt haben würde.

Literatur: ANEP[2], Nr. 807.

[1]An meinen Herrn Elja[2]schib. Möge Jahwe [3]nach deinem Heile verlangen! Nun also: [4]Gib dem Schemarjahu [5]X, und dem Qerosi [6]sollst du Y geben. Und betreffs der Sa[7]che, die [8]du mir befohlen hast, sie ist in Ordnung: [9]in dem Tempel Jahwes [10]wohnt er.

21. Ein Brief aus Tachpanches

Ein sechszeiliger phönizischer Text auf einem vollständigen Papyrus (im Format 7 × 21 cm), gefunden im Schacht einer Mastaba (Grabanlage) von Saqqara. – Erstveröffentlichung durch N. Aimé-Giron: ASAE 40, 1940, S. 433 ff., Tf. XL–XLII.

[102]) Altägyptischer Monatsname.

Es handelt sich um einen Brief. Er stammt ungefähr aus dem 6. Jh. v. Chr. Geschickt wurde er wahrscheinlich durch Boten von einem (östlich des Nildeltas gelegenen) Ort Tachpanches aus (vgl. Jer. 43,7ff.) nach Memphis. Absenderin ist eine phönizische Frau, Adressatin „ihre Schwester", d.h. ihresgleichen.

Der Text nennt die – auch aus Ugarit wohlbekannte, auf dem (östlich des Nilarms von Pelusium gelegenen) Mons Casius verehrte Gottheit Baal-Zaphon (vgl. 2. Mose 14,2.9; 4. Mose 33,7) sowie die Götter der nahegelegenen Stadt Tachpanches, in die 587 judäische Flüchtlinge, unter ihnen der Prophet Jeremia, kamen (vgl. Jer. 43,7–9; 44,11ff.; 46,14; vgl. 2,16; Ez. 30,18).

Literatur: A. Dupont-Sommer, PEQ 81, 1949, S. 52ff. und KAI, Nr. 50.

[1]An Arischot, Tochter des Eschmun-ja[ton]. [2]Sprich zu meiner Schwester Arischot: Deine Schwester Bischa [103]) sprach: Geht es dir gut? Auch mir geht es gut! Ich wünsche dir Segen vom Ba[3]al-Zaphon und von allen Göttern von Tachpanches. Mögen sie dir Heil schaffen! Bekäme ich doch das Silber, das du mir geschickt hast! ...

Nachfolgend Geschäftliches.

22. Der Passabrief von Elephantine

Text: Ein doppelseitig beschriebenes aramäisches Papyrusfragment aus Elephantine, 1906/07 gefunden (Vs. Z.1–7; Rs. Z.8–11). Ähnlich den aramäischen Briefen aus Hermopolis in Mittelägypten war wohl auch dieser Papyrus-Brief nur einmal in der Breite gefaltet. Die rechte Hälfte der Zeilen 4–10 ist verloren; doch fehlt, wie es scheint, nur weniges an den Zeilenenden. – Erstveröffentlichung: E. Sachau, Aramäische Papyrus und Ostraka aus einer jüdischen Militärkolonie zu Elephantine, 1911, Tf. 6.

Dieser Brief ist eine der wichtigsten Urkunden aus Elephantine, wo zur Zeit der persischen Herrschaft über Ägypten eine jüdische Militärkolonie mit einem Jahwe-Tempel bestand. Der Brief wurde im 5. Regierungsjahr des Darius II., d.h. im Jahre 419 v. Chr., von dem königlichen Gesandten Chananja an den jüdischen Ethnarchen Jedonja geschrieben, der, wie es den Anschein hat, der Überbringer des königlichen Befehls an den Satrapen Arscham war, durch den die Passafeier bei den ägyptischen Juden geregelt werden sollte.

Die in diesem „Passabrief" vorgeschriebene Feier stimmt durchaus mit der in der Priesterschrift wiedergegebenen Festordnung überein (vgl. 2. Mose 12,1–20, besonders v. 15–20, dazuhin 3. Mose 7,20–21; 23,5–8.15–16; 4. Mose 28,16–18.25, ferner 2. Chr. 30,15–18.21; 35,2.17; Esr. 6,19–22). Die at.lichen Parallelstellen können geradezu die Textlücken ausfüllen helfen. Die Sie-Anrede ist an den jüdischen Ethnarchen und seinen Genossen gerichtet.

Literatur: A. Ungnad, Aramäische Papyrus aus Elephantine, 1911, Nr. 6; A. Cowley, Aramaic Papyri of the Fifth Century B.C., 1923, Nr. 21; A. Vincent, La religion des Judéo-araméens d'Éléphantine, 1937, S. 234ff.; P. Grelot, VT 4, 1954, S. 349ff.; ebd. 5, 1955, S. 250ff.; ebd. 6, 1956, S. 174ff.; ebd. 17, 1967, S. 114ff. 201ff. 481ff.; B. Porten, Archives from Elephantine, 1968, S. 128ff. 279ff. 311ff.; P. Grelot, Documents araméens d'Égypte, 1972, S. 95ff.

[1][An] meine [Brüder [2]Je]donja und seine Genossen, die [j]üdische Ga[rnison], euer Bruder Chanan[ja]. Das Heil meiner Brüder mögen die Götter

[103]) Genaue Aussprache unbekannt.

[gewähren!] [3]Nun also: In diesem Jahr, dem 5. Jahr des Königs Darius, wurde es vom König an Arscham bekanntgegeben [... [4]...] ... Nun also: Zählen Sie so vie[rzehn [5]Tage vom 1. Tage des Nisan, und das Passa hal]ten Sie. Und vom 15. Tag bis zum 21. Tag des [Nisan [6]das Mazzenfest halten Sie. Nun also]: Rein seien [Sie] und nehmen Sie sich in acht: kei[ne] Arbeit [sollt ihr verrichten [7]am 15. Tag und am 21. Tag des Nisan. Rauschtrank] sollt ihr nicht trinken, und irgendwelches Gesäuertes [sollt ihr] ni[cht essen. [8]Ungesäuerte Brote essen Sie vom 14. Tag des Nisan am] Sonnenuntergang bis zum 21. Tag des Nisa[n am Sonnen[9]untergang. Sieben Tage lang sollt ihr Gesäuertes nicht] in eure Häuser hineinbringen, sondern (es) während [jener] Tage fernhalten. [10][... [11]An] meine Brüder Jedonja und seine Genossen, die jüdische Garnison, euer Bruder Chananja.

23. Ein Brief aus Memphis nach Assuan

Text: Ein vollständiger Papyrus mit fünfzehn aramäischen Zeilen, 1945 in Tuna el-Dschebel (Hermopolis West) zusammen mit sieben anderen aramäischen Briefen gefunden. – Erstveröffentlichung: E. Bresciani – M. Kamil, Le lettere aramaiche di Hermopoli (Atti della Accademia Nazionale dei Lincei. Memorie. Classe di Scienze morali, storiche e filologiche. Ser. VIII, vol. XII, fasc. 5), 1966, Nr. IV.

Die Briefe sind von Memphis aus nach Assuan und Luxor geschickt worden. Sie haben persönliche Bitten und Wünsche zum Inhalt, stammen aus dem späten 6. Jh. oder aus dem frühen 5. Jh. v. Chr., und zwar aus aramäischer, nicht-jüdischer Umgebung. Brief IV wurde von einem Nabuscheh/Nabuschezib, der sich zu Geschäften in Memphis, der Hauptstadt des persischen Ägypten, aufhielt, an seine Frau Nanajcham in Assuan geschickt. Makkibanit ist sein Schwiegersohn, der ihre Tochter Taschi geheiratet hat; Eltern und Brüder werden in Z. 13–14 gegrüßt.

Diese Papyri werfen ein Licht auf die religiösen Verhältnisse, in denen die Juden während der persischen Zeit in Ägypten gelebt haben. Papyrus IV nennt u. a. „die Himmelskönigin", die schon im 7. Jh. in Jerusalem und hernach im Nildelta, in Memphis und Oberägypten von den Juden verehrt worden ist: Jer. 7,18; 44,17–19.25; vgl. 44,1.

Literatur: J. T. Milik, Bib. 48, 1967, S. 546ff.; B. Porten, JNES 28, 1969, S. 116ff.; P. Grelot, a. a. O., S. 160ff.; B. Porten – J. C. Greenfield, Jews of Elephantine and Arameans of Syene, 1974, S. 158f.

[1]Heil dem Tempel des Bethel und dem Tempel der Himmelskönigin[104])! An meine Schwester Nanajcham [2]von deinem Bruder Nabuscheh[105]). Ich

---

[104]) Da der Brief nach Assuan geschickt wurde (lt. Z. 15), müssen jene Tempel sich in dieser Stadt befunden haben. Gott Bethel (eigentlich = „Gotteshaus") ist um 676 v. Chr. im Vertrag Asarhaddons mit König Baal von Tyrus bezeugt. Ursprünglich handelte es sich, wie es scheint, um einen deifizierten Meteorstein, der vielleicht in Sidon verehrt wurde. Die jüdischen Kolonisten in Elephantine und Assuan hingen Gott Bethel gleichfalls an, weil sie in der Gegend seines Heiligtums wohnten. Die Himmelskönigin ist möglicherweise die Göttin Anat-Bethel, die im Vertrag Asarhaddons mit Baal von Tyrus unmittelbar nach Gott Bethel genannt und von den Juden von Elephantine und Assuan neben einer Anat-Jahu verehrt wurde. Die Himmelskönigin würde demnach Anat sein.

[105]) „Schwester" und „Bruder" stehen hier für „Gemahlin" und „Gemahl".

wünsche dir Segen von Ptah[106]), damit er mir dein Gesicht in Gesundheit zeige. [3]Heil dem Bethel-nathan! Heil dem Naki und Aschah und Taschi und Anati und Ati und Ra!

[4]Nun also: Der Leibrock, den du mir geschickt hast, ist bei mir angekommen, aber ich habe ihn ganz wie Rohtuch empfunden [5]und mein Herz hing nicht daran. Wenn ich sehe, wie er zu ersetzen ist, werde ich ihn als Mantel [6]an Ati geben. Nun also: Den Leibrock, den du mir nach Assuan mitgebracht hast, denselben habe [7]ich an. Nun also: Sie sollen uns Rizinusöl zuschicken, und ich werde es gegen Olivenöl tauschen. Nun also: Sei nicht [8]in Gedanken unseretwegen, meiner und des Makkibanit wegen. Euretwegen sind wir in Gedanken. Habe acht [9]auf Bethel-nathan des Stromes wegen. Nun also: wenn ich jemand zuverlässig finde, [10]werde ich euch etwas zuschicken. Heil dem Schabbataj, dem Sohn des Schug! Heil dem Pasi! [11]Heil dem Ader, dem Sohn des Pasi! Heil dem Schaïl, dem Sohn des Patichortis und dem Ascha, [12]dem Sohn des Patichnum! Heil allen Nachbarn! Um euch zu grüßen, habe ich diesen Brief geschrieben. [13]Heil meinem Vater Psami von deinem Diener Nabuscheh! Heil meiner Mutter [14]Mamah und Heil meinem Bruder Betaj und seiner Gemahlin! Heil dem Wachfra.

Adresse: [15]An Nanajcham von Nabuschezib, dem Sohn des Patichnum, Assuan.

X. Vertragsinschriften

24. Staatsverträge zwischen Katk und Arpad

Fragmente dreier Basaltstelen, ab 1930 zu Sfire (22 km südöstlich von Aleppo) gefunden. Stelen I und II hatten die Form eines Pyramidenstumpfs, beide ungefähr 1,30 m hoch; drei Seiten jeweils beschriftet (A, B, C). Stele III war ein Block, etwa 0,82 m hoch, 1,25 m breit. – Erstveröffentlichung: S. Ronzevalle, MUSJ 15, 1930–31, S. 237 ff. (Stele I); A. Dupont-Sommer – J. Starcky, Les inscriptions araméennes de Sfiré (Stèles I et II), Mémoires présentés par divers savants à l'Académie des Inscriptions et Belles Lettres 15, 1958, S. 197 ff., Tf. I–XXIX; A. Dupont-Sommer – J. Starcky, BMB 13, 1956, S. 23 ff., Tf. I–VI (Stele III).

Es handelt sich um altaramäische Staatsvertragstexte der Könige Bar-Gaja von Katk (aramäisch Ktk, assyrisch Kask/Kaschk, in Südostkleinasien) und Mati-El von Arpad (etwa 30 km nördlich von Aleppo) aus der Mitte des 8. Jh. v. Chr. (noch vor 740, dem Datum der Eroberung von Arpad durch Tiglatpileser III.). Stele III ist vielleicht vor den Stelen I und II abgefaßt worden, denn der König von Arpad scheint hier noch über größere politische Selbständigkeit und Macht verfügt zu haben. Es ist nicht ausgeschlossen, daß Stele III in die Zeit vor 754 gehört, als Mati-El durch Assurnirari V. von Assyrien gezwungen wurde, mit ihm einen Staatsvertrag zu schließen. Die Stelen I und II würden in die Zeit nach 754 gehören. In ihrem Falle handelt es sich, wenn nicht um Verträge zur Regelung von Mati-Els Vasallenverhältnis gegenüber Bar-Gaja, so doch um Urkunden eines Bundes zwischen ungleichen Kontrahenten:

---

[106]) Hauptgott von Memphis.

Der schwächere König von Arpad hatte dem stärkeren König von Katk größere Rechte einzuräumen, selbst aber vermehrt Verpflichtungen zu übernehmen. Dahinter stand gewiß der Zwang zu einer antiassyrischen Verbindung, besonders zur politischen und militärischen Absicherung gegen die unmittelbare Bedrohung des Arpad-Reichs durch das neuassyrische Großreich.

Die Inschriften von Sfire sind die bislang einzigen Staatsverträge in einer nordwestsemitischen Sprache. Sie sind darum für die Erörterung der at.lichen Problemkreise „Bund" und „Bundesformular" von Belang. Die Art, in der sie für den Fall des Vertragsbruchs Sanktionsandrohungen aussprechen, lädt in besonderem Maß zum Vergleich ein: vgl. Stele I A 21ff. und Stele II A 1ff. mit 3. Mose 26,26; 5. Mose 28, 38–40; Hos. 4,10; 9,12.16; Am. 5,11; Mi. 6,14f.; Zeph. 1,13; Hag. 1,6 u. a. at.lichen Stellen. Aber auch in anderen Einzelzügen erschließen sich, wie in den Anmerkungen angedeutet wird, interessante Vergleichsmöglichkeiten.

Literatur: M. Noth, Der historische Hintergrund der Inschriften von *sefīre*, ZDPV 77, 1961, S. 118ff. = Aufsätze zur biblischen Landes- und Altertumskunde II, 1971, S. 161ff.; KAI, Nr. 222–224; J. A. Fitzmyer, The Aramaic Inscriptions of Sefire, 1967, und ANET³, S. 659ff. Zur Rekonstruktion des lückenhaften Textes vgl. im einzelnen E. Lipiński, Studies in Aramaic Inscriptions and Onomastics, I, 1975, S. 24ff.

Stele I

A ¹Der Vertrag des Bar-Gaja, des Königs von Katk, mit Mati-El, dem Sohn des Attar-sumki, dem König von [Arpad, und der Ver]²trag der Söhne des Bar-Gaja mit den Söhnen des Mati-El, und der Vertrag der Söhne der Söhne des Bar-Ga[ja und] seiner [Nachkommenschaft] ³mit der Nachkommenschaft des Mati-El, des Sohnes des Attar-sumki, des Königs von Arpad, und der Vertrag von Katk mit dem [Vertrag von] ⁴Arpad, und der Vertrag der Bürger von Katk mit dem Vertrag der Bürger von Arpad, und der Vertrag eines Bundesge[nossen mit dem anderen] ⁵und mit ganz Aram ¹⁰⁷) und mit Misr ¹⁰⁸) und mit seinen Söhnen, die an [seiner] Stelle aufkommen werden, und [mit den Königen des] ⁶ganzen oberen und unteren Aram und mit jedem, der nach dem Königsschloß hinauf- oder hi[nab]zieht. [Auf die]se [Stele] ⁷haben sie diesen Vertrag gesetzt ¹⁰⁹); und dies ist der Vertrag, den Bar-Ga[ja] geschlossen hat [vor …] ⁸und Mullesch ¹¹⁰) und vor Marduk und Sarpanitu ¹¹¹) und vor

---

¹⁰⁷) Der Ausdruck deutet auf die Gemeinschaft aramäischer Kleinstaaten, des „oberen (im Binnenland gelegenen) und unteren (nach dem Mittelmeer hin gelegenen) Aram" (Z. 6).

¹⁰⁸) Sehr wahrscheinlich die Kurzform eines neuhethitischen Personennamens, ähnlich dem Namen Misramuwa, der einem Fürsten von Karkemisch im 13. Jh. v. Chr. zu eigen war. Die Annahme legt sich nahe, daß der Genannte König eben dieses Reichs von Karkemisch war.

¹⁰⁹) Den Ausdruck „auf dieser Stele" liest man in C 17; entsprechend wurde ergänzt. Die Subjekte zu „haben gesetzt" sind Bar-Gaja und Mati-El.

¹¹⁰) Eigenname einer unbekannten Gottheit. Sie hat mit dem Gott, der am Ende von Z. 7 genannt gewesen ist, ein Paar gebildet, war darum vermutlich eine weibliche Gottheit.

¹¹¹) Der Hauptgott von Babylon samt seiner Gemahlin.

Nabu und Ta[schmetu[112]) und vor Erra und Nus][9]ku[113]) und vor Nergal und Las[114]) und vor Schamasch und Nuru[115]) und vor S[in und Nikkal von …[116]) und v][10]or Nikkar und Kadia[117]) und vor allen Göttern der Steppe und des Ackerlan[des und vor Hadad von A][11]leppo und vor der Siebengottheit und vor El und Eljan[118]) und vor dem Himme[l und der Erde[119]) und vor der Meeres][12]tiefe und den Quellen und vor dem Tag und der Nacht. Zeugen sind alle [diese] G[ötter! O alle Göt[13]ter], öffnet eure Augen, zu sehen, ob [Mati-El, der König von [14]Arpad,] [13]den Vertrag des Bar-Gaja [einhält].

[14]Und wenn meineidig wird Mati-El, der Sohn des Attar-sumki, der Kön[ig von Arpad, gegenüber Bar-Gaj[15]a, dem König von Katk, und we]nn meineidig wird die Nachkommenschaft des Mati-El [gegenüber der Nachkommenschaft des Bar-Gaja, des Köni[16]gs von Katk, und wenn meineidig werden die Söhne des] Gusch[120]) wie [… [17ff.] größere Lücke … [20]…] aus dem… [… [21]… und sieben Widder sollen] ein Mutterschaf [decken], aber es möge nicht schwanger werden[121]), und sieben Säu[gerinnen] sollen [ihre Brüste(?)] salbe[n und] [22]ein Kind säugen[122]), aber es möge nicht satt werden; und sieben Stuten sollen ein Fohlen säugen, aber es möge nicht sa[tt werden; und sieben] [23]Kühe sollen ein Kalb säugen, aber es möge nicht satt werden; und sieben Schafe sollen ein Lamm säugen, aber [es möge nicht satt] [24]werden; und sieben Hennen von ihm sollen während des Nahrungsmangels umhergehen, aber sie mögen nicht getötet werden! Und wenn meineidig wird Mati-[El gegenüber] [25]seinem Sohn[123]) und gegenüber seiner Nachkommenschaft, soll sein Königreich wie ein Sandkönigreich, ein Traumkönigreich

---

[112]) Der babylonische Gott von Borsippa und seine Gemahlin.

[113]) Der babylonische Pestgott Erra und der Feuergott Nusku bilden ein Paar in der parallelen Aufzählung göttlicher Garanten im Vertrag Assurniraris mit Mati-El.

[114]) Der babylonische Gott der Unterwelt samt seiner Gemahlin.

[115]) Der babylonische Sonnengott und seine Gemahlin Aja, die hier Nuru („Licht") heißt.

[116]) Der babylonische Mondgott und seine Gemahlin Ninkal/Ningal > Nikkal („Große Dame") die aus den älteren nordsyrischen Staatsverträgen als „Nikkal, die Herrin von Gurat" und „Nikkal, die Herrin von Nuban" bekannt ist (vgl. PRU 4, S. 52.65.157). Nach Nikkal stand wahrscheinlich die Wendung „von Gurat" oder „von Nuban".

[117]) Eigenname zweier noch nicht identifizierter Gottheiten, die wahrscheinlich zum kleinasiatischen Pantheon des Königs von Katk gehörten.

[118]) „El und Eljan" ist dem at.lichen El Eljon („dem Höchsten Gott") zur Seite zu stellen. Vgl. 1. Mose 14,18ff.; 4. Mose 24,16; Ps. 57,3; 73,11; 77,10f.; 78,35; 107,11. Im Ugaritischen begegnen nicht selten Namen von Gottheiten, die durch „und" mit einem Epitheton verbunden sind.

[119]) Vgl. 5. Mose 31,28; 32,1; Jes. 1,2; Ps. 50,4 und Anm. 92.

[120]) Ahnherr der herrschenden Dynastie von Arpad.

[121]) Nach der Lücke werden Sanktionsdrohungen laut. Vgl. hiermit die schon genannten AT-Parallelen.

[122]) Zum Motiv an sich vgl. immerhin auch Hos. 9,14; Klgl. 4,3f.; 1. Mose 49,25.

[123]) D. h. dem Sohne des Bar-Gaja.

werden, das Assur beherrscht; [dann soll Ha][26]dad alles Böse auf der Erde und im Himmel und alles Übel [ausgießen][124]); und er soll ausgießen über Arpad [Ha][27]gel[steine][125])! Und sieben Jahre lang soll die Heuschrecke fressen! Und sieben Jahre lang soll der Wurm fressen! Und sieben [Jahre lang soll aufkom][28]men die Wehklage[126]) auf der Oberfläche seines Landes, aber kein Kraut soll hervorkommen, so daß nichts Grünes gesehen werden wird, so daß sein Gras nicht [gesehen werden wird]! [29]Und Zitherklang soll in Arpad nicht gehört werden, aber bei seiner Bevölkerung soll es Krankenstöhnen und [Schr]eiens Lär[m] [30]und Klageruf geben! Und die Götter mögen alles, was frißt, nach Arpad senden, und von seiner Bevölkerung [fressen sollen das Mau][31]l der Schlange und das Maul des Skorpions und das Maul des Bären des Wehes[127]) und das Maul des Panthers und die Motte und der Floh und die W[espe. Abbre][32]chen soll ihm ein Zerstörer die Häuser! Zur Einöde [soll] sein Gras(-land) [ver]wüstet werden, und Arpad soll ein Ruinenhügel werden zum [Lager des Hirschs und] [33]der Gazelle und des Fuchses und des Hasen und der Wildkatze und der Eule und [des Kauzes] und der Elster[128])! Und nicht genannt werden sollen [jene] Sta[dt und] [34]Medura und Meriba und Mazeh und Mabbula und Scharun und Tuwim und Bethel und Bajjanan und [... und A][35]rneh und Chazaz und Adam[129])! Gleichwie dieses Wachs im Feuer verbrennt, so soll Arpad verbrennen und [die umlie]genden [Städte][130])! [36]Und Hadad soll in ihnen Salz und Kresse säen[131])! Und mögest du nicht sagen: „Dieser Dieb und [diese seine Schmach], [37]dies ist Mati-El und seine Schmach"[132])! Gleichwie dieses Wachs im Feuer verbrennt, so soll verbrannt werden Ma[ti-El im Feu][38]er; und gleichwie der

---

[124]) Vgl. etwa 5.Mose 28,23–24.

[125]) Vgl. Jes. 30,30; Ez. 13,11.13; 38,22.

[126]) Das zugrundeliegende Wort *twj* substantiviert die Interjektion *waj* („o weh!"); eine Anspielung auf Bußzeremonien in Notzeiten.

[127]) Wir trennen hier *db hh* („Bär des Wehs"). Das aramäische und hebräische (Ez. 30,2) Wort *hah* bedeutet „weh!" Siehe die ähnlichen Ausdrücke „lauernder Bär" (Klgl. 3,10), „gieriger Bär" (Spr. 28,15), „verwaiste Bärin" (2. Sam. 17,8; Hos. 13,8; Spr. 17,12). Vgl. diesen Abschnitt (A 30f.) sowie Stele II A 9 mit 3.Mose 26,22 und Ez. 14,15.

[128]) Vgl. etwa Zeph. 2,13f. oder Jes. 13,21f.; 34,10ff.

[129]) Die Vokalisation der Mehrzahl dieser Ortsnamen ist hypothetisch. Aus gleichzeitigen assyrischen Urkunden sind Scharun, Tuwim und Chazaz bekannt. Alle diese Orte scheinen zum näheren Umkreis von Arpad gehört zu haben.

[130]) Anspielung auf Zauberhandlungen, die im Augenblick des Vertragsabschlusses vollzogen wurden. Offenbar wurden Wachsfiguren ins Feuer geworfen. Vgl. mutatis mutandis Ps. 68,3 (auch Ps. 22,15; 97,5; Mi. 1,4).

[131]) Zum Bestreuen mit Salz siehe Ri. 9,45; Jer. 17,6; Zeph. 2,9 (auch 5.Mose 29,22; Hi. 39,6). Vgl. F.C.Fensham, BA 25, 1962, S.48ff.

[132]) „Dieser Dieb", der mit Mati-El identifiziert wird, ist der Dieb, von dem wahrscheinlich in Z.42 die Rede ist. Er spielt im Augenblick der Bundeszeremonie die Rolle eines Königsstellvertreters: die „Schmach", die ihm im Rahmen der Handlung zugefügt wird, soll analog den Mati-El treffen, wenn er vertragsbrüchig wird. – Vgl. Anm. 137.

Bogen und diese Pfeile zerbrochen werden, so sollen Inurta [133]) und Hadad
zerbrechen [den Bogen des Mati-El] [39]und den Bogen seiner Magnaten! Und
gleichwie der Wachsmann geblendet wird, so soll Mati-E[l] geblendet werden[134])! [Und gleichw[40]ie] dieses Kalb zerschnitten wird, so soll Mati-El
zerschnitten werden und sollen seine Magnaten zerschnitten werden[135])!
[Und gleichwie [41]die]se[s entblößt wird[136])], so sollen entblößt werden die
Frauen des Mati-El und die Frauen seiner Nachkommenschaft und die Frauen
[seiner] Mag[naten! Und gleichwie [42]dieser Dieb genommen und gefesselt
wird] und auf sein Gesicht geschlagen wird, so soll [Mati-El] genommen und
[gefesselt] werden, [und er soll [43]auf sein Gesicht geschlagen werden[137]) ...]

[B][Der Vertrag des Bar-Gaja, des Königs von Katk, mit Mati-El, dem Sohn
des Atta[1]r-sumki, dem König von Ar]pad, und der Vertrag der Söhne des
Bar-Gaja mit den Söhnen des Mati-El und der Vertrag der [Sö[2]hne der Söhne
des Bar-]Gaja mit der Nachkommenschaft des Mati-El und mit der Nachkommenschaft jedes Königs, der [3][in Arpad] an seiner Stelle [aufkommen
wird,] und mit den Söhnen des Gusch und mit dem Haus Siluls[138]) und mit
[ganz] Ar[4][am und der Vert]rag von Katk mit dem Vertrag von Arpad und
der Vertrag der Bürger von Katk mit dem Ver[5][trag der Bürger von A]rpad
und mit seinem Volke und der Vertrag der Götter von Katk mit dem
Vertrag der G[6][ötter von Arpad] – dies ist der Vertrag der Götter, den die
Götter aufgestellt haben!

Glücklich der König, [7][dessen Thron auf der Best]ändigkeit eines großen
Königs (beruht) und wie dies[er] Ver[tra]g [auf dem Firma]ment des Himmels
(steht)! Und [diesen] Vertrag [8]werden [alle Götter] bewahren, und keines
von den Worten diese[r] Inschrift soll schweigen! [9][Und sie sollen gehört
werden von] Arqu bis Jad[i und] Buz, vom Libanon bis Jab[10][rud und ...,
von Damas]kus bis Aro und Ma[nsu]wa[t, vo]n der Beqa bis Katk[139]).

---

[133]) Inurta oder Ninurta war der assyrische Kriegsgott. Er selbst und der Sturmgott Hadad gebrauchten Bogen und Pfeile. Hier werden sie angerufen, um Bogen und
Pfeile des Mati-El zu zerbrechen, falls dieser vertragsbrüchig wird.

[134]) Zum Blenden eines vertragsbrüchigen Königs vgl. 2. Kön. 25,7; Jer. 39,7;
52,11 (auch Ez. 12,12–13).

[135]) Zum Zerschneiden eines Kalbes im Augenblick des Vertragsabschlusses vgl.
1. Mose 15,9–18; Jer. 34,18. Zur Bedeutung dieser rituellen Handlung vgl. J. Hen-
ninger, Bib. 34, 1953, S. 344 ff.

[136]) Das Abziehen des Fells beim getöteten Kalb dient als Bild der Entblößung der
Frauen des Mati-El. Zur Entblößung von Frauen als schimpfliche Bestrafung vgl.
Jer. 13,26; Ez. 16,37; Hos. 2,5; Nah. 3,5.

[137]) Der Dieb wurde offenbar im Augenblick des Vertragsabschlusses geschlagen;
vgl. Anm. 132.

[138]) Der Personenname „Silulu" ist aus assyrischen Urkunden bekannt. Das arpa-
dische Haus Silul war offenbar eine prominente Familie neben der Familie Gusch, aus
der die Könige hervorgingen.

[139]) Die Z. 9/10 scheinen eine Aufzählung geographischer Begriffe Syriens in einer
bestimmten Reihenfolge zu enthalten. Wahrscheinlich handelt es sich um eine Umschreibung des Gebiets, in dem der Vertrag seine Gültigkeit hatte.

[11][Behüten werden alle Götter das H]aus des Gusch und sein Volk mit ihren Kultorten [140])! Dies[er] Vertrag [12][wird Arpad bewahren, falls] sein [H]aus ihn kin[der]los ließe oder sich in Bedrängnis und Hader ver[löre] [141]). [13][...] für den Mati-El, den Sohn des [14][Attar-sumki ... [15-21]...] für euer Haus. Und wenn Mati-El nicht gehorcht [und wenn seine Söhne nicht gehorchen und wenn sein Volk nicht gehorcht [22]oder wenn nicht gehorche]n alle Könige, die in Arpad die Königsherrschaft antreten werden, den W[örtern dieser Inschrift, die ge[23]hört wurden unter dem gan]zen Himmel, dann seid ihr meineidig geworden gegenüber all den Göttern des Vertrags, d[er in dieser Inschrift ist. Wenn ihr aber [24]gehorcht und einha]ltet diesen Vertrag und du sagst: „Ein Vertragsmann bin [ich", dann werde ich [25]die Hand nicht] gegen dich [ausstrecken können,] und mein Sohn wird die Hand nicht gegen [deinen] Sohn ausstrecken können, noch meine Nachkommenschaft gegen [deine] Nachkom[menschaft. Und wenn] [26]einer von den Königen oder einer von meinen Feinden gegen mich [etwas reden sollte,] und du sagst zu [irgen]d-einem König: „Was [will]st du?" [142]) [und er stre[27]ckt die Hand aus gegen] meinen Sohn und tötet ihn und streckt seine Hand aus und nimmt von meinem Land oder von meinem Besitz, dann bist du mei[n[28]eidig hinsichtlich des Vert]rags, der in dieser Inschrift ist. Und wenn einer von den Königen kommt und mich einkreist, komm mit [deiner ganzen [29]Streitmacht und] jedem Pfeil[schützen] und all deinen Tapfer[en], damit du den stößest, der mich umzingelt, und gegen ihn kämpfest. [Andern[30]falls werde ich kommen] und gewiß Leichnam auf Leichnam in Ar[p]ad anhäufen. [Kein] einziger König [wird] für die Zufluchtsuchenden [zuver]lässig sein und unbedingt [31]sollen s[ie ge]töt[et werden].

Und wenn du an dem Tage, an dem die Götter [mir] das Leid des Lebens [bestimmt haben], nicht mit deiner Streitmacht kommst und i[32][hr nicht] mit eurer Streitmacht [ko]mmt, um meinem Ha[u]se zum Sieg zu verhelfen, [und wenn deine Nachkommen]scha[ft nicht] kommt, um [meiner] Nach-kommenschaft zum Sieg zu verhelfen, [33][dann bist du meineidig geworden gegenüber] den Göttern des Vertrags, der in dieser Inschrift ist. Und ermüden die Bundesge[nossen] mit mir, dann kann ich das Wasser [34][meines Brunnens lassen hinaufbrin]gen, aber jeder, der [je]nen Brunnen umkreist, wird die Zufuhr nicht abschneiden kön[nen] noch die Hand nach dem Wasser des Brun[nens] ausstrecken. [35][Und] der [König], der heraufsteigen und dir das Herz rauben würde, er selbst und [seine] St[reitmacht und jeder], der [dir

---

[140]) Der Ausdruck „Kultort" gibt hier das aram. 'schrh/t wieder. Entsprechend steht auch im AT „Aschere" öfter für „Kultort". – Nach E. Lipiński (OLP 3, 1973, S. 112 ff.) kann im einzelnen ein heiliger Hain gemeint sein (Ri. 6, 25–30; 2. Mose 34, 13; 5. Mose 7, 5; 12, 3; 16, 21; 2. Kön. 18, 4; 23, 14 f.; 2. Chr. 14, 2; 31, 1; Mi. 5, 13) oder auch eine „Kapelle" (1. Kön. 14, 15. 23; 15, 13; 16, 33; 2. Kön. 13, 6; 14, 23; 17, 10. 16; 21, 3. 7; 23, 6 f.; 2. Chr. 15, 16; 19, 3; 24, 18; 33, 3 f. 7. 19).

[141]) Es handelt sich um die herrschende Familie von Arpad.

[142]) Diese Frage drückt die Bereitwilligkeit des Königs von Arpad aus, einen anderen Oberherrn anzuerkennen.

das Herz] rauben würde, – haben [soll ich [36]ihre Köpfe, um] die Kraft des Angreifers [und] seine [Bo]sheit a[us den Völ]ke[rn] auszurotten. So haben wir in der Stadt geschworen und wenn (es) nicht so (geschieht), mein-eid[37][ig sind wir geworden in all die]sem. – Und wenn die [Heuschrec]ke mir das gan[ze] B[rot gefr]essen hat [oder die D]ürre mein Brot weggetragen hat, sollst du [mir den zu esse]nden Vo[rrat] senden. [38]Und wenn du mir mein Brot nicht lieferst und [du] mir Brot nicht herbeiträgst und nicht ausschüttest, dann bist du hinsichtlich dieses Vertrags meineidig geworden. [39][Und wenn du] das Notbrot [nicht] herbeitragen [ka]nnst, da der Schrecken auf dich kommt und deine Kehle begehrt und das g[anze Getreide] ausgeht [40]deiner [Stad]t und deinem Hause, sollst du Kleinvieh schlachten als Vo[rrat] für meine Kehle [und für je]de Kehle meines Hauses und für [meine] Schüt[z-linge, [41]und freuen wird sich] dein Sohn [in] seinem [Her]zen und nicht abschnei[den] sollen von sich die Könige von A[rpad et]was, was die Zeit des Lebe[ns [42]ist. Und wenn mein Sohn sich] seinem Schützlinge [nicht zuwend]et oder (wenn) er gesunken und hingeschwunden ist, wo auch du für deine Kehle Erbarmen findest, Ame[n! [43]...] wie er mit dir get[an hat], so wirst du den Spätling entzweischneiden. Und wenn [... [44]...] er wird den Schuppenpanzer[143]) meines Hauses verstärken gegen ... [... [45]... gegen] meinen Sohn oder gegen einen von meinen Eunuchen. Und falls einer von ihnen flieht und komm[t...]

[C] [1]So haben wir gesprochen [und so] haben wir [gesch]rieben. Was [2]i[ch, Mati]-El, geschrieben habe, ist eine Mah[3]nung für meinen Sohn [und für den Sohn] meines Sohnes, d[4]ie an meiner [Stelle] aufkommen werden. Mögen [sie gemäß dem] Freundschaftvertrag [5]verfahren [unter] der Sonne [6][zugunsten von meinem] kö[niglichen H]aus, [da]mit nichts Schlecht[7][tes widerfahre dem] Hause des Ma[8][ti-El und seines Sohnes und des Sohnes] seines Sohnes i[n [9]Ewigkeit ... [10-14]... Irgend]ei[n Böses] [15]mögen die Götter fernhalten von seinen Ta[16]gen und von seinem Hause! Und wer [17]die Worte der In-schrift, die auf dieser Stele sind, nicht bewahrt, [18]sondern spricht: „Ich werde ihre Worte auslöschen!" [19]oder „Ich werde den Freundschaftvertrag umstürzen und [20][zur] Bosheit kehren!" – an dem Tage, da er [21]so handel[t], mögen die Götter [je]nen Man[n] umstürzen [22]und sein Haus und alles, was [dar][23]in ist, und mögen sie sein Unterstes [zu [24]o]berst kehren! Und nicht besitzen soll sein Stam[25][m] einen Namen!

Stele II

[A] [144]) [... und sieben Stuten [1]sollen ein Fohlen säugen, aber es möge nicht satt werden; und sieben Kühe sollen ein Kalb säugen, aber es möge nicht] satt werden; und sieben [2][Schafe sollen ein Lamm säugen, aber es möge nicht satt werden; und sieben Ziegen sollen] ein Böckchen [säu]gen, aber es möge

---

[143] Mögliche Bedeutung, abgeleitet von *qelab>qelap*, „(ab)schälen".
[144] Zum Text und seiner Ergänzung siehe auch Stele I A 21 ff.

nicht sa³[tt werden; und sieben Hennen sollen während des Nahrungsmangels umhergehen, aber sie mögen nicht getötet werden! Und wenn er
mein]eidig wird gegenüber Bar-Gaja und gegenüber ⁴[seinem Sohn und gegenüber seiner Nachkommenschaft, soll sein Königreich wie ein Sandkönigreich
werden; und sein Name soll ver]gessen werden, und [sein] Gra[b] soll sein
⁵[... Und sie]ben Jahre [soll] Dornengestrüpp das Getrei⁶[de verdrängen ...;
und sie]ben Jahre soll sein [... ⁷...] unter allen Magnaten von [... ⁸...] und
sein Land. Und ein Gesch⁹[rei ... Und fressen soll] das Maul des Löwen und
das Maul des [...] und das Maul des Panthe[rs ... ¹⁰⁻¹⁴...]

ᴮ ¹[...sind] ²der Vertrag und die Freundschaft, di[e] die Götter verwirklicht
haben in [Katk und Arpad. Und wenn Mati-El nicht gehorcht] und wenn
seine Söhne nicht gehorchen, ³wenn seine Magnaten nicht gehorchen und
wenn sein Volk nicht gehorcht und wenn nicht ge[horchen alle Könige von
Arpad, aufstehen sollen die Götter des Schre]⁴ckens, die es bezeugen sol-
len¹⁴⁵). Wenn du aber gehorchst, [wird] die Ruhe [deiner] B[ahre ... Und]
⁵wenn du sprichst in deiner Kehle und denkst in [deinem] Herzen: [„Ein
Vertragsmann bin ich, und ich will dem Bar-Gaja dienen" ⁶und seinen Söhnen
und seiner Nachkommenschaft", dann werde ich die Ha[nd] nicht [gegen dich]
ausstrecken können, [noch mein Sohn gegen deinen Sohn, noch meine Nachkommenschaft gegen deine Nachkommenschaft], ⁷weder sie zu schlagen
noch ihren Namen zu vernichten. Und [wenn mein Sohn in seiner Kehle
spricht: „Ich will aufkommen an der Stelle) ⁸meines Vaters"¹⁴⁶), und mein
Sohn geifert und bejahrt wird und will [meinen Kopf haben, um mich zu
töten, und du sprichst in deiner Kehle: „Er] ⁹töte¹⁴⁷), wen er töten will",
dann seid ihr meineidig geworden gegenüber allen Götter[n des Vertrags,
der in dieser Inschrift ist. Und die Götter ¹⁰werd]en dich herabwerfen, und
das Haus von Gusch und das Haus von Silul. Und [... ¹¹...] meines [Mörde]rs
und der Leichnam deines Sohnes auf dem Leichnam [... ¹²...] von mir. Und
am Tage des Zornes gegen alle [... ¹³...] ... er kommt fü[rcht]end meinen
Sohn und die Söhne [meiner] Söhne [...] ¹⁴aus der Hand meiner Feinde und
[...] ..., seid ihr meineidig geworden [hinsichtlich dieses Vertrags ...] ¹⁵der
große [...]: auf eurem [...] wird Dornstrauch [...] und auf [eurer] Straße [...]
¹⁶und niemand wird ihn bedrängen. Wenn er bedrängt in der Sta[dt ...]
¹⁷... [...]. Wenn du begehrst und nicht [... bist du mein¹⁸eid]ig geworden
gegenüber allen [Göttern des Ver]trags, der in [dieser] Inschrift ist [... ¹⁹Und]
er soll nicht ... [...] ..., denn ein Vertra[gs]mann [... ²⁰Und] wenn [...], der
mächtiger ist als du [... ²¹...].

ᶜ ¹[... Und wer] be²fiehlt, [d]iese Inschriften zu entfernen von den Göt³ter-
häusern¹⁴⁸), wo sie einge[gr]aben bleiben sollen, und ⁴[s]agt: „Ich will die

---

¹⁴⁵) Vgl. auch Stele I B 22.39.
¹⁴⁶) Vgl. Stele I A 5; B 3; C 4 sowie Stele II B 5.
¹⁴⁷) Vgl. Stele III 11.
¹⁴⁸) Die „Götterhäuser" sind in dieser Inschrift die Heiligtümer, in denen die Ver-
tragsstelen ihre Behausung hatten. Vgl. Jos. 24,25–27; Ri. 9,6.

Inschrif[t]en vernichten, und von Gru[n]^{5}d auf will ich Katk vernichten und
seinen König!" – ^{6}auch wenn er sich fürchtet, die Inschrif[t]en (selbst) zu
entfernen ^{7}von den Götterhäusern, und sagt zu ^{8}dem, der nicht versteht:
„Ich miete dich" und ^{9}befiehlt: „Entferne diese [Insch]riften von den
^{10}[Gö]tterhäusern!" – der soll in qualvoller Bedrückung st[erben – er]
^{11}und sein Sohn! ^{12}[..., nicht ^{13}wegraffen $^{149)}$] werden alle Götte[r des Ver]-
trags, der in [dies]er Inschrift ist, ^{14}den Mati-El und seinen Sohn und den Sohn
seines Sohnes ^{15}und seine Nachkommenschaft und alle Könige von Arpad
und alle seine Mag^{16}naten und ihr Volk aus ihren Häusern und aus ^{17}ihren
(Lebens)tagen!

Stele III

[... Und wer auch immer zu dir kommt] ^{1}oder zu deinem Sohn oder zu
deiner Nachkommenschaft oder zu einem der Könige von Arpad und [ge]gen
mich re[d]et oder gegen meinen Sohn oder gegen den Sohn meines Sohnes
oder gegen meine Nachkommenschaft, ebenso jederman^{2}n, der den Hauch
seiner Nasenflügel aufbläht $^{150)}$ und böse Worte über mich sagt, [(dem) darfst
du nicht] die Worte aus seiner Hand nehmen. Du sollst sie in meine Hände
ausliefern, und dein So^{3}hn soll (sie) meinem Sohn ausliefern, und deine Nachkommenschaft soll (sie) meiner Nachkommenschaft ausliefern, und die Nachkommenschaft [von jedem der Kö]nige von Arpad sollen (sie) mir ausliefern.
Was in meinen Augen gut ist, werde ich ihnen tun. ^{4}Andernfalls seid ihr
meineidig geworden gegenüber allen Göttern des Vertrags, der in [dieser]
Inschrift ist. Und wenn mir ein Flüchtling entflieht, einer von meinen hohen
Beamten oder einer von meinen Brüdern oder einer von ^{5}meinen Eunuchen
oder jemand aus dem Volk, das mir untertan ist, und sie nach Aleppo
gehen, (dann) sollst du [ih]nen Brot nicht ausschütten und nicht zu ihnen
sagen: „Bleibt ruhig an eurem Ort!" und sollst ihre Ke^{6}hle nicht über mich
erhöhen. Du sollst sie ruhigstellen und sie zu mir zurückbringen. Und wenn
sie (sich) nicht in deinem Lande auf[hal]ten wollen, (dann) stelle (sie) dort
ruhig, bis ich selbst komme und stelle sie ruhig! Wenn du aber ihre Kehle
über mich erhöhst ^{7}und ihnen Brot ausschüttest und zu ihnen sagst: „Bleibt,
wo ihr seid, und kehrt nicht zu seinem Ort zurück!", dann seid ihr hinsichtlich dieses Vertrags meineidig geworden. Und alle Könige meiner Nach-
^{8}barschaft oder jeder, der mir wohlgesonnen ist und d[e]m ich meinen Boten
sende des Friedens wegen oder aus irgendeinem meiner Interessen oder der
mir seinen Boten sendet: Offe^{9}n sei der Weg für mich! Du sollst dich mir
diesbezüglich nicht aufdrängen und mir keinen Einspruch dage[gen] erheben!
Andernfalls bist du hinsichtlich dieses Vertrags meineidig geworden. Und
wenn jemand einer von meinen Brüdern ist oder jemand einer aus dem

---

$^{149)}$ Wahrscheinlich muß in der Lücke eine Segensformel ergänzt werden ähnlich
Stele I C 15/16.

$^{150)}$ D.h. „der zürnt", „der Zank sucht". Zu diesem Sprachgebrauch siehe auch
Jes. 64,1; Spr. 1,23; Sir. 16,25. Vgl. F. Vattioni, AION 13, 1963, S. 279 ff.

Hau[10]se meines Vaters ist oder jemand einer von meinen Söhnen ist oder jemand einer von meinen Feldherren ist oder jemand einer von meinen [ho]hen Beamten ist oder jemand einer von den Leuten ist, die mir untertan sind, oder jemand einer von meinen Feinden ist und [11]meinen Kopf haben will, um mich zu töten und um meinen Sohn und meine Nachkommenschaft zu töten – wenn sie m[i]ch töten, (dann) sollst du selbst kommen und mein Blut von der Hand meiner Feinde rächen; und dein Sohn soll kommen: [12]er soll das Blut meines Sohnes an seinen Feinden rächen; und der Sohn deines Sohnes soll kommen: er soll das Blu[t des Soh]nes meines Sohnes rächen; und deine Nachkommenschaft soll kommen: sie soll das Blut meiner Nachkommenschaft rächen. Und wenn es eine Stadt ist, [13]sollst du sie ganz mit dem Schwert schlagen! Und wenn es einer von meinen Brüdern ist oder einer von meinen Vasallen oder [einer] von meinen hohen Beamten oder jemand aus dem Volk, das mir untertan ist, sollst du ihn und seine Nachkommenschaft und seine Verwa[14]ndten und seine Freunde mit dem Schwert totschlagen! Andernfalls bist du meineidig geworden gegenüber allen Göttern des [Ve]rtrags, der in dieser Inschrift ist. Und wenn es über dein Herz kommt und du (es) auf deine Li[15]ppen hebst, mich zu töten, und wenn es über das Herz des Sohnes deines Sohnes kommt und er (es) auf seine Lippen hebt, den Sohn meines Sohnes zu töten, oder wenn es über das Herz deiner Nachkommenschaft kommt [16]und sie (es) auf ihre Lippen hebt, meine Nachkommenschaft zu töten, und wenn es über das [H]erz der Könige von Arpad kommt (und) auf irgendeine Weise ein Menschensohn[151]) stirbt, seid ihr meineidig geworden gegenüber al[17]len Göttern des Vertrags, der in dieser Inschrift ist. Und wenn das Recht [meines] Sohnes, der sich auf meinen Thron gesetzt hat, einer von seinen Brüdern bestreitet oder ihn absetzen will, sollst du deine Zun[18]ge nicht zwischen sie schicken und zu ihm sagen: „Töte deinen Bruder!" oder „Setze ihn gefangen und laß ihn [nicht] frei!". Wenn du [dagegen] zwischen ihnen Ruhe stiftest, (dann) wird er nicht töten und nicht gefangensetzen. [19]Wenn du aber nicht zwischen ihnen Ruhe stiftest, (dann) bist du hinsichtlich dieses Vertrags meineidig geworden. Und betreffs der [Kö]nige meiner [Nachbar]schaft, falls mein Flüchtling zu einem von ihnen flieht, und falls ihr Flücht[20]ling flieht und zu mir kommt, – wenn er meinen zurückgibt, werde ich [seinen] zurückgeben; [und] du selbst darfst mich nicht hindern. Andernfalls bist du hinsichtlich dieses Vertrags meineidig geworden. [21]Und du sollst in mein Haus und zwischen meine Söhne und zwischen [meine] Br[üder und zwischen] meine [N]achkommenschaft und zwischen mein Volk die Zunge nicht schicken und zu ihnen sagen: „Tötet euren He[22]rrn!" und „Sei sein Nachfolger!" Denn ich würde zu seinen Gunsten verzichten und jemand würde (gegebenenfalls) [mein Blut] rächen. [Und wenn du] gegen mich Trug übst oder gegen meinen Sohn oder gegen [meine] Nachkommenschaft, [23](dann) bist du meineidig geworden gegenüber allen Göttern

---

[151]) Bislang ältester Beleg des Ausdrucks *bar 'enosch*, „Menschensohn", d.h. hier „Prinz von Geblüt". Auch das akkadische Wort „Mensch" kann „König" bedeuten.

des Vertrags, der in diese[r] Inschrift ist. [Und Talaj]im[152]) und seine Dörfer und seine Bürger und sein Gebiet gehören meinem Vater und [24][seinem Hause auf] ewig. Und als die Götter das Haus [meines Vaters] geschlagen hatten, [gehö]rte [es] einem anderen. Jetzt aber haben die Götter die Stellung des Haus[25][es meines Vaters] wiederhergestellt[153]), [und das Haus] meines Vaters [hat gesiegt], und Talajim ist an [Bar-Gaj]a und an seinen Sohn und an den Sohn seines Sohnes und an seine Nachkommenschaft auf ewig zurück-gefallen. Und [26][wenn einer der Könige das Recht meines Sohnes und das Recht des Sohnes] meines [Soh]nes und das Recht meiner Nachkommenschaft auf Talajim und seine Dörfer und seine Bürger bestreitet[154]), – wer immer erhebt [27][... sollen die Kö]nige von Arpad [...; wenn du aber] ihn [...], bist du hinsichtlich dieses Vertrages meineidig geworden. Und wenn [28][...] und sie beschenken irgendeinen König, der wird [29][... alles, wa]s schön und alles, was g[ut ist ...]

XI. Mythographie

25. *Fragmente des Philo von Byblos*

Aus dem 1. Jt. v. Chr. ist bisher noch kein nordsemitischer Text mythologischer Art zutage gekommen. Die Praeparatio evangelica des Eusebius von Caesarea (I, 9, 20 bis 10, 55) umschließt aber immerhin Fragmente der sog. Phönizischen Geschichte des Philo von Byblos (geb. 64 n. Chr.), der seinerseits ein älteres phönizisch geschriebenes Werk von einem gewissen Sanchunjaton verwertet hat. Diese Fragmente sind kosmo-gonischer und theogonischer Art. – Kritische Textausgabe: K. Mras, Eusebius. Werke, VIII, Praeparatio evangelica (GCS 43) I, 1954, S. 39–54.

Philo hat den sanchunjatonschen Grundbestand im Geist seiner Zeit bearbeitet; sein Werk enthält aber zweifellos alte Elemente mythologisch-kultisch-religiösen Charakters; dies hat sich vor allem im Vergleich mit der Literatur Ugarits erwiesen.

Die philonisch-sanchunjatonschen Fragmente sind, insofern sie Parallelen zur at.-lichen Schöpfungsüberlieferung sowie zu einigen mythisch-theologischen Begriffen und zum Molkopfer darbieten, bedeutsam.

Literatur: C. Clemen, Die phönikische Religion nach Philo von Byblos, MVÄG 42/3, 1939; O. Eißfeldt, Ras-Schamra und Sanchunjaton, BRGA 4, 1939; ders., Taautos und Sanchunjaton, 1952; ders., Sanchunjaton von Berut und Ilumilku von Ugarit, BRGA 5, 1952; ders., in: Kleine Schriften, III, 1966, S. 398 ff.; P. Nautin, RB 56, 1949, S. 259 ff. 573 ff.

---

[152]) Eine Stadt, vielleicht im Gebiet des Chabur-Dreiecks oder des oberen Balich.

[153]) Der Ausdruck „die Stellung wiederherstellen", „die Wendung (das Geschick) wenden" ist auch im AT häufig gebraucht: vgl. etwa Jer. 32, 44; 33, 7. 11; 49, 6; Ez. 39, 25; Ps. 14, 7; 53, 7; 126, 1.

[154]) Vgl. Z. 17 sowie Stele I B 28. Es geht nicht um die Könige von Arpad, sondern um die Herrscher jenes „anderen" Hauses (vgl. Z. 24).

A) Das Molkopfer[155])

1. Porphyrius, De Abstinentia II, 56 = Eusebius, Praep. evang. IV, 16, 6.

Die Phönizier ... opferten bei großen Unglücksfällen infolge von Kriegen, Seuchen oder Dürre einen ihrer Liebsten, indem sie ihn Kronos weihten; und die phönizische Geschichte, die Sanchunjaton in der Sprache der Phönizier schrieb, Philo von Byblos aber in acht Büchern ins Griechische übersetzte, ist voll von solchen, die derartige Opfer dargebracht haben[156]).

2. Eusebius, Praep. evang. I, 10, 44.

Bei den Alten war es Sitte, daß bei großen gefährlichen Unglücksfällen statt des Verlustes aller die Herrscher einer Stadt oder eines Volkes das liebste von ihren Kindern als Opfer und Lösegeld für die strafenden Dämonen darbrachten[157]); die Dargebrachten aber werden auf eine geheimnisvolle Weise geopfert. So hatte Kronos, den die Phönizier Elos nennen, als Herrscher über das Land und später, nach dem Ende seines Lebens, als Stern des Kronos vergöttlicht, von einer einheimischen Nymphe, Anobret mit Namen, einen eingeborenen Sohn. Ihn nannten sie Jedud („Geliebter"), wonach der eingeborene Sohn auch jetzt noch bei den Phöniziern heißt. Als nun infolge eines Krieges sehr große Gefahren das Land betroffen hatten, opferte er seinen Sohn, nachdem er ihn mit königlicher Tracht geschmückt und einen Altar zugerüstet hatte.

B) Der Anfang der Welt[158])

Eusebius, Praep. evang. I, 10, 1.

Als Anfang aller Dinge nimmt er (Sanchunjaton) dunkle und windige Luft oder einen Hauch dunkler Luft und ein schmutziges, finsteres Chaos an. Das sei unendlich gewesen und habe lange Zeit hindurch kein Ende gehabt. Als aber – so sagt er – der Wind seine eigenen Anfänge liebgewann und eine Vermischung stattfand, da wurde diese Verflechtung Pothos („Begehr"). Sie war der Anfang der Schöpfung aller Dinge. Er selbst (der Wind) aber erkannte seine Schöpfung nicht, und aus seiner, des Windes, Verflechtung entstand Mot („der Tod").

C) Verteilung der Weltherrschaft[159])

Eusebius, Praep. evang. I, 10, 32.35.38.

Und als Kronos die bewohnte Erde durchwanderte, gab er seiner Tochter Athena die Herrschaft über Attika ... Danach gab Kronos die Stadt Byblos

---

[155]) Vgl. auch oben Text Nr. 4.
[156]) Vgl. im AT neben 2. Kön. 3, 26 f. vor allem Mi. 6, 7.
[157]) Vgl. auch hiermit 2. Kön. 3, 26 f.
[158]) Vgl. 1. Mose 1, 1–2 bzw. 1. Mose 3.
[159]) Vgl. 5. Mose 32, 8 (4Q und LXX).

der Göttin Baaltis, die auch Dione heißt, Berytos aber dem Poseidon und den Kabiren … Als aber Kronos in das Land des Südwindes gekommen war, gab er ganz Ägypten dem Gott Tauthos, damit es seine Residenz wäre.

D) El-Eljon [160])

Eusebius, Praep. evang. I, 10, 14.

Zu ihrer (der Kabiren) Zeit trat ein gewisser Eljun auf, der Hypsistos [161]) genannt wurde, sowie eine Frau mit Namen Beruth, die auch um Byblos herum wohnte.

---

[160]) Vgl. z. B. 1. Mose 14, 18 ff.
[161]) D. h. „Höchster".

STICHWORTREGISTER

Enthalten sind auch Götternamen, der Name Jahwe insoweit, als es sich um Belege aus den Umwelt-Texten handelt. Alle Namen sind kursiv gesetzt.

BIBELSTELLENREGISTER

In der Reihenfolge der Bücher im hebräischen Alten Testament

Außerhalb des hebräischen Alten Testaments

Grundrisse zum Neuen Testament

(Ergänzungsreihe zum Neuen Testament Deutsch) Hrsg. von G. Friedrich

Grundrisse zum Alten Testament

(Ergänzungsreihe zum ATD) Herausgegeben von Walter Beyerlin

Nach dem großen Erfolg der Ergänzungsbände zum NTD soll diese Grundrißreihe die Welt des Alten Testaments in allgemeinverständlichen Darstellungen erschließen. Im Anschluß an den ersten vorliegenden ersten Band sollen folgende weitere erscheinen:

Vandenhoeck & Ruprecht in Göttingen und Zürich